明 成 祖 传

晁中辰 著

人民出版社

责任编辑:于宏雷

图书在版编目(CIP)数据

明成祖传/晁中辰著. -北京:人民出版社 2008.4(2021.4 重印)
(中国历代帝王传记)
ISBN 978－7－01－001484－5

Ⅰ. 明… Ⅱ. 晁… Ⅲ. 明成祖(1360~1424)－传记
Ⅳ. K827＝48

明成祖传
MINGCHENGZU ZHUAN

修订本

晁中辰 著

人民出版社 出版发行
(100706 北京朝阳门内大街 166 号)

北京新华印刷有限公司印刷 新华书店经销

2008 年 4 月第 2 版 2021 年 4 月北京第 8 次印刷
开本:850 毫米×1168 毫米 1/32 印张 16.75 插页 7
字数:408 千字

ISBN 978－7－01－001484－5 定价:72.00 元

邮购地址 100706 北京市东城区隆福寺街 99 号
人民东方图书销售中心 电话 (010)65250042 65289539

故宫

　　明成祖将京师从南京迁至北京,对北京进行大规模营建,其核心工程就是紫禁城,即今日的故宫。后数次遭火灾,数次重建,但基本规制和格局没有大的变化。

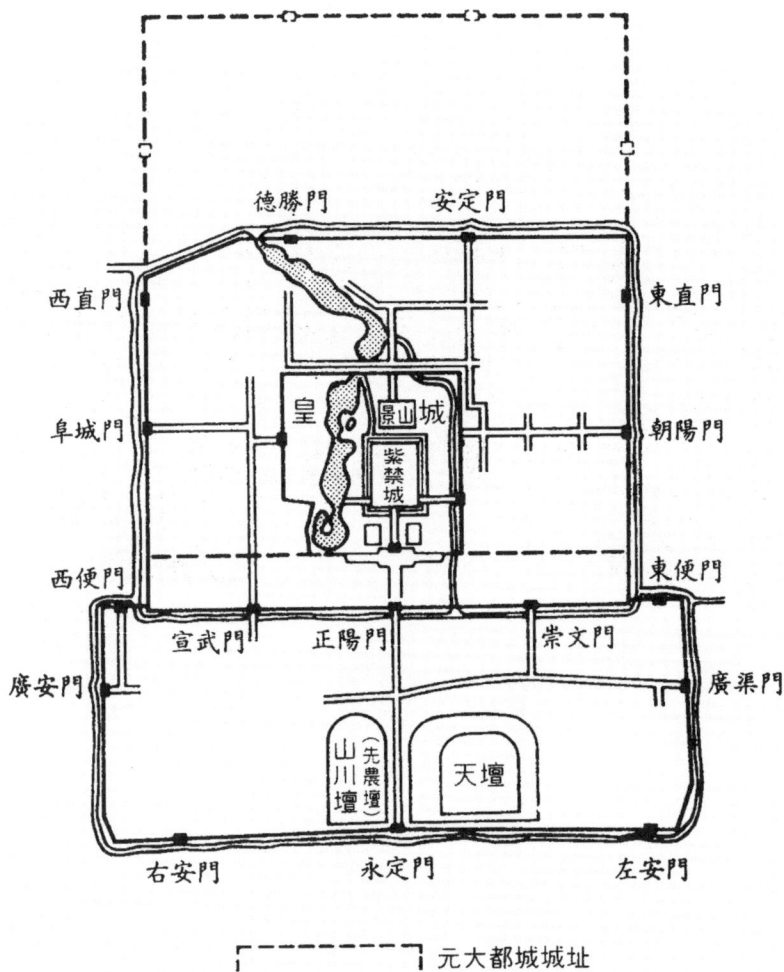

德勝門　安定門

西直門　　　　　　　　　　東直門

皇　景山城

阜城門　　　紫禁城　　　　朝陽門

西便門　　　　　　　　　　東便門

宣武門　正陽門　崇文門

廣安門　　　　　　　　　　廣渠門

山川壇（先農壇）　天壇

右安門　永定門　左安門

┈┈┈┈┈ 元大都城城址

北京平面图

　　在元大都的基础上，明成祖对北京进行大规模营建，奠定了首都的基本格局。

南京四方城石碑

明成祖于南京即位后,在四方城竖巨大石碑,并亲撰碑文近三千字,以欲扬其父明太祖朱元璋的功德。

"永乐通宝"铜钱

明成祖永乐年间"宇内富庶，赋入盈羡"，"永乐通宝"为当时铸造和流通的铜钱。这种铜钱在南海诸岛水下有大量发现。

永乐青花瓷壶

明成祖永乐年间的手工业得到较快发展。永乐、宣德时官窑烧造的青花瓷成为当时的代表性产品。此件永乐年间的青花瓷壶现藏国家博物馆。

榜葛剌进瑞应麒麟图

　　永乐年间中外交往空前活跃，来华贡使"络绎于道"。榜葛剌（今孟加拉国）贡麒麟，被视为祥瑞，轰动朝野。图中麒麟即长颈鹿。此图为清人陈璋所临摹。

南京浡泥国王墓

　　永乐年间中外交往空前活跃,先后有四个国家的国王七次来华,并有三个国王死在中国,葬在中国。浡泥即今日北加里曼丹岛的文莱。浡泥国王于永乐六年(1408)来访,不幸病逝于中国,葬于南京石子岗。

山东德州苏禄王墓

　　永乐十五年(1417),苏禄国(今菲律宾苏禄群岛)东王、西王和峒王率三百四十余人来华访问。东王回程时病逝于山东德州。明成祖命以王礼厚葬,并亲制碑文。

郑和航海图

此图见于明人茅元仪著《武备志》。图中标有航道,注有航程、航向、指南针针位及天体星象。全图注有五百多个地名,约三百个是外国地名。

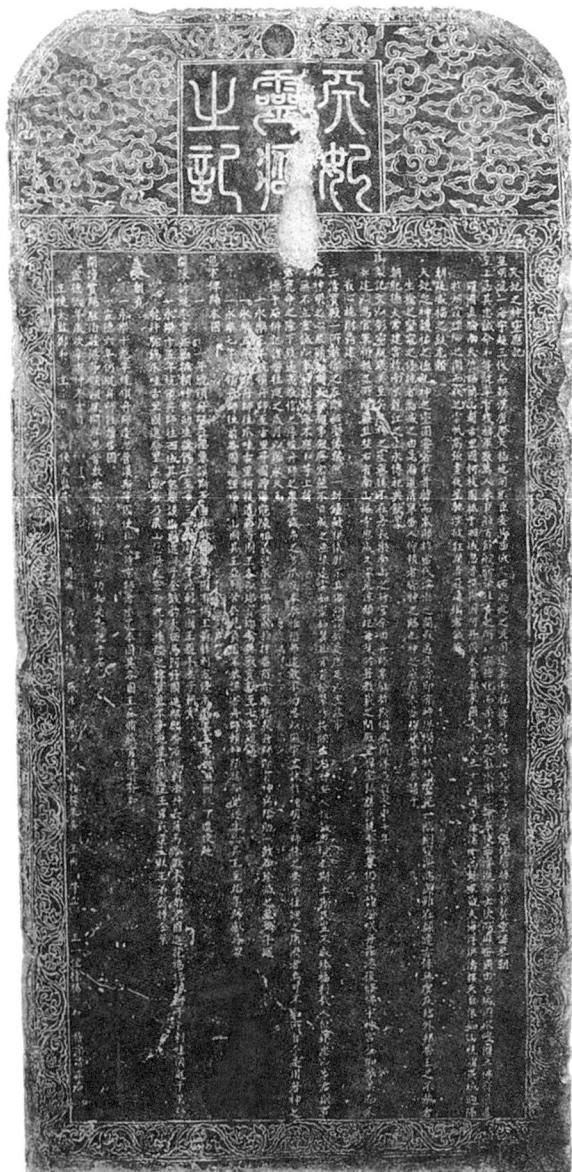

《天妃灵应亡记》碑

此碑为郑和船队驻泊福建长乐时所立,记述前六次下西洋的往返岁月、出使目的及所到国家概况。原碑珍藏于福建长乐郑和史迹陈列馆。

南京宝船厂遗址

南京宝船厂旧址位于今南京市鼓楼区中保村。郑和下西洋所用部分船舶即在此制造。此图为宝船厂六作塘七号遗迹。

武当山大顶金殿

明成祖自称在"靖难之役"中得到真武大帝的佑助,故称帝后格外崇道。他动用军匠、民夫三十余万,大修武当山道教宫观,极尽壮丽。历时五年多,花费白银一百余万两,于永乐十六年底竣工。大顶金殿中供奉着真武大帝镏金铜像。

马六甲三宝庙和三宝井

今马来西亚马六甲为郑和出使必经之地,并在当地建有"官仓"。马六甲有三宝庙,供奉三保大人郑和像。庙旁有三宝井,乃郑和为补充淡水而开掘。此处今已成旅游胜地。

三宝垄市的三宝庙

郑和使团数次访问今印度尼西亚的爪哇。爪哇三宝垄市内建有三宝庙,供奉三保大人郑和像,香火极盛。当地民众和华侨华人每年都在此举行祭祀活动。

天坛

　　永乐十八年(1420)，明成祖正式颁诏，将首都由南京迁至北京，并建天坛。初天地合祀，故称天地坛。嘉靖时另建地坛，此坛遂专称天坛，为皇帝祭天、祈谷之所，为京师重要礼制性建筑。

大钟寺和永乐大钟

　　永乐大钟被誉为"世界钟王"，现存北京大钟寺。钟高6.75米，重达4.6万多公斤。上共铸汉文佛教铭文225939字，梵文佛教经文4245字，并具有良好的声学特性。

大报恩寺琉璃宝塔

　　明成祖为报父母恩,在南京中华门外建大报恩寺,内有九级琉璃宝塔,时称"金陵第一名刹"。名为纪念马皇后,实际上寺内大殿中供奉的是生母硕妃。后毁于战火,仅遗址尚存。南京博物院尚存一些琉璃塔残件。

庸中庸十四

子路問強。朱子章句子路孔子弟子仲由也子路好勇故問彊彊

強不息者惟能守之故以子路問強次顏淵衛次集說蘭陽林氏曰孔門學問皆各從其長扐以入聖人之道如曾子之問孝子游之問禮顏淵之問

仁終身所問不過以其所長者此子路所以有問強之說也

子曰。南方之強與。北

方之強與。抑而強與。朱子章句與平聲○抑語辭而汝也○寬柔以

教不報無道南方之強也君子居之朱子章句寬柔以教謂含容巽順以誨人之不及也不報無道謂橫逆之

来直犯之而不報也南方風氣柔弱故以含忍之方勝人為強君子之道

《永乐大典》中的一页

京杭大运河局部图

明成祖先后征调数十万民工,对大运河进行治理。历经数年,使京杭大运河畅通无阻,其漕运能力由元代的30万石左右提高到500余万石,基本上满足了京师的需要。从此"国用以饶",要海运不用。京杭大运河自此才真正发挥了南北经济大动脉的作用。此图为清人所绘《潞河督运图》通州段局部。

目　　录

1

5

开 头 的 话

明成祖(1360—1424)名朱棣,1402至1424年在位,年号"永乐"。他是明太祖朱元璋的第四子,原来被封为燕王,后通过靖难之役从侄儿建文帝手中夺取了皇位。他死后的谥号是"文皇帝",所以有的史书又称他为"文皇"。他的庙号是太宗,所以在《明实录》中他的实录就被称作《太宗实录》。后来,嘉靖皇帝将他的庙号改为成祖,所以后人便一直称他为明成祖。

在我国古代著名的帝王当中,秦始皇是和长城联系在一起的,汉武帝是和张骞通西域联系在一起的,唐太宗则和"贞观之治"联系在一起,而和明成祖的名字联系在一起的是郑和下西洋、奴儿干都司、《永乐大典》等等。稍有点历史知识的人还知道,明成祖五征漠北,80万大军下安南,浚通大运河,大规模营建北京。作为一个封建帝王,明成祖能干好其中一件事就足可跻身到著名帝王之列,他却干成了那么多,而事实上还不止这一些。但是,他的名字也和"诛十族"、"瓜蔓抄"之类的残暴行为联系在一起,因而使得他的形象严重受损。这本书将通过对历史事实的客观描述和分析,看看明成祖到底有哪些是非功过,历史怎么样造就了明成祖,明成祖又怎么样影响了历史。

第一章　青少年时代

明成祖出生于元末的战乱时期。那时群雄并起,互相争战,朱元璋与陈友谅正打得不可开交,以至于连给儿子起个名字的工夫都没有。明成祖朱棣自称是马皇后嫡生,实际上他的生母是碩妃,为此衍义出许多的野史和传说。明成祖长大后被封为燕王,就藩北平(今北京)。他娶徐达的长女为妻,成了他的好内助。燕王是诸塞王当中势力最强的一个,在抵御蒙古诸部的内扰中,他得到了锻炼,也初步展示了他的军事才能。

第一节　乱　世　婴　儿

元末是个战乱年代,大批老百姓流离失所。真是乱世出英雄,朱元璋异军突起,以应天(今南京)为根据地,积极扩充地盘。朱元璋多妻多子,朱棣是他26个儿子中的第四子。其中有好几个儿子都不知道自己的生母是谁。明朝建立时,朱棣已是一个八九岁的儿童。那时全国仍很凋敝,满目疮痍。这一切都在朱棣的幼小心灵上留下了深深的印记。

一、出生于战乱年代

元至正二十年(1360)四月十七日,朱棣出生于当时称作应天府的南京。应天,是顺应天命的意思。4年前(1356),朱元璋渡江攻下集庆(南京),就将集庆改名为应天。他要顺应天命,推翻元朝,削平群雄,自己当皇帝。现在他又有了第四个儿子,照理应该好好庆祝一下,但军情紧急,他甚至对自己的这个儿子都来不及看上一眼,便又到前线指挥打仗去了。至于怎么样为这个孩子取个吉祥名字,他就更没有工夫去琢磨了。

按照《明实录》所描绘的当时情景,似乎朱棣一出生就注定要当皇帝。据书中描绘,朱棣"初生,光气五色满室,照映宫闼经日不散"。① 对帝王的这类记载在中国古代屡见不鲜。封建文人总要为帝王头上增添些神秘的光圈。例如汉高祖刘邦,史书上说他头上总缭绕着一片云气,不论他躲藏在哪个山沟里,他的妻子都可以很容易找到他。明太祖朱元璋也是这样,《明史》上说他出生时"红光满室",致使邻居们以为他家着了火。其实,这些所谓"真龙天子"和一般人出生时绝不会有什么两样。如果说明成祖出生时真的与一般人有什么不同的话,那也只是他出生的地方更多了一些战火的硝烟。

在这里,我们有必要交待一下当时的社会历史背景。这是因为,当人们要深入了解一个成年人的想法和行为时,根据普通常识,应该从他的家庭背景和童年生活中去寻找线索。

元朝末年,由于统治集团日益腐朽,阶级矛盾、民族矛盾和各种社会矛盾迅速激化,各地人民的起义斗争此起彼伏。至正十一年(1351)五月,刘福通等人以"重开大宋之天"相号召,在河南发动了大规模起义。因为起义军战士头上都裹着红巾,所以历史上就称之为"红巾军"。至正十五年(1355),刘福通在亳州(今安徽亳县)拥立韩林儿为小明王,建立政权,国号"宋",年号"龙凤"。接着兵分三路大举北伐,深入西北和东北地区。后来,刘福通攻占汴梁(今河南开封),便以汴梁为国都号令各地。

---

① 《太宗实录》卷一。

刘福通领导的红巾军起义取得初步胜利后,全国各地的白莲教徒纷纷起兵响应。那时,明成祖的父亲朱元璋还是个游方僧,他看到天下大乱,便丢弃了僧人的衣钵,毅然参加到郭子兴的队伍中来。郭子兴看他才略出众,便把自己的养女马氏嫁给了他,这就是后来被明成祖称作生母的马皇后。至正十五年(1355)郭子兴病死,朱元璋就成了这支队伍的统帅。他接着率领大军渡过长江,并于第二年攻占集庆(今南京),改名应天府,作为自己的根据地。朱元璋虽然在实际上建立了自己的政权,但他并没有马上称帝,而是仍然"用龙凤年号",自己只是称吴国公。朱升这时向他提出了一个著名的策略建议:"高筑墙、广积粮、缓称王"。他按照这种思想,令将士屯田,尽力兴修水利,以保证军粮供应。因此,朱元璋的势力很快壮大起来,成了一支与群雄逐鹿中原的劲旅。

这时,北边的元政权还在进行垂死挣扎,各地还有一些与农民军为敌的地主武装,有的地主武装还颇为强悍。除此之外,与朱元璋政权并存的割据势力还有数支,而对朱元璋威胁比较大的是陈友谅和张士诚。

陈友谅原是徐寿辉的部下。徐寿辉是长江中上游的红巾军首领,在蕲水(今湖北浠水)称帝,国号"天完",年号"治平"。后来,陈友谅把徐寿辉接到江州(今江西九江),不久便把徐寿辉杀掉,自称皇帝,国号"汉",年号"大义"。他拥众数十万,与朱元璋展开激烈的征战。

张士诚以平江(今江苏苏州)为都城,自称诚王,国号"周",年号"天佑"。他不属红巾军系统,对元政权时降时叛。

另外,浙东还有一个方国珍的割据政权,也有相当势力。在四川,明玉珍还建立了一个大夏政权,年号"天统",定都重庆。这些割据势力你争我夺,都想取元政权而代之。由此可以看出,明成祖出生前后以至他的童年时期,中国正处于一个战火纷飞的动乱年代。几乎与明成祖呱呱坠地的同时,前线传来了陈友谅进攻太平(今安徽涂县)的告急文书。陈友谅果然攻陷了太平,并要接着进攻应天。在这军情紧急时刻,也难怪朱元璋顾不上为儿子取名了,他必须马上到前线迎击敌人。朱元璋收复了太平,并追击陈友谅到九江,迫使陈友谅奔回武昌。

当时,朱元璋的西边是陈友谅,东边是张士诚,自己处于两面受敌的不利形势下。尤其令人不安的是,陈友谅和张士诚还相互联手,想消灭朱元璋。按照谋士刘基的建议,朱元璋决定先消灭陈友谅,回头再收拾张士诚。至正二十三年(1363),朱元璋和陈友谅进行了著名的鄱阳湖大战,双方几乎都倾注了全部兵力。陈友谅出兵60万,大战船数十艘,而朱元璋只有20万人,用的是小船。但朱元璋的军队上下一心,士气高涨,结果大败陈友谅,将陈友谅用流矢击毙。朱元璋消灭了陈友谅这支劲敌后,挥师东进,消灭了张士诚,迫使方国珍投降。至此,南边的半壁河山已成了朱元璋的天下。但直至他登基做皇帝,中国大地上的战火仍未平熄。称帝后又经过数年征战,他这才基本上统一了全国。这种长期的战乱,不能不在明成祖幼小的心灵上留下深深的印记。

至正二十七年(1367)旧历年底,朱元璋准备转过年头就要正式登基做皇帝了,看到自己已经有了7个儿子,自然是满心高兴。这时形势已经粗安,他决心要为儿子们正式取名了。十二月二十四日,他祭告太庙,把自己渡江后生了7个儿子归因于祖上的阴德:

> 仰承先德,自举兵以来,渡江生子七人。今长子命名曰标,次曰樉、曰棡、曰棣、曰橚、曰桢、曰榑。①

这时明成祖已经7周岁,他这才和众兄弟一样有了自己的名字。

---

① 《明太祖实录》卷二十八下。

朱元璋不只是为儿子们取了名,而且还制定了后世子孙取名的规则。他的每一个儿子都作为一支,每一支都拟定了20字辈分,作为一世,名字中的另一个字则临时确定。明王朝这种宗室命名规则在《明朝小史》中有详细记载:

> 帝以子孙蕃众,命名虑有重复,乃于东宫诸王世系,各拟二十字为一世。以某字为命名之首,其下一字,则临时定议,以为二名,编入玉牒。至二十世后,复拟续增。如燕王位下二十字则曰:高、瞻、祁、见、祐、厚、载、翊、常、由、慈、和、怡、伯、仲、简、静、迪、先、猷。①

但名字的下一个字也不能随便取,而是要"按五行相转"。② 例如,朱棣这个辈分的都属木德,他的儿子朱高炽,属火德;孙子朱瞻基,属土德;曾孙朱祁镇,属金德;玄孙朱见深,属水德。以后则周而复始地循环,意在传之永久。但人们看到的却是,朱元璋为子孙们拟定的那20字只用了一半,他所建立的明王朝就寿终正寝了。

二、生母之谜

明成祖的生母是谁,居然还是个谜,这在常人看来似乎不可思议。但这个谜确实存在,数百年来一直扑朔迷离,长期吸引着许多学者进行探讨和考证。从问题的实质来看,就是嫡子和庶子的问题。

中国古代存在着事实上的一夫多妻制,尤其是封建帝王更是如此。正妻生的儿子称嫡子,非正妻生的儿子称庶子。正妻被称为嫡母,其他的妾被称为庶母。对帝王家来说,嫡子和庶子在名分上有重大差别。按照封建宗法制度,皇帝死了,皇位要由嫡长子继

① 吕毖:《明朝小史》卷一,《二十字定名》。
② 沈德符:《万历野获编》卷四,《宗室名》。

承。即使嫡长子死得早,如果嫡长子有儿子,也要由嫡长子的嫡长子来继承,其他庶子则不得觊觎。如果是嫡子,即使不是老大,也更靠近了皇位一步。

明成祖自称是马皇后所生,自然也就是所谓嫡子了。明成祖从侄儿建文皇帝手中夺取皇位后,马上指使臣下编写了《奉天靖难记》,记述了靖难之役的经过,为他歌功颂德。此书一开头就写道:

> 今上皇帝(明成祖),太祖高皇帝第四子也。母孝慈高皇后生五子:长懿文皇太子,次秦王,次晋王,次今上皇帝,次周王也。①

《太宗实录》是仁宗时修的,仁宗自然也称自己的父皇为高皇后所生。此后,各种正史都沿用了这种说法。因此,人们大都不知道其中隐藏着一个不小的谜。明成祖事实上并不是高皇后所生。

从明清以来的各种史籍来看,有关明成祖生母的说法大体有5种。一是如上所说,高后生了5个儿子,第四子就是明成祖朱棣。二是懿文太子和秦、晋二王都不是高后所生,只有明成祖和周王为高后所生。三是高后生懿文太子和秦、晋、周王,明成祖是达妃所生。第四种说法影响比较大,谓明成祖乃元顺帝的妃子所生。第五种说法是,明成祖乃是硕妃所生。

经过学者们长期多方考证,现在已可以肯定,明成祖的生母不是高皇后,而是硕妃。这种说法最可信的证据是南京《太常寺志》对孝陵神位的记载:

> 左一位,淑妃李氏,生懿文太子、秦愍王、晋恭王。右一位硕妃,生成祖文皇帝。②

太常寺是掌管皇家宗庙礼仪的官署,《太常寺志》对皇家血统的记

---

① 《奉天靖难记》卷一。
② 潘柽章:《国史考异》卷四。

载自然较为可信。孝陵是明太祖朱元璋的陵墓,太常寺对孝陵配享神位的记载是不敢胡来的。可惜的是,这本《太常寺志》现已失传,我们无法亲自验证。但明代学者有的看到了,并在自己的书中作了记载,因而是可信的。例如明代人何乔远也记道:

> 臣于南京见《太常寺志》,云帝(明成祖)为硕妃所生,而玉牒则高后第四子。玉牒出当日史臣所纂,既无可疑。南(京)太常职掌相沿,又未知其据。臣谨备载之,以俟后人博考。①

何乔远是万历时进士,曾官南京工部,博览多闻。他亲自看到南京《太常寺志》的这种记载,虽"未知其据",但这种记录本身就是很有价值的,也是可信的。正因如此,所以谈迁在《国榷》中也采用了这种说法:

> 文皇帝,御讳棣,太祖高皇帝第四子也,母硕妃。玉牒云高皇后第四子,盖史臣因帝自称嫡,沿之耳。今南京《太常寺志》,载孝陵附享,硕妃穆位第一,可据也。②

在中国古代,宗庙神位有"左昭右穆"的规则。这里说"硕妃穆位第一",也就是右边第一。这同前边的记载是一致的。

明末清初人钱谦益和李清对此事还进行了验证。李清见到《太常寺志》的这种记载很吃惊,去问大名士钱谦益。钱谦益虽然博学,但也不能确定真假。李清在明末曾任大理寺左丞,钱谦益在南明弘光朝任礼部尚书。在弘光元年元旦谒祭孝陵时,二人利用他们身为大臣的方便条件,趁机打开孝陵寝殿,"入视果然,乃信。"③

---

① 何乔远:《名山藏》,"典谟记"六。
② 谈迁:《国榷》卷十二,建文四年六月乙丑。
③ 李清:《三垣笔记》,见黄云眉:《明史考证》,第一册,第62页。

9

有人还在诗咏中记载此事：

> 高后配在天，御屋神所栖。
>
> 众妃位东序，一妃独在西。
>
> 成祖重所生，嫔德莫敢齐。
>
> 一见异千闻，"实录"安可稽?①

硕妃为明成祖生母，还有一个有力证据，即南京大报恩寺中对硕妃的供奉。明成祖即位后，以报答高皇后母恩为名，在原来天禧寺旧址上修建了大报恩寺，让一些僧人为母亲祈福。但是，寺内正殿中供奉的却是他的生母硕妃。只是殿门经常封闭，外人难得一见真相。陈雨叟在《养和轩随笔》中记有此事：

> 幼时游南京大报恩寺，见正门内大殿封闭不开。父老言，
> 此成祖生母硕妃殿也。妃，高丽人，生燕王，高后养以为子。

关于明成祖生母问题，我国著名的明史专家吴晗和黄云眉都作过精细考证，都得出了硕妃是其生母的结论。② 现在已可以肯定，明成祖的生母不是高皇后，而是硕妃。至于硕妃是朝鲜人，还是元顺帝的妃子，抑或是硕妃原是朝鲜人，先被元顺帝纳为妃，后又被明太祖纳为妃，则诸说纷纭，难以详考。

之所以花那么多笔墨来考证成祖的生母问题，这是因为，它不只是关系到他的身世，而且深刻地影响到他一生的行为。这个问题成了他一块重大的心病，总想千方百计地掩饰，惟恐别人知道了他的老底。例如，《明太祖实录》本来已在建文年间修好，但他即位后又一再命史臣重修，一个重要目的就是为了掩饰生母真相。一些文臣就是因为做得不合成祖心意，因而或早或晚地丢了脑袋。

---

① 朱彝尊:《静志居诗话》卷十三。

② 见吴晗:《明成祖生母考》,载《清华学报》,1935 年第 3 期;黄云眉:《明史考证》,第一册,"明史卷五考证"。

仔细看一下《明实录》就会发现,明成祖经常声称自己乃高后所生,在一般人看来,这似乎毫无必要,甚至可以说有点神经质。例如,在发动靖难之役时,他告诉将士:

> 我太祖高皇帝、孝慈高皇后嫡子,国家至亲。①

当他率兵攻入南京以后,他在发布的诏书中又称:

> 朕为高皇后嫡子。祖有明训,朝无正臣,内有奸恶,王得兴兵讨之。②

似乎他一称自己为嫡子,起兵夺取帝位的理由就更充分了似的。当他的侄子晋王济熺来朝时,他又赐书给他,说道:

> 吾与尔父皆皇考妣所生,自少友爱深厚。③

这种不时申述一番自己生母是谁的做法,不要说对一般平民而言为多余,就是在历代帝王中也是绝无仅有的。但也正是这些看似多余的申述,使我们看到了隐藏在言辞后面的"庐山真面目"。

三、明成祖生母传说及社会思想根源

明成祖隐瞒生母真相,谎称为高后所生,其目的在提高身价,为自己当皇帝寻找血缘上的根据,这已昭然若揭。与此相反,社会上还有一种对明成祖带有讽刺意味的说法,这正像蒙文史书《蒙古源流》卷八所记,说明成祖的生母是蒙古人洪吉喇氏。她原是元顺帝的第三福晋,系太师洪吉喇特托克托的女儿。她入明宫时已经怀孕,生下的明成祖就是元顺帝的遗腹子。

这种说法的荒谬是显而易见的。尽管朱元璋的嫔妃中有蒙古人,但明成祖决不会是元顺帝的遗腹子。以朱元璋的精明和

---

① 《太宗实录》卷二。
② 《太宗实录》卷十上。
③ 《太宗实录》卷十下。

11

刚毅，他决不会把一个已怀身孕的元主妃纳为自己的妃子。如果真有此事，也决不会瞒过他的眼睛。再说，明成祖生于至正二十年（1360），到至正二十八年（1368，即洪武元年）八月时，徐达才率军攻克大都（北京），元顺帝这才仓皇逃往漠北。如果元顺帝的妃子归了朱元璋，也只能在此以后，而这时的明成祖已经9岁了。

有关帝王的这类传说，在宋代以前极为罕见，宋代以后却渐渐多了起来。例如，元末龙凤政权的首领韩山童自称是宋徽宗九世孙，所以龙凤政权的国号为"宋"。有人说韩山童的儿子韩林儿"乃瀛国公次子"，韩山童收养为自己的儿子。所谓瀛国公，是指南宋末代皇帝赵㬎，他降元后被封为瀛国公。还有一种传说，谓元顺帝并不是元明宗的儿子，而是瀛国公娶了元朝公主后生的，由元明宗收养长大。清代以后，社会上广泛流传乾隆帝不是雍正之子的说法，而是说他的生父乃是汉族官僚陈阁老。一些文艺家们还以此为题材，编写了不少小说和戏剧，致使这种说法越传越广。联系到前前后后的此类传说，我们对有关明成祖的那个传说也就不以为奇了。

这类传说的流行有其社会根源。首先，一个新的王朝建立后，一些旧朝遗老不愿与新朝合作，对新朝不满，便编造传播这类传说，把新朝天子说成是旧朝的遗脉，借以抒发对旧朝的怀念，同时也是对自己屈事新朝的一种精神安慰。

其次，宋元明清是我国历史上又一重要的民族大融合时期，汉族和少数民族交替称帝，从而为这类传说提供了肥沃的土壤。同时，这类传说也从另一个角度反映出，汉民族和少数民族中你中有我，我中有你，这已成为当时中国社会的一个特点。

再次，朱元璋多妻多子，他有26个儿子，18个女儿。他嫔妃成群，其中既有蒙古人，也有朝鲜人。吴晗曾指出："元璋子孙中有蒙古、高丽血统,是毫无问题的。"①他的嫔妃中还有他以前的劲敌陈友谅的妃子,从而衍变出一个故事,说他的儿子潭王原是陈友谅的遗腹子。与此相似,有些人把明成祖说成是元顺帝的遗腹子,也就不足为怪了。

最后,朱元璋建立明朝后,以猛治国,许多士大夫被不明不白地杀掉,侥幸活下来的也是在朱元璋的屠刀下战战兢兢地生活。建文帝继位后,优待文人,一改朱元璋原来的做法,重用知识分子,方孝孺等人改官制、复井田,也都得到他的支持。因此,士大夫们在建文时颇为得意。明成祖通过靖难之役夺得帝位,推翻了建文帝,大杀建文旧臣。方孝孺这个文人首领被诛了"十族",其株连之广旷古未有。另有"瓜蔓抄"之类,使大批文人受株连被杀。因此,一些野史笔记把明成祖描写得十分邪恶。这也正是明成祖后来形象不佳的一个重要原因。在这种情况下,一些丑化明成祖的传说就传播开来,说他是元顺帝的遗腹子就是其中之一。

这种传说还有其思想根源。在封建社会,人们最重视血统的纯正,尤其是帝王之家,更不能有丝毫的混乱。皇帝是国家社稷的代表,皇帝被称为"天子",即上天之子,按照天意来统治国家和百姓。倘若其血统不纯,岂不是对上天、对国家社稷的亵渎!如果明成祖不是朱元璋的儿子,而是元顺帝的遗腹子,他还怎么有资格当明朝皇帝呢?如果人们接受了这种传说,明成祖在人们的思想意识上就失去了当皇帝的合法性。

另外,宋代理学大兴,这是一种客观唯心主义思想。它吸收了儒家的一些传统思想,也吸收了佛家的思想营养。佛家的一个重要思想就是生死轮回、因果报应。北宋理学家邵雍还创立了所谓"先天学",实际上是一种繁琐而又神秘的象数学体系,即认为一

---

① 吴晗:《朱元璋传》第八章。

切事物都有一定的形象和数量,并用以解释一切自然界和社会现象。对于历史,则用宿命论和循环论来进行解释,认为王朝的兴替都由天命所定。例如朱元璋当皇帝后,就经常说,宋朝的运数已终,上天就让沙漠真人入主中国。现在元朝的运数又已终结,就要由他顺应天命来当皇帝了。元顺帝从大都北逃,朱元璋认为他是顺天命,所以对他谥号为顺帝。在这种思想影响下,人们制造了明成祖是元顺帝遗腹子的传说,其中寄托着天命和因果循环的神秘色彩。

第二节　从宫廷到就藩燕京

明成祖朱棣在宫廷中度过了他的青少年时期。他 11 岁的时候被封为燕王。又过了 10 年,他已成了一个英姿飒爽的青年,便率领护卫就藩北平。这段时期的生活对他以后的道路产生了深刻的影响。

一、宫廷生活

在一般人看来,帝王子孙们的宫廷生活一定是非常幸福的。其实不然,除了物质生活富足以外,其他乐趣并不多,甚至可以说是枯燥乏味的。他们要没完没了地参加各种朝见和祭仪,都要一本正经,不能有半点儿戏。除此之外,就是跟随几个大儒一天到晚诵读儒家经典。只是他们偶尔到郊外走动时,才能目睹到一些民间生活情趣。

每当他的皇帝老子要举行大祭时,朱棣和他的弟兄们都要去助祭。例如郊祭,即冬至到南郊祭天,夏至到北郊祭地;谒庙,即谒祭太庙,另外还有正月初一和冬至举行的大型朝贺,他们都要参加。起初,朱棣和他的小弟兄们在服饰上与长兄没什么区别,都要"服衮冕"。"冕:五彩、九旒;衣五章,裳四章。"即帽子有 5 种颜色,9条飘带。衣是指上身服饰,"五章"也就是五彩,即5种颜色;裳是下身服饰,有4种颜色。这是在最隆重场合穿的最庄重的服饰。至于像初一、十五之类的朝见,则都穿"皮弁服"。[①] 各种祭仪和朝见成了朱棣众弟兄生活中一项重要内容。在这种场合都要规规矩矩,虽然都还小,但绝不允许嘻嘻哈哈。第一次可能还觉得挺新鲜,但时间一久,其枯燥乏味是可以想见的。

　　另一项主要生活内容就是学习儒家经典了。朱元璋年轻时没机会上学,后来只是在马背上学了点文化,当他亲自撰写诏敕或什么祭文时,语句都是似通非通的。他为徐达墓撰写的碑文,谁也断不开句。朱元璋一生都为自己文化水平低而遗憾。因此,他十分重视对孩子们的教育。朱元璋称帝的第一年,就在宫中修建了大本堂,作为太子和诸弟学习的场所。堂中藏有大量历代图籍,供他弟兄们观览。征聘各地名儒,轮班授课,教育太子和诸王。朱元璋还找了一些才华出众的青年,让他们当朱棣弟兄们的伴读。师傅都是满腹经纶的大儒,其中最著名的大概就是宋濂了。他前后十几年,向他们讲四书五经,讲封建礼法,一举一动都要合封建礼仪。尤其是讲到历代兴亡事迹时,都要详细说明某事应该怎么做,不该怎么做。洪武二年(1369)四月,朱元璋又命心腹谋臣孔克仁等"授诸子经,功臣子弟亦令入学"。[②] 新来些外廷功臣子弟,可能会给朱棣兄弟们带来些新鲜空气。

　　如何教育这些皇子们,朱元璋对儒臣们提出了他的教育方针:"譬如一块精金,要找高明工匠打造,有一块美玉,也要有好玉匠才能成器。有好子弟,不求名师,岂不是爱子弟还不如爱金玉吗?好师傅要作出好榜样,因材施教,培养出人才来。我的孩子们将来

　　① 《明会要》卷二十三,引《续文献通考》。
　　② 《明史》卷一百三十五,《孔克仁传》。

是要治理国家的,各功臣子弟也要做官办事。教育他们的方法,最要紧的是正心。心一正,万事都能办好;心不正,各种邪欲都来了,这是最要不得的。要教他们切实的学问,用不着像一般文士那样,只是会记诵辞章,没一点好处。"①朱元璋文化水平虽然不高,但这些话还是在理的。因为太子是他的接班人,他对太子的教育特别关注。有一次,他对殿中侍御史郭渊文等人说:"这些孩子们的文章还作得差不多,只是对太子来说,重在端正他的心术,不要流于浮躁。"②在朱元璋看来,学问重要,德性更重要。为此,他还特意找了一些品行端庄的文士,让他们当皇子们的宾客和谕德,随时随地向皇子们进行说教。

在皇子们的师傅中,有一个叫李希颜的,原是个隐士,因名气高,朱元璋写了亲笔信把他征召入京,让他当皇子们的老师。在古代,私塾的老师手里都有个戒尺,学生不听话就要挨打。他大概已经习惯了这一套,对皇子们依然很严厉。有一次,一个皇子不听话,让他打在脑袋上,肿起个包。朱元璋见了很心疼,一时大怒,准备治李希颜的罪。高皇后在旁劝解道:"师傅教我们的儿子以圣人之道,哪里还能对师傅发怒呢?"③朱元璋这才消了气,不久还让李希颜升了官。史书中没有记载挨打的是不是朱棣,但他肯定是在这样严肃的气氛中进行学习的。

朱棣兄弟们除了接受师傅们的教育外,还要随时接受朱元璋的训诫。洪武元年(1368)十二月的一天,朱元璋退朝回宫,趁朱棣兄弟们都在跟前,便指着宫中的一片空闲地对他们说:"这里并不是不可以建亭台楼榭,作为游玩场所,只是不忍心多费民财罢

---

①　转引自吴晗:《朱元璋传》第八章。

②　《明会要》卷十四,引《明纪》。

③　《明史》卷一百三十七,《李希颜传》。

了。过去商纣王大造琼宫瑶室,结果使天下人都怨恨他。汉文帝曾想建露台,因怜惜一百两银子的费用,就没有建,所以当时国泰民安。你们以后要经常心存警戒啊!"①在这种场合,朱棣兄弟们都要格外恭谨,否则的话,一受惩罚就比师傅们更严厉。

朱棣从他父皇那里接受的完全是封建正统教育。对此,朱元璋曾有一段明确的自白:

> 朕于诸子常切谕之:一、举动戒其轻;一、言笑厌其妄;一、饮食教之节;一、服用教之俭。怨其不知民之饥寒也,尝使之少忍饥寒;怨其不知民之勤劳也,尝使之少服劳事。②

从这段话可以看出,朱棣弟兄们不只是要学书本,而且平时一言一行都要合乎封建规范。这对一个天真烂漫的少年来说,并不是一件惬意的事。

朱棣除了要读儒家经典外,还要读他的父皇特意为他们编写的书。洪武六年(1373)三月,朱棣从父皇那里领到一本《昭鉴录》,四月又领到一本《祖训录》。这都是朱元璋让儒臣们编写的。书中搜集了古代藩王的一些善恶事迹,以对皇子们进行宗法教育。为了让皇子们好好学,朱元璋还亲自在《昭鉴录》前边写了序。

洪武三年(1370)设立大宗正院,即后来的所谓宗人院,掌皇族内部事宜。因长子朱标是太子,就由次子朱樉为宗人令,三子朱㭎为左宗正,四子朱棣当右宗正。他们几个在皇子们中年龄比较大,有些事就由他们几个领头去干。

朱元璋不希望他的儿子们成为文弱书生,就让他们经常做些强健筋骨的活动。他当吴王不久,看到7个儿子渐渐长大了,"宜

---

① 谷应泰:《明史纪事本末》卷十四。
② 《明太祖实录》卷八十。

习劳,令内侍制麻履行縢。凡诸子出城稍远,马行十七,步行十三。"①所谓麻履,就是麻鞋,行縢是指缠腿。这里是说,让朱棣兄弟7人都穿着麻鞋,裹上缠腿,像士兵那样到城外远足,十分之七的路骑马,十分之三的路要步行。这对长期住在深宫大院中的皇子们来说,虽说劳累点,但还是饶有兴味的。随着年龄的增长,他们还要不时地在演武场上练习武备。

洪武九年(1376),朱棣已是17岁的英俊青年,他的父皇准备让他们到外地去当藩王了,感到有必要让皇子们体验一下民间生活。于是,这一年朱棣兄弟们一起来到安徽凤阳老家,那时被称为中都。这里埋葬着他们的祖父母,也是他们的父皇小时候为大户人家放牛放羊的地方。这里也是"十年倒有九年荒"的穷乡,老百姓的生活都很困苦。在这里,朱棣仿佛看到,他的父皇小时候是怎么样受苦受难,创业是多么的艰难。他在这里住了三四年,民间生活对他的思想意识产生了深刻的影响。朱棣是个有心人,"民间细事,无不究知"。他当皇帝以后,还经常对儿子们说起他这段生活,认为自己能南北征战,不畏塞外风寒,就得益于这段经历。②朱棣在凤阳的这段生活可看作是宫廷教育的实习阶段,他回去就要准备到外地去当藩王了。

二、受封燕王

朱棣的长兄朱标,即南京一带所习称的大头太子,在朱元璋称吴王时就被立为世子。洪武元年(1368)正月初四日,朱元璋大祭天地于南郊,在郊坛南边正式登极称帝。他追赠祖上四代,册封马氏为皇后,立朱标为皇太子。朱棣兄弟们自然都在场,他们还要按

---

① 吕毖:《明朝小史》卷一,《步行十三》。
② 《太宗实录》卷二十三。

照事前的安排,由他们的二哥代表众兄弟向大哥祝贺。从此以后,朱棣这些小兄弟都要尊称长兄为殿下,他们原来都在一起玩耍,亲密无间,年龄也差不了几岁,但从此以后就有了身份尊卑的差别。

在朱元璋看来,元朝之所以经常发生宫廷政变,主要原因就在于没有早立太子,因此他一称帝就解决了这个问题。他还看到,当元末农民起义四处爆发的时候,元王朝在各地缺少强有力的藩卫。有鉴于此,洪武三年(1370)他就做了封藩的安排,即把各个小儿子封到各地当藩王。他为了不使天下人感到他私心太重,在封藩前还特意作了一番表白:

> 天下之大,必建藩屏,上卫国家,下安生民。今诸子既长,宜各有爵封,分镇诸国。朕非私其亲,乃遵古先哲王之制,为久安长治之计。①

这真有点"此地无银三百两"的味道,他明明在那里"私其亲",把自己那些没有尺寸之功的儿子们封为藩王,还故意装模作样地说成是为了国家。实际上,历代封建统治者都把国家当成自己的"家天下",认为"普天之下,莫非王土,率土之滨,莫非王臣",这并没有什么奇怪,只是越这样表白不是"私其亲",反而倒使人感到奇怪了。

大臣们心里都明白这是怎么回事,没人敢公开反对,而只有称颂"陛下英明"的份。于是封诸子为王的这件事也就定下来了。对这么一件重要的事,朱元璋当然要发一个正式诏谕:

> 考诸古昔帝王,既有天下,子居嫡长者必正位储贰。若其众子,则皆分茅胙土,封以王爵,盖明长幼之分,固内外之势者。朕今有子十人,前岁已立长子为皇太子。爰以今岁四月初七日,封第二子为秦王、第三子为晋王、第四子为燕王、第五子为吴王、第六子为楚王、第七子为齐王、第八子为潭王、第九

---

① 《明太祖实录》卷五十一。

子为赵王、第十子为鲁王、侄孙为靖江王,皆授以册宝,设置相傅官属。凡诸礼典,已有定制。於戏! 众建藩辅,所以广盘石之安;大封土疆,所以眷亲支之厚。古今通谊,朕何敢私!①

也就在这一天,朱棣便有了燕王的身份。

朱元璋分封诸子为藩王,口口声声说是"遵古先哲王之制",我们不妨简单回顾一下古代帝王是怎样搞分封的,看看朱元璋又做了哪些损益。

夏代史料缺乏,无法详考。商代已的确实行了分封制度,"子孙分封,以国为姓"。②周朝大举分封,"封建亲戚,以藩屏周",③并形成了完备的封建宗法制度。汉朝建立后,刘邦也实行分封,起初是同姓王和异姓王并存,后将异姓王渐次削夺,只保留同姓王。这些同姓王在封国内有政治、经济、军事大权,后来终于酿成"吴楚七国之乱",旗号是"清君侧",实际上是要夺皇位。晋初大封同姓子弟为王,且握有军政实权,后酿成"八王之乱"。唐代虽也封皇室子弟为王,但"有名号而无国邑",都要住在京城的宅院里,由宦官进行管理。宋代大体沿用了唐代的做法,只是稍作改动。宋代封王只及自身,不得世袭,可以像庶民子弟一样,参加科举考试为官。元代封皇子为王,派往各行中书省,专制一方,俨然是地方上的军政首领,明显带有民族压迫的色彩。④

在朱元璋看来,还是汉代的分封办法比较好,使封国和郡县相间,便于监视。在此基础上,他建立了自己的分封制度。这种制度不仅对朱棣本人,而且对有明一代的政治都产生了极为重大的影响。

---

① 《明经世文编》卷四,王祎:《拟封建诸王诏》。
② 《左传》哀公七年。
③ 《左传》僖公二十四年。
④ 参见张德信:《明代诸王分封制度述论》,载《历史研究》1985 年第 5 期。

按照明制,皇子封为亲王都授予金册金宝,年食禄米万石。其护卫"少者三千人,多者至万九千人"。① 但这只是就一般情况而言,像北边防御蒙古的几个藩王,所统兵士都超过此数。例如在大宁的宁王"带甲八万,革车六千"。② 这些藩王的府第、服饰和车旗等,"下天子一等",公侯大臣见了他们都要"伏而拜谒"。藩王的嫡长子立为世子,即藩王的未来接班人,10岁时就授予金册金宝。其他诸子则授予涂金的银册银宝,封为郡王。以后各世子孙都有封爵,自六世孙以下都封为奉国中尉。他们生的时候要向宗人府请名,年龄大了要请婚。但他们不能从事士农工商之类的行当,只是坐糜俸禄。明中期以后,皇室成员的俸禄成了国家沉重的包袱。藩王没有行政权,只有军事权。朝廷调地方军队,地方守镇官还要得到当地藩王令旨后才能调动。遇有战事,即使元勋宿将也要听藩王节制。当燕王朱棣率军征讨乃儿不花时,像傅友德那样的大将也要受他调遣。朱元璋感到他这套制度比以往历代都严密,大明江山可以长治久安了。但他万万没有想到,他刚死,就爆发了朱棣与建文皇帝争夺皇位的靖难之役。

　　对这种分封的弊端,一些有远见的大臣早就看出来了,只是很少有人敢公开说。著名的文士解缙率直敢言,他"数上封事,所言分封势重,万一不幸,必有厉长、吴濞之虞"。③ 说得最直率的大概就是那个平遥县的训导叶伯巨了。洪武九年(1376),叶伯巨上书言事,说明太祖"太过者三",第一条就是"分封太侈":

　　　　今裂土分封,使诸王各有分地,盖惩宋、元孤立,宗室不竞之弊。而秦、晋、燕、齐、梁、楚、吴、蜀诸国,无不连邑数十,城

---

① 《明史》卷一百一十六,《诸王列传序》。
② 《明史》卷一百一十七,《宁王传》。
③ 《明史》卷一百四十七,《解缙传》。

廓宫室亚于天子之都,优之以甲兵卫士之盛。臣恐数世之后,尾大不掉,然则削其地而夺之权,则必生觖望,甚者缘间而起,防之无及矣。议者曰,诸王皆天子骨肉,分地虽广,立法虽侈,岂有抗衡之理?臣窃以为不然。何不观于汉、晋之事乎?孝景,高帝之孙也,七国诸王,皆景帝之同祖父兄弟子孙也,一削其地,则遽构兵西向。晋之诸王,皆武帝亲子孙也,易世之后,迭相攻伐,遂成刘、石之患。由此言之,分封逾制,祸患立生,援古证今,昭昭然矣。①

朱元璋见疏大怒,认为这是离间他们一家骨肉,要亲手射杀他。叶伯巨终于为此事死在狱中。不幸的是,叶伯巨所言果然成了事实。

朱棣在就藩燕京以前,朱元璋还为他完了婚,妻子就是中山王徐达的长女。朱元璋听说她"贞静,好读书",被人称为"女诸生",就把徐达找来说:"你我是布衣之交。古代君臣相契的常结为婚姻,你的长女就嫁给我的四子朱棣吧。"徐达自然是满口答应,还要叩头谢恩。徐氏于洪武九年(1376)被册封为燕王妃,第二年就成了亲。这时朱棣18岁,徐妃16岁。就是这位看来贤淑贞静的徐妃,后来成了朱棣夺天下、治天下的得力内助。

洪武十三年(1380)春天,朱棣从凤阳回到南京,受命就藩北平。他的府邸就是元朝的旧宫,其规制如同天子。按照规定,藩王的府邸"亚天子一等",其他诸王都是如此。为了这件事,朱元璋还曾特地告谕诸王,要他们不要与燕王攀比,因燕王府邸是元朝旧宫,不需要新建,他们新建的府邸则都要按规定办事。不难看出,朱元璋对燕王寄有特别的厚望。北平是元朝都城,位置险要,燕王的二哥和三哥分别就藩西安和太原,就藩时间还早于燕王两年,都没让他们去北平,而是把北平留给了燕王,其中似乎有深意存焉。

---

① 《明史》卷一百三十九,《叶伯巨传》。

从朱元璋为诸王选的妃子来看,燕王妃是明王朝第一功臣徐达的长女,而这种婚姻实质上是一种政治行为,在这点上其他诸子也是比不上的。这对朱棣以后的发展都是很重要的因素。

这时的燕王已是21岁的英俊青年。他没有留恋风光旖旎的南国春色,而毅然甘冒"雪花大如席"的北国风寒。他出发了,率领着数千护卫,浩浩荡荡地奔赴北平,满怀着信心和对未来生活的憧憬。他知道,这是他一生道路上的一个新的起点。

三、青少年生活的影响

朱棣的青少年时代基本上是在宫廷中度过的,只有很少几年住在祖籍凤阳。这是一个由剧烈动荡逐渐走向安定的时代。这段生活对朱棣的影响是多方面的,也是深刻的,甚至可以说,在某种意义上决定了朱棣后来的处世态度和生活道路。这里无法一一列出影响的各个方面,但就大处来说,至少可举出以下三点。

(一)乱世民生的艰难给他留下了深刻的印记。

朱棣出生在兵荒马乱的年代,就在他出生那一年,陈友谅进犯应天,一些将领甚至要弃城逃跑。年龄稍大一点,他就知道了一些家世的情况。他的爷爷、奶奶都是挨饿死的,死时甚至连个葬身之地都没有,幸亏一个邻居发了慈悲,才有了一个葬身之地。朱棣本来还有3个伯父,但当他记事时,却只剩大伯父的儿子朱文正了。伯父、伯母也大都是挨饿而死。朱元璋称帝后,一有机会就给他们兄弟讲自己小时候的苦难,给人放牛放羊不算,还要经常吃草根树皮。通过耳闻目睹,他也知道明初社会是何等凋敝。那时北方土地大半荒芜,到处"积骸成丘,居民鲜少",[1]很多地方的民户"亡绝过半"。朱棣称帝后还常说到农民的艰难:"国以农为本,人之

---

[1] 《明太祖实录》卷一百七十六。

劳莫如农。三时耕获,力弹形瘵……终岁不免饥寒。"①这使得他知道爱惜民力,役民以时,称帝后一度与民休息。他曾下令:"擅役一军一民者,处重法以闻。"②他称帝期间,勤勤恳恳,极力要建立一个安居乐业的太平盛世。

(二)他的父皇是那样勤于政事,兢兢业业,这给他树立了一个好的榜样。

朱元璋称帝时,朱棣已9岁了,后来又长期生活在宫廷中。他亲眼看到,他的父皇为治理这个国家是如何操劳。朱元璋是穷苦人出身,厌恶达官贵人那种骄奢淫逸的生活,他的全部精力都用在国家政事上。他"每天天不亮就起床办公,批阅公文,一直到深夜,没有休息,没有假期,也从不讲究调剂精神的文化娱乐"。③ 洪武十三年(1380)废除丞相以后,他就不只是代天行命的国家元首,而且还成了事必躬亲的行政首脑,大量公文都要他亲自处理,政务自然是越来越忙。有人统计,他曾在8天内收到各衙门奏札共1660件,共3391件事。④ 也就是说,他每天要处理200多份报告、400多件事。朱元璋在临死前的遗嘱中说,自己当了31年皇帝,"忧危积心,日勤不怠"。这8个字实在是他辛勤一生的写照。对这一些,朱棣都是亲眼看到了的。从历史上看,后世皇帝大都不如创业皇帝勤于政事,生活条件一优越,惰性便日益增长,懒于理事,耽于享乐。朱棣不是这样,他继承了父皇的这种好作风,自己称帝后也是那样日夜操劳,使明王朝在永乐年间出现了少有的盛世景况。

(三)明初政治斗争是那样残酷,这对朱棣后来的统治风格产

---

① 《太宗实录》卷一百一十四。
② 《太宗实录》卷十六。
③ 转引自吴晗:《朱元璋传》第八章。
④ 《明太祖实录》卷一百六十五。

生了影响。

朱元璋出身于雇农,给富家放过牛、牧过羊,自己还当过游方僧,实际上就是另一种形式的乞丐。他深知贪官污吏对百姓的危害。朱元璋称帝后特别注意吏治,对那些贪官污吏和危害他政权的大臣严惩不贷。官员贪赃60两银子以上者,就要被剥皮实草,枭首示众。有的新县官一上任,就看到大堂旁边有个被剥了皮、填了草的前任。这在今天看来实在是太残忍了。但也正是这种严厉的措施,使明初吏治比较清明,行政效率也高。研究行政管理学的学者都知道,明初是中国封建社会行政效率最高的时期。

朱元璋对贪官和权臣的诛戮可说是触目惊心。洪武九年(1376),朱元璋发现地方官带着空白盖印文书到户部核对钱粮,认为其中必定有诈,便下令将各地掌印长官一律处死。洪武十三年(1380),丞相胡惟庸"谋不轨"伏诛,受株连者3万余人。洪武十八年(1385),户部侍郎郭桓勾结浙西地方官侵吞税粮,事发后,朱元璋逮杀数百人,下狱致死者达几万人。洪武二十六年(1393),蓝玉以谋反罪被杀,受株连15000余人。这一幕一幕,朱棣都是亲自看到了的,这对朱棣产生了或好或坏的影响。他即位后也特别注意吏治,也决不许大权旁落,当他诛杀建文帝的旧臣时,也是心狠手辣。

第三节　初露头角

从洪武十三年(1380)到建文元年(1399)起兵"靖难",这19年朱棣基本上是在北平度过的。他作为独当一面的藩王,由一个初出茅庐的青年渐渐成长为一个智勇双全的统帅。在这段时期,他积蓄了力量,等待着时机。虽然他还没有很多机会施展自己的才华,但已初步显示出他是众兄弟中出类拔萃的一个。

一、众藩之首

朱棣就藩在北平,这是块形胜之地。金和元两朝都在这里建都,旧时宫殿尚存。燕王府邸就在元朝旧宫,虽然有点破旧,但依然保持着旧时帝王的规制。仅此一点就是其他藩王所无法比拟的。更重要的还不在于旧时帝王宫殿,而在于北平所处的地理位置。

经过千百年来的发展,到元朝时北京已成为全国的政治中心。在中国历史上,元朝是一个真正的华夷一体、四海浑一的王朝。元朝定都于北京(那时称作大都),不只是因为蒙古民族兴起于漠北,也不是简单地继承金朝旧都,而是中国统一的多民族国家发展到一个新阶段的必然结果。北京作为全国的政治中心,成为联系长城内外、大漠南北的枢纽,也是联系南北各族人民的纽带。另外,北京形势险要,它的东南面是广阔无垠的平原,西边是蜿蜒起伏的山峰,一直向东北方向延伸,直到山海关外。山间的一些关口,大有"一夫当关、万夫莫开"之势,成为联结塞外和东北地区的咽喉。这正像永乐十四年臣下给朱棣的一道奏疏中所说,北京"山川形胜,足以控夷、制天下"。这种无可代替的优越地理位置,对朱棣日后施展他的远大抱负,无疑提供了一个有利的客观条件。

朱棣很清楚他父皇那种暴虐的脾气,也知道皇太子和众藩王间那种表面和气、内存危疑的复杂关系。他需要谨慎小心,要做一个胜任的藩王,要讨得父皇的欢心。

朱棣除了精心料理藩府诸事外,还不断四处巡视,了解山川形势,体察民间疾苦。他有时路过田家,就到农民家中叙谈,了解他们的生产和生活情况。他当了皇帝后还不时向臣下说到这种情况:

> 朕在藩邸时,数因田猎过田家。见所食甚粗粝,知其所

苦,每亲劳问之,无不感悦。……用人之道,亦须先得其心,然
后可以图功。若养之于无事之时,用之于感恩之后,未有不得
其力者。①

这段话对我们了解朱棣当燕王时的所做所想是很有帮助的。他为
了日后能成就一番大事业,他知道赢得民心的重要。他并没有耽
溺于享乐,而是处处留心民事,为自己日后有所作为做准备。

朱棣心里十分清楚,他必须极力讨得他父皇的赏识。他们虽
是父子,但政治风云时有变幻,冷酷无情。朱元璋的一句话可以
将他废掉,一句话也可以使他高升。他知道,他的父皇小时受苦
受难,当皇帝后一直提倡节俭,不喜欢奇珍异宝之类的奢靡之
物。因此,他就不用这些东西来孝敬他的父皇,而是把能代表岁
谷丰登的东西报送给朝廷。这样做果然奏效,朱元璋就是喜欢这
些东西。洪武二十八年(1395)九月,北平永清卫产有嘉禾,朱
棣就派人进献给朱元璋。所谓嘉禾,就是大禾,即庄稼棵穗特别
大者。这一次共进献 8 株,其中 2 株是 3 棵长为一体,但仍结了
穗,6 株是 3 棵长在一起有 2 穗。这 8 株嘉禾进献来以后,"群臣
表贺,太祖大喜,为诗一章赐之"。②朱元璋不仅很高兴,而且还
写了一首诗,但他的文化水平并不高。能得到朱元璋这样的恩
遇,朱棣应该很满足了。

从燕王和他众兄弟的表现来看,处处反映出燕王是较出色的
一个。其他的藩王大都不大争气。燕王的二哥秦王朱樉,因行为
多有过失,屡次遭受朱元璋训斥。后来朱元璋把他召到京师,准
备废掉他。只是由于皇太子朱标多方劝解,才未被废黜。秦王死
后,朱元璋在颁赐的谥册中说:"夫何不良于德,竟殒厥身,其谥

①　余继登:《典故纪闻》卷六。
②　高岱:《鸿猷录》卷七,"封国燕京"。

曰愍。"①燕王的三哥晋王朱棡,就藩于太原,他在就藩途中就把膳夫鞭打了一顿。为此,朱元璋颁手书将其训斥一顿。晋王性情骄纵,"在国多不法"。有人告发他有篡位的"异谋",朱元璋打算对他严加治罪,也是因皇太子劝解,"力救得免"。②

燕王的两位哥哥是如此模样,他的弟弟们也是争气的少。他们有的沉溺于酒色,耽于享乐,有的玩枪弄棒,不时干一些杀人犯法的勾当。有的喜欢吟诗作赋,那就算好些的了。有的藩王趣味十分低下,经常带几个随从驰逐郊外,有时抓住几个男女,剥光了衣服,看人家的窘样子取乐。有的藩王为了长生不死,就和一些方士混在一起,吃丹药。例如燕王的十弟鲁王,就因吃丹药毒瞎了眼睛。这使朱元璋很不高兴,他死后,给他的谥号为"荒"。比起他的众兄弟们来,燕王朱棣显然是一个佼佼者。

二、结识怪杰姚广孝

从历史上可以看出,凡是成就一番大事业的人,他身边总有那么一两个得力的谋士。例如春秋时,齐桓公"九合诸侯,一匡天下",就得力于管仲。秦末刘邦最终战胜了项羽,建立汉朝,人们都知道他得力于萧何和张良。类似的例子可以举出很多。明成祖无疑是中国历史上极有作为的皇帝之一,他在谋略方面主要得力于姚广孝。他和姚广孝是在为马皇后送葬时结识的。

洪武十五年(1382)八月十日,马皇后病死。她虽然一生没有生育,但朱棣和3个哥哥以及弟弟朱橚都称为嫡出。马皇后仁慈宽厚,也把他们当作亲生儿子一样抚养。朱棣兄弟从小就在马皇后跟前,不仅受到她的疼爱,也不断受到她的教诲。当朱棣年长以后,虽然他心里知道马皇后不是他的生母,但也要把马皇后当作生

---

①② 《明史》卷一百一十六,《秦王樉传》、《晋王棡传》。

母看待。他知道嫡出和庶出在身份上的重大差别。因此,当他一听到马皇后病逝的讣告后,便立即赶赴南京奔丧去了。

在中国历史上,马皇后是一个出名的好皇后。对于她的死,不仅宫廷中的人很悲哀,就是南京城里的老百姓也都为她哀悼。朱棣从小受她抚养,从她那里受到很多熏陶。朱元璋由一个游方僧当上大明皇帝,也得到马皇后的不少助力。马皇后是郭子兴的养女。有一次,郭子兴听信了部下或他儿子的谗言,猜疑朱元璋,马皇后就通过她养母向郭子兴解释,消除误会。又一次,朱元璋被关了起来,马皇后在怀里藏着炊饼偷偷地送给朱元璋吃,把自己的奶头都烫伤了。这一幕又一幕,都使朱元璋难以忘怀,所以称帝后他把马皇后比作唐代的长孙皇后。朱元璋有时发怒,要惩治大臣,马皇后就在他回宫后婉转进言,因而救了不少大臣。马皇后对宫中的人都很宽厚,大家都很爱戴她。当她病重时,因怕医官治不好她的病被牵连,所以就拒绝吃药。这事在后世一直传为佳话。有明一代后宫清静,没出现过大的祸乱,这与马皇后开了个好头是有很大关系的。

朱棣兄弟纷纷赶往京师,为马皇后送葬。全国都停止了娱乐活动,整个南京更是沉浸在一片悲哀之中。朱元璋为失去这位患难妻子更是悲痛,尤其是3个月前他的皇长孙朱雄英刚刚死去,这接踵而来的打击似乎是太残酷了。他还要强忍着悲痛,支撑着处理国家大事。马皇后死后,朱元璋就没有再立皇后。当时,宫中的人为了寄托对马皇后的哀思,还唱起了一首他们自己编的歌:"我后圣慈,化行家邦。抚我育我,怀德难忘。怀德难忘,于万斯年。嗟彼下泉,悠悠苍天。"①朱棣看到人们对马皇后那种发自内心的爱戴,自然很受感动。他称帝后,在南京为马皇后修建了大报恩

---

① 《明史》卷一百一十三,《太祖孝慈高皇后传》。

寺,这个念头可能在为马皇后送葬时就萌发了。修建大报恩寺为马皇后祈福,这有利于他争取民心。

马皇后被安葬在钟山南麓的孝陵,朱元璋死后也合葬在这里。葬礼自然十分隆重,朱棣以亲生儿子的身分为马皇后送了葬。葬礼过后,朱棣和几个已经就藩的藩王就要回去了。他们余哀未尽,为表示孝心,就请他们的父皇派高僧随他们一起回藩府,以便回去后为马皇后诵经祈福。当时已经就藩的藩王共有6个,除了朱棣和他的两个哥哥秦王、晋王以外,还有就藩在开封的周王朱橚,就藩在武昌的楚王朱桢,就藩在青州的齐王朱榑。朱元璋看到儿子们对马皇后如此情深,自然很高兴,就命僧录司推荐僧人。僧录司是专门管理全国佛教事务的官署,当时的僧录司左善世是僧人宗泐。他是姚广孝的好朋友,于是他就推荐了姚广孝。朱元璋把姚广孝安排给了朱棣。就是这位姚广孝,成了朱棣一生事业的得力谋士。

姚广孝是长洲(今属苏州市)人,14岁时就出家为僧,通晓阴阳术数之学。他曾经游览河南嵩山寺,遇到著名的相面术士袁珙。他一见到姚广孝就说:"这是哪里来的怪异僧人,三角眼,形如病虎,性情一定嗜杀。这是一个刘秉忠之流的人物。"[①]姚广孝听到后,非但不生气,反而很高兴。因为他知道刘秉忠是元代多才的高僧,曾辅佐元世祖成就帝业。这与他一直想有一番作为的心思正暗自相合。

对于姚广孝的远大抱负,推荐他的宗泐早就有所了解。当他们一起经过北固山(在江苏丹徒县西)时,姚广孝触景生情,赋诗怀古,词意慷慨。宗泐当时就说:"这哪里像出家人说的话呢?"姚广孝只笑而不答。宗泐推荐了姚广孝,姚广孝又归了朱棣,其间可

---

① 《明史》卷一百四十四,《姚广孝传》。

能有宗泐的有意安排。

关于朱棣和姚广孝的结识,还流传着一个有趣的故事。其大意是说,姚广孝进京后一见到朱棣,就感到他气度不凡,有帝王之相。朱棣也感到姚广孝非同一般。姚广孝私下对朱棣说:"如果你能让我跟随你,我一定奉一顶白帽子给大王戴。"而"王"字上面加个"白"字正是皇帝的"皇"字。对这种寓意,朱棣很清楚。因为两人一见如故,谈话投机,朱棣就请求朱元璋把姚广孝派给了自己。① 这个故事自然是不可信的,因为在朱元璋眼皮子下面,没人敢作这种露骨的表示,这是要掉脑袋的事。不管他们当时谈话的细节如何,这两位有远大抱负的杰出人物是走到一起来了,他们一起导演出了中国历史上一幕又一幕波澜壮阔的活剧。朱棣和姚广孝的结识,不能不说是他为马皇后送葬的一个意外收获。

三、初战告捷

朱棣就藩北平的头几年,北边的军务一直是由徐达主持的。徐达是明王朝第一位的开国功臣,德高望重。他又是朱棣的岳父,二人自然能很好地配合。洪武十八年(1385),徐达病死。有的野史上说,徐达患了背疽病,不能吃鹅肉,而朱元璋却偏偏送了只蒸鹅给他吃。开国功臣已经一个一个地被废除掉了,他也自知难免,就含泪吃下了蒸鹅,结果疽发而死。这个传说不一定可靠,但朱元璋有计划地除掉功臣却是真的。对于徐达之死,朱棣和王妃徐氏自然十分悲痛。这也意味着,今后对于北边的军务之事,朱棣要承担起更大的责任了。

代替徐达主持北边军务的是大将军冯胜。他也是一个很有韬略的开国名将。洪武二十年(1387),蒙元丞相纳哈出率众20万

---

① 李贽:《续藏书》卷九,《荣国姚恭靖公》。

窥伺辽东,冯胜率领傅有德和蓝玉前往征讨,大获全胜。就在班师途中,冯胜被宣布有罪,回京后喝了朱元璋赐给他的酒死去。

接替冯胜的是蓝玉。他是名将常遇春的内弟,也是皇太子妃的舅父。在征纳哈出回来后,他将一匹俘获的名马献给燕王。他知道燕王喜欢骑马驰骋,这样做一定会使燕王很高兴。但他万没有想到,燕王对他并不感兴趣,不只是没收下这马,说的话还颇有训斥的意味:"名马没献给朝廷,却先让我收下,这难道是尊重君父的道理吗?"①蓝玉羞惭满面,心里很不高兴,但他知道燕王的分量,何况燕王说的又在理,所以他未敢发作。朱棣这样做,也是有意取信于他的父皇。从此以后,蓝玉和朱棣便渐生嫌隙。据《明实录》记载,他曾私下对皇太子朱标说:"燕王在国,抚众安静不扰,得军民心。众咸谓其有君人之度。……又闻望气者言,燕地有天子气。"②蓝玉是个骄悍的武夫,他说的原话不会这样典雅,但大意可能是这样的。幸亏几年以后他也被朱元璋杀掉,不然的话,对以后朱棣事业的发展是个很大的障碍。

洪武二十三年(1390),元旦刚过,燕王朱棣就接到他父皇的命令,要他率兵征讨蒙元丞相咬住和平章乃儿不花。当时有情报说,他们正准备拥众南下。这时的燕王刚过了而立之年,正是奋发有为的时候,平常难得有这种表现才能的机会。他接到命令后,既兴奋,又紧张。虽然他已当了几年燕王,但还没有与这类的大股敌人交过手。打了胜仗,自然可以在他父皇面前立功;打了败仗呢?也可能从此一蹶不振。因此,打这一仗他必须竭尽全力,志在必胜。好在这次随同燕王出征的有大将傅友德,这是一个久经沙场、智勇双全的人物。另外,南雄侯赵庸和怀远侯曹兴等,也要听燕王

① 《太宗实录》卷一。
② 《太宗实录》卷一。

节制,他们也很能打仗。更重要的是,燕王经过多年的学习和磨炼,已经成熟了。

和燕王同时受命出师的还有晋王,由定远侯王弼跟随着他。燕王和晋王分别由北平和太原出师,合击蒙元势力。

三月初二日,燕王率领诸将领出古北口,浩浩荡荡地向北挺进。从季节上看,这时已是阳春,江南早已"绿肥红瘦",而北国还是大风扬沙,余寒未消,天气瞬息万变。大军走出古北口以后,燕王对傅友德等将领说:"北边土地辽阔,人烟稀少,我们千里行军,没有哨兵准确地提供敌情难以成功。"① 于是派出数股哨兵,提前到前方侦察。经侦察得知,乃儿不花正屯驻在迤都(今内蒙古苏尼特左旗以北,蒙古人民共和国益图附近)。正当燕王率大军向迤都挺进的时候,天公不作美,竟纷纷扬扬地下起漫天大雪来,使北国的荒原很快变为一片银白世界,天气也顿时陡寒起来。有些将士想停下来避避风寒,但燕王认为,这正是出奇制胜的好机会。于是,燕王率大军"冒大雪驰进",当赶到乃儿不花驻地时,乃儿不花还毫无觉察。燕王虽已大军压境,但不愿突然动武,而是先派观童前往劝降。观童原是蒙元的全国公,在上次冯胜北征时,他投降了明廷,授官指挥。观童与乃儿不花是旧交,两人一见面便相抱哭泣,他们都想不到会在此时此地相见。正当他们述说离别之情时,燕王已率军将乃儿不花团团围住。乃儿不花大惊,想冲出逃跑,观童劝阻了他,向他陈说了燕王的劝降之意。乃儿不花见大势已去,便决定投降,随同观童去见燕王。燕王设酒席款待,慰劳备至。这使乃儿不花大喜过望,于是自告奋勇,表示愿劝丞相咬住一起归降。乃儿不花酒足饭饱后,将他的部众安顿停当,便亲自前往咬住

---

① 谈迁:《国榷》卷九,洪武二十三年三月癸巳。

营,不几天便偕同咬住一起到燕王处请降。① 这实在令燕王太高兴了,这第一次大规模出征,竟兵不血刃而大获全胜。这一仗,燕王俘获"乃儿不花及其名王酋长男女数万口,羊马无算,橐驼数千。"②他的父皇应该为儿子的首战大捷而高兴了。

在这次军事行动中,晋王却表现得很差。他还没有看到敌人的踪影,燕王大获全胜的捷报就已传来,这不能不令他十分羞愧。他的父皇本来想让他们兄弟二人都去立功,因晋王是哥哥,对他尤寄予厚望,在出征前就运给他钞100万锭,作为赏赐将士之用,结果却没有尺寸之功。《明实录》上说:"晋王素怯,兵既行,不敢远出。"③燕王的军队等了他好久,他却迟迟不来会师,燕王便只好单独进击了。这种记载可能对燕王有意溢美,但这次胜利应主要归功于燕王则是没有问题的。

捷报传到京师,朱元璋禁不住喜悦之情,高兴地说:"扫清沙漠,就要靠燕王了"。并马上派人送去赏钞100万锭,让燕王赏赐有功将士。这次胜利是燕王才能的初次展露,也是他政治生涯的良好开端。

四、易储未果

皇太子又称储君。朱元璋立长子朱标为皇太子,后来总对他不满意,嫌他太文弱,与自己不相类。朱元璋一批一批地诛杀功臣,朱标就看不下去,有机会就进言劝谏。有一次,朱元璋故意把一根棘杖放在地上,要朱标用手去拿。朱标看到上面都是刺,面有难色。这时朱元璋就说:"你怕有刺不敢拿,我把刺都给除掉,再

---

① 《明史》卷三百二十七,《外国传八》。
② 《太宗实录》卷一。
③ 《太宗实录》卷一。

交给你，岂不是好。我杀的都是奸恶之人，把内部整顿好了，你才能当这个家。"朱标回答说："上有尧舜之君，下有尧舜之民。"意思是说，有什么样的皇帝，就有什么样的臣民。朱元璋听了顿时大怒，拿把椅子就朝朱标打去，吓得皇太子慌忙逃去。① 这个记载不一定真实，但它却反映了他们父子之间的矛盾。

在所谓嫡出的诸皇子中，朱元璋还是对燕王最中意。据《明实录》记载，蓝玉曾私下对皇太子朱标说："殿下试观陛下，平日于诸子中最爱者为谁?"皇太子回答说："无如燕王。"②从有关明代的典籍中可以看出，朱元璋确实感到燕王与自己比较相类。

洪武二十五年(1392)四月，皇太子朱标病死。这时的朱元璋已是67岁的老翁，他看到皇太子竟先于自己死去，自然十分悲痛。但是，这又给他提供了一个选择皇位继承人的机会。按照嫡长继承制，嫡长子朱标死后，应由朱标的嫡长子来继承。但朱标的嫡长子朱雄英在几年前就死了，他的弟弟就是朱允炆，即后来的建文皇帝。按理说，朱元璋的次子秦王也有继承的资格，但秦王太不争气，上年刚被朱元璋召到京师训斥了一顿，要不是皇太子劝解，就要把他的王号废掉了。因此，秦王是绝没有可能被立为太子了。这着实使朱元璋犯愁了一通。朱允炆虽也聪明，但朱元璋嫌他太儒雅文弱，尤其是他还有那么多拥兵在外的叔叔，也担心他难于统治。他还是感到燕王比较适合于继承自己的事业，但又碍于燕王只是个第四子，也难下决心。

有一天，朱元璋和几个亲近大臣密议立储之事。他说："太子死了，皇长孙弱不更事。治理国家必须得人才行，我想立燕王为皇太子，你们以为如何?"翰林学士刘三吾说："立燕王，置秦、晋二王

---

① 　徐祯卿:《翦胜野闻》。
② 　《太宗实录》卷一。

于何地？且皇孙年长，可继承矣。"①刘三吾确实说出了问题的要害，秦、晋二王都比燕王年长，不立秦、晋二王而立燕王，于宗法伦理实有违背。于是，朱元璋怀着无奈的心情，放弃了立燕王的主意，而决心立朱允炆为皇太孙。朱元璋回宫后还焚香向上天祈祷，谓国祚长短"惟听命于天"，希望上天保佑他创立的大明江山传之永久。

在封建时代，立储之事往往关系到一代的治乱。朱元璋在心情矛盾的情况下，无可奈何地立了皇太孙，由此种下了祸根。他刚死，燕王和朱允炆之间就爆发了争夺皇位的靖难之役。朱元璋囿于封建伦理，没有作出立燕王的决断。如果他真的立燕王为太子的话，也许就没有那场争夺皇位的战争悲剧了。

朱元璋感到皇太孙朱允炆更文弱，对他以后治理大明江山更不放心，因而就更加快了诛杀功臣的步伐。立皇太孙的第二年，朱元璋就借"蓝玉案"大开杀戒。蓝玉确实骄悍不法，被杀也是罪有应得。但因他受株连被杀的竟达15000余人，其中相当大一部分属于有意滥杀。朱元璋还为此案颁布了《逆臣录》，其中包括"一公、十三侯、二伯"。经过胡惟庸案的诛杀，元功宿将已经被杀得差不多了，又经过这一次大屠杀，"元功宿将相继尽矣。"②就像傅友德那种平素很谨慎的大将，第二年也没有逃脱被杀的厄运。

其实，朱元璋只是注意了一些功臣对皇位的威胁，他没有更多地注意到，真正觊觎皇位的还是他自己的了孙。

对于皇帝来说，他的儿子们或多或少地有资格继承皇位，而他们又几乎没有人不愿意当皇帝的。因此，皇子们都很关心皇位继承的事，这也在情理之中。晋王自感才能不及燕王，对燕王就很嫉

---

① 《太宗实录》卷一。
② 《明史》卷一百三十二，《蓝玉传》。

妒,也很留心燕王的动向。有一次,晋王和燕王都到南京朝觐,晋王数次对燕王说一些侮辱性的话,燕王隐忍没有发作,只是借口有病提早回北平了。晋王还派人到北平侦察燕王的动静,经常将燕王的一些琐碎小事报告朝廷。① 只是没有抓住燕王大的把柄,所以没对燕王构成大的危害。

燕王又何尝不在觊觎皇位呢? 他在名义上也是嫡出,论才能远远超出他的 3 个哥哥。只是由于偶然的原因,他未能名正言顺地被立为皇位继承人,但他无时无刻不在关注着皇位继承的事。他利用自己燕王身分的方便,广泛地结交才能之士。除了姚广孝这个心腹谋士之外,像张玉、朱能这样文武全才的人物,都成了他的死党。也正是因为他身边集中了一批能干的人才,所以在与蒙元势力的多次周旋中,他总是打胜仗。自从俘降乃儿不花那次大仗以来,与蒙元势力大大小小的仗不断有。尤其是元功宿将陆续被剪除以后,朱元璋便越来越倚重他的儿子。尤其是北边的几个塞王,在抗击蒙元势力的侵扰方面,其事权越来越大,这也给燕王提供了更多表现才能的机会。

当时,朝鲜的使臣不断到中国朝贡,一般是一年两次,有时一年数次。当他们路过北平时,也总要拜见一下燕王。在朝鲜《李朝实录》中,留下了一些有关燕王的记载。这些使臣就发现,燕王是个胸怀大志的人,不会长久地安于当藩王。

在朱元璋还在世的情况下,燕王不敢有丝毫的骄横,他必须表现得很谦恭,以免引起猜疑。但这种故意表现的谦恭有时也会露马脚。有一次,朝鲜使臣路过北平,燕王提出向朝鲜要马匹。使臣告诉朝鲜国王以后,国王马上派人把马送来,还配着崭新的马鞍。朱棣虽然把接受朝鲜鞍马的事报告了朱元璋,但还是受到朱元璋

---

① 《太宗实录》卷一。

的一顿训斥,朝鲜使臣也因此事受到责怪。① 这件事告诉朱棣,他必须更谨慎一些。他只能不动声色地关注着朝廷的变化,再就是管好北边的防务。

事情的发展往往出人意料。皇太子朱标在洪武二十五年死了以后,朱棣的二哥秦王朱樉又在洪武二十八年死去。又过了三年,朱棣的三哥晋王朱棡也病死了。朱元璋一生有 26 个儿子。洪武三十一年(1398)三月晋王病死后,燕王在众兄弟当中就成了老大。这时的朱元璋已是一个年过古稀的老翁,他苦心经营的大明江山已经历了 31 个年头,他也筋疲力尽了。马皇后和他的儿子一个个先于他死去,也是对他不小的打击。如果这时立燕王为皇太子的话,于伦序上已不会受到什么指责。但他的身体也不行了。更何况皇太孙已立了五六年,再废再立,他也没这个精力了。因此,关于易储立燕王这件事,他生前终于未办。对此,嘉靖时人高岱有过精辟的分析。他说:

> 所以欲易储而不果,盖亦有甚难处者于其间。何也?创业之主,其所为即后世之所程法。况继体垂统,大事也,祖训著有定制,岂容所行之不符也? 盖欲易储者,所以贻一世之安;而终不易者,所以定万代之法。是故有权衡轻重其间,而又况有秦晋二王在,尤难处也。②

从各方面的情况来看,如果朱元璋立了燕王为皇太子,确实可以"贻一世之安"。他没能这样做,他也意识到自己死后可能会出乱子。在晋王死后 3 个月,朱元璋也死了。在瞑目以前,这个老皇帝把驸马梅殷叫到跟前,密命他辅佐皇太孙。③ 朱元璋在世时还没

---

① 见吴晗:《朝鲜李朝实录中的中国史料》上编卷一。
② 高岱:《鸿猷录》卷七,《封国燕京》。
③ 《明史》卷一百二十一,《宁国公主传》。

能解决的问题,梅殷就更无能为力了。这位皇太孙终于未能逃过被燕王取代的命运。

第二章　训兵待举

明太祖朱元璋死了以后,皇太孙朱允炆继位,因他的年号是"建文",所以历史上就称他为建文皇帝。他按照齐泰、黄子澄等人的谋划,陆续削夺诸藩王。明成祖意识到,他也难免遭此厄运,于是便密谋筹划,准备以武力夺取皇位。

第一节　明太祖之死

洪武三十一年(1398),朱元璋已 71 岁了。这年闰五月十日,这位辛勤了一生的老皇帝离开了人世。他的死揭开了政治斗争的新的一幕。

一、太祖遗诏

关于朱元璋之死,《明太祖实录》上是这样记载的:"上崩于西宫。上素少疾,及疾作日,临朝决事,不倦如平时。"①《明太祖实录》是经过明成祖两次改修留传下来的。明太祖在临死的时候是否还"不倦如平时",后人已无法详考。但这段话却给人一种这样的印象,朱元璋好像是暴死的。明眼人一眼就可以看出来,这实际上是影射朱元璋病况不明,为明成祖以后起兵夺位提供借口。

---

① 《明太祖实录》卷二百五十七。

《明太祖实录》还接着记道，朱元璋在临死前，派宦官召燕王进京。燕王赴京到淮安，朱允炆矫诏命燕王返回北平。"上（明太祖）不之知也。疾亟，问左右曰：'第四子来未？'言不及他。"这段话实际上是告诉人们，明太祖本来想把皇位传给燕王，只是因建文帝"矫诏"将燕王阻了回去，皇位才落到建文帝手里。这与上段记载一样，也是为明成祖起兵夺位的正当性提供根据。这类记载当然是不可信的。以建文帝那种儒雅的品性，他决不会迫害明太祖，特别是他还很年轻，很希望他的爷爷能保护他几年。因而可以肯定，那些关于朱元璋未得善终的说法都是不可信的。

关于明太祖临死前召燕王进京的事，有直接的材料可以证明纯系虚构。明成祖夺得皇位后，他让一些文人编写了《奉天靖难记》这本官书，书中有他起兵时致建文帝的上书，其中说道：

父皇既病久，如何不令人来报，俾得一见父皇，知何病，用何药，尽人子之礼也？焉有父病而不令子知者，焉有为子而不知父病者？[1]

这是明成祖责备建文帝的话。这里明明说没有"令人来报"，更不要说他到淮安后又被阻回了。

朱元璋临死前对后事作了很清醒的安排，他留下了遗诏：

朕应天命三十有一年，忧危积心，日勤不怠，务有益于民。奈起自寒微，无古人之博知，好善恶恶，不及远矣。今得万物自然之理，其奚哀念之有！皇太孙允炆仁明孝友，天下归心，宜登大位。内外文武臣僚同心辅政，以安吾民。丧祭仪物，毋用金玉。孝陵山川因其故，毋改作。天下臣民，哭临三日，皆释服，毋妨嫁娶。诸王临国中，毋至京师。诸不在令中者，推

此令从事。①

这个遗诏内容亦见于万历《明会典》,只有个别字不同,例如"毋至京师",《明会典》中作"不必至京师"。语气轻重有所不同。不论从遗诏的内容看,还是从语气上来看,这个遗诏都是真实可信的。它清楚表明,明太祖又一次明确地要把皇位传给建文帝,并不许诸藩王赴京师吊祭。

二、燕王奔丧

明太祖死后,其讣告必定和遗诏一起报闻诸藩王。父皇死了,还不让诸王奔丧,这必然引起诸王的疑虑。对燕王来说,他现在是明太祖最年长的儿子,不让他进京为父皇送葬,他自然不会甘心,甚至怀疑朝中有人故意作梗,"矫诏"行事。燕王的3个哥哥已死,按伦序当由他继位,现在朝中怎么样,他不会仅仅满足于在外边观望。更何况父子至情,即使有遗诏不让奔丧,他如前去,建文帝也不好拒绝。关于燕王是否奔丧一事,诸书记载不一,有的说有,有的说无。对此,朝鲜《李朝实录》中的记载较为可信:

> 军一人自辽东逃来,本国人也,属东宁卫,以辽东役繁逃还。言燕王欲祭太祖高皇帝,率师如京。新皇帝许令单骑入城,燕王乃还。②

这里说的当指燕王奔丧一事。这个朝鲜逃卒不怀偏见,没有顾忌,他说的话当比我们国内的记载客观。令人费解的是,这里说燕王"率师如京",岂不是要公开举兵夺位吗? 其实,在朱元璋颁发的《皇明祖训》中明确规定,藩王进京可以带一部分兵马:

> 凡王入朝,其侍卫文武官员,马步旗军,不拘数目。若王

---

① 《明史》卷三,《太祖本纪三》。
② 《定宗李曔实录》一,元年三月。

恐供给繁重,斟酌从行者听。①

因此,燕王带一部分士兵赴京,属于正常行为,算不上冒犯朝廷。既然"祖训"上允许这样做,这时又是非常时刻,为了应付一些可能出现的不测事件,燕王"率师如京"正是在情理之中。这也从另一个侧面表明,那个朝鲜逃卒的话是可信的。但建文帝刚刚即位,统治未稳,对燕王尤存猜疑,故不许他"率师如京",而只许他一人进京奔丧。燕王权衡利弊,便半道返回。其中情形在《建文遗迹》一书中有所揭示:

> 太祖高皇帝崩,遗命燕王不许渡江进香,除朝廷大事,许令藩臣赍表,毋得擅自离国。时诸王子皆赴京奔丧吊,痛泣,惟王中途闻此而止。王大怒,欲令进舟,见江口设兵以守,遂不果。道衍进曰:"大王以至孝渡江,奈何有违治命,反为不孝也?愿殿下养成龙虎之威也,他日风云感会,羽翼高举,则大江只投鞭可断也。今日何得屑屑于此哉!"王深然其意,遂返国。

把这段记载和上面的材料联系起来,事情就很清楚了:燕王闻讣后即以奔丧为名,率师赴京。他看到建文帝已在江口重兵设防,未敢贸然前进。建文帝许他单骑进京,他又怕自投罗网,因而便听从了道衍和尚的话,回头返回北平,以便充分准备,待日后再"羽翼高举"。其他诸王是否都赴京奔丧了,难以详考。但从建文帝允许燕王单骑入城这一点来看,其他诸王也可能被允许单骑进京。虽有明太祖"毋至京师"的遗嘱,但诸王真的要去为他们的父皇送葬,建文帝也不便强行阻止。

有些史书则说,根本没有燕王奔丧这件事。朱彝尊在《曝书亭集·上史馆总裁第四书》中,王鸿绪在《明史稿·史例议下》中,

---

① 《皇明祖训》,"法律"条。

都持此说。他们的主要根据是,当明成祖发动靖难之役后,经3年苦战,后直奔南京,师驻龙潭,燕王望钟山落泪,说:"比为奸恶所祸,不渡此江数年。"以此证明燕王未曾赴京奔丧。如果以此证明燕王未渡此江,还有一定道理。如果据此就说没有燕王奔丧这件事,则失之详考。实际上,燕王的确来奔丧了,因看到江上有防,他又不愿单骑入京,所以就返回了,这当然就"不渡此江数年"了。这条材料见于《太宗实录》卷九,《奉天靖难记》卷四中也有同样记载,应属可信。实际上,它与前两段史料所揭示的史实并不矛盾。

三、建文继位

皇太子朱标死了以后,朱元璋经过近半年的踌躇,终于下决心立朱允炆为皇太孙。那时朱允炆才16岁。他当时就感到,那些拥兵在外的叔父对他是个威胁。为此他曾和太常寺卿黄子澄议论过此事:

> 惠帝为皇太孙时,尝坐东角门谓子澄曰:"诸王尊属,拥重兵,多不法,奈何?"对曰:"诸王护卫兵,才足自守。倘有变,临以六师,其谁能支?汉七国非不强,卒底亡灭。大小强弱势不同,而顺逆之理异也。"太孙是其言。①

听了黄子澄这番话,朱允炆这才安下心来。6年以后,朱元璋死了,他也就成了明代的第二任皇帝。从立皇太孙到他继位,一切都显得有条不紊,平静无事,没有任何人提出过异议。慑于朱元璋的威严,也没人敢提异议。但在平静的地表下面,不知有多少股觊觎皇位的暗流在涌动,时机一到,随时都可能冲出地面,与建文帝展开激烈争夺。

皇位意味着至尊至贵至荣,皇帝被神化为上天派往人间的总

---

① 《明史》卷一百四十一,《黄子澄传》。

代表。也正因如此,任何礼教和宗法规则都不能杜绝对皇位的觊觎。为了使皇位继承有条不紊,嫡长子继承制便成了一条重要的宗法原则。但它是一把有利有弊的双刃剑,虽可使皇位继承显得有章可循,但它也会把懦弱甚至昏庸的人推上皇帝的宝座,从而给全社会带来难以估量的危害。"在争夺皇位问题上,这些皇家子孙并不把什么宗法规定认为不可侵犯,也并不讲究什么夫妇父子兄弟叔侄等亲亲之谊。礼教纲常等恍似一层易破的轻纱,并未掩盖住因此一问题而激发的绵亘不断的严重冲突。"①建文帝就是一个比较文弱仁柔的皇帝。他按照这种继承规则登上了皇位,但他无法驾驭他的叔父,终于无可奈何地被他的叔父所取代。

对于建文帝的文弱,朱元璋似乎早有觉察,明代人还为此附会出一些传说。据说建文帝从小就长了个偏脑袋,朱元璋戏称之为"半边月"。有一次,皇太子朱标和朱允炆都在朱元璋跟前,看到新月当空,朱元璋就让他们各作一首咏新月的诗。朱标的诗是:

　　昨夜严陵失钓钩,何人移上碧云头?

　　虽然未得团圆相,也有清光照九州。

朱允炆的诗是:

　　谁将玉指甲,掐破碧天痕。

　　影落江湖里,蛟龙不敢吞。

朱允炆的这首诗虽然构思尚可,也算晓畅,但气魄显然不足,尤其是在朱元璋这个创业帝王的眼中,这诗就太显得书生气了。所以"太祖览之不悦,以其口气非吉兆也。"②这件事不一定很真实,有的人认为,这是隐喻后来建文逊国的事,但建文帝比较文弱仁柔则是公认的。

---

①　韦庆远:《论封建皇权和皇位继承问题》,见《明清史辨析》。

②　吕毖:《明朝小史》卷三,《蛟龙不敢吞》。

有一次在宫禁中看跑马,朱元璋出了个上联:"风吹马尾千条线",让朱允炆和燕王对下联。朱允炆对的是:"雨打羊毛一片毡";燕王对的是:"日照龙鳞万点金"。① 朱允炆对的也算工稳,但气魄远不及燕王大。有的人对他们二人的联语大加发挥,认为仅从这两句联语中就可以预卜二人的成败。

朱元璋封了9个塞王,其中除燕王外,还有辽王、宁王、谷王、代王、晋王、秦王、庆王、肃王,都靠近边地。朱元璋要他们每年都要训将练兵,塞上有战事,他们就可以提兵抵御。朱元璋对这种安排很得意,有一次他就对皇太孙朱允炆说:"我把防御外敌的事交给诸王,边境上可以保证没事了,让你当一个太平皇帝。"朱允炆听了后说:"虏不靖,诸王御之;诸王不靖,谁去抵御他们呢?"朱元璋可能也没想到这一层,听朱允炆这么一说,"默然良久",自己没想出好办法,就反问朱允炆:"你的意思怎么样呢?"朱允炆对此想得比较多,他当即回答道:

"以德怀之,以礼制之,不可则削其地,又不可则废置其人,又其甚则举兵伐之。"

太祖曰:"是也,无以易此矣。"②

看来朱元璋也承认,他也没有比这再好的办法了。这段记载表明,在朱元璋死前,他们祖孙二人就议论过诸王可能犯上的事,但朱元璋一直没有觉悟,只相信自己安排好的那一套礼法。这一套礼法如果万一不灵,那就只有采用朱允炆那套小法了。朱允炆也是说对诸王先德、先礼,仍然不行,再削、再废、再讨,对此朱元璋确实也无可指责。建文帝即位后,还没看到他对诸王施什么德和礼,就迫不及待地开始削藩了。

---

① 吕毖:《明朝小史》卷三,《雨打羊毛》。
② 尹守衡:《明史窃》卷三,《革除记》。

第二节　建　文　削　藩

建文帝一即位,就按照齐泰、黄子澄的建议,首先从周王开刀,陆续削夺了数位藩王。对燕王虽未公开削除王号,但也采取了很多防范措施。

一、首削周王

建文帝一即位就找黄子澄密议:"先生还记得往日在东角门说过的话吗?"黄子澄顿首回答:"不敢忘。"黄子澄当然知道是指削藩的事。① 他原是建文帝的父亲朱标的伴读,关系密切,建文帝一直把他当做自己的心腹。他原任太常寺卿,建文帝即位后又让他兼翰林学士,这就可以更方便地参与密议。

黄子澄受到建文帝的提示,回来就找兵部尚书齐泰商议。二人都是洪武十八年(1385)进士,相处甚洽。建文帝平时也很器重齐泰,即位后让他和黄子澄"同参国政"。他们二人对建文帝也都尽心辅佐,在削藩问题上也见解一致,因而成为建文帝削藩的左膀右臂。

按照齐泰的意见,应该先削夺燕王。在齐泰看来,燕王最强,威胁也最大,把最强的削了,其他诸王也就好办了。但黄子澄却持不同意见,他说:"不能这样,周、齐、湘、代、岷诸王,在先帝在时就有很多不法的事,削之有名。今要削藩,应先从周王开始。周王是燕王的同母兄弟,削了周王就等于翦除了燕王的手足。"②他们二人商议好以后,第二天就报告了建文帝。于是,建文削藩就先从周

---

① 《明史》卷一百四十一,《黄子澄传》。
② 同上。

王身上开了刀。

周王朱橚是朱元璋的第五子,生于至正二十一年(1361)。他最初被封为吴王,因朱元璋称帝前即称吴王,所以又改封他为周王,洪武十四年(1381)就藩开封。他是个不安本分之人,洪武二十二年(1389)竟擅自离开王府,到了凤阳。朱元璋听了很生气,准备将他徙往云南,后改变主意,把他留在京师,让他的长子掌管王府事,两年后才让他归藩。"(朱)橚时有异谋,长史王翰数谏不纳,佯狂去。"①这里的所谓"异谋",显然是指想夺取皇位的事。周王也是个颇有才干的人,有这种野心并不奇怪。王翰劝谏他数次,他都不听,致使王翰佯狂而去,可见他的这种"异谋"已有相当表现。建文帝即位后,不是别人,而是他的次子朱有爋告了他的状。此事不只见之于《明史》,在其他史书中也有记载。例如《万历野获编》就记道:

建文帝即位,(周)王次子有爋告王谋逆。②

儿子告发父亲,在一般百姓中也很少见,但在明朝历代藩王中,此类事时有所闻。在王位继承上发生了矛盾,他们就相互到朝廷告状。朱有爋告发他的父亲周王"谋逆",肯定不是出自什么"大义",而是由继承上的矛盾所致。

朱有爋的告发实在太及时了,这促使建文帝马上接受了齐、黄的建议,首削周王。建文帝命李景隆率兵北上巡边,路过开封,突然将周王府包围,将周王逮系,送往京师。建文帝将周王流放到云南蒙化,周王的几个儿子也都分别被徙往别处。不久,建文帝又将周王及诸子召回,禁锢于京师。

起初,将周王逮系京师后,建文帝还把周王的罪状写成敕书,

① 《明史》卷一百一十六,《诸王传一》。
② 沈德符:《万历野获编》卷四,《周定王异志》。

送给诸藩王议罪,实际上也是对诸藩王的警告。燕王见到敕书后很吃惊,朝廷真的动手了,第一个被削除的竟是和自己最亲近的同母兄弟,下一个目标可能就是自己了。周王的罪状言之凿凿,他也不便公开反对,只能写封奏书为周王求情:

> 若周王橚所为,刑(形)迹暧昧,幸念至亲,曲垂宽贷,以全骨肉之恩。如其迹显著,祖训且在,臣何敢他议?臣之愚诚,惟望陛下体祖宗之心,廓日月之明,施天地之德。①

可以看得出,燕王的这封上书言辞还是很恳切的。他并未说周王无罪,只是要建文帝"曲垂宽贷",如罪证确凿,就按"祖训"处置,语气中柔中带刚,建文帝对此也无可挑剔。据《太宗实录》记载,建文帝"观之戚然",并拿给齐、黄二人看,颇显得犹豫不决。只是由于齐、黄二人的劝说,才决心继续削藩。

二、再削数王

周王朱橚的被废,开了个先例,即以前人们把诸藩王看得很尊贵,即使有些不法行为,人们也不敢告发。现在好了,藩王也可以被废掉,还被关了起来,没什么神圣不可侵犯的了。于是,告发藩王的奏书纷至沓来。一方面的原因是,这些藩王确实多有不法行为;另一方面的原因是,告密之门一开,有些人想借以立功受赏。

接着被废的是湘王朱柏。他是朱元璋的第十二子,就藩荆州,是个颇有文武才能的人物。建文元年(1399)初,有人告发他谋反。建文帝派使臣前往讯问,朱柏很害怕,"无以自明,阖宫自焚。"②看来他确有觊觎皇位的事。

齐王朱榑是朱元璋的第七子,就藩在青州。他是个骄悍的武

---

① 《太宗实录》卷一。
② 《明史》卷一百一十七,《诸王传二》。

夫,"性凶暴,多行不法"。有人告发他谋叛,被召至京师,削除王爵,废为庶人,和周王关在一起。①

和齐王被废的大体同时,代王朱桂也被废。他是朱元璋的第十三子,就藩大同。他性情也很暴虐,被人告发,"以罪废为庶人"。②

建文元年六月,岷王朱楩也被废。他是朱元璋的第十八子,就藩岷州(今甘肃岷县)。西平侯沐晟上书建文帝,揭发岷王诸不法行为。遂将岷王废为庶人,徙往漳州。

建文帝即位后的一年内,接连废除了5个藩王,好像还颇有点气魄。岂不知他恰巧犯了一个根本性的错误。因为藩王中最强的是燕王,他所要对付的主要目标也是燕王,但对燕王没采取什么行动,却把矛头对准了几个无足轻重的藩王。这不但不能说明建文帝有气魄,反而说明他气魄不足,且策略不当。他错过了时机,给燕王留下了充分准备的时间。

三、关于削藩的不同意见

对于削藩,朝廷中存在着不同意见,直接或间接地影响了削藩政策的推行。从大处来看,这类不同意见可分为3种:一是严厉的削藩派;二是曲线削藩派;三是睦亲派,反对削藩。

严厉削藩派以齐泰、黄子澄为首。削藩的诏书大都出自方孝孺之手,可见他也是个削藩派。这些人头脑比较清醒,深知封藩之害,为了使国家长治久安,必须削藩。他们是一帮文人,虽受到建文帝的信任和倚重,但处理像削藩这类事,并非其所长,因而往往举措失当。

① 《明史》卷一百一十六,《诸王传一》。
② 《明史》卷一百一十七,《诸王传二》。

仔细翻检一下明代的史籍就会发现,一些才华出众的文人大都认识到宗藩之害,因而主张予以削夺。例如明代著名的大才子解缙,他在洪武时就议论过封藩的危害。建文帝刚一即位,他就来到京师,因被人弹劾,谪往河州卫。临行前,他致书礼部侍郎董伦,再一次说道:"……分封势重,万一不幸,必有厉长、吴濞之虞。"①另一著名文人胡广,在建文二年(1400)廷对时,有"亲藩陆梁,人心摇动"的话,实际上就是说,藩王不安本分就会危害国家。② 这话自然很合建文帝的心意,因而胡广成为那年的状元。

曲线削藩派以高巍和卓敬为代表。他们也认识到了封藩的危害,但不主张严厉削除,而主张采用比较温和的办法,逐渐削弱藩王的势力和影响。例如高巍,他主张应像汉代主父偃的办法那样,实行"推恩"。他在上书中说:

> ……不削,朝廷纲纪不立;削之,则伤亲亲之恩。贾谊曰:"欲天下治安,莫如众建诸侯而少其力。"今盍师其意,勿行晁错削夺之谋,而效主父偃推恩之策。在北诸王,子弟分封于南;在南,子弟分封于北。如此则藩王之权,不削而自削矣。臣又愿益隆亲亲之礼,岁时伏腊使人馈问。贤者下诏褒赏之。骄逸不法者,初犯容之,再犯赦之,三犯不改,则告太庙废处之。③

高巍的这个建议比主父偃更前进了一步。主父偃的"推恩策",是在原封国的土地上,除嫡长子继承外,其他诸子也都要继承一部分,郡王数目越来越多,力量则越来越小。高巍的这个建议还要易地而封,南方的藩王子弟封到北方,北方的藩王子弟封到南方。这

---

① 《明史》卷一百四十七,《解缙传》。
② 《明史》卷一百四十七,《胡广传》。
③ 《明史》卷一百四十三,《高巍传》。

对削弱藩王势力应说更有力。建文帝看到高巍的奏书以后,认为说得有道理,但还没来得及实施,燕王就已经起兵了。

户部侍郎卓敬则主张将燕王徙封到南昌。他曾向建文帝密疏上言:

> 燕王智虑绝伦,雄才大略,酷类高帝。北平形胜地,士马精强,金、元所由兴。今宜徙封南昌,万一有变,亦易控制。夫将萌而未动者,机也;量时而可为者,势也。势非至刚莫能断,机非至明莫能察。[①]

实际上,卓敬就是建议建文帝当机立断,将燕王徙封到南昌,既维护了亲亲之谊,又削弱了他的力量。应该说,这在当时是一个切实可行的措施。建文帝见奏后,虽也召来卓敬商议了一番,但不知为什么未能实行。倘若真的实行了这个办法,燕王也不好反对,历史可能完全是另一个样子。

还有些人则主张睦亲政策,反对削藩。例如御史郁新就上书建文帝说:

> 诸王,亲则太祖遗体,贵则孝康皇帝手足,尊则陛下叔父,使二帝在天之灵,子孙为天子,而弟与子遭残戮,其心安乎?臣每念及此,未尝不流涕也。此皆竖儒偏见,病藩封太重,疑虑太深,乃至此。夫唇亡齿寒,人人自危。周王既废,湘王自焚,代府被摧,而齐臣又告王反矣。为计者必曰,兵不举则祸必加,是朝廷执政激之使然。……彼其劝陛下削藩国者,果何心哉?谚曰:"亲者割之不断,疏者续之不坚。"殊有理也。陛下不察,不待十年,悔之晚矣。[②]

郁新的言辞颇为激烈,他认为对诸藩王不能削,而只能恩遇。否则

---

① 《明史》卷一百四十一,《卓敬传》。
② 《明史》卷一百四十三,《高巍传》附。

的话,这是在逼他们造反。

持这种看法的在朝廷中不乏其人。例如礼部左侍郎董伦,他"质直敦厚,尝劝帝(建文帝)睦亲藩",建文帝未予理睬。① 杨砥也曾上书建文帝:"帝尧之德始于亲九族。今宜惇睦诸藩,无自剪枝叶。"②这些建议虽未被建文帝采纳,但也会对他的削藩行动产生影响。

四、对燕王的防范

建文帝五月即位,八月就废削了周王,第二年四月开始,又一连废削了4个藩王。这期间要说对燕王没有任何提防,也不对,只是没公开将燕王废削,对他还是采取了一些防范措施的。

当燕王为周王说情的奏书送来以后,建文帝"观之戚然",看来颇受感动,想就此罢手。他还把燕王的奏书交给齐泰、黄子澄二人看,认为"事莫若且止"。齐、黄二人回去后密议,认为建文帝有"妇人之仁",削藩的事决不能就此停止。第二天,他们二人又劝说建文帝,认为燕王最为可虑,"失今不图,后愧无及"。建文帝犹豫不决,只是派人到燕王府去侦伺,结果却"无所得",没抓住燕王有罪的把柄。燕王虽然时刻都在觊觎着皇位,在周王被废后更加紧了准备,但做得比较隐蔽,让人看不出破绽。这也正是燕王不同于其他几个藩王的高明之处。但是,既然燕王在密锣紧鼓地准备夺取皇位,恐怕也难以做到一点破绽都没有。到底是一点破绽没有呢,还是侦伺的人有意为燕王掩饰呢,现在已难以详考。《太宗实录》上只是说,齐、黄二人主张就以燕王的奏书为由,"指以连谋",即可将燕王废削。《太宗实录》由燕王的儿子仁宗主持修撰,

---

① 《明史》卷一百五十二,《董伦传》。
② 《明史》卷一百五十,《杨砥传》。

对燕王可能有所溢美。但从当时的情况来说,既然建文帝君臣都明明知道燕王是最大的威胁,却迟迟未将他削除,看来确实未抓到谋反之类的把柄。

在这种情况下,建文君臣就只好对燕王采取一些防范措施了。齐泰建议,北边的蒙元势力近来有南下的迹象,并接到了这样的边报,应以防边为名,调集军队驻守开平(今内蒙古自治区多伦县)。开平是元朝的上都,元朝皇帝还不时到那里住上一段时间,是个军事要地。调一支可靠的军队到那里驻守,既可以抵御蒙元势力,也可以牵制燕王。因为北边有敌情,建文帝还按照齐泰的建议,将燕王护卫中的精锐全部调出,到开平驻守,其目的显然是为了削弱燕王。除此之外,建文帝还命谢贵为北平都指挥使,掌管北平军事;命张昺为北平布政使,掌管行政。他们对建文帝都很忠心,实际上就是让他们把北平控制起来。他们还有秘密"觇察王府动静"的使命。①

4个月以后,按照齐泰、黄子澄的建议,建文帝又作了一番更周密的部署。建文元年(1399)三月,命都督宋忠调沿边各卫马步兵3万,驻守开平,燕王部下的精锐都转到宋忠麾下。在燕王部下,关童指挥着一支蒙古骑兵,十分精悍。建文帝便将关童等人调入南京,其所属骑兵转归宋忠指挥。另外,又调属于北平的永清左卫官军驻守彰德,永清右卫官军驻守顺德,并命都督徐凯练兵临清,都督耿瓛练兵山海关。这样一来,一些将领率大军驻守在北平周围,张昺和谢贵在北平城内控制燕王,而燕王部下的精锐又多被调出,这种部署不可谓不严密了。在建文帝看来,即使燕王举兵反叛,也可以一举将其擒获。

---

① 《太宗实录》卷一。

54

第三节　众谋士怂恿起兵

对于明成祖来说,周王被废削是个信号,下一个也就可能轮到他了。但对于公开起兵夺位这件事,一开始他还颇为犹豫。随着其他几个藩王被削和朝廷针对他所采取的一些措施,他感到形势越来越紧急。他身边的一些谋士也利用一切机会对他进行鼓动,从而促使他下决心起兵。

一、姚广孝和袁珙

姚广孝是燕王的第一位谋士。因他的僧名叫道衍,所以习惯上又称他为道衍和尚。他随燕王到北平后,就在庆寿寺当住持,在那里为马皇后祈福。他的主要心思却不在这里,而是帮助燕王成就一番大事业。他经常出入燕王府中,形迹甚密。

明太祖死了以后,姚广孝感到机会来了,便千方百计地怂恿燕王起事。尤其是周王和其他几个藩王被削以后,姚广孝更是使用各种方法鼓动燕王,要他起兵夺取皇位。据一些野史记载,姚广孝曾为明成祖占卜。姚广孝跟人学过阴阳术数之学,懂点占卜的知识。有一次燕王让他为自己占卜,还问他是什么卜术。姚广孝说是"观音课"。他交给燕王 3 枚铜钱,让燕王掷。燕王刚掷出一枚,姚广孝就一本正经地说:"殿下要做皇帝乎?"燕王马上制止他说:"莫胡说。"[①]燕王说归这样说,但对这种预示着自己要当皇帝的卦象,他一定会从内心里感到高兴。

燕王和姚广孝是密友,姚广孝对燕王想当皇帝的心思是很清楚的。明朝人还流传着这样一个故事:有一次,燕王写了个上联,

---

① 吕毖:《明朝小史》卷四,《观音课》。

"天寒地冻,水无一点不成冰。"姚广孝随口就对了下联:"世乱民贫,王不出头谁作主。"①从姚广孝对的这个下联来看,怂恿燕王起兵的意思就很明显了。这个故事可能带有后人附会的成分,但它反映的历史情况却是可信的,即姚广孝是燕王起兵的有力鼓动者。

姚广孝有个朋友,叫袁珙,也是明初的一个奇人。他善于相人,据说曾相士大夫上百人,"无不奇中"。姚广孝把他引荐给燕王,把他召来北平。燕王故意穿上卫士的服装,和9个卫士一起在酒馆中喝酒。袁珙走进来一看,便马上跪在燕王面前说:"殿下怎么这样不自爱呢?"那9个卫士都故意笑话他,说他瞎说,燕王也装作不以为然。但袁珙就是认准了燕王,出口就称殿下。燕王怕他信口说出一些有妨碍的话,便急忙带他回宫。袁珙在宫里又仔细对燕王相了一番,说燕王"龙行虎步",有天子之相。到40岁的时候,胡须过了肚脐,就要登上皇位了。燕王听了自然十分高兴,但害怕这些话泄露出去,传入朝廷于自己不利,便把袁珙打发了回去。②

袁珙为燕王相面是否这样富有戏剧性,我们可不必细究,但相面这件事是大体可信的。燕王即位以后,马上将袁珙召入京师,授官太常寺丞,可能就是对他的回报。

袁珙有个儿子,叫袁忠彻,自小从父亲那里学到相人的本领。他当时也随袁珙到了北平。有一次,燕王设宴招待北平的文武大员,暗中让袁忠彻对他们相面。袁忠彻对燕王说,宋忠"面方耳大,身短气浮",张昺"面方五小,行步如蛇",谢贵"臃肿早肥而气短",耿瓛"颧骨插鬓,色如飞火",景清"身短声雄",他的结论是,

---

① 唐枢:《国琛集》卷上。
② 《明史》卷二百九十九,《袁珙传》。

这几个人"于法皆当刑死"。这几个人都是建文帝派来监视燕王的,现在燕王听了这话,自然是"大喜,起兵意益决"。① 燕王即位后,他也和父亲袁珙一起奉召进京,授官鸿胪寺序班,得到丰厚的赏赐。这大概是因为他的话后来一一应验的缘故。

二、金忠和颠士

金忠是袁珙的朋友,精通《易经》,善于卜筮。他曾在北平以占卜为生,多奇中,北平城里的人都称他为神人。姚广孝在燕王面前不断称赞金忠的卜术。燕王这时正盘算着起兵的事,就以生病为名,召金忠前去占卜。结果,燕王得了一个"铸印乘轩"的卦。金忠借以发挥道:"此象贵不可言。"实际上就是说,燕王有天子之象。从此以后,金忠就经常出入燕王府中,并以占卜劝燕王举兵起事。② 后来,金忠就成了燕王的心腹。燕王即皇位后,金忠官至兵部尚书。

当时还有一个颠士,不知是何处人,也不知道他叫什么名字,行为疯疯癫癫,说的话显得荒诞不经,但他说的事却往往应验。燕王让人把他召来,他净说一些隐语,暗含有鼓动燕王起兵成大事的意思。有一天,张玉的儿子张辅在那里坐着,背上有些灰尘,颠士就拍着张辅的背说:"这里这么大的灰尘,还不起吗?"实际上是说给张玉听的,即还不赶快帮着燕王起兵吗? 张玉是燕王手下的第一员大将,极受信任。他这是在鼓动张玉,让张玉去鼓动燕王。

有一天,颠士突然求见燕王,说城西有一块风水宝地,贵不可言,并问燕王:"殿下有可以埋葬的人吗?"燕王认为这是不吉利的话,就没好气地说:"没有。"颠士又说:"殿下的乳母在哪里呢?"燕

---

① 《明史》卷二百九十九,《袁忠彻传》。
② 《明史》卷一百五十,《金忠传》。

王说:"早死了,埋葬在乱草丛中了"。颠士说:"赶快把你的乳母改葬在那里,以后一定有征验。"燕王还真的听信了他的话,将他的乳母冯氏改葬在颠士所说的那个地方,即后来所说的"圣夫人墓。"①燕王即位后,追封他的乳母冯氏为"保圣贞顺夫人","圣夫人墓"也就由此而来。据《明实录》记载,燕王在即位当年的十一月间,就派郑和赴北平祭奠他的冯乳母。②

像明成祖这样一个雄才大略的帝王,竟然还让一些方士为他占卜,这在今天看来似乎有点可笑。但应该承认,古代的人们大都有迷信心理,即使一些大人物也难以摆脱。卜筮是一种文化现象,也是一种历史现象。它是历史的产物,也翻转过来影响过历史。特别是对一些处于历史关键位置上的人物来说,占卜往往能产生很大的作用,有时这种作用甚至可以是决定性的。像公开起兵夺取皇位这种事,在封建时代属大逆不道,不要说不一定会成功,即使成功了,也会遭到当时人和后世人的唾骂,所以燕王曾一度犹豫不决。正是在姚广孝等人的劝说下,其中也包括着占卜,燕王才下定了起兵的决心。

三、建文新政

有一次,姚广孝秘密地劝燕王举兵。燕王说:"民心向着建文,怎么办呢?"姚广孝巧妙地回答道:"我只知道天意,谈什么民心呢!"③尽管姚广孝这么说,但对于人心向背这件事,燕王不会不考虑。这也正是他一度犹豫的一个原因。因此我们有必要看一看,建文帝到底是一个怎么样的皇帝。

---

① 高岱:《鸿猷录》卷七,《靖难师起》。
② 《太宗实录》卷十四。
③ 《明史》卷一百四十五,《姚广孝传》。

平心而论,建文帝并不算坏皇帝。他生于皇宫,自幼与诗书为伴,身边大都是文墨之士,所接受的都是儒家以仁义治国的那一套学说。他即位后,对朱元璋的那一套做法多有变更,总的倾向是实行"宽仁"政治,重用文臣,优容知识分子。朱元璋是以"严猛"治国,士大夫整天怀着惴惴不安的心情过日子,在霜锋雪剑之后,建文时期无异于阳春煦日。当时推行的所谓"建文新政",除少数不合时宜难以实行外,大多数还是颇得民心的。

　　建文帝改订了一些律例。《大明律》是参照《唐律》制定的,建文帝与《唐律》仔细对照了一下,发现《大明律》加重了刑罚。他告诫三法司官员,刑罚宜宽,务崇礼教。对那些罪证不足的或可以原谅的囚犯,予以赦免。因此,洪武时期的一些冤案、错案得到纠正,一些流放的官员被赦还,许多被杀的功臣子弟受到录用。据刑部统计,建文年间的囚犯比洪武时减少三分之二。

　　建文帝对官制进行了一系列的改革,文官的地位得到一定程度的提高。朱元璋废丞相后,权归六部,而六部尚书都是二品,建文帝提升六部尚书为正一品,从而改变了六部尚书低于五军都督府长官的状况。朱元璋经常摧辱大臣,时而当场对大臣廷杖,建文时则没出现过这类情况。建文帝还合并了一些州县,裁减了一些冗员。

　　在经济上,建文帝采取了一些宽大的政策。他下令"蠲逋租",即免除农民拖欠的租税。老百姓因灾变卖子女为奴者,建文帝命地方官府为他们赎身。他还限制僧道寺观占田的数量,余田分给平民。洪武年间江浙一带的田赋特重,建文帝下令酌量减轻。原来江浙一带的人不能当户部的官,建文时也改变了这种规定。

　　建文帝在作风上远不像朱元璋那样独裁。他虚心纳谏,下诏要臣下直言。有一次,他上朝晚了,让大臣们等了他好大一会子。监察御史尹昌隆上疏进谏,说得颇不客气:

> 高皇帝鸡鸣而起,昧爽而朝,未日出而临百官,故能庶绩咸熙,天下乂安。陛下嗣守大业,宜追绳祖武,忧勤万几。今乃即于晏安,日上数刻,犹未临朝。群臣宿卫,疲于侍候,旷职废业,上下懈弛。播之天下,传之四裔,非社稷福也。①

建文帝继位时才 21 岁,上朝稍晚的事时或有之。尹昌隆说的话如此尖锐,但他不仅没有发怒,反而赞扬尹昌隆"切直",并让礼部宣示天下,使全国都知道自己的过错。一个年轻的皇帝,能做到这一步,应该说是不容易的。

建文帝即位不久,就派暴昭、夏原吉等 24 名大臣分头巡视天下,了解民间疾苦,免除不急之务,有什么弊政及时革除。

但是,建文改制带有复古的色彩。他按照《周礼》的记载,对六部官职名称进行了纷繁的变更,一些沿用了上千年的官名,他却改用《周礼》上的官名。一些机构的设置,也作了一些无谓的改变。最令人难以理解的是,他按照方孝孺的建议,竟然要恢复西周时的井田制。这种做法当时就遭到一些人的反对,翰林修撰王叔英说得最着实。他在致方孝孺的信中说:

> 天下之事,固有行于古而亦可行于今者,如夏时、周冕之类是也;亦有行于古而难行于今者,如井田、封建之类是也。可行者行之,则人之从之也易;难行者行之,则人之从之也难。从之易,则民乐其利;从之难,则民受其患。②

由于许多人的反对,井田制未能实行,也确实无法实行。但官制的纷更已经叫人目不暇接了。这些变更都无济于实事,反而给燕王起兵提供了借口。因为建文在变更"祖制",燕王正可以以维护"祖制"的名义起兵反对他。

---

① 《明史》卷一百六十二,《尹昌隆传》。
② 焦竑:《玉堂丛话》卷七,《规讽》。

第四节　暗中准备

建文帝五月即位,第二年七月燕王即正式起兵。在这一年多一点的时间里,建文帝不仅多次派人侦伺燕王,而且对燕王采取了一些防范措施。燕王采取各种办法迷惑朝廷,在暗中却密锣紧鼓,进行了各种周密的准备。

一、风声渐紧

对燕王来说,周王的被废削无疑是个信号。他意识到,自己也有随时被废削的可能。这时他就开始秘密地进行准备。他挑选了一批身手不凡的壮士为贴身护卫,以勾逃军为名,在全国各地招纳了一些异人术士来协助自己。这些人犹如春秋战国时期的策士,可以起到一般人所起不到的作用。

燕王府是元朝旧宫,院落广大深邃。姚广孝在后苑负责操练将士,赶造军器。为了迷惑外人,尤其是担心建文帝派来的耳目,便修筑了颇大的地下室,上面再建上房屋,周围再绕以又高又厚的墙垣,墙根下再埋上大大小小的缸瓮。为了尽可能的保险,还在后苑养了大群的鹅鸭,用鹅鸭的叫声来遮掩操练和制造军器的声音。①

的确是"没有不透风的墙",不论燕王府的围墙多么高大,府内的动静还是露出了一些蛛丝马迹。魏国公徐辉祖是徐达的长子,也就是燕王妃的哥哥,因两家来往密切,了解一些燕王的动向。他忠于建文帝,不时向建文帝报告一些有关燕王的消息,要建文帝早作提备。徐辉祖因而受到建文帝的信任,下诏为徐辉祖加官太

---

① 《明史》卷一百四十五,《姚广孝传》。

子太傅,并让他和李景隆共同掌管六军,协谋图燕的事。

到十一月间,建文帝便按照齐泰的建议,以防边为名,调兵遣将,对燕王采取了一些防范措施。看来,这时的风声是越来越紧了,以至于一些下级官员也开始谈论燕王将夺位的事。例如四川岳池教谕程济就上书建文帝说:"燕兵大概在明年就要起事了。"这当然是个很敏感的问题,一些朝臣指责程济胡说,把他召来,准备杀掉他。建文帝虽未杀他,但还是把他关进了监狱。①

建文元年(1399)正月,燕王派长史葛诚进京奏事。建文帝把葛诚带入密室,询问他有关燕王府的事。葛诚把自己所知道的情况都告诉了建文帝,深受信任,又被遣回燕王府,建文帝要他当内应。葛诚回去以后,燕王发现他神色有些反常,心里就怀疑他向建文帝告了密。幸好最机密的事他还不知道,为了不打草惊蛇,也没有马上惩治他,但暗地里对他作了提防。

这期间,建文帝陆续派了一些官员赴北平,以观察燕王动静。例如都御史暴昭,他以采访使的身份来北平巡视,回去以后向建文帝报告了一些燕王府的秘事,请建文帝早作提备。

刘璟是明初著名谋臣刘基的儿子,深受建文帝信任。他受命来到北平,看燕王有没有反常举动。这个不速之客不是平庸之辈,不仅饱读六经,而且喜谈兵事,是个文武全才的人物。燕王知道刘璟的分量,待他异常亲热,还不时与他下棋取乐。燕王也有意试探一下刘璟的真实态度。有一次下棋时,燕王对刘璟说:"你不能稍微让着我点吗?"刘璟听了这语带双关的话,心里很清楚这话的真实意思,于是便正色回答道:"可让的地方就让,不可让的地方不敢让。"答得也是话中有话。燕王听了沉默了好大一阵,感到刘璟

---

① 谷应泰:《明史纪事本末》卷十六,《燕王起兵》。

无法争取。①

　　燕王感到,这时的一举一动都受到监视。当时陈瑛任北平按察使,是掌管刑名和监察的地方最高长官。燕王想拉拢他,让人送给他一些银子,陈瑛还真的收下了。燕王自然是满心高兴。但没过多久,陈瑛就被北平按察司金事告了状,说他收受燕王贿赂,心怀异谋。为此,陈瑛被逮治,谪徙到广西。② 这又一次给燕王敲了警钟。他发现,在他所盘踞的北平城里,到处都有建文帝的耳目。

二、父子相继入京

　　进入建文元年上半年,双方之间的相互猜疑日益加深。从建文帝这方面来看,明明知道燕王是最大的威胁,但还没有拿到燕王谋反的确切罪证,没有充分的理由公开将其废削。更何况,燕王又是叔辈行中的最长者,建文帝对待他也必须格外慎重。在这种情况下,建文帝也只能一方面派人侦伺,一方面在军事上采取一些防范措施。从燕王那方面来看,虽明明知道建文帝对他不放心,从各方面提防着他,但尚未公开对他采取行动。如要公开举兵反对建文帝的话,还没有做好充分准备。更何况,从力量的对比来看,自己明显处于劣势,而且起兵反抗朝廷属于篡逆,在一般人看来是大逆不道的事。因此,没有十拿九稳的把握或者万不得已,他不能轻举妄动。在这种微妙的历史时刻,双方在表面上还都保持着温情脉脉的叔侄关系,彼此之间展开了一场紧张的心理战。

　　建文元年(1399)二月,燕王为了消除建文帝对自己的猜疑,毅然进京朝觐。燕王自恃叔父之尊,昂首阔步地由皇道上殿,到殿上也不下拜。监察御史曾凤韶弹劾燕王有"大不敬"之罪。在殿

　　① 《明史》卷一百二十八,《刘璟传》。
　　② 谷应泰:《明史纪事本末》卷十六,《燕王起兵》。

上应行君臣之礼,回宫后再叙叔侄之伦。建文帝说:"至亲勿问。"①未对燕王治罪。

关于燕王这次进京朝觐一事,有的说有,有的说无。从各种情况和有关材料来分析,此事实不容置疑。首先,从目的和作用上来看,燕王亲自赴京,可消除建文帝的疑虑,也可堵一堵主张削藩大臣们的嘴。另外,燕王还可以顺便看看朝中虚实,人心向背,以做到心中有数。

其次,说燕王不会去自投罗网,因而他不会有此行。实际上,自古至今不乏这样的例证,即敌对双方疑窦丛生时,雄才大略的人往往敢于深入虎穴,前往对方,往往能收到意外的效果,尽人皆知的刘邦赴鸿门宴就是一例。更何况,这时燕王还没有让建文帝抓到确凿把柄,还不至于马上把他怎么样。特别是,在燕王入京两个月后,燕王又命他仅有的3个儿子一起入京,以参加朱元璋逝世一周年的吊祭。如果他感到这是自投罗网的话,他决不会让他的3个儿子都去自投罗网。

再其次,后来当燕王率军将要攻入南京的时候,曾有过"不渡此江数年"的话,以此证明燕王未有此行。但是,这已是建文四年(1402)的事,而燕王入京朝觐是在建文元年,相距已3年多时间,完全可以说"不渡此江数年矣"。

最后,燕王有此行还有坚实的佐证。其一,《国榷》中有此记载,在建文元年二月"乙丑"(即二月十四日)条下载:"燕王棣来朝。"一般说来,《国榷》的记载是很可信的,它的史料价值之高为学术界所公认。

其二,姜清《秘史·燕王来朝》载:

《吉安志》载,御史曾凤韶是日侍班,(燕)王由皇道入,登

---

① 谷应泰:《明史纪事本末》卷十六,《燕王起兵》。

> 陛不拜……又,南京锦衣卫百户潘暄贴黄册内载,校尉潘安二
> 十三日钦拨随侍燕王还北平任,坐以拿张昺功升职。据此则
> 来朝明矣。

燕王于七月五日举兵反,潘安协助燕王杀了北平布政使张昺,他因此受到升赏。《秘史》中两次引潘暄贴黄,应属可信。另外,这条材料和《国榷》中的记载结合起来看,就更显得顺理成章:燕王十四日入京,建文帝钦拨潘安随侍,于二十三日回北平,在京师待了9天。于事于理,都无可挑剔。

此事在《明实录》中没有记载,这并不难理解。明成祖夺得帝位后,把建文帝说成是"矫诏"称帝,甚至在"实录"中把建文的年号都取消了。建文年间的事都记在《太宗实录》的前九卷中,称为"奉天靖难事迹",实际上是明成祖在位时定的稿。如果在"实录"中记上自己赴京朝觐建文帝这件事,就等于承认建文帝的正统性和合法性,也就等于承认自己夺位为篡逆。这对明成祖是很敏感的事,所以"实录"对此只能略而不记。

也就在这次燕王入京朝觐之时,户部侍郎卓敬密奏建文帝,要他当机立断,把燕王徙封到南昌。建文帝说:"燕王是骨肉至亲,怎么能这样做呢?"卓敬回答道:"隋文帝和杨广难道不是父子吗!"建文帝默然良久,还是下不了决心,只是说:"你不要再说了。"①由这件事也可以看出,建文帝确实优柔寡断,燕王这次进京也确实冒着一定的风险。这正像谈迁所说:"不过伺间释嫌,徼幸万一耳。"②

燕王虽然顺利地回来了,建文帝还给他派了个钦拨随从潘安,但他对燕王还是不放心,不断地派一些官员到北平去巡视。他们

---

① 谷应泰:《明史纪事本末》卷十六,《燕王起兵》。
② 谈迁:《国榷》卷十一,建文元年二月己巳。

把燕王图谋不轨的事不断报来。燕王回去后也没敢松口气,他一面加紧准备,一面为了迷惑朝廷,就假装生病,不见外人了。

五月里明太祖小祥,即逝世一周年,燕王派长子朱高炽领着两个弟弟一起入京致祭。有的谋士劝燕王说:"他们弟兄三人不宜一块进京。"意思是害怕朝廷把他们留作人质。燕王却说:"只有这样才能消除朝廷对我的怀疑。"他们弟兄三人走了不久,燕王感到有些失策,颇感后悔,但已来不及了。他们到京师以后,齐泰果然向建文帝密奏,请求把他们弟兄三人都留在京师。黄子澄却不同意这样干,他说:"如果这样做的话,燕王就产生怀疑了,就要提防了。不如放他们回去,以示朝廷对他并未产生怀疑。"徐辉祖对他的这 3 个外甥进行了观察,感到老二朱高煦尤其不安本分,便向建文帝密奏道:"在我这三个外甥当中,独有高煦悍勇无赖,不但不忠于朝廷,而且还会背叛他的父亲,日后一定是个祸害。"建文帝又询问徐辉祖的弟弟徐增寿和驸马王宁,二人都为他们弟兄三人说好话。尤其是徐增寿,他和燕王一直关系很好,自然竭力为他们弟兄三人美言。建文帝听信了他的话,就决定让他们弟兄三人都回北平。大概是高煦听到了一些不利于自己的风声,便偷偷地潜入徐辉祖的马厩,牵出一匹马,骑上就返回北平。徐辉祖派人去追,也没追上。当他们弟兄三人陆续回到北平后,燕王愁容顿消,高兴地说:"我们父子又能相聚,这是上天保佑我们的结果。"后来燕王起兵后,高煦冲锋陷阵,战功最多,建文帝非常后悔没听徐辉祖的话。[①]

三、佯狂称疾

建文元年(1399)六月,燕山护卫的一个小官百户倪谅密奏建文帝,告发燕王部下的两个官校,一个叫于谅,一个叫周铎,他们为

---

① 谷应泰:《明史纪事本末》卷十六,《燕王起兵》。

燕王招募勇士,图谋不轨。建文帝命将二人逮系京师,经过讯问,从他们口中得知了一些燕王的阴事,掌握了一些燕王违抗朝廷的罪证。建文帝下令将二人一并杀掉。这时,建文帝似乎已意识到,燕王将要谋反。于是,他又拿这事询问徐增寿。徐增寿回答道:"先帝(指朱标,他被尊为兴宗孝康皇帝)和燕王是亲兄弟,富贵已极,怎么还会谋反呢!"①建文帝半信半疑,虽未明确下令将燕王废削,但还是颁诏训责了燕王一通。

"殷鉴不远,就在夏世之后。"周王等 5 个藩王都已陆续被削夺,有的被废为庶人,有的被禁锢,有的自焚而死,其罪行还被布告全国。这都是燕王亲眼看到了的。现在建文帝亲自降诏训责,显然是个不祥之兆,这已经不仅仅是怀疑的问题了,简直就要问罪了。要公然举兵反抗朝廷吧,他还没有做好充分的准备,而且城内城外都有建文帝布置好的兵马,骤然起兵凶多吉少。燕王感到很恐慌,于是顿生一计,以装疯来迷惑朝廷。

以往追奔逐北、体格健壮的燕王,这时突然变成了另一副模样。他在大街上乱跑,大喊大叫,语无伦次,荒诞不经,有时躺在地上,半天不醒,甚至整天昏睡。燕王得了疯病的消息很快传布开来。北平布政使张昺和都指挥使谢贵来王府问疾,也想借机看一看燕王疯病的真假。这时是旧历六月,正值盛夏,一般人都感到酷热难耐,但燕王还围着火炉子烤火,嘴里还念念有词:"真冷啊!真冷啊!"燕王看到张昺和谢贵进来了,勉强支撑着身子,扶着拐杖在屋里走了几步。张昺和谢贵都是平庸之辈,看到燕王这个样子,他们还真的相信燕王得了疯病。他们把这情况报告了朝廷,建文帝也有些信以为真了。②

---

① 《明史》卷一百二十五,《徐达传》。

② 谷应泰:《明史纪事本末》卷十六,《燕王起兵》。

但这事没能瞒过燕府长史葛诚的眼睛,他秘密地对张昺和谢贵说:"燕王根本没有病,二公千万不要懈怠。"他还说,燕王很快就要举兵谋反,并把这事密疏报告了建文帝。①

这时,恰巧燕王派他的护卫百户邓庸赴京奏事,建文帝听从了齐泰的建议,下令将邓庸抓了起来,进行讯问。邓庸把燕王要举兵谋反的事都一五一十地说了出来。这时候建文帝才确实感到,燕王真的要谋反了。于是发出密诏,派人往北平逮治燕府官属,并密令张昺、谢贵逮系燕王。②

建文帝还给北平都指挥佥事张信发了一道密令,要他利用一切方便条件把燕王抓起来。张信接到这个命令很忧愁,不知道该怎么办。他母亲看他坐卧不宁,就问他有什么心事,他就把建文帝给他密诏的事说了出来。他母亲吃惊地说:"这事决不能干。我常听人说,燕王当有天下。当有天下的人是害不死的,燕王不是你所能擒拿得了的。"听了母亲这番话,张信更加愁眉不展,举棋不定。敕使来催问他,问他到底什么时候下手,张信没好气地说:"为什么这样逼我呢!"于是他就前往燕王府求见。他连去两次,燕王都以有病为由,拒绝接见。第三次,张信乘着一般妇女坐的车,径直到燕府门前,坚执求见,说有万分火急的密事相告,燕王这才让他进去。但燕王还是装着重病在身,躺在床上,眼皮半睁半闭,装着不能说话。张信到床前拜见,诚恳地对燕王说:"殿下不要这样了,有什么心事,就请告诉我。"燕王说:"我确实有病。不是假装。"张信说:"殿下还不告诉我实情呢!皇上下诏要擒拿殿下了,如无他意,就俯首就擒,如有他意,就不要再瞒我了。"燕王听了这话,便马上从床上坐了起来,向张信施礼道:"救我一家人的

---

① 《明史》卷一百四十二,《葛诚传》。
② 《明史纪事本末》卷十六,《燕王起兵》。

是你啊!"这确切的情报使燕王终于下定了决心,必须马上举事。

　　燕王立即把姚广孝召来,密商举兵的事。这时恰巧来了一阵暴风雨,屋檐上的瓦落下数块。燕王以为这是不祥之兆,心里很烦躁,脸上一片愁容。姚广孝却解释道,这是吉祥之兆。燕王听了申斥道:"你这个妄和尚,哪来的吉兆呢!"姚广孝却不慌不忙地说:"殿下没听说过吗,'飞龙在天,从以风雨。'屋瓦坠地,这是上天示意,要殿下换住黄屋了。"这是说燕王是真龙天子,一说举兵起事,上天马上就以风雨相从。旧瓦坠地,换住黄屋,也就是说很快要当皇帝了。燕王听了姚广孝这一番解释,顿时转忧为喜。[1] 一个好的谋士,不仅要帮主帅出主意,想办法,而且要能够随时随地帮主帅树立信心。古人迷信心理重,本来是件平常小事,他们就会误以为是吉兆或是凶兆。同样一件事,有的可以解释为吉,有的也可以解释为凶。看来姚广孝是个很称职的谋士,本来通常认为是凶的征兆,他却解释为吉兆,而且说得有根有据。在那紧急关头,经姚广孝这番鼓励,燕王便决定马上起兵。于是,中国历史上一场长达3 年之久的战争便拉开了序幕。

---

[1]　谷应泰:《明史纪事本末》卷十六,《燕王起兵》。

第三章 起兵靖难,巩固后方

燕王起兵后,很快便占领了北平。他以"清君侧"为名,誓师"靖难"。他的策略是首先略定后方,壮大自己。在此基础上,他接连粉碎了耿炳文和李景隆的两次大规模北伐。

第一节 北平誓师

建文元年(1399)七月五日,燕王正式起兵,公开反抗朝廷。他首先智擒了驻守北平的张昺和谢贵,夺占了九门,接着便在北平誓师,称自己的军队为"靖难"之师。历史上把这场战争称作"靖难之役"。

一、智擒张昺、谢贵

正当燕王与姚广孝密谋举兵的时候,又陆续得到一些紧急的消息。按察司的一个官吏李友直,布政司的一个官吏奈亨都知道了擒拿燕王的密诏。他们秘密地来到燕王府中,把建文帝密诏的内容告诉了燕王。这时,北平的一个守兵喝醉了酒,到大街上去磨刀。一个老太婆问他:"磨刀干什么呢?"这个士卒厉声说道:"杀燕王府的人。"这种话在平时是没人敢说的。这个老太婆意识到将会有大的变故,她便把这事秘密地转告了燕王。[①] 燕王感到事情已非常紧急了,为了准备得更周密,他便派朱能到城内外去侦

---

① 《太宗实录》卷二。

伺。朱能发现,到处都有重兵把守,谢贵把北平的七卫士兵都调来包围燕王府,另外还调来一些城外的屯田军,让他们入城协助防守。在端礼门等几个关键地方,谢贵还让士兵架起了木栅。情况十分明显,形势万分火急,燕王已来不及多作谋划,立命张玉、朱能率仅有的 800 卫士入卫王府。①

张玉、朱能是燕王的亲信,也是燕王手下最得力的两员大将。他们二人当时都是下级武官,张玉是燕山左护卫指挥佥事,朱能是燕山护卫千户。他们所能调动的只有 800 卫士,好像是太少了,实际上这是建文帝对藩王一再削夺的结果。

在藩王封国内,军士分为两种,一是守镇兵,由朝廷委任的指挥掌管;二是护卫兵,归藩王调遣。像燕王这样有防边任务的塞王,遇有紧急情况,两类军士都要听从他调遣。藩王对封国内的中央官吏也有节制权。建文帝即位后,不仅废削了 5 个藩王,而且对其他未废的藩王也进行了限制。建文帝下诏,收回了王国所在地的统治权,"王国吏民听朝廷节制",只有护卫官军听从藩王指挥。建文元年(1399)二月,建文帝再次颁诏:"诏诸王毋得节制文武吏士。"②这样,王国所在地的兵权和中央官吏的节制权都收归了朝廷。对燕王来说,由于建文帝对他猜疑日深,便以防边为名,将他的护卫兵也大都调出。因此,当他要举兵的时候,仓促之间只能召集起 800 卫士。

这形势对燕王是十分不利的。北平四周的险要关口都由朝廷新委任的亲信领重兵把守,北平城内的文武吏士基本上都听张昺、谢贵指挥。双方力量的对比确实太悬殊了。

七月五日,张昺和谢贵率兵包围了燕王府邸,用箭把文书射入

---

① 谷应泰:《明史纪事本末》卷十六,《燕王起兵》。
② 《明史》卷四,《恭闵帝本纪》。

燕王府内，上面写着朝廷要逮治的诸官属。燕王与张玉、朱能商议："满城都是他们的军士，敌众我寡，怎么办呢？"朱能说："先擒杀谢贵、张昺，其他的人就没有能为了。"燕王说："这事应当计取。现在朝廷派人来逮我的官属，我们就按朝廷的名单把这些人收起来，让来使召进来张昺、谢贵二人，说把要逮的人交给他们。他们二人一定会进来，来了就把他们擒获，这只消一个壮士就办到了。"建文帝的诏书只说"削爵及逮官属"，即对燕王只是削爵，而未说逮捕，所要逮的是燕王手下的一些官属，因此燕王还能作这种安排。

七月"癸酉"（七月五日），燕王把壮士埋伏在端礼门内，派人召张昺、谢贵。他们二人心存疑虑，不肯前来。燕王又让来使拿着要逮的名单去召他们二人，他们这才信以为实，便率领一大队兵马来到燕王府。因随从不能进入王府，被守门人喝止，所以张昺和谢贵只好把随从留在门外，只有他们二人来见燕王。

燕王见他们二人进来，便扶着拐杖坐起，设宴行酒。七月初北平的天气正热，燕王先拿出几个西瓜，说道："刚有人送来几个新摘的西瓜，和你们一起尝尝吧。"燕王拿起一片瓜，还没有送到嘴边，便突然怒喝道："现在平民百姓，兄弟宗族之间还知道互相体恤。我身为天子近属，生命却旦夕不保。朝廷这样对待我，天下还有什么事不敢干呢？"话音刚落便掷瓜于地。燕王的几个护卫一见这个暗号，便怒气冲冲地一拥而上，将张昺、谢贵二人擒获。这时，几个护卫又将葛诚、卢振二人捆绑着拉到他们二人面前，让他们知道，他们派往燕王府的这两个奸细早已败露，这也等于是张昺、谢贵二人的一条罪状。燕王投杖而起，愤然说道："我哪里有什么病！只是迫于奸臣陷害，我不得不如此。"遂命卫士将张昺、谢贵二人拉出去斩首。①

---

① 《明史》卷五，《成祖本纪一》；谷应泰：《明史纪事本末》卷十六，《燕王起兵》。

二、夺占九门

包围燕王府的士兵不知道张昺、谢贵已被杀,他们大概也没想到二人会被杀,在外边等了一个多时辰,仍不见二人出来,这些士兵便陆续散去。接着,燕王便让人传谕包围北平的将士,说张昺、谢贵二人已经被擒获,让他们各自撤回。这些将士本来大都是燕王的部下,看到这种情况,也都纷纷离去。

燕王命张玉、朱能乘夜攻夺九门。守城门的士兵慑于燕王的声威,仓促之间不知所为,有些城门不战而下。到天明时,北平的9个城门已夺占了8个,只有西直门没有攻下。这时,北平都指挥彭二得知燕王举兵造反,便急忙骑马在街上大喊:"燕王反,从我杀贼者赏。"很快集中起来千余人,向端礼门发动攻击。燕王手下的健士从府中冲出,经过一番激烈厮杀,将彭二杀掉。彭二率领的士兵也随之溃散。①

西直门的守兵仍不离去,顽强固守。燕王命指挥唐云单骑前往,传谕守兵道:"你们不要自苦! 现在朝廷已听任燕王自制一方,你们赶快离开,不离开的将格杀勿论。"守门将士听了这话,看到其他8处都已被燕王的士兵所占,料难抵挡,便很快都散去。②至此,北平的9处城门都被燕王攻占。燕王下令安抚军民,北平很快安定下来。

燕王对葛诚、卢振背叛自己非常恼火,不仅将二人杀掉,还杀了他们的全家。这时也有公开劝阻燕王起兵的。例如伴读余逢辰,"有学行",深受燕王信任。他得知燕王将要起兵,便寄书给他的儿子,立誓以死相劝阻。燕王起兵后,他又哭着谏阻,劝燕王息

---

① 《明史》卷一百四十二,《张昺传》。
② 谷应泰:《明史纪事本末》卷十六,《燕王起兵》。

兵,"言君父两不可负",被燕王杀掉。杜奇也是个才隽之士,燕王起兵,征他为幕僚,他却极力劝阻燕王"当守臣节"。燕王恼怒,立命将他杀掉。[①] 他们两个都是读书人,讲求忠义,也希望以忠义劝燕王息兵。他们不知道,当此争夺皇位的时候,任何忠义的说教都打不动他的铁石心肠。

三、誓师靖难

燕王控制了北平以后,原北平的官员纷纷归降燕王。他们当中有:北平布政司参议郭资,按察司副使墨麟,都指挥同知李濬、陈恭等等。燕王对他们都以礼相待,让他们仍各司其职。在这些原来官员的协助下,北平的人心很快稳定下来。

燕王在誓师以前,把金忠召来,让他占卜一下吉利与否。金忠占了一卦后,谓誓师起兵"大吉"。燕王听了很高兴,随即任命他为纪善,随侍左右,让他随时帮着出谋划策。燕王有了什么疑难事,也经常征求他的意见,他成了燕王的一个重要谋士。[②]

燕王起兵后,三天便"城中大定",接着就召集将士,举行誓师,正式打出了"奉天靖难"的旗号。燕王激昂慷慨地对将士说道:

> 我太祖高皇帝、孝慈高皇后嫡子,国家至亲。受封以来,惟知循分守法。今幼主嗣位,信任奸宄,横起大祸,屠戮我家。我父皇母后创业艰难,封建诸子,藩屏天下,传续无穷。一旦残灭,皇天后土,实所共鉴。《祖训》云:"朝无正臣,内有奸恶,必训兵讨之,以清君侧之恶。"今祸迫予躬,实欲求生,不得已也。义与奸恶不共戴天,必奉行天讨,以安社稷。天地神

---

① 《明史》卷一百四十二,《余逢辰传》。
② 《明史》卷一百五十,《金忠传》。

明,昭鉴予心。①

将士们听了燕王的慷慨陈词,颇受感动,至有"感动流涕"者。在这誓师的当儿,天气却突然发生了变化,风云四起,昏天黑地,人咫尺之间不相见。这天气给人以出师不利的感觉,燕王也深感不安,担心会动摇军心。但不大一会儿,东边天上的乌云闪开一缝,露出一片青天,大约一尺许,阳光由此照耀上下。将士们看到这情况非常高兴,以为是燕王的诚心感动了上天,是瑞应之兆。燕王惊恐的心情顿时全消,又转忧为喜。

燕王的这段话表明了他举兵的正当性。因为按照《祖训》,"朝无正臣,内有奸恶",藩王就可以举兵,"以清君侧之恶"。现在朝中有齐泰、黄子澄这样的奸臣,"横起大祸",他作为藩王就应该"奉行天讨,以安社稷"。对此,《皇明祖训》中的原文是这样的:

> 如朝无正臣,内有奸恶,则亲王训兵待命,天子密诏诸王统领镇兵讨平之。既平之后,收兵于营,王朝天子而还。②

这段"祖训"的意思是很明显的,即藩王在受"天子密诏"后才能举兵,除掉奸恶以后,即"收兵于营",藩王朝见天子后就要返回原处。

对照一下就可以看出,燕王的行动与《祖训》并不完全符合,他既没有"天子密诏",也不打算除奸后返回原处。他援引《祖训》不过是断章取义,以此作为举兵的借口。好在他部下的将士真正知道《祖训》的并不多,这样也可以遮挡过去。但是,按照《祖训》,藩王确实可以向朝廷索取奸臣:

> 若大臣行奸,不令王见天子,私下傅致其罪而遇不幸者,

---

① 《奉天靖难记》卷一。

② 《皇明祖训》法律条。

到此之时,天子必是昏君。其长史司并护卫移文五军都督府,索取奸臣。都督府捕奸臣奏斩之,族灭其家。①

按照这条"祖训",燕王指齐泰、黄子澄为奸臣,确实可以向朝廷索取他们,但没有说藩王可以举兵去擒获他们。因此,不论引哪一条"祖训",燕王举兵的理由都是不充分的。对此,燕王心里是很清楚的,所以他又对将士们说:"奸臣拿到以后,我就仿效周公辅佐成王,你们要了解我的心意。"②也就是说,他并不准备夺取皇位,而只是要"清君侧",除掉齐泰、黄子澄等奸臣,然后就像周公辅成王那样来辅佐建文帝。明眼人都能看出来,这只不过是他的一种借口罢了。

燕王誓师起兵,公开的说法就是"以诛齐泰、黄子澄为名"。他把自己的部队称为"靖难之师",除掉建文年号,把建文元年改称洪武三十二年。他自署官属,任命了一批文武官员。例如,他任命张玉、朱能和丘福为都指挥佥事,把向他告密的李友直提升为布政司参议。这样,燕王就建立了一个以自己为首的割据政权。

燕王接着上书建文帝,又陈述了一番起兵的理由:

奸臣齐泰、黄子澄包藏祸心,橚、榑、柏、桂、楩五弟,不数年间,并见削夺。柏尤可怜,阖室自焚。圣仁在上,胡宁忍此!盖非陛下之心,实奸臣所为也。心尚未足,又以加臣。臣守藩于燕,二十余年,夤畏小心,奉法循分。诚以君臣大分,骨肉至亲,恒思加慎,为诸王先。而奸臣跋扈,加害无辜。执臣奏事人,箠楚刺热,备极苦毒,迫言臣谋不轨。……窃念臣与孝康皇帝,同父母兄弟也,今事陛下,如事天也。譬伐大树,先翦附

---

① 《皇明祖训》法律条。
② 谷应泰:《明史纪事本末》卷十六,《燕王起兵》。

枝。亲藩既灭,朝廷孤立,奸臣得志,社稷危矣。臣伏覩《祖训》有云:"朝无正臣,内有奸恶,则亲王训兵待命,天子密诏诸王统领镇兵讨平之。"臣谨俯伏俟命。①

燕王的上书很耐人寻味。首先,他把周王等5个藩王的被削说成是齐泰、黄子澄的事,这不会是建文帝的真心,"实奸臣所为也"。其次,齐、黄还不满足,现在又要加害自己。自己一直"奉法循分",并未"谋不轨",自己完全是无辜的。再其次,这些奸臣先谋害诸藩王,这就像伐大树先剪附枝一样,最后要危害朝廷。最后,燕王在这里引用的《祖训》是原话,而他对将士们说的则不是《祖训》原话。原因很简单,如果给建文帝的上书中篡改了《祖训》原话,这反而会成为燕王的一条罪状。他可以瞒过士兵,但瞒不过朝廷。所以燕王表示"俯伏俟命",要建文帝颁密诏,允许他举兵清除奸臣。建文帝心里很明白,这只不过是燕王的借口,不管下密诏还是不下密诏,他都要起兵。他的目的决不限于除掉齐泰、黄子澄,而是要争夺皇位。建文帝见到燕王的上书以后,他的确颁了诏书,只是不是要燕王举兵"清君侧",而是"削燕王属籍",即把燕王的名字从皇族玉牒中除掉。

第二节　略定后方

燕王占领北平以后,接着便马不停蹄地攻略周围的重镇和关隘。有的强夺,有的智取,从而有了一个稳定的后方。

一、初战告捷

当谢贵调兵包围燕王府时,都指挥使余瑱是他的得力助手。

---

① 谷应泰:《明史纪事本末》卷十六,《燕王起兵》。

结果谢贵很快被杀,北平很快被燕王占领,余瑱抵挡一番,无济于事,便匆忙地退守居庸关。这时驻守蓟州的马宣也接到朝廷的命令,要他率师赴北平。与燕王的军队经过一番巷战,结果战败,仓皇地退回蓟州防守。

这时,宋忠奉朝廷之命,由开平率3万大军赴援北平。他本来就负有防备燕王的使命,燕王手下的一些精锐部队也大都调归他掌管。北平原有永清左卫和永清右卫,宋忠调左卫的军士驻守彰德,调右卫的军士驻守顺德,以协力防备燕王。当他率兵赴北平,准备协助谢贵擒拿燕王时,尚未赶到而燕王兵起,北平失守。他未敢盲目进兵,便退到怀来据守。

燕王起兵的第二天,通州卫指挥房胜即率众来降,并协助燕王作战。当此形势紧迫之时,房胜的来降对燕王真是莫大的帮助。通州靠近北平,地位重要。房胜原是燕王的旧部,曾随燕王征讨纳哈出,与燕王久已相结。他的归降不仅很快壮大了燕王的力量,而且为其它地方的将领树立了榜样,致使不少重镇以后陆续归降。房胜归降后,燕王仍命他驻守通州,以为羽翼。

燕王本来准备由通州南下,张玉献计说:"不首先占领蓟州,将会留下后患。"燕王采纳了张玉的建议,遂派朱能率师攻取蓟州(今天津市蓟县)。当时,都指挥使马宣由北平退回蓟州,严密防守。朱能派人招谕他投降,被他严辞拒绝。于是,朱能便督众四面猛攻。马宣率兵出城迎战,战败被俘,不屈而死。城内守将毛遂看到大势已去,便率众投降。

朱能抚定蓟州以后,连夜奔向遵化(今属河北)。朱能也是一个能干的将领,他一路上戒谕部下,不可胡乱杀人,"行师以得人心为本"。他挑选了一批勇士,在夜里四更时分登城,打开城门蜂拥而入,这时城里的守兵才知道是燕兵攻进来了。遵化卫指挥蒋

78

玉遂传令部下,全部归降。①

在燕师胜利进军的影响下,密云卫指挥郑亨也率众归降。

二、大破宋忠于怀来

燕师在占领通州、蓟州和遵化等地以后,东边已经安定。从南边来看,建文帝的军队在短时间内还赶不到北平,这时最大的威胁是北边的宋忠。他率领3万多军队驻守在怀来,随时准备向北平开进。只是因为北平已被燕王夺占,才没敢仓促进军。

怀来在居庸关西边。居庸关这时由俞瑱防守。俞瑱在北平失守后即退保居庸关,简练士卒,得数千人,也随时准备向北平反攻。燕王认为,居庸关地位险要,在攻取怀来以前应先攻取居庸关。他说:

> 居庸关山路险峻,北平之襟喉,百人守之,万夫莫窥,据此可无北顾之忧。今俞瑱得之,利为彼有,势在必取。譬之人家后户,岂容弃与寇盗。今乘其初至,又兼剽掠,民心未服,取之甚易。若纵之不取,彼增兵守之,后难取也。②

俞瑱在居庸关是否"剽掠",不见他书记载。他由北平仓促退回,强迫一些百姓协助守关,或许有之。但这样也就削弱了战斗力。

七月十一日,燕王命指挥徐安、钟祥和千户徐祥一起前往。俞瑱果然不堪一击,且守且战,在援兵不至的情况下只好弃关而逃,往怀来依附宋忠。燕王见到攻取居庸关的捷报以后,高兴地对部将说:"假如他们懂得团结民心,谨慎地防守这个关口,我们虽然想取得它,又怎么能很快攻破呢! 这是上天授予我的礼物,决不可

---

① 谷应泰:《明史纪事本末》卷十六,《燕王起兵》,误将朱能记为张玉。《奉天靖难记》卷一,《太宗实录》卷二,《明史》卷一百四十五,《张玉传》、《朱能传》皆记朱能攻克蓟州和遵化,是。

② 《奉天靖难记》卷一。

丢失。"于是便命千户吴玉在居庸关驻守。①

在进攻宋忠的问题上,燕军中倒产生了意见分歧。燕王认为,宋忠拥兵怀来,对居庸关有必争之势。在他未赶来以前,应该先出兵攻击他。将领们都说:"敌众我寡,难与争锋,击之未便,宜固守以待其至。"这些将领们的意见应该说是很有道理的。因为宋忠是朝廷派来防燕的主要将领,原来属于燕王的一些精锐部队现在也都由宋忠统辖,声势颇大。在敌众我寡、敌强我弱的情况下,据居庸关固守,以逸待劳,不能不说是很好的主意。但燕王自有主张,他对将领们说:"我们当以智胜,难以力论。论力则不足,智胜则有余。敌众新集,其心不一。宋忠轻躁寡谋,刚愎自用,乘他立足未稳之时,向他突然发起攻击,一定能击破他。"其实,除了宋忠轻躁寡谋、立足未稳这些有利条件外,还有一个很有利的条件,只是燕王未肯随便说出,那就是,宋忠的军队中有许多是燕王的老部下,有些可能已与燕王暗中相结。当燕王率兵赶去后,他们可以为内应,甚至可发生哗变。打胜了这一仗,燕王原来的嫡系部队就基本上可以重新收归己有。因此,燕王还是决定主动出击。

七月十五日,燕王亲自率领马云、徐祥等将领,带领精锐的骑兵和步兵8000人,卷甲兼程而进,第二天即赶到怀来。

这时,有人从怀来城内跑出来向燕王报讯,说宋忠为了激励士气,就对原北平的将士们说:"你们全家都被燕王杀害了,死尸都把沟壑填满了,你们应该奋起报仇。"这些北平的将士有的相信,有的不相信。燕王听到这情况以后,就让这些将士的家人为前锋,仍打着旧日的旗帜,首先来到怀来城下。城内那些将士们远远地看见旧日的旗帜,又看到他们的父兄子弟都还在,都高兴地相互传告:"我们家原来都安然无恙,宋都督原来在欺骗我们,我们差一点

---

① 《太宗实录》卷二。

上了宋都督的当。"于是,城内原北平将士纷纷倒戈,出城投降燕王。

宋忠弄巧成拙,本来想骗着这些将士进攻燕王,结果谎言很快被揭穿,这些将士全部倒了戈。这些燕府的精锐不仅未给自己增强战斗力,反而使自己乱了阵脚。

宋忠统领其余的部队仓促布阵,准备迎战。但阵势还没有摆好,燕王即挥师渡河,鼓噪而前,直冲宋忠大营。宋忠大败,慌忙逃入城内。燕师乘胜进攻,很快进入城内。宋忠躲到一个厕所里,被几个士兵活捉。

在宋忠部下,有些将领与燕军进行了激战。例如从居庸关逃回来的余瑱,在与燕军激烈交战中被俘,不屈而死。都指挥孙泰被燕军流矢击中,鲜血染红了盔甲,他随便裹一下伤口,又与燕军力战。最后,他和都指挥彭聚都英勇战死。有一百多被燕军俘获的将校,因不肯投降而被杀掉。

这次怀来之战,燕军大获全胜,斩首数千级,缴获战马 8000 余匹。怀来守军中,只有都指挥庄得统领的一军独全,仓皇逃去,其余军士都投降了燕王。尤其是都督宋忠被俘,燕王的部下都非常高兴,纷纷向燕王祝贺。燕王对此却不以为然,只淡淡地说:"宋忠本来就是个庸才,以伶牙俐齿取悦于人,靠诌谀奸恶和行贿得官,一掌兵柄便骄纵异常。这种荧惑小人,我视之如狐鼠。这区区小胜,哪里值得那么高兴呢!如果真获得了大胜,那又会高兴成什么样了呢?喜容易生骄,一骄傲就不谨慎了,不谨慎就是失败的苗头。"这一席话,既表明燕王有远大的抱负,也证明燕王确实比其它将领高出一筹,所以"诸将咸顿首称善"。①

怀来大捷后,开平、龙门、上谷、云中等地的守将陆续归降。七

---

① 《奉天靖难记》卷一;《太宗实录》卷二;谷应泰:《明史纪事本末》卷十六,《燕王起兵》。

月十七日,燕王命孟善率兵至永平,守将赵彝、郭亮等举城归降。郭亮曾随燕王北征蒙古,赵彝也是由燕山右卫提升起来的,都是燕王的旧部,这时都归附了燕王,壮大了燕王的力量。

三、智取卜万

七月二十二日,驻守遵化的指挥蒋玉来报,说陈亨、刘真和都指挥卜万率领大宁兵马出松亭关(在今河北迁安县西北,为古代军事要地),驻营于沙河,将要进攻遵化。七月二十四日,燕王亲自率兵往援。刘真等人听说燕王亲自率兵赶来,便退守松亭关,坚守不出。二十七日,燕王命千户李濬领兵到关口,摆出一副将攻关的架势,以试探对方。刘真等人果然不敢出战。燕王向部将分析敌方的情况说:"不把大宁的兵马击溃,终究会成为我们的后患。刘真已经衰老了,没什么能为了;陈亨一向忠诚,已托心于我,只是因卜万相胁制,才未能来降。如果除掉卜万,陈亨一定来归降我。刘真寡谋,容易对付,要用间使他们产生嫌隙。"恰巧这时部下捉到大宁部队的两个逻卒,燕王高兴地说:"我们的计策可以实行了。"于是,燕王写了一封给卜万的信,对卜万大加称赞,而对陈亨却极力诋毁。信封好后放在一个逻卒的衣领中,赏给他一些银两,还设酒席款待他,让他回去把书信交给卜万。这一切故意装着不想让另一个逻卒看见,实际上还是让他看见了。这个逻卒问看守:"要他干什么呢?"看守说:"你问这些干什么?"这个逻卒说:"如果让我知道了,绝不敢背德。"看守说:"让他回去通音讯,所以才得到了厚赏。"这个逻卒请求看守为他讲情,希望能和那个逻卒一起回去,并表示"惟命是从"。看守一本正经地答应了他,允许他和那个逻卒一起返回,但没有赏赐。

两个逻卒返回以后,没得到赏赐的逻卒忿忿不平,回去后马上就揭发了揣书信的事。刘真和陈亨立命搜查另一个逻卒,果然在他的衣领中搜到了一封书信。刘真和陈亨认为卜万已与燕王相通，便马上将卜万逮治下狱，并籍没其家。卜万后来死于狱中。①

陈亨不久便归降了燕王。他于夜间又偷袭刘真营，刘真单骑逃走，松亭关很容易地落入燕王手中。

陈亨原是燕山左卫指挥佥事，曾数次跟随燕王出塞，后升任北平都指挥使。②他原是燕王的部下，早已与燕王暗中相通，所以燕王这次用间非常顺利，使卜万这个忠勇的将领不明不白地被除掉。此事与《三国演义》中的蒋干盗书颇为相似。在古代，高明的统帅不止一次地用这种策略来离间对方。

燕王略定后方的战事进展十分顺利。在此期间，他为了让全体将士都理解他起兵的正当性，他发布了告谕全体将士的布告。这个布告与他给建文帝的上书大不一样，上书中把罪过委过于齐泰、黄子澄等奸臣，但布告中则直接指责建文帝：

> 我皇考太祖高皇帝绥靖四方，一统天下，并建诸子，藩屏国家，积累深固。悠久无疆皇考太祖高皇帝，初未省何疾，不令诸子知之。至于升遐，又不令诸子奔丧。闰五月初十日亥时崩，寅时即殓，七日即葬，逾月始诏诸王知之。又拆毁宫殿，掘地五尺，悉更祖法。以奸恶所为，欲屠灭亲王，以危社稷。诸王实无罪，横遭其难，未及期年，芟夷五王。我遣人奏事，执以捶楚，备极五刑，锻炼系狱。任用恶少，调天下军官四集见杀。予畏诛戮，欲救祸图存，不得不起兵御难，誓执奸雄，以报我皇考之仇。夫幼冲行乱无厌，淫虐无度，慢渎鬼神，矫诬傲狠，越礼不经，肆行罔极，靡有修底。上天震怒，用致其罚，灾谴屡至，无所省畏。惟尔有众，克恭予命，以绥定大难，载清朝

---

① 《奉天靖难记》卷一。
② 《明史》卷一百四十五，《陈亨传》。

廷、永固基图。我皇考圣灵在天,监视于兹,以惟尔有众是佑。尔惟不一乃心,堕慢乃志,亦自底于厥咎,陷于孥戮。窃闻之,仁者不以安危易节,义者不以祸福易心,勇者不以死亡易志。尔有众明听予言,则无后难。若彼有悛心,悔祸是图,予有无穷之休,尔亦同有其庆矣。告予有众,其体予至怀。①

为了极力诋毁建文帝,布告中有些话夸大其辞,有些则纯系凭空捏造。例如,布告中指责建文帝"拆毁宫殿,掘地五尺",这是绝不会有的事。其中也有些话说的是实情,例如,"予畏诛戮,欲救祸图存",就说出了部分实情。但是还不够,因燕王起兵还不仅仅是"救祸图存",而且还要夺取皇位,只是他不能把这个意思和盘托出就是了。

燕王不时向部下重申,他起兵是出于不得已,有时说得颇能打动人心:

吾与若等为此者,非所以求富贵,所以救死、保妻孥也。夫好生恶死,人情所同,见乱思治,古今则一。今天下者,太祖之天下也;百姓者,太祖之赤子也。权奸作难,欲殄我邦家,驱逐赤子以蹈白刃,非其所得已也。尔等慎毋嗜杀,嗜杀则伤天地之和,以损太祖数十年生育之仁。毋贪财,贪财则失民心,民心失,则大本亏矣。居民耕桑,商贾贸鬻,慎毋扰之。②

燕王的这段话实际上就是在争民心,要部下体谅他为"救死、保妻孥"而起兵的苦衷,并告诫部下,不要嗜杀,不要危害百姓耕作和商贾贸易,以赢得全国的民心,这才能成大事。后来的事实表明,尽管燕王起兵难免被人非议,但部下对燕王还是很忠心的。虽然

---

① 《奉天靖难记》卷一。《太宗实录》卷二中有较大改动,故不录。此处录文更近原件。

② 《奉天靖难记》卷一。

许多将士是由建文帝阵营中投降燕王的,但几乎没有发生过背叛燕王的事。这是燕王能顺利进军的一个重要条件。这与燕王经常对部下的戒谕是有关系的。

第三节 勇 挫 耿 炳 文

由于朱元璋接二连三地屠戮功臣,到洪武末年,耿炳文已是硕果仅存的老将。燕王起兵后连连得手,使建文帝在北平内外备燕的部署彻底破产。于是,建文帝便命耿炳文率师北伐,结果仍以失败告终。

一、耿炳文北伐

当燕王像秋风扫落叶一样攻城略地的时候,建文帝还觉得他那一套备燕的布置很严密,"以北兵为不足忧"。他"锐意文治",每天都和方孝孺等人讨论复古改制的事。大体就在燕王起兵的同时,建文帝用方孝孺为翰林侍讲。建文帝也好读古书,有什么疑难就向方孝孺这位大儒请教。他们按《周官》更定官制,方孝孺也由翰林侍讲改名为文学博士。他们讨论更定律令,减轻刑罚,以仁义治国,还要合并州县,裁减冗员,还津津有味地讨论如何实行井田。这种情景与北边硝烟弥漫的战场形成了鲜明的对照。它表明,建文帝低估了燕王的实力。他把对付燕王的事交给齐泰、黄子澄去办,自己潜心于复古改制,这就必然要一再贻误时机。

七月二十四日,就藩在宣府的谷王橞慌忙回京师,向建文帝报告燕王起兵之事。这时,前方不断失败的战报接踵而至,尤其是宋忠在怀来大败的消息传来后,建文帝才感到北边的形势比较严峻了。他召集廷臣集议,商讨对策。齐泰主张公布燕王反叛的罪状,削去他的宗室属籍,出师征讨。有的大臣认为燕王有叔父之尊,这样做有些过分。齐泰争辩道："明其为贼,敌乃可克。"①建文帝采纳了齐泰的意见,决定布告天下,出师伐燕。讨伐燕王的诏书中说:

> 邦家不造,骨肉周亲屡谋僭逆。去年,周庶人橚僭为不轨,辞连燕、齐、湘三王。朕以亲之故,止正橚罪。今年齐王榑谋逆,又与棣、柏同谋,柏伏罪自焚死,榑已废为庶人。朕以棣于亲最近,未忍穷治其事。今乃称兵构乱,图危宗社,获罪天地祖宗,义不容赦。是用简发大兵,往致厥罚。咨尔中外臣民军士,各怀忠守义,与国同心,扫兹逆氛,永安至治。②

谁来充任伐燕的统帅呢?洪武时期南征北战的老将差不多都被杀光了,这也正是藩王的兵权越来越重的一个原因。有人推测,倘若蓝玉不被杀,而仍主持北边防务的话,燕王未必能够得手。蓝玉是建文帝母亲的舅父,凶猛善战,决不是宋忠、谢贵等人所能比拟的。但是这样的猛将差不多都被杀光了,在侥幸活下来的几个将领中,耿炳文较负众望,伐燕的重任就落在了他身上。

耿炳文和朱元璋是同乡,都是濠州人。在与张士诚争战中,他攻占了江浙的门户长兴,并在那里驻守 10 年之久,"以寡御众,大小数十战,战无不胜",张士诚始终未能夺回。为此,朱元璋封他为长兴侯。后来又多次奉命征讨,多有战功。朱元璋在功臣榜中把他列在徐达之后,为一等功臣。建文时,"炳文以元功宿将,为朝廷所倚重。"③建文帝用他为征燕大将军,应该说是个较好的选择。

耿炳文这时已 65 岁,身板尚硬朗,奉命佩大将军印,驸马都尉李坚为左副将军,宁忠为右副将军,共同率师北伐。按照黄子澄奏请,建文帝又命安陆侯吴杰、江阴侯吴高、都指挥盛庸、潘忠、杨松、

---

① 《明史》卷一百四十一,《齐泰传》。
② 《明史》卷四,《恭闵帝本纪》。
③ 《明史》卷一百三十,《耿炳文传》。

顾成、徐凯、李文、陈晖、平安等,分头率师并进。提升程济为翰林编修,充任耿炳文的军师。耿璇是耿炳文的长子,他是建文帝长姐江都公主的驸马,这时也随耿炳文出征,充任前军都督佥事。数路大军号称百万,以期一举攻下北平。建文帝还传檄山东、河南、山西三省,务必保证北伐的军饷供应。

鉴于北平布政司的官员大都归降了燕王,朝廷又设置了平燕布政使司,以刑部尚书暴昭掌布政司事,驻真定(今河北正定)。暴昭曾充任北平采访使,侦得一些燕王准备谋反的事,要建文帝早作防备。建文帝觉得他是个可靠的大臣,就派他去真定协助伐燕。当时,真定已成为讨伐燕王的前方基地。

耿炳文亲自率领的军队号称 30 万,于八月十二日进驻真定。与此同时,都督徐凯率偏师抵驻河间,潘忠和杨松驻扎于莫州(今河北任丘北),9000 精锐的先锋部队抵据雄县。这样,在真定前方,雄县、莫州和河间就成了对抗燕师的三道防线。雄县离北平已经很近,这就摆出了随时进攻北平的架势。

耿炳文的长子耿璇建议,应派精锐部队出其不意地直取北平,但耿炳文老成持重,未予采纳。耿璇认为这是坐失良机,非常忧愤。①

二、燕王奔袭,南军败绩

耿炳文率师北伐的消息很快就传到了北平。燕王知道耿炳文是久经沙场的老将,从双方力量的对比来看,南军占有很大的优势。对燕王来说,这是一场生死攸关的战斗,他必须亲自率兵迎战。

八月十五日,燕王率兵来到涿州,驻扎在刘备的故里娄桑(在

---

① 《明史》卷一百三十,《耿炳文传》。

涿州西南 15 里许)。在这里,燕王让部下稍事休息,饱餐一顿,把马喂得饱饱的,做好一切进击的准备。燕王对部下说:"今天是中秋节,敌人不会想到我们会马上赶到,一定会饮酒自若。我们出其不意,攻其不备,一定可以大获全胜。"随即督军速行,午后渡过白沟河,半夜时到达雄县城下,随即将城团团围住。南军没料到燕军会来得这么快,他们还在饮酒赏月的当儿,燕军已神不知鬼不觉地潜伏到城下。当燕军已将城团团包围时,他们才发觉。南军"登城大骂",大概是骂燕军中秋节来攻,太不仁义。城内的 9000 守军是南军的精锐,尽管是半夜间仓促应战,但还是作了拼死的抵抗。燕军在夜间发动进攻,黎明时才将城池攻破。南军的一些将士虽然被俘,但拒绝投降,所以全部被杀掉了。燕王知道了杀俘这件事很生气,他训斥杀俘的将领道:

"我举义兵是为了安社稷,保百姓,怎么能多杀人呢!我曾戒谕你们,不要嗜杀,你们却违令乱杀,这不是求生之道,而是求死之道。多杀人正好可以坚定敌人的决心,使他们害怕被杀而拼死相斗。一夫拼命,百人莫当。这不但不能成事功,也不是我们自己的福。过去曹彬下江南,不曾妄杀,所以他后世子孙繁盛。嗜杀的人却往往绝后。这次虽攻克一城,但所得甚少,而所失甚多。"①

从这一番话看来,燕王显示出了作为一个统帅的高明之处。至于他说这一仗"所得甚少,所失甚多",是指道义方面说的,即杀俘是一件失人心的事。从实际战果来看,南下第一仗就打了个歼灭战,长了自己的志气,灭了南军的威风,是个不小的胜利。这一仗缴获战马即达 8000 匹,对燕王的军力是个有力的补充。因此,尽管燕王口头上说"所得甚少",但他内心还是十分高兴的。

① 《奉天靖难记》卷一。曹彬是宋太祖赵匡胤的大将,曾率军伐蜀,克南唐,不妄杀一人,不妄取一物,为一时良将。

雄县离莫州很近,大约四五十里路,潘忠和杨松在莫州驻守。燕王估计,潘忠和杨松不会想到雄县这么快就会被攻下,一定会率兵来救援。燕王对诸将领说:"我一定要活捉潘忠和杨松。"大家都颇为迷惑,不知道燕王为什么这么有把握。

燕王命谭渊率领千余士兵先过月漾桥,潜伏在水中,等潘忠等过桥以后,听到炮声一起就马上出来占据桥头,切断潘忠等的退路。谭渊说,士兵无法在水中长时间潜伏,露出头来又怕被敌人发现,应该另想办法。燕王便命士兵每人拿一束茭草,包在头上作为伪装,人身子在水里,头露出水面,有茭草包着仍可呼吸。燕王又命少部分勇士埋伏在路侧,当看到潘忠等与燕军接战后,即举炮轰击。

一切部署就绪后,燕王即登城远望,看到潘忠等果然率兵来援,就命张玉等率军逆击。两军刚一接战,埋伏在路侧的炮手即开炮向南军轰击,谭渊率领潜伏于水中的兵士奋起夺占桥头,前后夹击,南军大败,乱作一团,往前突围没有希望,往后撤退吧,桥已被燕军夺占。南军乱哄哄地往桥上涌来,燕军英勇阻击,南军有许多人坠入河中淹死,潘忠本人也被生俘。

燕王询问潘忠,莫州还有多少兵马。潘忠说:"莫州城内还有万余兵士,战马九千余匹。现在他们听说我打了败仗,一定会很快逃跑,马上进兵,一定会很快夺占莫州。"燕王听到这种情况,立即亲自率领100多精锐骑兵为前锋,直奔莫州城下。莫州城内的南军将士知大势已去,无法抵挡,便全部投降了燕王。莫州城内的兵马辎重转眼之间都为燕王所有。①

前锋都是南军的精锐,还有众多的骑兵,燕王竟以迅雷不及掩耳之势将其消灭,其兵马正好作为自己军伍的补充,这为他在真定

---

① 谷应泰:《明史纪事本末》卷十六,《燕王起兵》。

大败耿炳文奠定了基础。

三、真定大战

莫州不战而下后,燕王率军退驻白沟河稍事休整。张玉自请率轻骑侦察一下耿炳文大军的情况。张玉有勇有谋,由他前去侦察,燕王自然特别放心。张玉回来报告说,耿炳文军"无纪律,其上有败气,宜急击"。[①] 张玉是个久经沙场的将领,知道激励士气的重要。耿炳文带了一辈子兵,所向克捷,这次是否真的"无纪律",实在难以断言。但张玉的报告确实鼓舞了士气,坚定了燕王直扑真定的决心。

燕王遂率军往真定进发,进驻无极。这里离真定很近,还不到一天的路程。燕王召集诸将商议进兵策略,也有意试探一下各个将领的勇怯,因为马上就要接战,敌众我寡的状况并没有根本改变。多数将领认为,南军人多势盛,应先移军新乐,与南军对垒。新乐在无极西,城比无极大,较易防守。只有张玉的意见与众不同,他说:"今当径趋真定,彼虽众,然新集未齐,我军乘胜一鼓可破之。"燕王听了张玉的话很高兴,觉得张玉的胆略为一般人所不及,便当着众人说:"(张)玉言合吾意,吾倚玉一人足办。"[②]燕王采纳了张玉的意见,决定直取真定。

这时,恰巧有一个耿炳文的下级将领来降,他名字叫张保,表示愿充当前锋,为燕王效力。燕王问他真定虚实,他说:"耿炳文的军队号称三十万,实际上到达真定的只有十三万,一半驻扎在滹沱河南,一半驻扎在河北。"燕王厚待张保,给了他一匹马,让他仍回到耿炳文那里去,就说自己战败被俘,趁看守不备,偷了一匹马

---

① 《明史》卷一百四十五,《张玉传》。
② 焦竑:《献征录》卷七,《张玉神道碑》。

逃了回来,并声言燕军马上就要发起进攻。诸将领不解燕王的意思,问道:"我军由间道赶来,为的是不让敌人发觉,以出其不意地发起攻击,为什么让他回去告诉耿炳文,让南军早做准备呢?"燕王的回答显然比他的部下高明,他说:

> 不然,始不知彼虚实,故欲掩其不备。今知其众半营河南,半营河北,是以令其知我军且至,则南岸之众,必移于北,并力拒我,一举可尽败之。兼欲贼知雄县、莫州之败,以夺其气,兵法所谓"先声后实",即此是矣。若不令其知,径薄城下,虽能胜其北岸之军,南岸之众乘我战疲,鼓行渡河,是我以劳师当彼逸力,胜负难必。①

燕王的这番话表明,当此南军还未齐集的时候,应一鼓作气将其全歼,所以故意让张保回去,一是让耿炳文知道雄县、莫州之败,"以夺其气",二是让他知道燕军将马上发起攻击,让他把河南的军队调往河北,以便一举全歼。众将领都认为燕王说得对,没人再持异议。

在这次大战中,张保这个人显得很神秘,他是否真的投降了燕王,实在可疑。从各方面的情况来看,他倒很像是个双重间谍。张保只在这次战役中表演了一番,以后就不知去向了。燕王也未必相信他真来投降,至少燕王的部下不少人怀疑他是耿炳文的奸细,以至燕王还不得不向部下解释,纵使"彼有反侧,去一张保,于我何损! 由是事成,亦一人之间耳"。② 实际上燕王也估计到,张保可能会有反复,只是借机利用他罢了。

八月二十五日,燕王率军奔真定。在离真定大约 20 里处,部下获得一个打柴的人,从他口里得知,耿炳文的主力都部署在真定

---

① 《奉天靖难记》卷一。
② 《奉天靖难记》卷一。

西北方向,东南方向没有防备。燕王亲自率领三个骑兵先到东门侦察,闯入南军运送粮食的车队中,捉住两个人询问敌情,知道河南岸的军队果然移驻北岸,从西门扎营,直达西山。燕王率领一小队精锐骑兵绕到城西,先冲垮了南军的两个营地。这时,恰巧耿炳文出来送朝中来的使臣,当他发觉燕军已闯了过来时,便慌忙往回走。他匆忙命部下拉起吊桥,燕军赶来将桥索砍断,吊桥未能拉起。幸赖耿炳文部下拼死抵挡,燕军只是一小股骑兵,使耿炳文得以侥幸脱身。耿炳文的一个部将登城大骂,与燕王只相距200余步,燕王能清楚地听到,所以十分恼怒,便引弓向他射去,那个部将应声倒地,城中顿时一片惊慌。

南军虽然受了点冲击,但阵脚并未大乱。耿炳文毕竟是个有经验的老将,他很快便组织起阵形,出城迎战。张玉、朱能等人率众迎面奋击,燕王以奇兵出现在南军背后,前后夹击,横穿敌阵,耿炳文军大败。

朱能率兵士30余骑追击南军到滹沱河边。这时耿炳文军还有数万人,又列阵迎击朱能。朱能人数虽少,但士气高昂,他跃马大呼,30余骑直向南军冲击,南军顿时大乱,自相践踏,死者不可胜计,弃甲投降者3000余人。燕王为此以手札慰劳朱能,并提升朱能为都指挥佥事。[①]

燕军在这次战斗中都表现得十分英勇。骑士薛禄直冲敌阵,一枪将李坚挑下马来,接着就要杀死他,李坚大喊:"我是李驸马,不要杀我。"薛禄便将他活捉回营。另外,宁忠、顾成和都指挥刘燧都被活捉。

耿炳文军大败,急忙入城。数万军士蜂拥而入,在城门口挤作一团,踩死的不计其数。耿炳文入城后即闭门坚守,不再出城迎战。

---

① 《明史》卷一百四十五,《朱能传》。

因为李坚是驸马,燕王只是把他训斥了一通,便派人将他送往北平。燕王最重视的是顾成,亲自为他解开绑,并动情地说:"这是上天把你送给我呀!"顾成是洪武时旧臣,曾充朱元璋帐前亲兵,后升任指挥佥事,"大小数十战,皆有功"。后来又守贵州10余年,"恩信大布,蛮人帖服"。这次伐燕,他任左军都督。燕王知道他老成可用,就把他送往北平,辅佐世子居守。①

这边战场上的硝烟还未散去,那边安陆侯吴杰又率偏师来援。燕王以得胜之师横击于半道,吴杰大败,仓皇逃去。

对燕王来说,真定大战可谓战果辉煌。据《奉天靖难记》载,"斩首三万余级,尸填满城壕,溺死滹沱河者无算,获马二万余匹,俘降者数万。"《奉天靖难记》是燕王称帝后让臣下修的官书,对明成祖难免有美化之辞,这里的数字可能有所夸大。《明史·耿炳文传》载:"炳文众尚十万,坚守不出。"耿炳文的部众原来到达真定的共13万,那么,这次耿炳文共损失约3万人。

燕王有一次看到,投降的南军中三五一簇地窃窃私语,就问诸将:"他们想干什么?"部下回答说,这些降兵想叛去。燕王便亲自走到降兵当中,当面对他们说:"凡投降我的人,愿去就去,愿留就留。谁要想走,就明白地告诉我,给你盘缠,送你出境回乡。如果谁要偷偷地逃跑,被逻卒抓获后决不宽恕。"降兵听了以后颇受感动,很快安定下来。有两千多降兵不愿走,燕王便将他们编入自己的部伍,其余的全部遣散。那些放归的人都称颂燕王的恩德,回去见人就说,燕王如何仁义,不好杀人。南军一再禁止传播这类话,但总是禁不住。② 比起部将杀俘的做法来,燕王优容俘虏的做法显然高明一筹。后来,南军在与燕军作战时常常不战而走,或者

① 《明史》卷一百四十四,《顾成传》。
② 《奉天靖难记》卷一。

刚一接战即投降,就与燕王的这种策略有关。

耿炳文虽然初战失利,但仍有相当实力,足以固守。真定是朝廷伐燕的基地,城内粮草充足。耿炳文又是一位善于攻守的老将。因此,当燕王对真定连攻三天而未能攻下后,便决定撤军。他对部下解释撤军的原因说:"攻城下策,徒旷时日,钝我士气。"①南军多步兵,长于固守;燕军多骑兵,长于野战。对一个城池久攻不下,就会使士气受挫,甚至招致失败。正因如此,所以燕王决定解围而去,退回北平。

在撤军的当儿,燕王忘不了说一番慰劳将士的话,把真定大战的胜利说成是将士们"效勤劳、奋死力"的结果。另外,朝廷把出师伐燕说成是大义灭亲,就像周公东征诛灭管蔡一样。燕王则反其道而行之,把自己说成是周公辅成王,齐泰、黄子澄就像散布流言危害周公的管叔、蔡叔,他要像周公东征诛灭管蔡一样除掉齐泰、黄子澄。为了完成这件正义之举,他要部下再接再厉,待"肃清朝廷"后再"方图休息"。

第四节 大败李景隆

耿炳文北伐受挫后,建文帝命李景隆代替耿炳文为最高统帅,率领50万大军北伐。燕王为避免两线作战,先出师援救永平,击溃由山海关率师来犯的吴高,接着出奇兵破大宁,收编了朵颜三卫的骑兵,再回师大败李景隆。

一、李景隆北伐

耿炳文北伐受挫的消息传到京师后,建文帝忧心如焚。黄子

---

① 《奉天靖难记》卷一。

澄则安慰建文帝说:"胜败是兵家常事,不必这么忧愁。现在国家正是全盛时期,士马精强,兵甲饶富,粮饷充足,取之不竭,用之有余。区区一隅之地,怎么能抵挡全国之力。调集五十万大军四面围攻他,寡不敌众,燕王一定会兵败被擒。"建文帝问道:"谁当统帅呢?"黄子澄毫不犹豫地说:"曹国公李景隆可以胜任,如果上次不用耿炳文而用李景隆的话,一定没有这样的挫折。"建文帝听了这番话后马上转忧为喜,夸奖黄子澄道:"你说得很好,愿你始终用心维持,他日事平以后,我一定要重重地报答先生。"齐泰认为李景隆不足担此大任,"极言不可",但建文帝不听,终于决定用李景隆代替耿炳文为北伐最高统帅。①

　　李景隆是朱元璋的外甥李文忠的长子,袭爵为曹国公。他自幼读书,颇通典故。他身材修长,眉清目秀,"顾盼伟然",举止雍容大度。朱元璋颇看重他,命他掌左军都督府事,加官太子太傅。建文帝即位后,李景隆以近亲极受信任,曾受命逮治周王。当时,周王没有任何武装反抗的准备,所以李景隆能马到成功,将周王逮系京师。自此以后,李景隆愈加受到建文帝的信赖。但李景隆只是个贵公子,没打过大仗,而且妄自尊大,有经验的人都看得出他不是个将才,所以"诸宿将多怏怏不为用"。建文帝这时才是个22岁的青年,缺少识别人才的经验和才能,觉得李景隆亲近可靠,就听从了黄子澄的建议,用李景隆率师北伐。历史上的经验不止一次地证明,用人不当往往遭致惨重的失败。这次用李景隆为将又是一个活生生的例证。

　　建文帝为李景隆举行了隆重的拜将出征仪式,赐给他"通天犀带",并亲自率领文武百官到江边钱行,又赐给他代表最高统帅

---

① 《明史》卷一百四十一,《齐泰传》。《明史·李景隆传》谓齐、黄二人"共荐景隆"。鉴于他书皆谓黄荐,故取此说。

威仪的斧钺,使专征伐,不用命者许就地处死。除此之外,建文帝还亲自为李景隆写了八个字:"体尔祖祢忠孝不忘",①以示激励。这种荣宠是耿炳文所不可比拟的。但人们内心里都明白,李景隆的军事才能远远赶不上耿炳文,尽管出征的仪式格外隆重,但随行的将领还是振作不起精神来。

李景隆出师,建文帝命高巍和刘璟参赞军事。高巍上书建文帝说:"我愿意出使北平,披肝沥胆,向燕王陈以大义,晓以祸福,感以亲亲之谊,令其休兵。"建文帝感到言辞壮烈,就答应了他。于是,高巍先期到达北平,向燕王上书,其言辞也极为壮烈可观:

……皆云"大王借口诛左班文臣,实则吴王濞故智,其心路人所共知。"巍窃恐奸臣无赖,乘隙奋击,万一有失,大王得罪先帝矣。

今大王据北平,取密云,下永平,袭雄县,掩真定,虽易若建瓴,然自兵兴以来,业经数月,尚不能出蕞尔一隅地。且大王所统将士,计不过三十万,以一国有限之众应天下之师,亦易罢矣。大王与天子,义则君臣,亲则骨肉,尚生离间,况三十万异姓之士,能保其同心协力效死殿下乎?……

愿大王信巍言,上表谢罪,再修亲好。朝廷鉴大王无他,必蒙宽宥,太祖在天之灵亦安矣。倘执迷不悟,舍千乘之尊,捐一国之富,恃小胜,忘大义,以寡抗众,为侥幸不可成之悖事,巍不知大王所税驾也。况大丧未终,毒兴师旅,其与泰伯、夷、齐求仁让国之义,不大径庭乎?虽大王有肃清朝廷之心,天下不无篡夺嫡统之议,即幸而不败,谓大王何如人?②

高巍给燕王的这封上书,言辞不可谓不慷慨,不可谓不壮烈,但就

---

① 吕毖:《明朝小史》卷三,《八字》。
② 《明史》卷一百四十三,《高巍传》。

是过于书生气。在这争夺皇位的殊死争斗中，几十万大军都不能令燕王休兵，而妄图以一纸上书就让他休兵，只能被嘲笑为迂腐。更何况，高巍所讲的这些道理燕王并不是不知道，他既然已经起兵，并已获得节节胜利，再让他效仿泰伯、伯夷、叔齐等人去"求仁让国"，那怎么可能呢！高巍曾被朱元璋旌表为孝子，所以高巍在上书的最后还说："既为孝子，当为忠臣，死忠死孝，巍至愿也。如蒙赐死，获见太祖在天之灵，巍亦可以无愧矣。"在中国古代，儒家思想确实培育出了一批批像高巍这样的忠臣孝子。燕王对高巍的做法感到既可笑，又可气，但并没有对他"赐死"，而是不予理睬，"书数上，皆不报"。高巍后来感到确实无望，只好扫兴南归。

这时，御史韩郁想用另一种办法化干戈为玉帛。他向建文帝上"机密奏"，请恢复被削诸王的王爵，让诸王世子前去劝燕王休兵：

> 燕举兵两月矣，前后调兵不下五十余万，而一矢无获，谓之国有谋臣可乎？经营既久，军兴辄乏，将不效谋，士不效力，徒使中原无辜赤子困于转输，民不聊生，日甚一日。……彼其劝陛下削藩国者，果何心哉？谚曰："亲者割之不断，疏者续之不坚。"殊有理也。陛下不察，不待十年，悔无及矣。
>
> ……幸少垂洞鉴，兴灭继绝，释代王之囚，封湘王之墓，还周王于京师，迎楚、蜀为周公，俾各命世子持书劝燕，罢兵守藩，以慰宗庙之灵。[①]

韩郁一开始就反对削藩，现在燕王已起兵两个月，朝廷连吃败仗，更显得韩郁有先见之明。但现在战事已起，再让建文帝"兴灭继绝"，对诸王加恩，妄图以此令燕王"罢兵守藩"，这无异于痴人说梦，所以建文帝根本没听他这一套建议，而是决定由李景隆再次率

---

① 《明史》卷一百四十三，《韩郁传》。

师北伐。后来，韩郁看大势已去，便弃官逃去，不知所终。

李景隆传檄各地，调集各路兵马，于九月十一日进驻德州，对耿炳文剩余的兵马进行了整顿，接着进驻河间。他一改耿炳文稳扎稳打的战略，准备直扑北平，妄图一举将燕军消灭。

燕王听说李景隆率领 50 万大军来进攻他，不但没有忧色，反而很高兴。他很了解李景隆，知道他不是个将才，而是一个只会纸上谈兵的赵括一类的人物。燕王胸有成竹地对部下说："李九江（九江是景隆的小字）豢养之子，寡谋而骄矜，色厉而中馁，忌刻而自用。况未尝习兵见战阵，而辄以五十万付之，是自坑之矣。汉高祖大度知人，善任使，英雄为用，不过能将十万。九江何等才，而能将五十万？赵括之败可待矣。"燕王接着召来探兵，问了一番李景隆军中的事，便笑着指出李景隆有五败：

> 兵法有五败，景隆皆蹈之。为将政令不修，纪律不整，上下异心，死生离志，一也；今北地早寒，南卒裘褐不足，披冒霜雪，手足皲瘃，甚者坠指，又无赢粮，马无宿藁，二也；不量险易，深入趋利，三也；贪而不治，智信不足，气盈而愎，仁勇俱无，威令不行，三军易挠，四也；部曲喧哗，金鼓无节，好谀喜佞，专任小人，五也。"①

由燕王的这席话可以看出，他对李景隆的弱点了如指掌，也显示出燕王是一个很成熟的军事统帅。后来战事的发展表明，李景隆就像被燕王牵着鼻子走一样，一步步陷入失败的深渊。

二、援永平和取大宁

九月一日，永平（今河北卢龙）守将郭亮遣人来报，江阴侯吴高和都督耿𤩽率领辽东兵马来攻。永平临近山海关，是屏隔辽东

---

① 《太宗实录》卷三。

的前沿。郭亮归降燕王后,燕王仍命他在此驻守,使燕王免除了东顾之忧,所以可以放心地攻略北平周围的其它地方,并于真定战胜了老将耿炳文。如果永平失陷,辽东兵直扑北平,李景隆从南边赶来,两面夹攻,北平的形势就很危急了。燕王果断地决定,首先援救永平,将李景隆引到北平坚城之下,回师夹击李景隆,变被动为主动。燕王向部将解释他的战略意图时说:"吾在此,(李景隆)必不敢至。今须往援永平,彼知我出,必来攻城。回师击之,坚城在前,大军在后,必成擒矣。"一些将领对这种战略还是不理解,认为最主要的威胁是李景隆,应集中力量对付他。他们劝燕王说:"永平城完粮足,可以无忧。今宜保守根本,恐出非利。"这里所谓"保守根本",就是指固守北平。针对将领们的这种忧虑,燕王又进一步解释道:

> 城中之众,以战则不足,以守则有余。且世子能推诚任人,足办御敌。若全军在城,只自示弱。彼得专攻,非策之善。兵出在外,奇变随用,内外犄角,破敌必矣。吾出非专为永平,直欲讲九江来就擒耳。吴高怯不能战,闻我来必走,是我一举解永平围而破九江也。①

燕王的这一番话中,核心是"兵出在外,奇变随用"。这既可避免坐以待困,又可以在外线运动战中壮大自己,使自己由弱变强。把主要的敌人引到坚城之下,城内守军足以固守,敌人久攻不下,拖垮敌人,使敌人由强变弱。更何况这时已进入冬季,南方兵士不耐寒冷,利于速战速决而不利于打持久战。在城下拖不了多长时间,南军就会自然涣散。这时再回师内外夹击,燕王相信:"破敌必矣"。将领们听了燕王的这一番解释,都心悦诚服,于是决定首先出师援救永平。

---

① 《太宗实录》卷三。

燕王留世子朱高炽居守,反复叮嘱他不要轻易出战,只须固守。九月十九日,燕王亲自率军赴永平。诸将向燕王进言说:"应该派兵守住卢沟桥,扼住李景隆来犯的要冲,使他不能径直赶到北平城下。"燕王则有另一番打算,他说:"天寒水涸,随处可渡,守一桥何足拒敌? 舍之不守,以骄敌心,使深入受困于坚城之下。此兵法所谓利而诱之者也。"于是将卢沟桥的守兵全部撤入城内。

　　九月二十五日,燕王以朱能为先锋,骤至永平城下。吴高仓促不能列阵迎战,慌忙丢下辎重,往山海关逃去。朱能率轻骑追击,斩首数千级,俘获数千人。燕王对吴高等人很了解,他说:"吴高虽然有些胆怯,但行事缜密。都督杨文勇而无谋,除掉吴高,杨文就不足为虑了。"于是,燕王就分别给两人一封信,对吴高大加称赞,对杨文极力贬斥。建文帝闻知后,怀疑吴高与燕王有私,就将吴高削职,谪徙广西,独留杨文镇守辽东。耿瓛是耿炳文的次子,位在杨文之下。后来他数次请求进攻永平,借以威胁北平,牵制燕王,但终不为用。①

　　燕王接着和诸将商议攻取大宁(今内蒙古宁城西)。将领们担心,大宁不易很快攻取,尤其是担忧北平会被李景隆攻陷,他们都主张回师解北平之围。他们的理由是,要攻大宁就要先攻占松亭关,现在关上由刘真和陈亨驻守,关门险塞,仓促间难以攻下,浪费了时日,不如先回师攻破李景隆,以后再攻取大宁。但燕王有另一套打算,他对诸将领说:

　　　　今从刘家口径趋大宁,不数日可达。大宁将士悉聚松亭关,其家在城,皆老弱者居守,师至不日可拔。城破之日,抚绥其家属,松亭之众不降则溃矣。北平深沟高垒,守备完固,纵有百万之众,未易窥也。吾正欲使其顿全兵坚城之下,还师击

---

　　① 谷应泰:《明史纪事本末》卷十六,《燕王起兵》。

之,如拉朽耳。①

燕王激励部下,尽管放心地随他去取大宁,不必担忧。与此同时,他还是派人告谕在北平居守的世子,要他严加守备,敌人来攻不要出战。

十月二日,燕王率军到达刘家口。那里的道路又窄又险,人马只能单行。守关的有百余人,诸将想正面发动进攻,破关而入。燕王说:"不可,我军正面进攻,他们就会弃关而逃,回大宁报告,这就会使大宁早作防备了。"于是,燕王命郑亨率领劲卒数百人,卷旗登山,悄悄地绕到关后,前后夹击,断绝了守兵的归路,一举将关上守兵全部擒获。燕师遂由刘家口直奔大宁。②

十月六日,燕军抵达大宁。城中守军对燕军的突然到达十分惊慌,急忙闭上城门拒守。燕王率数骑绕城考察形势,看到西南隅的地形较易进攻,于是将精锐集中于西南隅。燕王命勇士先登,众人蚁附而上,大宁很快被攻陷。都指挥房宽被俘获,关在监狱中的卜万被杀掉,另一个都指挥朱鑑力战而死。燕王下令安抚城中军民,危害百姓者处重刑,城中的秩序很快安定下来。

燕王找来陈亨的家奴和一些城中将士的家属,让他们把城中的情况去告知陈亨和刘真。这时,刘真和陈亨由松亭关率师回救大宁。当将士们知道他们的家属都安然无恙时,人心即开始涣散。宁王朱权原有三护卫,当燕王起兵后即被削去,但仍留在大宁,这时都归降了燕王。大宁是北边军事重地,大宁行都司领兴州、营州共 20 余卫,其兵士都是西北精锐。尤其是朵颜、泰宁和福余三卫,都是投降过来的蒙古骑兵,特别勇悍。他们的纷纷归降,迅速壮大了燕军的力量,成为燕军以后连连取胜的极为重要的因素。

---

① 《太宗实录》卷三。
② 《奉天靖难记》卷一。

十月十一日,刘真和陈亨率军到达乱石黄崖。陈亨秘密地和营州中护卫指挥徐理、右护卫指挥陈文商议,鉴于大宁已经失陷,燕军所向披靡,陈亨又是燕王的老部下,不如及早投降燕王。于是,三人便半夜起事,率领部下袭破了刘真营。刘真仓促无备,单骑携带着敕印逃往辽东,后由海路回到京师。陈亨率领全部将士归降了燕王。①

大宁既已被攻破,燕军驻扎在城外,燕王单骑入城去会见宁王。洪武时,燕王受命巡边,曾来过大宁,与宁王关系甚密。在朱元璋诸子当中,人们都知道"燕王善战,宁王善谋"。在燕王袭破大宁时,宁王实际上是在大宁闲住。燕王起兵后,谷王橞由宣府奔回京师,建文帝担心宁王、辽王与燕王相结,便要他们回京师。宁王不回,建文帝即下令削去他的三护卫。因此,宁王身边已没有多少可供调动的兵力。燕王入城,与宁王相抱痛哭。燕王在宁王府中住了数日,相处得十分融洽。燕王要辞别回北平,宁王到郊外饯行。当宁王要返回城内时,燕王的部下一拥而上,胁迫着宁王一起返回北平。宁王的世子和妃妾,携带着宁王府的金银细软,也随燕王一起往北平进发。②

大宁诸卫军士的归降,为燕军注入了新的活力。尤其是朵颜三卫的蒙古骑兵,成为后来冲锋陷阵的主力。"自是冲锋陷阵多三卫兵,成祖取天下自克大宁始。"③这是很有道理的。

自此以后,燕军声势日盛。燕王随即命薛禄先行,他接连攻克

①　《明史》卷一百四十五,《陈亨传》。
②　谷应泰:《明史纪事本末》卷十六,《燕王起兵》。关于燕王取大宁一事,《明史·宁王权传》载:"居数日,款洽不为备。"似乎燕王胁迫宁王后,大宁守军降燕,大宁才失守。实则燕王已前此攻陷大宁,胁迫宁王只是强其赴北平,不欲其继续留在大宁,以免大宁将士复为其所用。
③　《明史》卷一百四十五,《陈亨传》。

富峪(今河北平泉北)和宽河(今属河北)等地。燕军一路攻城略地,浩浩荡荡向北平扑来。

三、北平保卫战

李景隆听说燕王北征大宁,便率师直扑北平。北平南边的一些城市,像涿州、雄县等地,虽曾被燕军占有,但燕王为了不分散兵力,所以都没有在那里派兵驻防。因此,李景隆几乎没遇到什么抵抗就抵达北平。当他来到卢沟桥时,见这里也没有设防,他更加得意洋洋,用马鞭指指划划地说:"不守卢沟桥,吾知其无能为矣。"[1]遂直逼北平城下。

李景隆亲率大军围攻北平,另派一部分将士攻取通州。因通州离北平很近,又在东边,攻取通州既可以免除通州的燕军对北平的增援,也可以阻挡燕王的大军。

李景隆的数十万大军屯集北平周围,安营扎寨,猛攻九门。这时双方的力量对比是很悬殊的。燕王的兵力本来就少,其精锐和主力又随燕王在外,城内留世子朱高炽居守,兵士少,且多老弱。这正像《仁宗实录·序》中所说:"(高炽)奉命居守,时将士精锐者皆从征,城中所余老弱不及十一。"以这些"不及十一"的老弱士兵来抵御雷霆万钧之势的南军,形势之危急是显而易见的。

留守北平的世子朱高炽就是后来的明仁宗。当燕王离开北平外出征讨以后,高炽深知守城的责任重大,一天到晚率领将士督治城中守备,赶制守城兵器。他还经常到城中居民中访寒问暖,深得民心。访得兵民中的才识之士,他便推诚相待,与之共事,虚心听取他们对守城的建议。他每天天不亮就起床,到快半夜时才歇息,亦可谓"日勤不息"。"每四鼓以起,二鼓乃息,左右或以过勤为言

---

① 《太宗实录》卷三。

者,答曰:'君父身冒艰险在外,此岂为子优逸时? 且根本之地,敌人所必趋者,岂得不为预备!'而凡有所施为,必先禀命仁孝皇后。"①这里所说的"仁孝皇后",就是燕王妃徐氏。她不愧是将门之女,"措置备御抚绥激励之方,悉得其宜。"②守城之事虽总于世子朱高炽,但他遇有大事都要先禀告徐妃,然后再施行。

李景隆以为燕王在外,北平可一举攻下,没料到竟遇到十分顽强的抵抗。李景隆督军猛烈攻城,丽正门差点被攻破,形势十分危急。这时,除了高炽率将士奋勇反击以外,徐妃亲率城中妇女登城御敌。她们不善使弓箭,便"掷瓦砾",投击敌人。李景隆军令不严,在北平守军的反击下,攻打丽正门的南军突然撤退,北平一时转危为安。

李景隆稍事休整,便督军再次猛烈攻城。这次战况最紧急的是顺城门。南军起初想用火烧,因无效果,便发动强攻。燕府仪宾李让和燕将梁明在此据守,上下协心,顽强御敌,虽险象丛生,但顺城门终未被攻破。

面对强敌,高炽激励城中士卒,奋力死守,"下至妇人小子,皆奋效力,更番乘城,昼夜拒敌。虽矢石交下,人心不变。"③高炽并没有拘泥于燕王"勿出战"的戒谕,而是以固守为主,间或在夜间出奇兵骚扰敌营。他挑选了一些身强力壮的勇士,半夜里抓着绳索顺着城墙下去,对敌营进行偷袭。他们这里杀几个人,那里放一把火,搅得敌人不得安宁。因夜间难以分辨敌我,有时引得敌军在半夜里相互厮杀,直到天明以后才停止下来。这种做法十分有效,李景隆大军久攻北平不下,士兵夜里又得不到休息,遂从城下"退营

---

① 《仁宗实录》序。
② 《太宗实录》卷五十一。
③ 《仁宗实录》序。

十里"。① 自此以后,北平保卫战就进入了时打时停的胶着状态。

在此期间,瞿能父子攻打彰义门几乎得手。瞿能是员猛将,洪武时官至都督佥事,曾随大将军蓝玉出大渡河西征,武功甚著。这时,他和其子率领数千精锐骑兵猛攻彰义门,锐不可当,经一番激烈的拼杀,竟攻入彰义门内。因孤军攻入,后军不继,便勒兵以待。奇怪的是,李景隆不是让瞿能乘胜前进,自己再督军赶快跟上,而是让瞿能父子停止进攻,"景隆忌之,令候大军同进。"时置寒冬,北平守军趁瞿能暂停进攻之机,连夜提水浇在城墙上面,水立即凝结成冰,致使"冰凝不可登,景隆卒致大败"。② 这次南军本来可以乘胜攻陷北平,但由于李景隆"忌(瞿)能成功",而功败垂成。

四、郑村坝之战

十月十八日,燕王挟持宁王朱权由大宁向北平进发。十九日大军到达会州(今河北平泉南20里处),燕王在这里正式建立了五军。由于宁王原有军士并入燕军,燕王的军力大为扩充。为了强化这支部队的战斗力,燕王在会州对部队进行了整编。大体上来看,燕王以旧属将士为主体,将大宁降附的兵士分隶诸部。五军的设置是:张玉将中军,郑亨和何寿为左、右副将;朱能将左军,朱荣和李濬为左、右副将;李彬将右军,徐理和孟善为左、右副将;房宽将后军,和允中和毛整为左、右副将;徐忠将前军,陈文和吴达为左、右副将。从此以后,燕军才有了五军之制。

---

① 谷应泰:《明史纪事本末》卷十六,《燕王起兵》。关于高炽于夜间出奇兵偷袭敌营一事,《仁宗实录·序》中记为:"数夜遣人开门斫敌营。"当时南军人多势盛,北平形势甚危,高炽未必敢于"开门"击敌,当属夸诩仁宗武功的溢美之辞,不取。

② 《明史》卷一百四十二,《瞿能传》。瞿能攻打彰义门,《明史纪事本末·燕王起兵》和《明史·李景隆传》都讹作"张掖门"。《明史·瞿能传》作"彰义门",是。

按照明廷对藩王的规定,诸王对部下不得擅自升赏。燕王在会州设立五军,升赏将领,实际上是对明廷这类规定的公然蔑视,也显示他已不再受明廷的约束。《明实录》因避讳此事,所以对燕王在会州立五军、升赏将士一事都略而未记。实际上,燕王在靖难之役的过程中对部下随时都有升赏。这从一个侧面表明,燕王起兵的目的决不限于"清君侧",而是要夺取皇位。

会州整编后,燕王立即率部往北平行进。十月二十一日,燕师入松亭关。又经过半个月的行军,一路攻城略地,于十一月四日到达孤山。这时,李景隆已将大本营安扎在郑村坝(北平东约 20 里处),准备截击燕王的军队。同时,李景隆还命都督陈晖为先锋,率领万余骑到达白河以东,准备邀击燕王。当燕王派出的逻骑侦得南军布防的情况后,根本不理睬陈晖,而是挥师渡过白河,直扑地处白河西边的郑村坝。陈晖的军队与燕师走的不是一条路,所以没能遇上燕师。当他听说燕师已渡河而西以后,便慌忙尾随赶来。陈晖的军队刚渡过白河,立足未稳,燕王率领精锐的骑兵回头迎击,陈晖很快便溃不成军,燕师乘胜掩杀,"斩首无算"。陈晖的余部仓皇渡河逃跑,掉入河中淹死的很多。在这次前哨战中,燕师大获全胜,缴获战马 2000 余匹,陈晖"仅以身免"。

关于这次战役中燕师和南军渡白河一事,《奉天靖难记》和《明实录》诸书记述得颇有神秘色彩。当燕师欲渡河而西时,燕王对天"默祷曰'天若助吾,河冰即合。'"夜间起营,果然"河冰已合,于是挥师毕渡"。部下还将此事比附光武帝。据传说,光武帝中兴汉室时,要渡滹沱河,河冰即突然而合,认为这是祥瑞之征。当陈晖的军队要渡河而逃时,却"冰忽解,溺死者甚众"。① 这显然又是南军的不祥之兆了。其实,这时已是旧历十一月份,北方又早寒,

---

① 《奉天靖难记》卷二。

河水结冰是正常现象,不必待燕王祷告而后结冰。陈晖战败,败卒夺河沿冰而逃,毫无秩序可言,近万兵马突然涌到河冰上,冰块被压破而溺水死者或许有之,也并不奇怪,谈不上什么天意。这类记述显然是史官伪作祥瑞,丑诋建文帝,为燕王日后称帝制造"天意"。

　　燕王消灭了陈晖这支前哨部队后,便立即向郑村坝奔袭而来。南军不耐寒冷,再加上李景隆不能善抚士卒,南军的士气已很低落。当他们知道陈晖已被歼灭后,军心更加动摇,以至于当燕军列阵将要向南军发动攻击时,南军竟不能整齐地列阵迎战,燕王"遥见贼军欢动",认为南军"乱而嚣",正是发动进攻的好机会。于是,燕王便命令精锐的骑兵首先向南军发起冲锋。这时朵颜三卫的骑兵大显神威,以锐不可当之势横扫敌阵,连破南军七营。但南军毕竟人多势众,虽受此挫折,还未全线崩溃,所以李景隆又整军迎战。燕王率大军随骑兵赶上,双方主力展开了一场生死决战。在千里冰封的深冬,在北国的荒野上,数十万大军厮杀在一起,刀枪剑戟的撞击声伴着北风的呼啸,箭飞如雨,尸横遍野,双方从中午一直鏖战到天黑,燕师尚未取得决定性胜利。这时,燕王趁天黑出奇兵左右冲击,南军这才渐渐不支。燕军乘机由正面猛攻,南军大败,"斩首数万级,降者数万。"①当天色昏黑时,双方遂收军回营。

　　在那寒冬的夜晚,燕军将士只能露天歇息。随着夜色的加深,天气越来越冷,大家难以入睡。这时,都指挥火真找来几个废旧的马鞍,在燕王面前点燃起一堆火,让燕王取暖。在夜沉沉的荒野上燃起那么一堆火,对于冻得瑟瑟发抖的人们实在太宝贵了,因而马上就围过来几个士兵,凑到火堆前取暖。燕王的卫士对他们大声呵斥,要他们赶快离开。燕王却动情地说:"这都是壮士,他们来烤火不要制止。饥寒切身,这是最难忍受的。我穿着两件皮衣,还

---

① 《奉天靖难记》卷二。

觉得寒冷难耐。我恨不能都让他们来烤火取暖,哪里忍心呵斥他们呢?"①这些士兵听了燕王这些话都很受感动。

也就是在这大晚上,李景隆感到初战不利,再战也是凶多吉少,于是下令拔营南逃。这里离北平大约 20 里路,他甚至顾不上仍在围攻北平的将士,自己便匆匆连夜逃跑了。一应辎重都丢弃在郑村坝一带,为燕王所有。在这次战役中,燕王共从李景隆那里夺得战马 2 万余匹。黎明时,燕王的部下请求乘胜追击,因不明虚实,天寒地冻,将士疲惫,燕王未予应允,而是率军前往北平。

围攻北平的南军还不知道李景隆已向德州逃去,仍驻扎在坚城之下。为了迎击燕王,李景隆命部下天天处于高度的戒备状态,"日夜戒严,植戟立雪中,苦不得休息,冻死及坠指者甚众。"②南方的士卒本来就不耐寒冷,李景隆又不知体恤士卒,让他们"日夜戒严",不得休息,这就必然降低部队的士气,影响了部队的战斗力。燕王的部下则基本上都是北方人,耐寒冷,燕王又能体恤士卒,这成为双方力量消长的一个重要因素。

十一月七日,燕王从后面对围攻北平的南军发起了攻击,当天即连破南军四营。这时,城内守军知燕王率师来攻,也出城攻击南军。在内外夹击下,南军很快便全线崩溃。尤其是当南军知道李景隆已南逃以后,更是人无斗志,望风奔逃。燕师"所获兵资器仗不可胜计"。只经过两天的战斗,燕军就大获全胜。十一月九日,燕王率领凯旋之师回到北平城内。

燕王从离开北平援救永平,到胜利回到北平,大体经历了一个半月的时间。燕王的基本战略是:在敌强我弱的情况下,将敌人主力吸引在北平坚城之下,拖住敌人,消磨敌人的士气,使敌人由强

---

① 《奉天靖难记》卷二。
② 《奉天靖难记》卷二。

变弱。自己率主力在外线打击敌人,既避免了两面作战,又在运动战中壮大了自己,使自己由弱变强,最后内外夹击,解除了北平之围,转危为安。

燕王的这个战略是胜利了,但也冒着极大的风险。主力丢开根本之地到外面作战,北平不能保证万无一失。倘若北平失守,则对大局影响极大,双方的攻守之势则会发生根本的变化,甚至可能全盘皆输。因此,当燕王回到北平后,部下颂扬他"睿算神谋"、料敌如神,他却说:

> 此适中尔,无足喜也。卿等所言皆万全之策,我未用卿等言者,以其有可乘之机故尔。此不可为常,后毋难言。①

燕王的这段话很有意思。它表明,这次胜利乃"适中尔",带有很大侥幸的成分。他又肯定部下原来的意见有道理,"皆万全之策",自己之所以未采用,是看到"有可乘之机"。他又告诫部下,这种用兵之法"不可为常",鼓励部下不可以此为例,应照常献计献策,"毋难言"。这样,燕王虽然未采纳部下的建议,但又不挫伤部下的积极性。

在这一个半月的时间里,燕王援永平,袭大宁,于郑村坝大胜李景隆,北平保卫战圆满胜利,可谓战果辉煌。十一月十一日,燕王于北平大规模犒劳将士。他除了将胜利归于上天和父皇的眷佑外,主要归功于将士用命,英勇杀敌。他在犒师时向将士发布的文告中说:

> 自举义以来,荷天地眷佑,皇考在天之灵,以保予躬。亦尔有众用命,同心一德,故获累胜。然常胜之家,难以虑敌。夫常胜则气盈,气盈则志骄,志骄则惰慢生,惰慢生,败机乘之矣。……彼以天下之力敌我一隅,屡遭败衄,将必益兵以求一

---

① 《奉天靖难记》卷二。

决,战克惕励,惩艾前失。我之常胜,必生慢忽。以慢忽而对
克惕,鲜有不败,须持谨以待之。①

在这个文告中,燕王已公开称朝廷为敌,这与他以前给建文帝奏文
中所表示的谦恭精神大相径庭。大概也正是因为这一点,所以
《明实录》中未收这个文告。从文告中也可以看出,燕王在军事上
虽节节胜利,但他并未因此而冲昏头脑。他知道,朝廷方面一定会
增加兵力来对付自己,所以他一再提醒部下,要他们不要"慢忽",
而是"须持谨以待之"。这也正是燕王能继续不断获胜的重要原因。

燕王除了设宴犒劳将士以外,还"论功行赏,以酬其劳"。这
时,燕王少不得再讲一番赏罚的道理:

赏罚者公,天下之道也。赏当,人心则众劝;罚当,人心则
众惩。善为政者,不以赏私亲,不以罚私怨。……然予耳目所
及,岂能周知?必尔诸将从公核报,不徇私情,不亏公议,有功
无功,不令倒置,务合至公,以惬舆情。②

这一段话可以代表燕王的赏罚观。对将士及时公正地赏功罚过,
这是促使将士用命的重要保证,这也是燕王能节节胜利的另一重
要原因。

这次,陈实、徐祥等13个将领"俱以功升北平都司"。另外,
朝廷原来任命的都指挥佥事周成、袁成和张睦3人,因通燕而被朝
廷"贬逐落职",燕王又全部恢复了他们的旧职。这也表明,燕王
已根本不受所谓藩王无升赏权的约束了。

十一月十二日,燕王将俘获的皇陵守卒释放回南京。在这次
战役中,燕军俘获的南军甚多,有愿留下的便编入各部,不愿留下
的即予遣散。当燕王知道俘虏中有些皇陵守卒后,心里很难过,借

---

① 《奉天靖难记》卷二。
② 《奉天靖难记》卷二。

机对建文帝指责一番,说他不以"祖宗陵寝为重",居然把守护皇陵的士卒调来打仗,实不应该。全国的兵马本来很多,"岂少此数人?"燕王把这几个守皇陵的士卒叫到跟前,慰劳备至,并"与之资粮",让他们仍回南京守护皇陵。

燕王在对将士论功行赏的同时,也没忘掉那些战死的将士。他派二子高煦和三子高燧对自己部下阵亡的将士进行祭祀,并让世子高炽对阵亡将士家属进行抚恤。特别值得一提的是,燕王感到南军将士死了那么多,"深可哀怜",于是派人收葬了他们的尸骨。他还命降将耿孝前往郑村坝一带,收葬"骸骨十余万",埋葬于北山之麓,封上坟,植上树,并下令禁止在墓地放牧和打柴。他还遣官致祭,并亲自撰写了碑文,在郑村坝"勒石以纪其事":

呜呼,昔我太祖高皇帝起布衣,提三尺剑,扫除祸乱,平定天下。尔诸将士俱从南征北伐,略地攻城,栉风沐雨,宣力效劳,共成我国家大业,勋绩茂矣。兹有奸臣浊乱朝纲,同谋不轨,欲倾鸿业,而先灭诸王,以剪其藩屏。故调发将士,披坚执锐,列阵成行,加害于我。不得已,为自救之计,率兵敌之。……而所向克捷。尚念阵亡将士,上非由朝廷之所命,下非有切己之怨仇,徒为奸臣所驱迫,而毙于矢石锋刃之下。哀哉何辜!已遵释典,命僧修斋诵经,资其冥福。其骸骨弃露草野,命官收瘗于北山之麓,封土树木,以坚其藏。仍勒石墓侧,昭示久远,而系以铭曰:

……呜呼尔众,国之忠良。奸臣肆毒,甚于虎狼。死于战阵,曾不尔戚,我心孔伤,怛焉尔惕。念尔骸骨,弃于草野,日炙雨淋,我岂忍也。拾而聚之,窀穸于斯,魄其安矣,魂其妥而。维石崒崒,勒铭山阿,维千万世,其永不磨。①

---

① 《太宗实录》卷五。

燕王亲自撰写的这篇碑文表明,他把这些南军将士之死归罪于"奸臣肆毒"。他们跟随明太祖创业有功,这次"徒为奸臣所驱迫","加害于我",自己不得已,为自救而起兵相抗,所以他们战死疆场,不能怪燕王。尤可令人注意的是,燕王在这里只是指责"奸臣浊乱朝纲",而没有指责建文帝,这与他起兵时"清君侧"的调子是一致的。碑文要留存后世,他不能不谨慎点。

五、白沟河大战

继郑村坝之战以后,燕王与李景隆的一次决定性战役是白沟河大战。自北平保卫战结束以后,双方都在为这场大战作准备,其间大约经过了 5 个月的时间。

燕王回到北平后,即第二次致书建文帝。这次与上次上书时的形势已大不相同,因为自起兵以来,燕军接连取胜,兵力大增,燕王有了更多的资本,因而书中的语气比上次严厉。

这封上书的前半部分仍是追究有关明太祖丧葬的责任,大体意思是:明太祖病重时未让诸王进京服侍,"知何病,用何药,尽人子之礼"。明太祖死了以后,又不让诸王奔丧,"焉有父死而不报子知者?焉有父死而子不得奔丧者也?"再就是指责建文帝治丧草率,"七日而葬",不合安葬天子的古礼。燕王引述了《祖训》中有利于自己的一些言语,谓太祖封藩的一个重要目的就是让诸王掌管兵权,实则是指责建义削藩为大谬。燕王接着指责齐泰等奸臣,说他们"不遵祖法,恣行奸宄,操威福予夺之权",乃是罪魁祸首。燕王还讲述了自己节节胜利的辉煌战果,意在表明自己举兵靖难,乃正义之师。书中要求建文帝迅速清除齐泰等奸臣。奏书的末尾说:

> 此等逆贼,义不与之共戴天,不报此仇,纵死不已。今昧死上奏,伏望怜念父皇太祖高皇帝起布衣,奋万死,不顾一生,

艰难创业。分封诸子,未及期年,诛灭殆尽。俯赐仁慈,留我
父皇一二亲子,以奉祖宗香火,至幸至幸! 不然,必欲见杀,则
我数十万之众,皆必死之人,谚云:'一人拼命,千夫莫当。'纵
有数百万之众,亦无如之何矣。……悦听愚言,速去左右奸邪
之人,下宽容之诏,以全宗亲,则社稷永安,生民永赖。若必不
去,是不与共戴天之仇,终必报也。不报此仇,是不为孝子,是
忘大本大恩也。伏请裁决。①

明眼人一看就明白,奏书的末尾虽然也有"伏请裁决"的客气话,
但在实质性内容上显然有威胁性语气,甚至是在强迫建文帝"速
去左右奸邪之人"。否则的话,就别怪我"数十万之众"要犯阙了。
头一次上书犹如石沉大海,这次上书燕王也没指望建文帝会改弦
更张,基本用意无非是争取舆论,为自己辩解。

如果说这次上书与上次有什么不同的话,那就是这次还真的
产生了点具体效果。十一月二十六日,建文帝"罢兵部尚书齐泰、
太常寺卿黄子澄,以说(悦)于燕人"。② 齐、黄二人名义上虽被罢
职,但实际上仍在暗中帮着建文帝谋划,"筹画治兵如故"。建文
帝想以此消除燕王起兵的口实,让燕王息兵,实际上犹如掩耳盗
铃。燕王只是以清除二人为借口,而目的决不在此。建文帝这样
做,不仅达不到让燕王息兵的目的,反而向燕王示弱,且冷了讨伐
燕王的将士的心。更何况,这种表面上罢职、暗地里实留的做法,
也根本瞒不过燕王。因此,这种做法没产生任何积极结果,倒产生
了不少副作用。

关于李景隆在前线连遭败绩的情况,建文帝也并不十分清楚。

---

① 《奉天靖难记》卷二。《太宗实录》卷四所载此次上书,文辞虽较典雅,但已经
 文臣改易失实,故不取。
② 谈迁:《国榷》卷十一。

古代交通不便,通讯手段落后,前线离京师数千里之遥,军中情况易于掩饰。将领在前线打了胜仗,一般都报告得很及时,很充分,而打了败仗则百般掩饰和开脱。李景隆是黄子澄推荐的,黄子澄极力为李景隆掩盖败绩。尽管这样,这么大的败仗难以掩盖得很严密。有一天,建文帝问黄子澄:"外间近传军不利,果何如?"黄子澄回答说:"闻交战数胜,但天寒,士卒不堪,今暂回德州,待来春更进。"与此同时,"子澄遂遣人密语景隆,隐其败,勿奏。"①由于他们上下其手,联合起来欺蔽建文帝,致使李景隆非但没受到任何惩罚,反而被加官太子太师,并"兼赐玺书、金币、珍醍、貂裘"。李景隆打了败仗,还能升官加赏。想当初耿炳文只是稍为失利,并未从真定溃退,便被朝廷免职。他们二人的遭遇是如此不同,表明建文帝在用人方面决非英明之主。

燕王得到情报,知道李景隆在德州调集各处兵马,准备明年春暖时大举来攻。燕王这次采取的战略是,先攻大同以调动敌人,使南军疲于奔命,趁天气尚寒冷时在北边打击敌人。部下对先攻大同不理解,谓"彼既将来,则我当为备,何得委而去之?"燕王解释道:"我征大同,大同必告急于彼以求援。苦寒之地,南卒脆弱不耐,疲于奔命,则冻馁逃散必多。诱而敝之,何为不可?"②听燕王这么一说,部将都很佩服燕王用兵的高明。

建文元年十二月十九日,燕王亲自率军往征大同。旧历十二月正是北方最冷的时候,滴水成冰。燕师到达紫荆关(今河北易县西紫荆岭上)时,部下发现燕王的衣服上有一种奇异的图案。燕王穿的本来是素红绒袍,"忽见白花如雪色,凝为龙纹",甚至可以看出层层龙鳞,"美如刺绣"。将领们看到后很惊异,便说这是

---

① 谷应泰:《明史纪事本末》卷十六,《燕王起兵》。
② 《太宗实录》卷四。

出师的吉祥之兆。燕王心里明白,当此天寒地冻之时,水气在衣服上凝结成花纹并不奇怪,所以他趁此机会向部下讲了一番不可懈怠的道理:

> 冰花偶然所凝,岂可遽言嘉应? 况当戒慎之际,不可以此为喜而有怠心。①

燕王不以冰花所凝的龙纹为瑞,表明他信心十足,他相信的是自己的力量。

十二月二十四日,燕师到达广昌(今河北涞源),守将汤胜等人举城投降。这次出师,兵不血刃便取得了第一个胜利。

建文二年(1400)正月一日,正当家家户户欢度元旦的时候,燕王朱棣却风尘仆仆地率军赶到蔚州(今河北蔚县)城下,接连攻打数天,未能将城攻下。有一天,蔚州守军指挥李诚到城外察看,被燕军发现,仓促之间躲在一个水沟中,终于被燕军搜索到,俘获了他。部下把李诚带到燕王跟前,燕王马上亲自为他解绑,好言安慰。燕王知道李诚是员勇将,外号"冲天李",要争取他为自己效劳。李诚深受感动,"愿献城自效",燕王就把他放了回去。但城中其他将领不愿投降,便把李诚囚禁了起来。燕将等了几天,不见李诚来降,便主张集中兵力攻城。燕王说:"观其守备,非旬日不能拔,兵钝威挫,难以得志,当用智取之。"②燕王还引古代兵书上的话,向部下讲"城有所不攻"的道理,避免打消耗战,以免损伤自己的士气。燕王经过仔细考察后发现,城外边有一座敌台,台上建有望楼,敌台和城墙上部原架有一座飞桥,现在桥已损坏,但敌台尚存,正可以作为掩蔽。于是,燕王便命令每个士兵准备一条布袋,里面装上土,从敌台上推下,使其堆得与城墙一样高,以便从这

---

① 余继登:《典故纪闻》卷六。
② 《太宗实录》卷五。

里发起攻击。当堆积得快与城墙平的时候,燕军便用霹雳车发射飞石轰击城内。城内守军人心惶惶,守将王忠、李远等人看形势不支,便率军举城投降。燕王传令各军,进城后不得侵扰百姓,否则将受严惩。燕军占领蔚州后,"城中肃然,一毫无犯"。燕王治军严明,不嗜杀掠,这是南军将士乐于归降的一个重要原因。

二月二日,燕王提升降将张远、王忠和李远为北平都指挥佥事,原蔚州守军的精锐都交王忠统领,随燕王往征大同。这些将领的家属则都被送往北平。

这时,有个叫张伦的人,任河北诸卫指挥使。他"勇悍负气,喜观古忠义事",降燕吧,不甘心;抗燕吧,没有力量。于是,他便将两卫官兵合在一起,率领他们一起南奔,"结盟报国"。① 他到德州隶于李景隆麾下,后随李景隆、盛庸抗击燕军,表现颇为勇敢。

二月十二日,蒙古鞑靼部国公赵脱列于和司徒赵灰邻帖木儿等从漠北"率众来归"。当时,蒙古各部纷争不已,失势的一方则南下降燕。他们都是强悍的骑兵,用他们冲锋陷阵常收奇效。对他们的来降,燕王自然喜不自胜,遂"赐赉有差"。② 燕王增加了这支生力军,真是这次出师的意外收获,它使燕军的战斗力大为增强。

几乎与此同时,北边又传来一个不好的消息,鞑靼可汗坤帖木儿率众寇边,要大举南下。燕王正在集中力量对付南边的李景隆,如果鞑靼部从北边来攻,这无异于抄了燕王的后路,形势就太危险了。于是,燕王马上致书鞑靼可汗坤帖木儿,并同时致书瓦剌王猛哥帖木儿,"晓以祸福",制止了他们的南下。

燕军占领蔚州后,并没有直扑大同。因为燕王得到情报,李景隆果然率军来援,引军出紫荆关。燕王没有从正面回师迎击,而是

---

① 《明史》卷一百四十二,《张伦传》。
② 《太宗实录》卷五。

由居庸关回师北平,听任李景隆的部队到处奔波。二月初,北方的天气仍然很冷,李景隆的部下"冻馁死者甚众,坠指者十之二三"。① 虽然没有打仗,但南军的兵器丢弃在道路上的"不可胜计"。李景隆率军徒然奔跑了一通,无功而返。

二月十三日,李景隆致书燕王,请求息兵。燕王两次上书建文帝,未见答复,从一定意义上来说,李景隆的这封书信代表了朝廷的意向。没有建文帝的允许,李景隆未必敢写这样的书信。其大意是说,齐泰、黄子澄已被"屏窜遐荒",燕王起兵的目的不是要"清君侧"吗?现在奸臣已被贬逐,起兵的理由已不存在,自然就该息兵了吧。书信中还多次提到明太祖圣训,称"太祖高皇帝圣训谆谆,今犹在耳"。周王即因"不遵成训,狂作枉为",所以才"大义灭亲",将其擒治。实则是要燕王遵守祖训,罢兵以保全骨肉。"骨肉有伤,大乱之道,欲舍小怒,以全大义。"②

从李景隆致燕王的书信中可以明显地看出,朝廷方面的态度已经软化。这显然是朝廷方面连吃败仗的结果。

二月二十八日,燕王回书李景隆。他首先巧妙地指出,来书"辞意苟且率略,不见诚实之情",故意说这决非李景隆本意,而是"奸臣代言,行离间骨肉之术"。这样,燕王在下边就可以痛快淋漓地予以批驳了。他首先指责陷害周王的事,接着又要陷害自己。至于贬逐齐、黄一事,燕王认为远远不够,应灭其九族,更何况这仅是遮人耳目。"若以太祖公法论之,必使其首足异处,夷其九族。今屏去遐荒,想不出千里,必召而回,为幕中之宾矣。此外示除灭小人,内实不然,诚为可笑。"燕王针对来书中"舍小怒,以全大义"的话,愤怒地追究明太祖之死的责任,病时不让亲王前往护理,死

---

① 《太宗实录》卷五。
② 《奉天靖难记》卷二。

117

后不令奔丧,"况又杀我太祖高皇帝子孙,坏我太祖高皇帝基业,将谋不轨,……为太祖高皇帝复仇,岂是小怒哉!"接着又针对"周王不遵成训"的话,引述《祖训》,指责朝廷和奸臣变乱祖制的罪行。"今奸臣改制创置,更易法度,北平改为燕北,为能遵成训乎?但知人罪,不省己愆,果欺天乎,欺人乎?"在这些地方,燕王的回书批驳得相当有力。建文帝复古改制,不仅未收到任何具体成效,反而给燕王起兵以口实。回书的最后说道,奸臣"诡谋诈计,以杀我太祖高皇帝子孙,欲图天下,……我辈亲王焉得不惧,思所以保全父母之遗体? ……姑以汝之心自度之,为父皇之仇如此,为孝子者可不报乎? 因汝书来,不得不答,再不宜调弄笔舌。但恐兵衅不解,寇贼窃发,朝廷安危未可保也。"①

从这里的语气看来,燕王简直是在教训李景隆。双方书来信往,各执一词,自然毫无结果,最后还是要在战场上解决问题。

李景隆接受了冬季北征失败的教训,这次到四月里才率兵北征。四月一日,李景隆誓师于德州,大举北伐。武定侯郭英和安陆侯吴杰先进兵真定,巩固伐燕基地。这次共合兵 60 万,号称百万,浩浩荡荡向白沟河一带逼来。李景隆打算,各路兵马于白沟河会齐,然后合势并进,一举夺占北平。

建文帝担心李景隆的权力还太轻,便派宦官前往李景隆军中,赐李景隆斧钺、旌旗。当宦官带着玺书和赐物前往时,在江上遇到大风雨,船被打坏,斧钺、旌旗和玺书都沉入水中。有些人认为这是天意示警,是建文帝的不祥之兆。建文帝再次派宦官前往,赐物如旧,命李景隆"专征伐"。②

---

① 《奉天靖难记》卷二。《太宗实录》卷五所记燕王回书,已经改撰,大失原意,兹不取。
② 《明史》卷一百二十六,《李景隆传》。

四月二日,燕王召集诸将,商议出兵迎敌事。四月五日,燕王于北平祭告天地后,遂率军南下。四月七日,大军到达武清。燕王派侦骑去德州、真定等地,侦察李景隆的军事部署情况。经侦察知道,南军的前锋已到达白沟河,郭英已率领所部过了保定,准备于白沟河会师。燕王遂率军进驻固安。燕王向将领们分析了南军的情况:

> 李九江志大而无谋,自专而违众。郭英老迈退缩,平安刚愎自用,胡观骄纵不治,吴杰懦而无断。数子皆匹夫,其来无能为也,惟恃其众。……其甲兵虽多,粮饷虽富,适足为吾之资耳。①

燕王这是在激励部下,树立必胜的信心。同时也表明,燕王对这场大战已胸有成竹。

四月八日,燕王率"大军渡白马河,驻营苏家桥"。②这天夜里赶上下大雨,平地水深三尺,积水漫到了燕王的床上。在床上面又放了一张床,燕王坐在上边这张床上,一直到天明。在这里待了几天以后,燕王便率军向西北方向的白沟河挺进。

在这场大战即将开始的当儿,建文帝担心李景隆有失,又命徐达的长子徐辉祖率领京军 3 万,日夜赶赴前线,增援李景隆。这时,李景隆在白沟河也摆出了决战的架式。他派平安率领 1 万多骑兵邀击燕王。平安是一员猛将,曾随燕王出塞,知道燕王用兵的特点,所以这次充任先锋。燕王先派百余骑前往诱敌。他们来到平安营前,刚要交锋,这百余骑却掉头而走。平安的部下要追击这支小部队,阵势开始骚动起来。燕王趁机率大军从后面夹击。平

---

① ② 《奉天靖难记》卷二。此处"白马河"疑为大清河之误。白马河在饶阳县南,距此甚远。苏家桥镇在文安县北 40 里处,临大清河。《太宗实录》记作"王马河",《明史纪事本末》记作"五马河",皆不确。

安毫不示弱,挺矛率众而前。都督瞿能父子也是猛将,率众奋击,所向披靡,"杀伤燕兵甚众"。在南军的奋勇还击下,"燕兵遂却",几乎支撑不住。这时,燕军中有个叫狗儿的宦官,也十分骁勇。他率领千户华聚在河北岸力战,才稳住了阵脚。百户谷允冲入南军中,斩首七级。在这次战役中,燕军在人数上占很大的优势,所以虽数次出现险情,但终未溃败。燕王见平安如此顽强地对抗自己,非常气恼,亲自率领精锐的骑兵向南军猛冲,杀数千人,南军都指挥何清被俘。一直到天黑,仍酣战不已,夜深时才各自收军。在回营时,燕王和三个贴身骑兵殿后,在茫茫的夜色中迷失了道路。燕王跳下马来,趴在地上看河水的流向,这才分出东和西,遂从上流仓促渡河到了北岸。

这次大战,双方互有杀伤。燕王回营后,立即升谷允为指挥,秣马厉兵,准备再战。燕王没料到南军那么勇悍,而且,明天就要和李景隆大军对阵,他不能不更加认真地布置一番。他命张玉将中军,朱能将左军,陈亨将右军,充任先锋,丘福率骑兵跟上,马步兵10余万全力进击。对燕王来说,这是一个极不寻常的夜晚:白天激战了一天,并未取得明显的胜利,天明后将是一场更加激烈的拼杀,他一夜未得合眼,进行着紧张的部署。

黎明时分,燕军主力全部由白沟河北渡到河南。这时,瞿能父子率军冲来,直捣房宽营,平安从侧翼跟上,房宽一军很快便溃不成军,燕军被杀数百人。张玉是燕王手卜的第一员大将,他看到房宽军被南军击溃,面有惧色。燕王则显得信心十足,对张玉说:"胜负是兵家常事,敌兵虽众,不过日中,保证为诸君击破他们。"[①]燕王命丘福率万余骑猛冲南军中坚,南军奋勇反击,丘福一军又被迫退了回来。燕王见此情景,便亲自率领数千精锐的骑兵冲击南

---

①　谷应泰:《明史纪事本末》卷十六,《燕王起兵》。

军左掖,张玉和高煦率领马步军齐头并进,双方数十万大军搅杀在一起。北方的早春天气还有微寒,但在白沟河南这块古战场上,人们所听到的只是喊杀声、战马的嘶鸣和刀枪的撞击声,不仅没有丝毫的寒意,而是到处热血横流,一片沸腾,似乎整个大地都颤动起来。双方数十万大军就像两股怒潮,以雷霆万钧之力向对方卷去,一浪高过一浪。

燕王在敌军左掖也未能得手,时进时退,往来百余个回合,杀伤甚多。正在酣战之时,燕王看到后面尘土飞扬,立即意识到这是敌军从背后夹击自己。燕王马上率劲骑逆击,而敌军有两万多人,飞矢如注。燕王虽连杀数十人,但阻挡不住敌军的攻击。敌军接连射死了燕王的三匹坐骑,射死一匹,马上再换一匹,连续换了三次,所幸的是竟未射中燕王。燕王随身所带的箭都射完了,便提剑左右抵挡。不大会,剑到处是缺口,后来竟砍折了,无法再砍杀敌人,便拍马向堤上退去。瞿能父子奋勇追击,燕王处境极其危险,差点儿被活捉。燕王赶快跑到堤上,假装着用马鞭招呼部下,使敌军误以为燕军大部队将从后边赶来。南军害怕有埋伏,没敢上堤,这才使燕王稍得喘息,躲过了一场灾难。

这时,部下向燕王建议说:“敌众我寡,难以长时间抵抗,不如赶快到大军营中,然后合力迎敌。”燕王却沉着地说:“这是敌军的一支奇兵,精锐都在这里,所以我要独自抵挡他们,拖住这支敌人,才能使那边诸将全力进击。如果我到大军中去,他们就会合兵一处,前后夹击,敌军数倍于我,那时候形势就危机了。”[①]于是,燕王又率众冲入敌阵,斩敌数人。

在这场大战中,南军的一些将士也表现得十分勇敢。有一个被称为“王指挥”的临淮人,经常骑一匹小马,军中便称他为“小马

---

① 《奉天靖难记》卷二。

王"。在白沟河大战中,他受了重伤,自知必死,便把盔甲脱下来,交给他的随身仆人,说道:"吾为国捐躯,以此报家人。"随后倚着他的战马,手扶插在地上的枪死去。①

平安善使刀枪,率众向燕军冲击,所向无敌。燕将陈亨与平安遭遇,只几个回合,便被平安杀掉。燕将徐忠迎击,被砍伤两个手指,但尚未掉下来。徐忠则毅然将这两指砍去,撕块衣布裹上伤口,继续迎战。由于燕军拼死抵抗,平安才未能将燕阵冲乱。

燕王的次子高煦看形势紧急,便率领千余精锐的骑兵来与燕王会合。燕王说:"诸将在那边鏖战正急,你为什么到这里来?"高煦说:"我听说父亲以数骑抵挡敌人大军,形势紧急,所以就赶来了。"燕王这才知道,高煦不是因战败而来,这才放下了心。燕王说:"我已经很疲累了,你赶快上前击敌。"对于这支生力军的到来,南军着实吃了一惊。双方接战,混杀在一起,难解难分。燕王稍停片刻,便乘高煦与南军混战之机,自己率领一队劲骑绕到南军后面,突然发起攻击,这才使"贼势少动"。②

直到中午时分,两军仍相持不下。这时,南军依仗人马众多的优势,再一次向燕军发起冲击。瞿能父子"大呼灭燕",一马当先冲入燕阵,斩首数百。越巂侯俞通渊和陆凉卫指挥滕聚随后跟上掩杀,燕军形势一度不利。正在这双方拼杀的关键时刻,忽然发生了一件意外的事,一阵旋风突然刮来,将南军的大旗刮倒。南军将士见不到自己的军中大旗,以为出了什么危险事。大旗一倒,指挥系统便出现混乱,南军阵地顿时也混乱起来,攻势大为减弱。燕王抓住这千载难逢的良机,麾军猛冲。他和高煦会合一处,立斩瞿能父子。平安与朱能接阵,也被朱能击溃。俞通渊和滕聚皆战死。

---

① 《明史》卷一百四十二,《瞿能传》附。
② 《奉天靖难记》卷二。

于是,南军全线崩溃。真是"兵败如山倒",南军"奔走之声如雷"。燕军乘胜追击,借风纵火,焚烧敌营,连绵数十里的南军营地顿时成了一片火海。

南军诸部各自奔逃。郭英余部往西逃去,李景隆则率领余部往南跑,丢弃的辎重、器械如同山积,不可胜计,"斩首及溺死者十余万"。燕兵追击李景隆到雄县月漾桥,又厮杀了一阵,南军"杀溺蹂躏死者复数万,横尸百余里"。① 南军投降的有10余万,大部分予以遣散,少数编入燕军各部。李景隆单骑逃往德州。在这次大战中,徐辉祖率领的3万援军尚未与燕军接战,南军已全线溃败,他全军而还。

燕军虽然取得了这次大战的全面胜利,但也胜得十分艰难,将士死伤甚众。燕王命部下埋葬好死亡将士的尸体,将他们的头骨带回北平,"分赐内官念佛,冀其轮回。又有颅头深大者,则以盛净水供佛,名曰'天灵碗'。"②这些将士为燕王的事业献出了生命,他不能不怀念他们。

对双方来说,白沟河大战无疑是一场决定性的战役,双方几乎都倾注了全部的兵力,志在必得。但南军失败了,从此以后士气便难以振作。后来,南军虽然也打过几次胜仗,但都不足以从根本上扭转败局。

---

① 谷应泰:《明史纪事本末》卷十六,《燕王起兵》。
② 吕毖:《明朝小史》卷四,《天灵碗》。

第四章　转守为攻，直取金陵

燕王在击溃李景隆以后，就改变战略，不再以防守和巩固后方为主，打算取道山东南下，直取南京。但是，他在山东却连遭败绩，损失惨重，战场又回到河北一带。后来，燕王得知南京空虚，遂决定绕道南下，直扑京师，很快兵临南京城下。

第一节　转　战　山　东

建文二年下半年是燕王最不顺利的时期。白沟河大战后，燕王乘胜追击，本想取道山东直扑南京，但在济南遇到铁铉的顽强抵抗，围攻3月不下，被迫无功而还。这年年底在东昌大战中，燕王被盛庸击溃，遭到举兵以来最惨重的失败。

一、李景隆一败再败

四月二十七日，燕王不顾白沟河大战的疲劳，乘胜南下追击。李景隆战败后，仓皇逃往德州。那里是他北伐的基地，粮草充足，原来的守军未受损失，再加上溃退南来的余部，本来还有相当的抵御力量。但李景隆已如惊弓之鸟，听说燕王马不停蹄地来攻德州，便于五月七日夜间慌忙南逃济南。燕军南下，一路上几乎没遇到任何抵抗，顺利地占领了沿途各县。燕王本想在德州会有一场争战，但因李景隆闻讯而逃，燕军兵不血刃便占领了德州。五月九日，燕王命都督陈亨和都指挥张信进入城内，"籍吏民，收府库，得粮储百余万。"①这对燕军是一项很大的补给。由于燕王严格约束部下,"禁军士勿侵掠",当地人民"以牛酒迎谒军门,络绎不绝,上(燕王)不受,慰劳而遣之。"②这里的描述似乎过于美好了些,但燕军纪律比较严明则是事实。这也是燕军能屡战屡胜的重要原因。

五月十三日,燕王留都指挥陈旭在德州驻守,自己亲自率军奔赴济南。他之所以要马不停蹄地南下,就是为了不给李景隆以喘息的机会。他知道南军人数众多,李景隆在济南收集余部,加以整顿后还会有相当的力量。他要趁李景隆立足未稳,以迅雷不及掩耳之势将南军彻底击溃。两天后,燕王率军到达禹城北,稍事休息,便于天黑时起营,一夜急行军,第二天黎明就赶到济南近郊。

这时,李景隆的部下尚有10余万,从数量上看,并不比追来的燕军少。但他对燕军如此迅速地赶来十分吃惊,不得不仓促布阵应战。燕王要亲自率领精锐的骑兵冲击敌阵,部将则拦住他的马,劝他不要亲自冲锋。燕王虽感谢部下的好意,但仍坚持要亲自立即向敌阵冲击。他向部下解释说:"迅雷之下,其势不及掩耳。……彼布阵若定,则难猝破。"③遂即率骑兵向敌阵冲击。南军部阵未定,再加上从白沟河败阵南逃,士气低落,以至不堪一击。在燕军势如破竹的冲击下,南军很快便溃不成军,有的四散奔逃,有的则退到济南城内,其余的则投降了燕军。在这次战斗中,燕军杀南军万余人,夺得战马17000余匹。从战果来看,燕军又获得一个不小的胜利。

李景隆逃入济南,燕军随后将济南团团围住。幸赖铁铉和盛庸悉力坚守,济南才未被燕军一举攻下。

---

① 《太宗实录》卷五。
② 《太宗实录》卷五。
③ 《太宗实录》卷五。

李景隆大败的消息传到京师后,满朝皆惊。黄子澄痛感推荐李景隆为大误,后悔不已。他奏请建文帝对李景隆正以典刑,但建文帝只是将李景隆召回,赦而未诛。黄子澄捶着胸口痛苦地喊道:"大事去矣,荐景隆误国,万死不足赎罪。"[1]另外力请诛杀李景隆的还有吏部左侍郎练子宁等人:

> 子宁从朝中执数其罪,请诛之,不听,愤激叩首大呼曰:"坏陛下事者,此贼也。臣备员执法,不能为朝廷除卖国奸,死有余罪。即陛下赦景隆,必无赦臣。"因大哭求死,帝为罢朝。宗人府经历宋征、御史叶希贤皆抗疏言,景隆失律丧师,怀二心,宜诛。并不纳。[2]

按照刑律,李景隆死有余辜。因他是皇帝至亲,尽管有那么多人请求杀掉他,但建文帝终未治他的罪。

二、铁铉坚守济南

铁铉是河南邓州(今南阳)人,建文时任山东参政。李景隆率军北伐,他督运粮草,从未误过事。李景隆于白沟河大败后,仓皇南逃,诸城望风瓦解。在临邑县城,铁铉遇到了参军高巍。当李景隆北伐时,他毛遂自荐,亲去北平劝说燕王息兵,燕王未予理睬,高巍只好扫兴南归。在南军溃逃之际,他们二人对酒抒怀,激昂慷慨,说到朝廷连遭失败,社稷不保,民遭涂炭,都激动得流下泪来,对天盟誓,誓死报效朝廷。他们二人一起由临邑赶赴济南,和盛庸等人一起誓以死守。

李景隆由德州南逃,来济南依靠铁铉。燕军乘胜追击,一些哨兵先期赶到离济南很近的济阳县城。在济阳任教谕的王省被哨兵

---

① 《明史》卷一百四十一,《黄子澄传》。
② 《明史》卷一百四十一,《练子宁传》。

抓到,但王省毫无惧色,而是从容地引述古往今来的事例,晓以君臣大义,"词义慷慨"。这些哨兵看他是个读书人,就放了他。王省回去后,坐在向诸生讲学的明伦堂上,对他的学生们说:"你们知道此堂叫什么名吗?今天的君臣之义又怎么样呢?"接着放声大哭,他的学生也跟着哭起来。王省整整衣冠,"以头触柱而死"。[①] 不少人为王省的气节所感动,义无反顾地投身到抗燕的行列中来。

燕王率军将济南团团围住,接连发起猛攻,志在必得。因为济南是北平通往南京的交通要冲,倘能夺占济南,即使攻不下南京,也可以大体统治江北的半壁河山。但由于铁铉和盛庸善抚士卒,督众悉力防守,燕军久攻不下。建文帝听说铁铉和盛庸将燕兵阻于济南,转忧为喜,马上升铁铉为山东布政使,命盛庸代替李景隆为大将军,以右都督陈晖为副,整顿兵马,抗击燕军。

济南久攻不下,燕王忧心如焚,便将书信拴在箭上,射入城中,劝铁铉等人投降。城内有个叫高贤宁的儒生,原是王省的弟子,主动来济南协助铁铉拒守。他看到燕王的书信后,便写了一篇《周公辅成王论》,射到城外,请燕王息兵。当时,济南城内不仅守军少,而且多是从白沟河逃来的败兵。在燕军接二连三的猛攻下,济南形势一度十分危险。高贤宁写这封书信,实际上是缓兵之计。所谓"周公辅成王"之类的话,也正是燕王所说的起兵的理由之一。但燕王不为所动,仍攻城不已。

由于燕军获得一连串的胜利,朝廷方面颇为惊慌。黄子澄向建文帝建议,派使节与燕王议和,以作为缓兵之计,然后徐图调集大军灭燕。尚宝司丞李得成慷慨自荐,愿奉命前往,与燕王议和息兵。李得成在济南城下见到燕王,陈说来意。燕王对李得成的那套说教不屑一听,而是借李得成之口,再一次向建文帝申述了一通

---

① 《明史》卷一百四十二,《王省传》。

"清君侧"的那一套理论。

燕王首先说了一番自己身为藩王，"下天子一等，富贵已极"，别无所求。只是因奸臣发难，自己才为救死而起兵，接着就讲了一番息兵的条件：

> 今移祸福，在反掌耳。诛奸谀以谢祖宗，去新政以复成宪，释诸王以归旧封，罢天下之兵，毋得窘逼。我得仍守旧封，屏翰北上，则天下孰不乐朝廷之能保全宗亲、慕德而向义也？何苦必欲见害耶？[1]

这里所说当藩王"富贵已极"之类的话，实际上隐含着《皇明祖训》中的意思。《祖训》首章第十五条说道：

> 自古藩王居国，其乐甚于天子，何以见之？冠服、宫室、车马、仪仗亚于天子，而自奉丰厚，政务亦简……至如天子，总揽万机，晚眠早起，劳心焦思，惟忧天下之难治。此亲王所以乐于天子也。

燕王的意思是，自己处处都遵守《祖训》，只是因建文帝违背了《祖训》，所以才惹起了兵端。要想息兵，就得答应那些条件。实际上，就是建文帝答应了那些条件，在当时的情况下燕王也是不会息兵的。因此，李得成此行注定达不到目的，他只能无功而返。七月一日，燕王就把李得成打发回了南京。

燕军主力屯驻在济南城下，久攻不克，燕王十分着急。燕军赶造了一些云梯，准备强行登城。铁铉用计焚烧了燕军的攻城器具，时而又派出小股奇兵偷袭燕营，弄得燕军不得安宁。燕王很是气恼，便决定将济南城外的河道阻塞住，用水灌城。这一来，"城中人大惧"，铁铉却镇定自若。他让一些城上的守兵故意昼夜啼哭，表现出害怕被灌的样子。他又挑选了1000多人出城诈降，向燕王

---

① 《奉天靖难记》卷二。

128

恳求,辞意十分恳切:"奸臣不忠,使大王冒霜露,为社稷忧。谁非高皇帝子? 谁非高皇帝臣民? 其降也。然东海之民,不习兵革,见大军压境,不识大王安天下、子元元之意,或谓聚而歼之。请大王退师十里,单骑入城,臣等具壶浆而迎。"①燕王见此情况自然十分高兴,马上下令停止攻城。按照约定的时间,燕王骑着一匹骏马,只带领数名劲骑,徐徐向城门走去。以前,燕王几乎是战无不胜,攻无不克,有许多城池不战而降,从未中过计。他满以为济南也会是这样,完全没想到这是铁铉设的圈套。他渡过桥去,到达城下,城门果然大开。城门守军齐喊"千岁",一片欢呼声。燕王见此情景十分高兴,便按辔向城门走去。刚进入城门,一块铁板突然落下,恰巧砸在燕王的马头上。燕王大惊,立刻换上随从的一匹马,回头就跑。埋伏在桥边的守军试图拉起吊桥,切断燕王的归路,但仓促之间竟未能将吊桥拉起,使燕王得以跨桥而去。

这件事使燕王更加气恼,遂督军昼夜攻城,并用火炮进行轰击。济南守军的形势一度十分危险,大有很快失守之势。最大的威胁是燕军的火炮,铁铉便命部下写很多明太祖的神主牌位,高高地悬挂在城墙上。这一招还真见效,燕军见此,就不敢再向城上轰击了。

当燕王被阻于济南城下时,平安率领 20 万大军驻于单家桥(又名五节桥,在河北献县南),还打算移营宛平,偷袭北平。另外,平安又派 5000 善水的士卒渡过河去,准备攻打德州。得到这些情报后,燕王仍不放弃攻打济南,只是派人遗书世子朱高炽,让他出疑兵牵制平安。因南军连遭失败,平安未敢贸然发起攻击。

由于后方出现平安的威胁,燕王更想赶快拿下济南。他督军百计进攻,前后历时 3 个月,终未能将济南攻下。想当初在真定与耿炳文大战时,围攻两天不下即班师而回,这次围攻济南 3 个多

---

① 谷应泰:《明史纪事本末》卷十六,《燕王起兵》。

月,却一直攻打不已,其原因就在于济南的战略地位重要,能否拿下济南,成为能否乘胜直扑南京的关键。由于铁铉和盛庸齐心协力,激励士卒,城中百姓也协助防守,使济南固若金汤。

从五月到八月,夏去秋来,济南却久攻不下。燕王虽十分愤恨,但却"计无所出"。这时,姚广孝派人致书燕王说:"师老矣,请班师。"①燕王时刻担心平安会随时发起攻击,说不定会截断自己的退路,于是就听从了姚广孝的建议,决定解围北还。八月十六日,燕王班师回北平。铁铉和盛庸乘势率兵追击,很快收复了德州。南军兵势随即大振。

协助铁铉防守济南的宋参军建议,要铁铉出奇兵直取北平。铁铉以"城守五月,士卒困甚,而南将皆驽材,无足恃",②未予采纳。

自燕王起兵以来,济南战役是南军获得的第一个较大的胜利。建文帝闻讯后自然十分高兴,立即升铁铉为兵部尚书,赐金币,封其三世。封盛庸为历城侯,总掌诸军北伐事宜。

燕军北退后,济南城内洋溢着胜利的喜悦。铁铉在城内著名风景区大明湖内大摆宴席,犒劳有功将士,激发忠义,立誓灭燕。

三、东昌大战

看一下中国地图就知道,由北平去南京,取道济南的这条路线最近。北平、济南和南京几乎就在一条直线上。燕王在济南被铁铉所阻,十分懊丧,不得不退回北平。但是,燕王并未放弃取道山东直扑南京的计划。他回北平后,积极准备再次南下。燕军将校除普升一级以外,对有功将校还有特殊升赏。他整顿兵马,激励将士,准备再战。在北平休整一个多月后,燕王又踏上了出征之路。

---

① 《明史》卷一百四十五,《姚广孝传》。
② 谷应泰:《明史纪事本末》卷十六,《燕王起兵》。

这时的建文帝却是另一副样子。济南战役的胜利,使他感到天下似乎又太平了。恰巧承天门发生了火灾,有人说这是上天示警,方孝孺却说这是谋反的藩王当灭的预兆。九月一日,建文帝按照方孝孺的建议,大改诸门的名称:改承天门为皋门,前门为辂门,端门为应门,午门为端门,谨身殿为正心殿。在那兵马倥偬之时,建文帝却忙于这些无谓的"改制"之举,除了给燕王以妄改"祖制"的口实以外,实在没有任何用处。人们甚至感到,这简直是一种迂腐。

进入十月份,燕王就准备率兵南下了。十月八日,后军都督陈亨死去。燕王很悲痛,亲自撰写了祭文,并派仪宾袁容前往致祭。陈亨原是个降将,但归降后冲锋陷阵,异常勇敢。燕军从济南败退,陈亨为掩护燕王,与平安战于铧山,受了重伤,被抬回北平。燕王曾亲自到他家中慰问。陈亨终因伤重而死。燕王对他隆重祭祀,这使部下感到,燕王不只是个叱咤风云的三军统帅,而且是个感情丰富的人,也是个值得为之效力的人。这对激励部下自然起到了很好的作用。

十月十五日,燕王下令征讨辽东。将士们不理解燕王的用意,认为应对南边用兵,现在却去攻打辽东,所以都很不高兴。到达通州后,张玉和朱能私下问燕王:"南军近在身边,我们却劳师远征。况且辽东冷得早,士卒难以忍耐,此行恐怕不利。"燕王这时才告诉他们自己真实的意图:"现在敌将吴杰、平安守定州,盛庸守德州,徐凯和陶铭筑城沧州,想成为犄角之势。德州城墙坚固,敌军主力所聚;定州城墙也已修好,城守粗备;沧州土城,颓坏已久,今天寒地冻,雨雪泥泞,修之不易。我乘敌不备,出其不意,间道偷袭,敌军必定土崩瓦解。我今佯装征辽,不显出南伐的意思,趁敌军懈怠,我军偃旗卷甲,由间道直捣城下,定可破敌。"①张玉和朱

---

① 《奉天靖难记》卷二。

能这才明白了燕王的用意,齐口称善。

驻守沧州的徐凯侦知燕王东征,果然放松了防备,派兵四出伐木,昼夜筑城。十月十九日,燕军驻营于夏店(今河北三河县西南30里处)。燕王一面密令陈旭等先往直沽(今天津市东南)建造浮桥,自己率师返回通州,随后就顺运河南下。部下都感到迷惑不解,本来要征辽东,怎么忽然又回师南行呢?燕王则编造了一个理由:"夜里有白气二道,从东北指向西南。经占卜,今只利南伐,不利东征。今又有天象示意,不可违抗。"于是,燕军径达直沽,由直沽南下,一昼夜疾行300里,到达沧州近郊。

徐凯派出的侦骑被燕军全部杀掉。黎明时,燕军到达沧州,徐凯还没有发觉,仍然督众筑城如故。当燕军赶到城下时,徐凯这才发觉。他马上命令部下分头防守,将士们来不及穿上盔甲,便仓促应战。燕军很快就把沧州团团包围,从四面猛攻,并预先派出一支队伍断绝了南军的退路。张玉率壮士从东北角发起强攻,登城而入,后军随即跟上,沧州很快被攻下。都督徐凯和程暹等人都被活捉,斩首万余,获战马9000匹,余众都投降了燕王。

对于这些降兵,燕王下令发给他们文书,全部予以遣散。天黑时,还剩3000多降卒未遣,准备第二天再发给他们文书,将其遣散。但是,都指挥同知谭渊在夜里将他们全部杀掉。燕王听说后非常恼怒,将谭渊斥责一通,谭渊说:"这些人都是壮士,放了他们将为后患。"燕王说:"照你说,应当把敌人全部杀掉,但敌人能够杀光吗?"①谭渊满面悔恨,低头认错。

徐凯和程暹等人都投降了燕王,仍官原职,被送回北平。在沧州缴获了许多辎重器械,燕王派人押运,由水路经直沽往北平转输。沧州之战的胜利,再一次提高了燕军的士气,燕王急切希望击

---

① 《明史》卷一百四十五,《谭渊传》。

破山东的南军,取道山东南下。

这时,盛庸率南军主力驻守德州。燕王接受了攻打济南失利的教训,未直接对德州强攻,而是掠城而过,还派出小股部队到德州城下引诱南军,试图把盛庸引出来,展开野战。盛庸坚守不出,只是等燕军过后,派千户苏瓛率数百骑尾追,袭击燕军殿后的士兵。燕王对此早有准备,他亲自殿后,发现南军后,即回师奋击,杀死百余人,生擒千户苏瓛,余众都投降了燕军。这也算是对盛庸军的一个小小的胜利。

十一月十二日,燕军驻营临清。因未能将盛庸从德州引出来,燕王又作了一番新的部署。盛庸的主力在德州,依靠运河运送粮饷。如切断了他的粮道,军队没有吃的,他就必然要南来就食,这时再回师攻击,就可以在野战中将他消灭了。十四日,燕师移军馆陶,派出一队轻骑到大名,将那里为盛庸军运粮的船只全部夺得,粮饷据为己有,船只全部烧掉。燕军由馆陶渡河,经冠县、莘县、东阿,到达东平。

十二月四月,燕军营于东汶,派出一队骑兵到达济宁。这时,燕王才侦知盛庸已率军离开德州。三天后,燕军俘获了两个为盛庸运粮的百户官,经询问知道,盛庸的主力已营于东昌(今山东聊城),其先锋孙霖率5000人营于滑口(今山东平阴西南约30里处)。于是,燕王派朱荣、刘江等人率领精骑3000余,于夜间偷袭孙霖。因南军无备,这次偷袭可谓马到成功,斩南军数千人,夺获战马3000匹,南军都指挥唐礼等4人被俘,孙霖仅以身免。在燕军与南军的这场前哨战中,燕军大获全胜,接着便向东昌扑来。

盛庸没有被燕军的汹汹气势所吓倒,他和铁铉齐心协力,宰杀牛羊犒劳将士,激励部下,立誓灭燕。他选拔精锐,背城布阵,安排火器,准备了充足的毒箭,严阵以待。燕军接连获得了几次胜利,士气高昂,遇到南军即呐喊着冲上前去。南军毒箭齐发,燕军伤亡众多,未能冲动南军的营阵。这时,平安也率军赶来,与盛庸军会合,对燕军两面夹击。盛庸也一改守势,麾军大战,向燕军发起冲击。

燕王率一队精锐的骑兵冲击南军左掖,居然冲入南军中坚。南军随即将燕王团团围住,燕王左右冲击,试图冲出敌阵,但终未见效。朱能和周长率领蒙古骑兵奋击南军的东北角,盛庸即撤西南方向的南军前来抵御。由于朱能等人的奋力死战,终于冲入南军阵中,保护着燕王冲出敌阵。这时张玉还不知道燕王已被救出,便率军冲入敌阵去救燕王。尽管张玉勇力过人,但终因寡不敌众,战死于南军阵中。盛庸乘势麾军奋击,斩敌万余人。燕军大败,急忙往北逃去。南军乘胜追击,又斩杀燕军不计其数。

正当燕王仓皇北逃的时候,高煦率领华聚等人赶来,奋力拼杀,这才击退了盛庸的追兵,使燕王得以安全撤退。燕王很高兴,觉得高煦最与自己相类,好生夸奖了他一番。在靖难之役中,燕王数度出生入死,多得高煦助力,而长子高炽一直留守北平,从未随燕王在外边征战。这正是后来燕王曾数次打算易储的主要原因。

燕军一路北撤,南军尾随追杀,还不时有南军半路截击,使燕军险象迭生,狼狈万状。十二月二十七日,燕师退至馆陶,稍事喘息,接着便向深州方向撤退。

建文三年(1401)元旦,正当老百姓欢欢喜喜迎新年的时候,燕军风尘仆仆地退到威县。这时,驻守在真定的朝廷方面的军队赶来截击,马步军共约两万人。燕军新败,不想与南军硬拼,燕王只领着十余骑到南军阵前,恳求南军放行。燕王以哀求的口气向南军将领说:"我常常俘获你们的人,随即就放了他们。请放我们数骑过去,不要相逼。"但南军将领一点也不领情:"放你就是放了蝎子!"①随后就蜂拥冲了上来。燕王且战且退,把南军引入埋伏

---

① 《奉天靖难记》卷三。

圈中,然后四面围击,竟将这支南军全部歼灭。

一月五日,燕王率军退至深州(今河北深县)。这时,平安和吴杰率领3万兵马从真定赶来,邀击燕王。燕王先派出1000余骑兵绕到敌军后面,扼住敌军退路,自己率领一队骑兵首先向敌阵冲去。南军看到燕王亲自冲阵,顿时骚动起来。燕军主力随后冲上,南军很快乱了阵脚。当南军往真定方向撤退时,又受到燕军阻击,南军大败。燕军俘获了南军的监军长寿,"斩首万余级,获战马三千余匹"。① 这样,燕王终于冲破了南军的围追堵截,于正月十六日回到北平。

东昌大战不仅是燕王在靖难之役中最惨重的失败,甚至可以说是燕王一生军事生涯中最惨重的失败。"是役也,燕精锐丧失几尽,(盛)庸军声大振。"②这次战役彻底打破了燕王取道山东南下的梦想,使山东、河北一带原被燕军占领的一些城池,这时又重新被南军所夺占。

尤其令燕王感到悲痛的是,自己最倚重的大将张玉在东昌战死。他流着泪对部下说:"胜败是兵家常事,不值得忧虑,只可惜失去了张玉。艰难之际,失我良辅。"③看到燕王泪如泉涌,诸将领也都流下泪来。张玉不仅骁勇善战,而且善于谋划。张玉之死自然是燕王的莫大损失。燕王虽说是为张玉悼惜,实际上也掺杂着为东昌之败感到痛苦的复杂感情。燕王亲自撰写祭文,流着泪亲自祭奠张玉等阵亡将士,并脱下身上的袍服为死者焚烧,嘴里还念念有词,愿袍服为死者御寒。燕王还对身边的人说:"虽其一丝,

---

① 《奉天靖难记》卷三。这里的记载可能有些夸张,以渲染燕王武功。《明史·盛庸传》载:吴杰、平安"战深州不利,燕师始得归。"燕军此战获胜则属可信。
② 《明史》卷一百四十四,《盛庸传》。
③ 《明史》卷一百四十五,《张玉传》。

以识余心!"①死亡将士的亲属见到这种情形,无不感动得流泪。

这时朝廷方面却是另一番景象。当建文帝得知东昌大捷后,高兴异常,立即颁诏褒赏将士。他还亲自到太庙祭祀,向祖上报告东昌大捷的喜讯。这时他感到,已没有必要屈从于燕王的压力了,于是把齐泰、黄子澄重新召回,官复原职,照旧参与军事。

第二节　转　战　河　北

建元三年(1401),燕军经过一个多月的休整,于二月间南出,在夹河之战中击败了盛庸,后来又陆续击溃了吴杰和房昭。南军曾数次打算偷袭北平,但都未得手。燕王于年底返回北平,这期间的战事主要在河北一带。

一、夹河大败盛庸

燕军从山东败退回北平不久,姚广孝就极力督促燕王再次南下。燕王心里也很清楚,无论人力还是财力,自己都处于劣势,消极防守就等于坐以待毙,必须主动出击。二月间,天气渐渐地变暖,士兵也得到了一个多月的休整,燕王便决计再次南下。

在出师之前,燕王照例激励了一番部下,说得颇令人感奋:

尔等怀忠奋勇,每战必胜,可谓难矣!比者,东昌之役,接战即退,遂弃前功。夫惧死者必死,捐生者必生。白沟河之战,南军先走,故得而杀之,所谓惧死者必死也。尔等奋不顾身,故能出万死,全一生,所谓捐生者必生也。自今无轻敌,无选惧,违者杀无赦。②

---

① 谷应泰:《明史纪事本末》卷十六,《燕王起兵》。
② 谷应泰:《明史纪事本末》卷十六,《燕王起兵》。

燕王这番话的意思很明确,即两军交战时,越怕死就越可能死,越不怕死就越可能生。他用辩证的语言说出了一个确切的道理,即两军相争勇者胜。

二月十六日,燕王率师由北平南下,四天后到达保定。这时,盛庸率南军主力20万驻德州,吴杰和平安驻真定。燕王召集诸将领商议进军方略,丘福等人主张先攻取定州(今河北定县)。他们的理由是:"定州府民新集,城池未固,攻之可破。"但燕王未予采纳。燕王知道,燕军利于野战,不宜在攻城中消耗实力。现在盛庸与吴杰、平安互为犄角,"攻城未拔,顿师城下,必合势来援。坚城在前,强敌在后,胜负未可决也。"①真定和德州相距300余里,燕王主张进军到二城之间,敌人必然出来迎战,先攻破一军,另一军自然胆破。将领们觉得这样做很危险,如果真定和德州的南军合势夹击,燕军将腹背受敌。燕王的分析则高出部下一筹:"百里之外,势不相及。两军相薄,胜败在呼吸间,虽百步不能相救,况二百里哉!"②于是,燕王便率军往真定和德州的中间地带进发。三月十二日,燕王听说盛庸驻军单家桥(在河北献县南13里处,又名五节桥),便率军由陈家渡渡河迎击,但没有见到盛庸的军队。燕王担心盛庸和真定的南军汇合一处,往返渡河四次,希望能与南军速战速决,却一直未能遇到。当燕王正为疲于奔命而苦恼的时候,却遇到一只老虎在河边咆哮,部下遂将这只老虎射杀。这对于大军作战来说,本来是件微不足道的事,但燕王却转忧为喜,借题发挥,说老虎是猛兽,今天杀掉老虎,是战胜敌人的征兆。部下听了燕王这种解释,也都信以为真,士气提高了不少。

---

① 《奉天靖难记》卷三。
② 谷应泰:《明史纪事本末》卷十六,《燕王起兵》。真定距德州有300余里,此处谓"二百里"不确。

三月十日,燕王侦知盛庸已驻军夹河(今河北武邑南,为漳水支流,东入滹沱河),遂率师迅速向夹河移动。第二天,燕军在离南军40里处扎营。燕王心里很清楚,盛庸不像李景隆,东昌大败的情景还记忆犹新,对于明天的战斗必须慎之又慎。为此,燕王在这里对部下仔细指授方略,其核心是先以劲旅摧垮南军精锐,以将敌人击溃为目的,不必逆击,免得困兽犹斗。燕王担心部下不理解自己的意思,还抽出一支箭在地下画图示意。为了使各路将领都能确切理解自己的作战方略,燕王还把军中的宦官单独编为一队,让他们对各路将士逐一指授。

十二日,燕王率诸路将士列阵前进,中午时分到达夹河。燕王看到,盛庸亦早有准备,正列阵以待。燕王首先率领一小队骑兵到阵前察看形势。南军发现这么一小队骑兵,立即派出千余骑来追。燕王有一手好箭法,接连射死南军数人,致使南军不敢太逼近。接着,燕军骑兵万人连同步兵5000人向南军冲来。步兵攻南军左掖,南军都有盾牌掩护,燕军数次攻击都未能奏效。燕王预先制作了一些长枪,约六七尺长,前端横穿着钉子,钉子末端有倒钩。燕王命一批勇士直到阵前向南军投掷,直穿南军盾牌,一时取不下来,因为枪长,这人取枪还要搅动旁边的人。对这种战术,南军一时不知所措,遂弃盾往回走。燕军乘势发起冲击,南军稍却。南军仓促发射火器,但很少能击中燕军,有的反而射在自己营中,使南军阵地越发混乱。

这时,燕将谭渊看见南军阵地尘烟四起,遂率部逆击南军。南军将领庄得也是一员猛将,率众死斗,经过一番殊死的拼杀,谭渊和他的部下董中峰都被庄得所杀。

在另一边,朱能和张辅率众并进。燕王自己率一队劲骑绕到南军背后,直冲敌阵,与正面冲来的朱能、张辅会合。南军火器本来占有优势,但在两军混战之中难以发挥威力。幸赖庄得率部赶来,使南军才又稳住了阵脚。但庄得求胜心切,冲入燕军阵中,力竭被杀。

在这场大战中,南军还有些将士也表现得十分勇敢。例如都指挥楚智,每战都是一马当先,"北人望旗帜股栗"。后来,他的战马被射死,随即提剑格杀,被燕军杀死。还有一个被称为"皂旗张"的人,不知道他的真名叫什么,有人说他能力挽千斤。每次交战,他总是高举皂旗为先驱,所以军中便习称他为"皂旗张",而真实名字反被遗忘了。他在这场大战中战死,但至死仍执皂旗不倒。① 人们都感到很惊异。

两军一直鏖战到天黑,直到分不清敌我,这才各自收兵回营。这天的战斗互有杀伤,燕军并未占明显的优势。尤其是谭渊战死,显然是燕军一个不小的损失。

这天晚上,燕王在离南军营地很近的地方露天野宿,南军竟没有发现。这时跟在燕王身边的只有数十名骑兵。到天明时一看,四面都是南军,左右随从都很害怕,催促燕王赶快逃跑。燕王身处险境,却显得格外沉着,从容地对随从说,不要害怕,我们惊慌失措,恰巧长了敌人的士气,那就真的危险了。"我正要表现出轻视敌人,以沮丧敌人的气势。"②当日头露出地平面时,燕王一行突然跨上战马,鸣角穿营而去。南军将士根本没有想到燕王会在自己营地野宿,或许压根就不认得燕王,他们看到这十余骑燕军从容而去,你看我,我看你,显得十分惊讶,还没有反应过来,燕王已疾驰而去。

燕王回营后,准备整军再战。大将谭渊战死,燕王感到很悲伤,这使他感到,有些将领未能领会他的作战意图,因而不得不再

① 《明史》卷一百四十二,《楚智传》、《皂旗张传》。
② 《奉天靖难记》卷三。

次对诸将进行戒谕：

> 昨日谭渊见敌走，逆击太早，故不能成功。兵法曰：穷寇勿追。我先戒中军，令整兵以俟。俟敌已过，然后顺势击之。盖彼虽少挫，其锋尚锐，必欲绝其生路，安得不致死斗！大抵临敌贵于审机变，识进退。（谭）渊不从吾言，以致丧身，汝曹当慎之。今日敌来，尔等与战，我以精骑往来阵间。敌有可乘之处，即入击之。两阵相当，将勇者胜，此光武所以破王寻也。①

燕王的这一席话，实际上代表了燕王在靖难之役中一贯的战略思想。每临战阵，他都身先士卒，实则在于激励部下的士气，"将勇者胜"。南军兵力占优势，以击溃敌人为目的，"穷寇勿追"，不打消耗战。

这天，也就是夏历三月二十三日，两军又展开了激烈的鏖战。燕军阵于东北方向，南军阵于西南方向。从辰时开始，一直酣战到过午，两军互有杀伤，难分胜负。燕王临阵督战，并亲率骑兵往来冲锋。燕军有时用骑兵将南军冲破个缺口，但南军很快又围拢过来。这样先后冲击四五次，一直未将南军的阵线冲垮。这显然是一场势均力敌的激战。在那北方春天的原野上，人们丝毫感受不到未散尽的余寒。激烈的拼杀声、呐喊声早已汇成一片炽热的气团，一个接一个倒下去的尸体，更使这片大地为两军将士的热血所浸透。

两军短兵相接，飞矢交下，相持不退。有时两军将士打得实在太疲劳了，就不约而同地坐下来歇一会，然后起来再战。一直到未时（下午2时前后），两军仍处于胶着状态，难解难分。这时，一阵狂风从东北方向刮来，这对燕军来说真是天助。正是这一阵狂风

---

① 《太宗实录》卷六。

使战局发生了根本的变化。狂风吹来,尘沙蔽日,砂砾击面,一片天昏地暗,人咫尺之间不能相见。但燕军处于东北方向,是在顺风头;南军处在西南方向,正好逆风,将士们睁不开眼。燕军在这种有利形势下,乘风大呼,纵骑兵横击,南军立刻溃不成军,弃甲而逃。燕军乘胜追击,一直追到滹沱河边,南军被杀和溺死者不可数计。盛庸率余部仓皇逃往德州。

盛庸因在东昌大胜,朝廷赏赐极丰。盛庸为了激励部下,让许多将士带着赏赐的金银器皿和锦绣衣袍,说攻下北平以后,与将士痛饮。不料夹河大败,这些赏赐之物反而落入燕军将士手中。

燕军将士回营以后,个个都尘土满面。就连燕王本人,因为满面尘土,就像换了一个人似的,诸将竟也分辨不出。只是当燕王说话时,诸将才凭声音认出他是燕王,随即纷纷来见。

对燕王来说,夹河大战的胜利意义重大,犹如一个新的转折点。因为燕王在山东连遭败绩,损失惨重,这次将盛庸击溃,报了东昌一箭之仇,使燕军恢复了往日所向无敌的军威,彻底地从失败的阴影下走了出来。因此,燕王满心高兴,第二天就派人把捷报送往北平。使者来到单家桥后发现,南军万余人驻扎在桥南,显然是为了截击燕军而预先布置在那里的。使者无法通过,只好回来向燕王报告。燕王立即率领一军直奔单家桥,将南军击溃,斩首数千级,落水溺死者也很多。同一天,燕军主力移师楼子营,准备迎击从真定方面来的南军。

二、藁城击溃吴杰

当燕王与盛庸在夹河会战时,吴杰也率军出真定,准备与盛庸合兵一处,合击燕军。当吴杰到达离夹河战场还有 80 里处时,听说盛庸已败,便迅速撤回真定。

燕王向诸将分析吴杰的情况说:"吴杰等若婴城固守,则出上策;若军已出,复归以避我,此中策;若来求战,则下策也。我计其将出下策,破之必矣。"诸将认为,吴杰听说盛庸刚败,一定不敢出战。燕王则显得胸有成竹,谓吴杰拥众10余万,"今逗留不出,则将有老师费财之罪矣。"况且他表面上虽听从盛庸调遣,内心里却忌盛庸之功,"今(盛)庸已败,彼必欲独成功矣。"①在这里,燕王仍然采取扬野战之长、避攻坚之短的战略,不直接去攻打真定,而是采取引蛇出洞的办法,在野战中消灭敌人。于是,燕王佯装让军士四散取粮,又派出一些校尉装扮成农夫,挑着担子,抱着小孩,佯装躲避乱兵,逃入真定城内。他们广泛散布,燕军都已四出取粮,营中无备。吴杰派出的侦骑也发现了这种情况,吴杰便信以为真,立即率军出城,沿滹沱河东进,在距燕营70里处安营。

闰三月初六日,燕王派郑亨、李远率骑兵5000袭扰真定。第二天,郑亨派人来报,说吴杰驻军滹沱河北,距我军约70里。燕王闻报,心里非常高兴,立即下令准备渡河出击。这时已到傍晚时分,诸将请求明天一早渡河。一个叫陆荣的人,懂阴阳术数,他劝阻燕王说:"今日出兵,阴阳家所忌。"古人大都有迷信心理,认为用兵是凶事,对阴阳家的这类说教很是在意。但燕王却认为:

> 吾千里求战,忧敌不出,故百计诱之。今彼既在外,是其丧死之秋,时机如此,岂可失也?若稍缓之,彼退守真定,城坚粮足,攻之则不克,欲战则不应,欲退又不能,将坐受其毙矣。拘小忌者终误大谋。②

看了这段话,人们自然就会想到,燕王身边有不少这类的阴阳术士。他们有关吉凶祸福的说教,有时很合燕王的心意。这表明,燕王并非没有一点迷信心理。但是,当他看准某个机会之后,则断然

---

① 《太宗实录》卷六。
② 《太宗实录》卷七。

采取行动,决不被这类说教束缚住手脚。燕王实际上更重视的是人事,那些阴阳家的说教只能为我所用,而并不一味顺从。作为一个政治家和军事家,这大概正是燕王的高明之处。

于是,燕王亲自率骑兵先渡。部下刘才执辔说,河水尚深,骑兵虽然可以过去,步兵和辎重怎么办呢? 燕王想出了一个办法,自己率骑兵由上流渡河,步兵和辎重由下流渡河。他和数千骑兵先在上流筑起一道人墙,河水受到遏阻,下流的河水变浅,步兵和辎重得以顺利渡过。燕王率领 3000 骑兵沿河西行,约行 20 里,果然遇到敌军。因这支敌军迅速退守藁城,两军当天并未交锋。

闰三月九日,两军略有交锋,谈不上胜负,因天色已晚,便各自收兵回营。燕王担心吴杰退回去固守真定,便亲自率领十余骑逼近敌营而宿,以为牵制。

第二天,吴杰和平安在西南方向摆成方阵,与燕军对抗。燕王从远处看到这种阵形,笑着对诸将说:"方阵四面受敌,岂足取胜? 我以精兵攻其一隅,一隅败,则其余自溃。"① 于是,燕王派出少量兵力牵制住其他三面,自己亲自率领精锐攻打东北隅。很显然,南军一开始就摆出了消极防守的架势,而燕军则处于进攻的态势。尤其重要的是,这种野外作战有利于燕军,这正是燕王所梦寐以求的。

燕军从东北角发起攻击,经过一番激烈的冲杀,南军稍有退却。燕将薛禄率部奋击,冲入敌阵,不料战马被南军刺死,薛禄被南军抓获。趁敌人不留意时,薛禄忽地夺过敌人手中的刀,力斩数人,竟侥幸逃了出来。尤其可贵的是,薛禄丝毫没有松一口气的感觉,而是继续督众力战,比先前显得更加勇猛。薛禄只是燕王手下一个普通的将领,这些将领的勇敢精神是燕王接连获胜的基本

---

① 《奉天靖难记》卷三。

保证。

燕王看到,单靠正面进攻难以将敌人彻底击垮,自己便率领一队骑兵顺着滹沱河绕到敌后,大呼奋击,冲入敌阵。南军矢下如雨,燕兵死伤甚众。许多箭射在燕王的旗帜上,密密麻麻,就像刺猬身上的毛一样。这时,南军阵地中间有个临时搭起的高楼,约有数丈,平安就站在高楼上指挥。燕王一看就知道,那正是南军的指挥中心。于是,燕王派一队劲骑朝楼冲去,将要到楼跟前时,平安慌忙下楼而逃。这一来,南军的指挥系统顿时陷于混乱,这时恰巧又刮起一阵大风,燕军乘势奋击。南军不支,很快全线崩溃。燕王麾军追杀,斩首6万余级,一直追赶到真定城下,夺得军资器械无数。吴杰和平安逃入城内固守,南军将领都指挥邓戬和陈鹏被燕军俘获。

继夹河大败盛庸后,在藁城又击溃吴杰,这是燕军又一个完整的战役性胜利。从战略和战术上来看,这次战役有个明显的特点,即以德州和真定之间的广阔平原地带为战场,将敌人诱出坚城之外,在野战中将敌人各个击破。这是燕王的军事才能在靖难之役中的一次突出显示。

这次藁城之战打得很激烈,很艰苦,燕王那面扎满了箭头的战旗就是最好的证明。燕王也感到这面战旗是件很好的纪念品,遂派专人将这面战旗送回北平,交给世子朱高炽,要他好好珍藏,传之后世子孙,让他们知道今天征战之艰难。这时老将顾成正协助世子固守北平,他看到这面战旗后激动得泪水直流,对高炽说:"臣自幼从军,多历战斗,今老矣,未尝见此旗也。"①顾成这时已72岁,是一位身经百战的老将,他还从来没见过如此激烈的战斗。

藁城之战以后,燕军乘胜攻略顺德、广平等地,河北的许多郡

---

① 《奉天靖难记》卷三。

县望风归附。

三、斗智斗勇,固守北平

闰三月二十四日,燕兵攻略大名,不战而下。这时燕王得悉,建文帝又将齐泰、黄子澄罢逐,并派官员籍没其家。其用意自然是明显的,即燕王把诛齐、黄作为起兵的理由,今将齐、黄治罪,燕王总该罢兵了吧。这种蠢事建文帝已干过一次,意在缓兵,但除了示弱和使得燕王起兵的理由更显得合法以外,起不到任何作用。这就像《国榷》的作者谈迁所评论的那样:

> 斩晁错以谢七国,摈齐、黄以款北平,今昔之谬,如出一辙。……即函齐、黄首致之,曷益哉![1]

这话说得是极其中肯的。对燕王来说,建文帝罢逐齐、黄恰巧为自己提供了一个机会,自己不罢兵,反而致信建文帝,要建文帝先罢兵。于是,燕王一封洋洋数千言的上书送给了建文帝,其大意是说:齐、黄奸佞,欲加害亲王,自己不得已而起兵。兵者,"不祥之器也,圣人不得已而用之。本为保生民,诛讨奸恶,以报大仇。"近闻齐、黄已被窜逐,"虽未伏斧钺之诛,然亦可以少谢天人之怒……故闻之不胜踊跃。"接下去就笔锋一转,说自己日夜盼望着朝廷的"休兵之旨",但至今"竟无所闻",这实际上是"外示窜逐奸恶之名,而中实主屠害宗藩之志"。燕王接着追述了一番起兵以来的赫赫战绩,谓自己率正义之师,故屡战屡胜。又听说朝廷"召募民间子弟为兵,驱此白徒,以冒死地"。实际上是指责建文帝没有诚意。如真想息兵,就应该立即下罢兵之诏,"复亲王之爵,休息兵马,销锋镝为农器,以安天下之军民,使各遂其生"。如果那

---

① 谈迁:《国榷》卷十一。

样的话,自己则愿意"老死藩屏,报效朝廷"。①

燕王在这封上书中,除了重弹过去的一些老调之外,就是借建文帝窜逐齐、黄之机,要建文帝先下诏息兵。在燕王接连大败南军的情况下,这种要求带有最后通牒的味道。

建文帝看了燕王的上书,不知该如何处置,便交给方孝孺和侍中黄观去看。方孝孺毕竟比建文帝有谋略,他要利用这个机会,搞拖延战略,然后再调集兵马,趁燕王无备时将其消灭。方孝孺向建文帝献计道:

> 燕兵久顿大名,天暑雨,当不战自疲。急令辽东诸将入山海关攻永平,真定诸将渡卢沟捣北平,彼必归救。我以大兵蹑其后,可成擒矣。今其奏事适至,宜且与报书,往返逾月,使其将士心懈。我谋定势合,进而蹴之,不难矣。②

建文帝听了方孝孺的这番话,才觉得有了主意,便决定按计而行,马上让方孝孺拟了一封诏书,让大理寺少卿薛岩报送燕王。诏书中赦免燕王父子及燕军诸将士的罪过,要燕王归藩,仍复王爵,只是以后不要干预政事和兵事。在薛岩临行前,方孝孺又拟了一封榜谕燕军将士的诏书,要薛岩在燕营中秘密散发。这封诏书印在小黄纸上,约有千张,意欲在燕军中广为传播,以涣散其军心。

薛岩心里很清楚,那些传单式的小黄纸如果在燕军中散发的话,倘若被燕王发觉,自己的性命难保。因此,他在半道上就把这些小黄纸藏了起来,始终未敢拿出。他到燕营后,只把建文帝致燕王的那封诏书拿了出来,交给了燕王。燕王见诏书"辞语肆慢",便冷笑着对薛岩说:"帝王之道,自有弘度,发号施令,昭大信于天下,怎

---

① 《奉天靖难记》卷三。《太宗实录》卷七、《国榷》卷十一、《明史纪事本末·燕王起兵》都载有燕王此次上书,文辞不同,语气略有轻重,其内容无明显区别。其中,《奉天靖难记》所记更近原意。

② 《明史》卷一百四十一,《方孝孺传》。

么能自欺欺人,拿祖宗的基业为儿戏呢!"薛岩吓得战战兢兢,燕王沉吟了片刻,问薛岩道:"你在来的时候,皇上还对你说了什么话?"薛岩回答说:"皇上只是说,殿下早上罢兵,来谢孝陵,晚上就下诏班师。"燕王冷笑着说:"嘿! 这话连三尺小儿也骗不住。"接着指了指侍卫将士:"这里有大丈夫在!"诸将立刻一片喧哗,要求杀掉薛岩。薛岩吓得汗流浃背,说不出话来。燕王说:"奸臣不过数人,岩天子命使,毋妄言。"①随即下令耀武,让薛岩看一看燕军的气势。

燕军连营百余里,骑兵和步兵交错排列,旌旗蔽日,戈甲耀眼,队伍威武整肃。有的骑马逐猎,有的相与角力,人人意思安闲,有一种鼓勇欲斗的架势。薛岩一行看了以后很吃惊,相互间窃窃私语,来时听人说,燕军人少,又很疲惫,看来完全不是那种样子。给薛岩一行这种印象,正是燕王的目的,这实际上是给朝廷方面的一种威慑。

燕王留薛岩在燕营住了几天,就把他打发了回去。临行前,燕王再一次对薛岩说,如果朝廷真要息兵,就应该推诚相待,将各路军马马上撤回,自己也就撤军回北平,永为藩辅。与建文帝要求燕王撤军一样,燕王要求建文帝先撤军。这实际上是把球踢给了建文帝。

薛岩回去以后,方孝孺立即到他私第询问燕王事。薛岩把自己的所见所闻如实地告诉了方孝孺,说燕军将士同心,燕王气度恢弘,语直意诚,南军兵马虽多,不见得能取胜。第二天薛岩上朝,把燕王的话和自己的观感重述了一遍。建文帝听了后有些心动,方孝孺等人则谓薛岩为燕王游说,将他斥责了一番。薛岩感到希望在燕王那边,后来就投降了燕王。

建文帝没有按照燕王的要求首先罢兵,盛庸和吴杰等人仍在前方与燕军周旋。五月初,燕军主力仍在大名一带,吴杰和平安率兵切断了由北平往大名运粮的饷道,斩燕军数百人,并擒获了燕军

---

① 谷应泰:《明史纪事本末》卷十六,《燕王起兵》。

指挥张彬。这对燕军是个不小的威胁。五月十五日,燕王派武胜把一封上书送致建文帝,责备建文帝一方面说罢兵,一方面又调兵遣将,切断自己的饷道,与上次送来的诏旨的意思背道而驰。燕王在上书中再一次表示,朝廷早晨将德州和真定的军队撤回,自己晚上就收兵回北平。

建文帝看了燕王的上书,颇受感动,有罢兵的意思,对方孝孺说:燕王,"朕叔父也。吾他日不见宗庙神灵乎!"方孝孺面对这样一个仁柔的帝王,感到既可笑,又可气,只能一面开导,一面力争:"陛下果欲罢兵耶? 即兵一罢散,不可复聚,彼长驱犯阙,何以御之? 今军声大振,计捷书当不远,愿陛下勿惑甘言。"①建文帝这才拿定了主意,遂将武胜下到锦衣卫狱中,以示决绝。

在藁城之战以后的两个月的时间里,双方书来信往,使者不断,展开了一场神经战。从朝廷方面来说,前线战事连遭败绩,燕军前锋已达大名,想通过窜逐齐、黄以消除燕王起兵的借口,并答应赦免燕王父子的罪过,恢复王爵,使燕王罢兵,然后调集各地兵力,再对燕军实施决定性打击。但燕王却趁机把球踢给了建文帝,要求朝廷先撤回德州和真定的南军,倘能实现的话,燕军就可以趁势长驱直入,南下金陵夺取皇位。在这场神经战中,燕王明显地占了上风。一是他接连击败南军,兵锋正盛,在战场上掌握着主动。二则是建文帝一听说前线打了败仗,就窜逐齐、黄,实际上就等于承认了齐、黄为奸臣,也就等于承认了燕王以诛齐、黄为名起兵的正当性。这样,建文帝一开始就使自己处在了劣势地位。再加上建文帝过于仁柔,看到武胜送来的燕王上书,觉得燕王说的有理,便想罢兵。据《太宗实录》卷七记载,是方孝孺"矫命"将武胜逮系锦衣卫狱。这种记载更加重了方孝孺等人欺蔽建文帝的罪行,正

---

① 谷应泰:《明史纪事本末》卷十六,《燕王起兵》。

合于燕王诛讨奸臣的一贯口径。这个记载不一定可信,但建文帝是在方孝孺等人的劝说下才坚定了信心,这一点则是可信的。

方孝孺虽然也是一个儒生,但毕竟比建文帝有头脑。他坚持不能在燕王面前示弱,在他所拟的答复燕王的诏旨中,语气仍很强硬,似乎主动权仍在朝廷手中,兵势也比燕军强盛。这也正是薛岩送诏旨给燕王时,燕王特向薛岩耀武的原因。但不管方孝孺怎样费尽心机,南军的劣势已定,已无力挽回败局了。

燕王听说自己的使者武胜被朝廷逮系狱中,非常恼怒,他知道这种手段已无法达到目的,便决定立即在战场上给朝廷点颜色看。因为南军切断了自己的饷道,燕王便以其人之道还治其人之身,也要切断南军的饷道。当时,南军的主力驻在德州,粮草都要经过徐州、沛县等地运来。燕王派李远率轻骑 6000 人前往徐州一带,兵士都换上南军的甲胄,看上去和南军完全相同,只是各人在背上都插根柳枝,以供辨识。

李远率军由间道疾驰南下,直奔济宁府的谷亭镇。谷亭在鱼台县东北,北至济宁、南至沛县各 90 里,是漕运往来要地,置有递运所,南军的大批粮草囤积在这里。李远一行因是南军装束,一路上几乎没遇到任何阻挡,很快地赶到谷亭,将那里的粮草一把火尽数烧光。紧随其后的是丘福和薛禄,他们合兵攻打济州(今山东济宁)。他们在护城河上迅速填平一条通道,强行攻城,很快将济州攻破。随即,他们立即潜渡沙河,直达沛县。那里有南军运粮船数万艘,粮饷数百万石。南军还没发觉他们,他们就像是从天而降,四处放起火来,粮食和船只都被烧掉,军资器械都顿时化为灰烬,河水为之变得热气腾腾,南军的漕运兵士四散奔逃。

燕军的这次偷袭取得了重大胜利,它使南军前线的粮饷供应顿时陷入困境,致使“京师大震”。当李远撤军北归的时候,盛庸派袁宇率军 3 万邀击李远。但李远已侦知南军的动向,预先设伏,将袁宇击败,斩首万余级。

七月间,燕王率军攻打彰德(今河南安阳)。当时,南军都督赵清在那里镇守,两军相持不下。燕王派十余骑每天在城下来来去去,骚扰樵采活动。如南军来追,他们就跑开。过了几天之后,城内缺少烧柴,只好拆屋来烧。燕王看到时机成熟,就将主力埋伏在城边的山麓间,派小股骑兵到城下诱敌。南军果然出来追赶,进入埋伏圈后,伏军四起,南军大败,被擒杀千余人。从此以后,南军不敢再轻易出城。

彰德城东有个尾尖寨,地处交通要冲,径路险隘。"燕兵在大名,南军据尾尖寨梗燕饷道。"[1]这里是南军扼阻燕军饷道的一个据点。因此,这时燕军的一些将领请求攻打尾尖寨。其实,燕王又何尝不想把这个据点拔除呢。只是燕王考虑得更周全。他知道,尾尖寨山路险窄,只能容一人通过。元末战乱,乡民数百人啸聚其间,官兵数万人尚未能攻破,所以只能智取,不能强攻。燕军找到一个熟悉山路的向导,由都指挥张礼率兵千余人,乘月黑之夜往攻。这天夜里还下着小雨,张礼把主力屯于寨下,挑选十余个勇士由寨后潜登,杀掉守关者一人,留另一人带路,直抵寨门,并举炮轰击。这一则是威慑敌人,二则是向山下报讯。燕军出其不意地攻上寨来,南军十分惊慌。张礼大声向寨中人喊话,说自己是先锋,大军屯驻寨下,速降则生,如不投降,大军将至,等攻破山寨后,想投降也来不及了。于是,南军全部出寨投降。

燕军接着集中兵力围攻彰德。燕王对彰德双管齐下,一面重兵围攻,一面遣使入城劝降。守城都督赵清对来使说:"殿下至京城日,但以二指许帖召臣,臣不敢不至,今未敢也。"[2]这话使燕王

---

① 《读史方舆纪要》卷四十九,《彰德府》。
② 张萱:《西园闻见录》卷二十。

很受感动,觉得这话在理,再加上彰德防守比较坚固,一时难以攻下,便撤兵转攻林县。另外,赵清的这番话还给了燕王很大启示,使他认识到,南军有许多将领持赵清这样的态度。他们只是忠于朝廷,而不是限于拥戴哪一个人。自己若能占领南京,以朝廷的名义号令天下,各地的守将就会不战而降,全国就会传檄而定。因此,自己不宜与南军进行一城一地的争夺,必须想办法尽快攻占南京。这正是燕王下一步的战略中心。

七月九日,燕王率军到达林县,当地守将举城投降。这时,燕王接到世子高炽的告急文书。原来,平安正率兵攻打北平,在离北平约50里的平村安营。燕军主力在外,北平守军不仅人数少,且老弱居多。平安是南军猛将,他的来攻不仅对北平,而且对燕军的全局都造成很大的威胁。世子高炽督众固守,险象迭生。燕王急忙率师回救,到定州(今河北定县)后,又接到世子的报告,谓北平情况紧急。这时,燕王召来勇将刘江,问他该怎么办。刘江慷慨请行,由自己率领精锐驰援北平。高煦请求与刘江一起前往,刘江认为没有必要,大家都疲于奔命,徒为敌人所笑。燕王听了很高兴,立即命侍从上酒,为刘江壮行。

刘江临行前,燕王反复叮咛,要他渡过滹沱河后,由间道前行,广张声势,多设侦骑,如遇到南军,可击则击之,如无必胜把握,则避开而行。敌众我寡,白天可广设疑兵,多张旌旗,夜里多点燃一些火炬,使钲鼓相应。这样,敌人就会认为我大军回师,不敢即刻全力攻城。刘江则要火速进入北平,协同守军共同防御。刘江对燕王说的话颇为悲壮:"臣至北平,以炮响为号,二次炮响则决围,三次炮响则进城。若不闻第三炮,则臣战死矣。"刘江还要燕王率大军赶到时,连续放炮,使远近都以为大军已到,平安就会因害怕而逃跑。

一切都按计划而行,刘江顺利进入北平,和世子高炽合兵一处,共同抵御平安。双方在平村展开了一场激战。刘江一马当先,所向披靡,平安大败。燕军斩敌数千级,俘获千余人,缴获战马600余匹。平安仓皇逃往真定。

在此期间还发生了一件事,即方孝孺设计离间燕王和世子高炽的关系。这个计谋是方孝孺的门人林嘉猷想出来的。林嘉猷曾在北平燕邸供事,知道高煦和高燧与世子不和,总想倾陷世子。宦官黄俨很奸险,他党附高煦和高燧。当时,南军在河北一带师老无功,德州兵饷道又被燕军切断,南军一再失利,建文帝非常忧愁。方孝孺便秉明建文帝,拟书信给世子高炽,让他们父子间生疑,燕王必然北归。燕王北归后,南军的饷道自然就通了。饷道通则兵气振,兵气振则可以图进取。书信中劝世子背燕归属朝廷,许以燕王之位。书信由锦衣卫千户张保送达世子。据《太宗实录》诸书记载,世子高炽见书后,"不启封",便将书信和张保一起送往燕王军前。当张保送书信刚到北平时,宦官黄俨就派人驰报燕王,说世子已和朝廷通密谋,很快要谋反归顺朝廷。燕王对此事很怀疑,便问高煦。高煦说世子与建文帝本来就很亲善。他们正说话间,世子派的使者来到,将书信和张保都交给燕王。燕王看到书信后,既为敌人的险诈而惊讶,也为自己差一点误杀世子而感叹。

其实,所谓世子"不启封"便将书信送给燕王的话是不可信的。朝廷致书世子时或有之,看看无妨。燕王既然命世子留守,世子对军国大事也应该知情,更何况这书信是直接写给他的,他完全应该过目。即使有些妨碍的话,自己看后再送给燕王也不算过失。世子那么急忙将书信送给燕王,可能正是世子看到书信有离间意思的结果,这样做正可以显得自己胸怀坦荡。《太宗实录》是世子即位后所修,史臣不免对世子有所美化。以后诸书都沿袭《太宗实录》的记载,致使所谓"不启封"的说法越传越广。

方孝孺用间是失败了,但这件事也表明,燕王父子以及世子兄弟之间确实存在嫌隙,这对以后时局的发展产生了深远的影响。

四、击破房昭

当时对北平构成威胁的主要有两支南军,一支是平安,另一支是房昭。房昭是大同守将,他奉命率兵进入紫荆关,略定保定府诸县。他召募民人中强悍者为军,与官军混合组编,一时颇盛。他又在西水寨安了一个据点,以作为长久坚持之计。西水寨在易州(今河北易县)西郎山上,四面险峻,只有一条路攀援可上。房昭在寨中储存了充足的粮草,集中了一批精锐,一方面骚扰燕军饷道,一方面窥伺北平。保定距北平很近,人们习惯上把它比作北平的南大门。房昭盘踞于此,无疑是燕王的心腹之患。

八月十一日,燕王率军到达完县。二十日,燕王得到情报,南军都指挥韦谅率兵万余,由真定运粮接济房昭。燕王遂率兵3万前往邀击,第二天赶到西水寨口,与韦谅军相遇。燕军虽有小胜,但粮食已基本运入寨中,南军损失不大。燕军遂将西水寨团团围住,但却久攻不下。

九月十九日,燕王率军一部赴定州。燕王得悉,真定的援军因害怕燕王而迟疑不前,自己离去以引诱真定的南军。等南军赶来后,自己再回师夹击,在野战中消灭敌人。一旦将真定的援军击破,西水寨势孤力单,就可以不攻自下了。

房昭的部下有不少南方的将士。当时已是秋末冬初,天气渐寒,虽不缺粮草,但因包围时间已久,御寒衣物短缺。围寨的燕军为了瓦解敌人,在月明之夜四面唱起吴歌,就像垓下之战时的四面楚歌一样。南军将士听到家乡的歌声,顿起怀乡之思,有的落下泪来,个别大胆的就偷偷地下山来降。

十月一日,南军都指挥华英等率军3万由真定来援。燕王闻讯后,率军星夜折回,第二天与南军在郎山下相遇。南军在山下列阵迎战,围寨的燕军配合燕王对南军两面夹击。这时,房昭也率寨内守军下山参战,而这正是燕王所求之不得的。燕王命勇士潜出敌后,卷旗登山。当山下的南军被击溃时,山寨也因防守空虚而被燕军攻破。南军四散溃逃,燕军乘胜追击,斩首万余,获战马千余匹,都指挥华英被燕军俘获,只有房昭、韦谅等人逃去。

与房昭威胁北平的大体同时,辽东守军杨文率兵出山海关,围攻永平,攻略蓟州、遵化诸县,直接威胁到北平。自燕王起兵以来,辽东一直在朝廷的有效控制下。朝鲜也一直效忠于建文,不时派使节来贡,还不断地向朝廷供应马匹。辽东兵马成为牵制燕军的一支重要力量。他们虽时而为燕军所败,但元气没有大伤。这次杨文率兵来攻时,燕王还在保定一带与房昭周旋。他闻报后很担心,自己因不能亲往,便命正在北平的刘江抵御杨文。燕王向刘江仔细指点方略,要他率兵奔永平,当杨文退守山海关时,不必去追,只是声言返回北平。回师不远,即连夜卷旗返回永平。杨文必然回头攻打永平,那时再出师奋击,就可以将杨文击败了。刘江按计而行,果然大败杨文于昌黎,杀敌数千人,俘获了杨文的部将王雄。杨文率残部逃回山海关。这样,南军从东西两个方面对北平的威胁都被解除。

十月二十一日,燕王回师至涿州。因各方捷报频传,北平安然无恙,燕王心里很高兴,便大摆宴席,犒劳有功将士。三天后,燕王率师回到北平。

对王雄等南军被俘将领,燕王表现得宽宏大度,回北平后马上就释放了他们。自然,在让他们回去以前,燕王少不得对他们进行一番训教,谓自己起兵只是为了诛奸臣,救祸难,保全骨肉,以安天下。自己知道他们出来打仗,也是出于不得已。他们的父母妻子都日夜盼望他们回去,让他们回去后告诉杨文,不要虐待百姓,如

154

执迷不悟,"不有人祸将必有天殃"。①

明眼人不难看出,燕王的这番话除了宣扬自己起兵的正义性之外,还有挑拨离间的意思。在靖难之役中,南军的被俘将士除一部分编入燕军外,大部分予以遣散,少数将领仍回归南军。这实际上是燕王的一种心理战和宣传战,对瓦解南军起到了很好的作用。这也是燕王用兵高明的一个方面。

十一月底,鞑靼的可汗遣使来见燕王,表示愿正式归附。实际上,鞑靼部与燕王早就有联系,只是这时见燕军势盛,才正式归附燕王。遗憾的是,官书正史对这次归附都语焉不详,而野史笔记倒有些零星记载。例如有记载道:"建文三年十一月,鞑靼通燕,寇铁岭。"②铁岭在辽东,为朝廷所辖地,"寇铁岭"正是帮助燕王的表现。鞑靼士兵精于骑射,他们的归附使燕王增添了一支生力军,使战斗力大为增强,且可有力地牵制辽东朝廷方面的军队西进。

对这种情况,朝鲜的使臣看得很清楚。建文三年(1401)秋天,朝鲜使臣崔有庆为祝贺万寿圣节来华,经辽东由北而南,到达南京,第二年三月回到朝鲜:

(崔)有庆启曰:"燕兵势强,帝兵虽多,势弱,战则必败。又有鞑靼兵乘间侵掠燕赵之间,中国骚然。"③

在整个靖难之役期间,朝鲜一直和建文朝保持着良好的关系。朝鲜使臣的话是比较客观和可信的。这段话不仅表明了鞑靼兵归附燕王的作用,而且对燕王和朝廷双方的强弱作了评论,对南军"战则必败"作了预测。以后形势的发展表明,朝鲜使臣的话是有先见之明的。

---

① 《奉天靖难记》卷三。

② 郑晓:《建文逊国记》。

③ 朝鲜《李朝实录》太宗李芳远朝卷三。

由于燕军节节胜利，再加上部下对燕王的真实意图洞若观火，知道他并不是要"周公辅成王"，而是要夺取帝位，都指挥张信等人便于十一月间上书燕王，要他立即登极称帝：

> ……汤武革命，顺乎天而应乎人。……殿下不得已起兵，以救须臾之祸。……岂期幼冲心志蛊惑，牢不可回，必欲加害于殿下然后已。殿下应之以仁义之师，……故百战百胜，此虽殿下神谋睿算之所致，实以天命人心之所归也。……天之所生以为社稷生灵主，正在于今日。……汤武岂忍视斯民之涂炭而不解其倒悬哉！臣等伏望殿下遵太祖之心，循汤武之义，履登宸极之尊，慰悦万方之望，则社稷幸甚，天下幸甚，臣等不胜惓惓之至。①

这些话很合乎燕王的真实心意，但燕王比他的部下高明，他知道现在称帝的条件还不成熟。如果现在就称帝的话，那就等于自己否定了自己起兵的正义性。因此，燕王拒绝了张信等人的请求，并再次向部下讲道，自己举兵是为了诛奸恶，保社稷，并没有觊觎皇位的意思。待除掉奸恶以后，自己就"行周公之事"。部下知道这不是真心话，所以都督顾成和五军总兵官丘福再一次重申前请，燕王仍不许。宁王朱权也上表恳请，亦被拒绝。很清楚，燕王要到攻下南京以后才去登极称帝。

第三节　长　驱　金　陵

燕王起兵两年多来，在战场上虽略占主动，但敌我双方力量的对比并没有根本性改变。他不再打消耗战，不再以攻城略地为意，而是改变战略，绕过山东，长驱金陵，以京师号令各地，全国即可传

---

① 《奉天靖难记》卷三。

檄而定。建文三年(1401)十二月率师南下,于第二年六月渡过长江,到达金陵,靖难之役遂以燕王的胜利而告终。

一、长驱南下

燕王这次由大名回师北平,虽说连连取胜,实际上也是出于不得已。前方难以在短时间内取得决定性胜利,后方的根本重地又受到威胁,所以必须回师相救。燕军往来转战,许多城池旋得旋失,到这时其势力仍不出北平一带:

> 靖难兵起三年,屡战多胜,冲突千里,罕能御之。然所过城邑往往坚守不下,间克之,兵去,即杀守帅,复为朝廷。及壬午(建文四年),所据者北平、永平、保定三郡而已。①

对燕王来说,这种情况太不能令人满意了。

从南军的情况来看,几经折损后,也改变了战略,把主要兵力集中于战略要地,据城固守。例如德州和真定,南军虽有夹河、藁城之败,但二城终未被燕军攻下,成为对抗燕军的前方基地。另外,南军还在一些险要处设置堡寨,坚壁清野,以阻挡燕军南下,就像彰德的尾尖寨和易州的西水寨那样。燕军虽深入济宁,焚烧了南军的粮储和漕船,使南军的饷道一时受阻,但有材料表明,南军的饷道不久即又恢复。当时著名文士陶宗仪有《腊月二十七日雪》诗:

> 立春三日雪花稠,作阵随风卒未休。
> 屋宇高低银盖覆,郊原远近玉雕镂。
> 将军好问平吴策,高士谁承访戴舟?
> 九万车夫多冻馁,定应未到济宁州。
> (原注:"十一月,松江府起差民丁九万名赴济宁,陆运粮米九万石

---

① 姜清:《秘史》卷四。

至德州军前。")①

建文三年腊月二十三日立春,到二十七日恰好是"立春三日"。移于其他年份则都与此文不合,可知此诗是指建文三年"腊月二十七日"。由此看来,这年十一月间正开始向德州运送粮饷。这表明,南军的战略取得了相当的成功。

这时,由于建文帝对宦官管理较严,而燕王对宦官较为宽厚,所以不少宦官纷纷从建文帝那里跑出来归附燕王。他们了解宫中内情,谓重兵在外,南京空虚,劝燕王火速直取南京。燕王慨然说道:"频年用兵,何时已乎?要当临江一决,不复返顾矣!"②遂决定长驱金陵。

这种战略的确定,并不全是因为宦官们的报告,而有着更深刻的原因。这正像明人高岱所分析的那样:

四方人心多所观望,惟视金陵成败为向背耳。若复攻城略地,广土众民,必待四方之服而后徐议根本之计,则稽延岁月,师老时变,非所谓批虚捣吭之兵也。盖其所急在京师,而不在四方。③

这段话说得很中肯。对于燕王叔侄争夺皇位的这场战争,绝大多数人都在观望,其中的是非曲直他们并不关心,他们只关心谁登极做皇帝,谁做了皇帝就服从谁。千百年来,中国人形成了一种观念,似乎皇帝就是国家的代表,忠于国家就要忠于皇帝。这里所谓"视金陵成败为向背",就是视谁当皇帝为向背。燕王的势力一直不能得到很快的拓展,一些城邑旋得旋失,就是因为建文帝仍然控制着京师,仍然是全国的皇帝,民心还向着他。因此,燕王不能

---

① 陶宗仪:《南村诗集》卷三。
② 《明史》卷五,《成祖本纪一》。
③ 高岱:《鸿猷录》卷八,《长驱金陵》。

158

再拖延岁月,而是要长驱直入,直捣金陵,夺取京师根本重地,然后以京师号令全国。

建文三年(1401)十二月,燕王经过一番部署,留世子守北平,自己亲自率大军南下,由李远率轻骑为前哨。

燕王率师南下的消息很快传到京师。由北平到南京,取道山东的德州、济南一线路程最近。朝廷方面估计,燕王一定会由此路南下。于是,建文四年(1402)刚过元旦,建文帝就命徐辉祖率京军往援山东。

但是,燕王接受了以前在山东连遭失败的教训,这次不再取道德州、济南一线,而是取道山东和河南临界一带南下。燕王于十二月十二日出发,半个月后驻师蠡县。建文四年元旦这一天,李远率800轻骑到达藁城。这时,盛庸的部将葛进率马步兵万余人为先锋,前来邀击燕军。这时正是一年最冷的时候,天寒地冻,滹沱河上结了厚厚的冰。当南军沿着冰过河时,李远率军奋击。葛进看李远的人马少,退到岸上,把马匹系在树林间,用步兵来迎战。李远佯装败退,引诱南军来追,他却分兵绕到南军后面,将树林中南军的马匹全部放跑。这个计谋得逞后,李远遂督众奋击。南军退,准备乘马与燕军再战,但树林中的马已空无一匹,于是南军大败,数千人被杀或溺水而死,葛进仅以身免。李远在这次战斗中获战马千余匹。

燕王以岁首大捷,同时也是这次南下的第一个胜利,心里非常高兴,亲自致书嘉奖:

> 将军以轻骑八百,破敌数万,出奇应变,虽古名将不过也[1]。

燕王还颁布命令,这次参战的将士皆升一级。

---

[1] 《明史》卷一百四十五,《李远传》。

一月五日，燕王命都督朱能率轻骑1000，前往衡水一带。在那里恰好与平安部下的一支部队遭遇。朱能是燕王手下的一员猛将，平安的部将贾荣自然不是他的敌手。朱能一马当先，一阵冲击，南军即溃不成军。在这次遭遇战中，燕军斩敌700余级，获马500余匹，南军将领贾荣被俘。①

燕王乘机迅速南下，一月十二日由馆陶渡过漳水。当燕王渡过河后，看到一个病卒躺在路边呻吟，燕王停了下来，命侍从将病卒扶上自己备乘的马匹。侍从说："殿下的从马怎么能让病卒乘呢？"燕王动情地说道：

> 人命与马孰轻重？人病不能行，不载之，是弃之矣。吾岂贵马而贱人哉！且彼从吾，尽力而病，吾乃不恤之，岂为人父母之道！②

将士们知道此事后，都很受感动。燕王体恤部下，在各种史书中不时有所记载，不能尽视为溢美之辞。燕军将士乐为所用，临阵舍生忘死，常以少胜多，几乎不见有叛降者，这与燕王体恤部下当有一定关系。

燕师接连攻破东阿、汶上，一路战事难以尽述，很快抵达沛县。守令颜伯玮是唐代大书法家颜真卿的后人，颇有气节。南师连年北伐，沛县百姓终岁往前方运送粮草，十分劳苦。颜伯玮妥善规划，民得不困。沛县是徐州的北大门，地位险要，为历代兵家必争之地，朝廷特地在这里设了军民指挥司。颜伯玮募集百姓5000人，修筑7个堡寨，以防御燕师南下。这里的防御本来很坚固，但因调兵增援山东，留下的大都是老弱病残，没什么战斗力。因此，

---

① 《奉天靖难记》卷四谓"斩首七千余级"，当为误记。《太宗实录》卷八和《明史纪事本末·燕王起兵》皆谓"七百余级"，可信。
② 《太宗实录》卷八。

燕师的突然到达使颜伯玮很惊慌。他自知不敌，立即派县丞胡先去徐州告急，请求援兵。徐州守将只图自保，不予增援。颜伯玮见形势紧急，便让弟弟颜珏和自己的儿子有为赶快回老家庐陵，以侍候父母，并要儿子代向父母转告："儿子不能为父母尽奉养之职了。"他题诗县衙墙壁上，誓与城共存亡。半夜时，燕师到达东门，指挥王显率众迎降。颜伯玮穿着整齐的衣冠，走到堂上，向京师方向叩拜后，自缢而死。他的儿子有为不忍心离去，走了不远又回来了，见父亲已死，自己在父亲尸体旁边也自刎而死。后来胡先由徐州回来，将他们父子葬于城南。[①]

沛县既破，燕师遂逼向徐、淮。一月三十日，燕军抵达徐州。大军长驱南下，却一直没见到山东方面的南军有什么动静，燕王颇为疑虑，就派指挥款台率12骑到邹县一带侦察。款台在那里遇到转运粮草的南军3000人。款台鸣锣大呼，直冲南军阵中，大声喊道，大军马上赶到，不降者就杀。南军无备，对这突如其来的冲击不知所措，遂四散奔逃。款台擒获千户官2人，经询问，知道敌兵驻在济宁。

燕王知道后很高兴，他称赞款台是"真壮士也。"命左右纪其功，以备日后升赏。[②]

建文四年（1402）二月二十一日，燕师驻营于徐州东北。徐州守军据城固守，燕军一直未能将城攻下，燕王就想移师南行。因为各营兵士有许多人四出取粮，诸将认为现在起营不妥，担心城内守军乘机出兵掩击。燕王则要诸将不必担心，他要用计破敌，即使一个人走，南军也不敢轻易来犯。于是，燕王设伏兵于九里山，在演武亭隐藏起来百余名精锐的骑兵，只命数骑到徐州城下诱敌，要他

---

① 《明史》卷一百四十二，《颜伯玮传》。
② 《太宗实录》卷八。

们在城下解鞍歇息,表现出很安闲的样子。如果敌人不出来,就在城下谩骂,故意激怒敌人,诱使敌人出城来攻。

这几名骑兵按计而行,在城下百般辱骂南军,在城下来来去去,时而解鞍下马歇息。但南军就是不出城追击。到天黑时这几个人才回去,第二天又来谩骂如故,还焚烧了一些近城的庐舍,停一会就往城上射一箭。城中的南军果然气愤不过,以5000兵士出城追击。他们几个按辔徐行,引诱南军渡过河去,炮响伏发,燕军一部飞速赶往西门,切断了南军的退路,前后夹击,南军很快溃败。他们争着从桥上后撤。桥多年失修,损坏已很严重,这么多兵士一时涌来,桥塌陷了下去,南军溺死者千余人,被斩首数千级,侥幸活下来的仓皇逃入城内。

自此以后,即使一个燕兵在城下叫骂,南军也不敢出城来追。燕王的目的达到了,他可以从容地移师南行了。这与他的总体战略思想是一致的。也就是说,像徐州这样的坚城,能攻下最好,攻不下则搁置不顾,绕道火速南行,直扑京师。

二、有胜有败,有进无退

燕师南下并不是一帆风顺,有时打胜仗,有时也打败仗;有的将领比较坚定,有的将领也动摇过。但燕王南下的决心已定,义无反顾,要排除一切险阻,一往无前。

建文四年(1402)三月,燕师绕过徐州,直下宿州(今安徽宿县)。燕王估计徐州的守军会在后面骚扰,便命都指挥金铭率百余骑殿后,并面授机宜。金铭一切都按燕王的安排行事。南军万余人果然出城尾随燕军之后,金铭不慌不忙,列队徐行。南军见此情状,果然不敢贸然来击,怕有埋伏。当金铭渡河时,南军迅速赶了上来,想乘机攻击金铭。埋伏在河南的冀英一行立即举炮,南军以为真的遇到了埋伏,便迟疑下来,停止不前。就在这当儿,燕军已安全渡过河去。其实，冀英只率领几个人在河南举炮，以迷惑敌人。

　　燕师火速南下，迅速到达蒙城一带。蒙城在宿州南，而宿州有南军重兵驻守，粮草充足，以为持久之计。燕王想切断南军的饷道，便命刘江率3000人前往。这里已是南军的后方，兵力充足，刘江害怕，不敢前去。燕王见状大怒，立命将刘江斩首。诸将力请，并念及以前刘江多有战功，这才饶恕了他。正因为这件事，燕王称帝后未封刘江，只是授他个都督金事。① 刘江是燕王手下的勇将，经常充任先锋，所战皆有功。但是，像刘江这样的勇将尚且不敢深入，这从一个侧面表明，当时南军的实力还是不容低估的。

　　三月九日，燕军主力驻营涡河。哨骑侦知，平安率领4万马步军由北边尾随而至。平安是南军悍将，自起兵以来，他一直与燕军周旋，有胜有败，是燕王的劲敌。燕王闻知后又惊又喜。惊的是平安竟这么快地赶来，喜的是他的赶来使北平免除了一大威胁。燕师主力南下，后方空虚，平安会不会乘机直捣北平，这是燕王最挂心的事。平安赶来，正可以在这里击溃他。

　　燕王经过仔细考察，看到涡河一带林木茂盛，河道窄陡，平安一定会以为有埋伏，不敢大胆进兵。淝河一带地势平坦，树木稀少，平安不怀疑，正可以在那里与平安决战。于是，燕王命高煦守营，自己亲自率领精锐的骑兵2万前往，每人带3日粮。燕王还让兵士各准备火炬一束，从前哨伏兵到大营约有百里，持火炬兵士连属于道。前线遇敌则举火，一支火炬燃起，其它的火炬陆续点燃。敌人见后以为大军赶到，一定胆落。但燕王在那里连等数日，却一直不见平安赶来。带来的粮食都快吃光了，诸将请求回军。燕王则要大家再等上一两天，敌人一定会来。第二天还是不见敌人的踪影，诸将又坚请回军，说不仅兵士缺粮，而且马也快没有刍草了，

_____

① 《明史》卷一百五十五，《刘荣传》。按：刘荣初冒父名称刘江，后恢复原名刘荣。

这样没遇到敌人自己就已困乏了。燕王则耐心地向大家解释说，平安引兵远来，锐意求战，如果侦知我军南撤，他一定跟踪袭击，那就被动了。如果先击败他的前锋，敌军自然夺气。燕王还拿出一把刀打比喻，先折去刀的锋刃，整把刀就钝而无用了。诸将说，平安"不来奈何"？燕王说道："我度其必来，须少待之。"①傍晚时分，燕王命胡骑指挥款台领数骑前去侦哨。大约夜间4更时，款台回来报告，说平安已在距滹河40里处安营，天明一定会赶来。燕王闻报大喜，遂命王真等人率轻骑前去迎击，其任务是将南军引入燕军的埋伏圈内。燕王又让王真诸将士各准备草束一把，装入囊中，就像一捆布帛一样。等平安军来追击时，就将这些草束扔在地上，南军一定去拾，这就会使南军不战自乱。王真与平安军相遇后，平安果然派骑兵来追。王真佯退，把各人随身带的草束扔下，南军竞相拾这些东西。后退约20里，平安的追兵进入南军的埋伏圈内。燕军伏发，南军因争拾草束阵势稍乱，接战不利，稍有后退。王真回军奋击，遇上平安的大军赶来，将王真团团围住。因燕军后续部队未能及时跟上，王真虽英勇异常，但终因寡不敌众，身上数处受伤。他接连格杀南军数十人，对身边的人说："我义不死敌手。"遂自刎而死。②

　　燕军前锋虽稍受挫，但王真已把南军引来，也算完成了使命。这时燕王率军随后赶来，而平安率骑兵3000驻于河北岸的高坡上，两军主帅遂迎面而遇。平安的神将火耳灰是蒙古骑兵指挥，原来是燕王部下，后调入京师。燕王起兵后，他隶于平安麾下，素称骁勇。他一马当先，挺矛直取燕王，逼近燕王只距十步许。燕王赞赏火耳灰的骁勇，不忍心射死他，只命胡骑指挥童信射火耳灰的坐骑。火

---

① 《太宗实录》卷八。
② 《明史》卷一百四十五，《王真传》。

耳灰的马被射死,人也被俘。火耳灰的部下哈三帖木耳也是位勇士,见火耳灰被俘,挺枪突入燕阵中,结果马也被射杀,人亦被俘。燕王遂麾师奋击,平安大败。燕王本想生擒平安,但平安改换服装,率数骑逃去,退守宿州。这次淝河之战,燕师斩敌数千级,获马8000余匹,还俘获了平安部下的骁将林帖木儿。

淝河之战的胜利表明,燕王坚持不撤军的策略是正确的。诸将自感请求撤军之误,向燕王请罪说:"臣等继今不复敢料事。向如臣等言,失此机会,罪何以逃!"燕王不但没责备他们,反而对诸将安慰了一番,并鼓励他们以后有什么建议就大胆地说出来:

> 事机偶有相乖耳,无苦自贬。自今但心有欲言即言之,勿惩此而遂默。盖安危吾与卿等同之。①

燕王的这番话既解除了诸将的顾虑,又加深了双方的理解和感情。

燕王收兵以后,当天就释放了火耳灰等人,并授火耳灰为指挥,哈三帖木儿为百户,让他们充当近侍,带刀宿卫。诸将认为这样做不妥,他们虽说是旧人,但久在南军中,人心难测,不宜安置在身边。燕王却说他们都是壮士,既然被擒,其心已服,自己与他们有旧恩,今不杀他们,必定知恩图报。日后的事实表明,他们对燕王果然忠心不二。这虽然是件小事,却表明燕王知人善任,用人不疑,有过人的胆略。

燕王接着率师前往临淮(今安徽凤阳东北)。这里是水陆交通要道,控制这里对燕师南下至关重要。但燕王还有后顾之忧,因为燕军利在速战,而南军还控制着宿州,准备与燕军打持久战。如果切断了南军的粮道,南军就可以不攻自破。于是,燕王命都指挥谭清率轻骑前往徐州一带,以袭击南军运饷兵。谭清往来倏忽,屡次将南军运饷兵击溃,杀敌无数。他循河而南,到达五河,沿水陆焚烧

---

① 《太宗实录》卷八。

165

南军运粮车船无数。谭清回到大店(今安徽宿县东约50里处)时,遇上大股南军。谭清人马少,只得且战且退。这时铁铉率兵赶来,将谭清团团包围。燕王从远处看见谭清的旗帜,遂率军来援,初接战燕军不利,稍有退却。燕王亲率火耳灰诸人冲入敌阵,立斩南军数十人。燕军将士见燕王临危不惧,亲自在敌阵中冲杀,士气大振,奋起反击,南军遂败退,向南撤去。燕王派出小股骑兵尾随骚扰。

四月间,平安驻于小河(今江苏睢宁一带)。① 十四日,燕王率师进驻河北,双方摆出一副决战的架势。燕王命都督陈文于河的冲要处架桥,先渡过去步兵辎重,接着再渡过去骑兵,然后分兵固守这座渡桥,以便"据险以待之,使进则扼其吭,退则拊其背"。燕王的计划不可谓不周,但与其对阵的平安、何福诸将都知兵敢战,要迅速取胜谈何容易。

十五日,南军缘河而东列阵十余里,张左、右翼迎击燕军。燕王首先率骑兵发起冲击,南军总兵何福麾步兵直冲渡桥,经过一番激烈的争夺战,何福将燕王的守桥军击溃,俘获数百人,立斩陈文于阵中。在另一边,平安将燕王团团包围,燕王差一点未被平安刺住。燕王的马被南军射死,情况十分紧急。幸赖番骑指挥王骐跃马入阵,救起燕王,侥幸得脱。南军夺占渡桥后,勇气倍增。他们渡桥而北,直冲燕军大营。这时,燕将张武率领一支生力军从林中冲出,与燕王的骑兵合兵一处,齐力反击,这才使南军稍有后退。南军的指挥丁良、朱彬被俘,燕将都指挥韩贵也力战而死。在这场以渡桥为中心的拉锯战中,双方战死和溺死的兵士不计其数,"尸积而河水为之不流"。②

自这场大战后,燕军驻河北,南军驻河南,一连对峙数日。自

---

① 小河原是睢水下游,经睢宁东流,由宿迁南注入旧黄河。今河道已废。
② 《太宗实录》卷八。

泗河之战以来,燕军虽然时有小胜,但从全局来看进展不大,尤其是小河之战失利后,士气不高。这样长时间对峙下去,显然对燕军不利,因燕军深入敌后,利在速战,不利持久。因此,燕王便借口南军缺粮,如再停上几日,南军粮饷运来,破敌就更困难了,便留下少数人守桥,大军于半夜时渡过河去,绕到南军后方,于黎明时对南军发起突然袭击。一开始南军有些被动,但很快就投入了反击。恰在这时,徐辉祖率领援军赶来,燕师遂处于不利局面。燕王立即决定,避开敌军主力,撤军至齐眉山(今安徽灵璧西南)。

四月二十二日,两军会战于齐眉山。自中午一直鏖战至傍晚,胜负大致相当。燕王的部将李斌也是员勇将,因坐骑被南军射死,遂于阵中被南军所杀。总起来看,燕军在这次会战中不但没有取胜,而且损失不小。

对燕王来说,当时的形势是相当严峻的。自泗河之战以来,燕军接连失利。四月底的南方已是盛夏,阴雨连绵,天气湿热,燕军多是北方人,不习惯这种气候,军中疾病流行。正因如此,齐眉山会战后的第二天,诸将都纷纷劝燕王回军,或者转移到小河以东,那里土地肥沃,牛羊多,小麦也将成熟,正可以到那里就食,在那里择地休整兵马,然后再相机而动。诸将几乎一致认为,在这里与南军相持,决非燕军之利。

这真是关键时刻,弄不好燕军就会土崩瓦解。面对诸将的意见,燕王只得耐心劝导,以激励大家必胜的信心:

> 卿等所言,常算,非知变通。夫两敌相持,贵进忌退。今敌众屡败,胆已丧,况久乏粮,士卒饥窘,其心已离。……如卿等言,欲渡河,但恐懈我士心。……今乘彼饥疲,邀其饷道,可以坐困之。今日之势,利已在我,不容少缓。[1]

---

① 《太宗实录》卷八。

这时与燕王意见一致的只有朱能和郑亨二人。尤其是朱能,力主前进,反对回军,话语颇为激昂:

> 用兵未必常胜,岂可因小挫自沮?项羽百战百胜,竟亡,汉高屡败而终兴。自殿下举兵以来,克捷多矣,此小挫何足置意!但当以宗社为重,整兵前进耳。[①]

但诸将还是认为这样做太冒险,力主渡河择地休整。燕王心里很清楚,如果回军的话,不仅会遭到敌人的掩击,而且整个战略计划都要打乱,出师4个多月来的战果顿时将付诸东流。燕王面对这种局面,只得对诸将说,凡是想渡河的站到左边,不想渡河的站在右边。结果,站在右边的只有朱能、郑亨,其余的将领都站到了左边。有一个叫王忠的将领,不知道该如何是好,站在中间没动。燕王看到这种情况非常生气,声色俱厉地说:"凡是想渡河的,那就听其自便吧!"诸将这才慌了神,不敢再提回军渡河之类的话了。燕王为是进是退的事已发愁了好几天,"昼夜擐甲者数日"。[②] 这时总算统一了思想,他可以继续整军前进了。

三、灵璧之战

齐眉山之战后,南军本来处于有利的地位,但却没能抓住有利时机反攻。有些廷臣认为燕师将要北撤,"京师不可无良将",建文帝遂将徐辉祖调回京师。这简直令人有些不可理解。燕师并没北撤,只是捕风捉影地听到点这方面的传闻,朝廷就先把徐辉祖调了回去。其实,以情理度之,也不难理解。尽管徐辉祖支持建文帝,但他的妹妹就是燕王妃徐氏,建文帝对他并不十分放心。一旦在前方二人联络在一起,局面就更不可收拾了。这可能就是建文

---

① 焦竑:《献征录》卷五,《朱能神道碑》。
② 《奉天靖难记》卷四。

帝将徐辉祖调回的真正原因。

徐辉祖一撤,何福一军陷于孤立。因粮饷不继,何福下令南军移往灵璧就食。为了防备燕军攻击,南军每到一地,何福就要他们挖沟筑垒,修筑防御工事,然后安营。工事刚修好,第二天又要走,弄得兵士疲惫不堪。燕王行军时,不修垒堑,只分布队伍列阵为门,将士到营中即可休息。闲暇时即周览地势,有时燕王还和部下一起打猎,捉到禽兽就颁赏给部下。燕师攻破敌营后,燕王总是将所获财物赏给部下,故将士乐为所用。

哨骑侦知南军运粮将到,燕王便对诸将说,敌人害怕袭击运粮军,一定分兵保护,而兵分则势弱,正可以趁机进击。当时,南军运粮 5 万石,由平安率领马步兵 6 万保护,兵士在外,运粮的人在中间。燕王派万余壮士阻击援兵,自己亲自率军逆击。另外,燕王命高煦率一队人马埋伏在密林间,叮嘱他在两军战疲时再出击。燕王以骑兵为两翼,径直向平安军扑来。燕王没有想到,平安对这种突然袭击早有准备,还没等燕军发起攻击,平安却率军冲来,矢下如雨,杀燕兵数千人。燕兵一开始有些失利,但很快就镇定下来,燕王麾步兵纵向攻击,将南军切断为二,南军这才乱了阵脚。这时,何福从灵璧率军冲出,与平安合兵一处,夹击燕军。燕军抵挡不住,只得退却,被杀数千人。高煦在林间窥伺到,南军已经疲惫,遂率众从林间突然杀出,燕王也回师掩击,这才挽回了败局。何福等大败,被杀万余人,丧失马 3000 余匹,粮饷尽为燕军所得。何福和平安率余部逃入城内,闭门固守。

起初,何福据灵璧与燕师对峙,深沟高垒,打算将大批粮饷运来城中,准备长期与燕师对抗。现在城中缺粮,运的粮饷又被燕军夺得,军心涣散。于是,何福下令,明天天明时听到三声炮响后,就突围出城,南下淮河就食。

四月二十九日,燕王率大军围攻灵璧,命高煦率勇士先登,诸将士蚁附而上。燕军连放三声炮,意在威慑南军,命令将士开始攻城。但南军误认为是自己军队的炮声,遂打开城门往外涌。城门狭窄,兵士挤作一团,城中纷纷扰扰,失去了有效的统一指挥。城上南军因看到从城门口难以外出,便纷纷将石块等物投下,不大会儿壕堑填平。这恰巧为燕军攻城创造了条件。燕军四面围击,南军很快便溃不成军。何福单骑逃跑,左副总兵陈晖、右副总兵平安都被擒。另外,都督马溥、徐真,都指挥孙成等37人,宦官4人,指挥王贵等150人都被燕军俘获。在被俘的文臣中有礼部侍郎陈性善,大理寺丞彭与明,钦天监副刘伯完。投降的兵士不计其数,大都予以遣散。夺得南军战马2万余匹,有力地补充了燕军的需要。很明显,灵璧之战是燕师这次南下的最大胜利。

特别令燕军将士高兴的是,这次竟将平安活捉。平安是南军骁将,屡败燕军,斩燕将数人。自燕王起兵以来,他一直与燕军周旋,成为燕军的劲敌。将士们听说俘获了平安,欢声雷动,高兴地说道:"我们从此以后就真的获得平安了。"将士们纷纷要求杀掉平安。燕王把平安召来,对他说:"淝河之战时,你的马也不停顿一下,现在怎么来见我呢!"平安大声答道:"殿下如拉朽耳!"燕王感叹道:"高皇帝好养壮士!"他听了平安的话不仅没有动怒,反而发出这种带有赞赏口吻的感叹,身边将士都感到很惊奇。平安是明人祖的养子,过去又是燕王的部下,燕王不忍心杀他。他派都指挥费瓛等将平安和陈晖等人送往北平。①

陈性善等文臣被放回。他对诸人说:"辱命,罪也,奚以见吾君!"遂服朝服跃马跳河而死。同行的大理丞彭与明和钦天监副刘

---

① 《明史》卷一百四十四,《平安传》;谷应泰:《明史纪事本末》卷十六,《燕王起兵》。

伯完都感到很惭愧,遂"裂衣冠,变姓名",逃往他处,不知所终。①

　　灵璧之战使南军精锐丧失殆尽,已很难对燕军实施有力的反击。建文帝也感到了形势的危机,便采用齐泰、黄子澄的建议,命杨文率辽东兵10万赴济南,与铁铉合兵一处,以切断燕兵后路。但杨文是个庸才,到直沽后遭到燕将宋贵的截杀,全军覆没,杨文本人也被燕军俘获,竟没有一兵一卒能到达济南。这样,利用辽东兵切断燕军后路的计划也就迅速破产了。

　　燕王乘胜前进,势如破竹,五月七日到达泗州(今江苏盱眙北)。当地守将周景初当天就率领部下举城投降。燕军还未赶到城下,南军守将就出来投降,燕王自然满心高兴,就问周景初是怎么回事。他回答道:"此有僧伽神最灵,臣等祷于僧伽神曰:'降与守孰吉?'夜梦僧伽神告臣曰:'兵临城,速降则吉,不降凶。'是以即降。"燕王听了这话,愈加高兴,马上将周景初等降官都升了爵,并不失时机地宣传了一通这类神灵的启示:"人心之灵,妙于万物,尔先觉,故神亦告。"②将士们听说神灵也预示燕军要胜,更是信心倍增。

　　朱元璋的祖上曾徙居泗州,他的父亲才由泗州徙居濠州(今安徽凤阳)。泗州有燕王祖上的陵墓。就在周景初降附的当天,燕王即到祖陵上拜祭。他来到祖宗陵前,真是激动万分,流着泪向祖宗陈说:

　　　　横罹残祸,几不免矣。幸赖祖宗庇佑,得今日拜陵下。尚期终相,以清奸憝。③

---

① 《明史》卷一百四十二,《陈性善传》。

② 《奉天靖难记》卷四。人传泗州塔下藏有真身,即唐代来华的西域高僧僧伽大师,被后人祀为泗州菩萨,南方各地广泛奉祀。刘欣《中山诗话》,钱希白《南部新书》,周亮工《闽小记》诸书都有记载。泗州人尤信此神。

③ 《太宗实录》卷八。

当地父老听说朱元璋的儿子来到,纷纷到军门求见。燕王对他们都热情款待,赐以牛酒、钱钞,亲切慰劳,然后送回。

这时与燕军对抗的主要是盛庸一军,骑兵和步兵共有数万人,另有数千只战船,并列在淮河南岸。泗州在淮河北,燕军列于北岸,两军隔河相对。五月九日,燕王命将士们找来一些小船,又编了一些小筏子,摇旗鼓噪,佯装要强行渡河的样子,另一边却让丘福、朱能等人率轻骑西行20里,用小船偷偷地渡过河去。他们迅速地绕到南军背后,举炮攻击,丘福等直冲敌阵。南军被这突如其来的冲击弄得不知所措,纷纷弃甲而逃。盛庸十分惊慌,一时吓得竟上不去马,只得由部下拖着他登上一只战船,单舸逃去。南军的战船几乎全被燕军所夺得。燕军很快渡过淮河,当天就攻占了南岸的盱眙。

四、耀兵江上

燕军占领盱眙后,燕王召集诸将,商议下一步的进军目标。有的主张首先西取凤阳,这就可以切断南军的援军,然后南下滁州,继取和州,另遣偏师西捣庐州、安庆,则长江天险即为燕军所有。但燕王不同意这条进军路线,他认为凤阳虽处于冲要位置,但那里防守坚固,非强攻不下。那里又是皇陵所在,"恐震惊陵寝"。凤阳是朱元璋的老家,被定为中都,设有中都留守司,有重兵驻守。当时驻守凤阳的是都督孙岳。他"大修战守器械,撤寺材为战舰,楼橹戈甲咸有法。列寨淮西,水陆有备"。[①] 灵璧之战后,燕军本可以直接南下凤阳,由凤阳南下,路即顺又近,但燕王却绕到泗州渡淮,就是因为凤阳防守坚固。

有的主张先攻取淮安,以为根本,然后由淮安南下,经高邮取

---

① 郑晓:《逊国臣记》卷二,《孙岳传》。

扬州、仪真,由此渡江而没有后顾之忧。但燕王也不同意这个主张,他说淮安"高城深池,积粟既富,人马尚多。若攻之不下,旷日持久,力屈威挫,援兵四集,非我之利"。①

当时驻守淮安的是驸马梅殷。他有胆有识,在淮安"悉心防御,号令严明"。灵璧之战后,燕王本想取道淮安南下,便以南下进香为名,借道于梅殷。梅殷回书说:"进香皇考有禁,不遵者为不孝。"燕王大怒,遣使复书说:"今兴兵除君侧恶,天命有归,非人所能阻"。梅殷命将来使的耳朵、鼻子都割掉,对他说:"留汝口,为殿下言君臣大义!"②燕王为之气沮。一直到燕师占领了南京时,梅殷仍在淮安固守,孙岳也坚守着凤阳。

凤阳和淮安防守坚固,的确是事实,但这还不是最主要的原因。无论是东取淮安,还是西取凤阳,都不免耽误时日,与他尽快攻取南京的战略思想不符。这正像燕王所说的那样,诸将说的都有一定道理,但"未免迂远"。燕王既不东去,也不西行,而是要"乘势鼓行,直驱扬州,径指仪真。两城单弱,可招而下。既得真、扬,则淮安、凤阳人心自懈。我耀兵江上,聚舟渡江",就可以指日成功了。③ 这与最初的战略思想是一致的。这件事也向人们表明,燕王虽然也不时征求将领们的意见,但最终还是由他作出决断,不轻易为部下的意见所左右。好在他能说出比较充分的理由,令诸将相信他的决定是正确的,因而心服口服。

五月十七日,燕王派都指挥吴玉到扬州招谕。这时,扬州的守将分战降两派。扬州卫指挥王礼听说燕军连战皆捷,将到扬州,自知不敌,便主张举城投降。监察御史王彬和指挥崇刚是主战派,将

① 《奉天靖难记》卷四。
② 《明史》卷一百二十一,《宁国公主传》。
③ 《奉天靖难记》卷四。

王礼及其同党逮系下狱。崇刚操练兵马,王彬督治守城战具,日夜不懈。当吴玉来扬州招降时,王礼的弟弟王宗等积极响应,密谋逮捕王彬。但王彬身边有个大力士,据说能举千斤,人们都害怕他,不敢动手。吴玉一行射书城中,谓谁能逮系王彬来降,则授官三品。王宗便用重金贿赂大力士的母亲,让她把大力士骗出来,乘王彬解甲就浴时,猝不及防,突然将王彬逮系。王宗接着将哥哥王礼从狱中放出,开门降燕。王彬和崇刚都被交给燕兵,不屈而死。①

扬州是江北重镇,结果不战而降,这对燕军真是莫大的帮助。受扬州归降的影响,高邮和靠着长江的通州和泰州也都归降了燕王。只有江都知县张本不为所动,"率民治守具",准备长期固守。他的母亲对他说:"此天命也,可违天以祸人乎?"②张本见自己的母亲也这么说,便领着一些城中耆老到燕王军门投降。这样,扬州以东的长江北岸一带就基本上为燕王所控制。

燕兵很快攻下仪真,立大营于长江北岸,随时准备渡江南下。燕兵集沿江船只于江上,往来穿梭,旗鼓蔽天,其阵容足令南军生畏。这时南京城内一片惊慌,"建文君乃下罪己之诏",③但《明实录》中未载诏书原文。明代的野史中却有简略的记载:

> (建文)四年五月,燕兵克仪真。帝下罪己之诏,诏天下勤
> 王曰:燕兵势将犯阙,中外臣民,坐视余之困而不余救乎?凡文
> 武吏士,宜即日勤王,共除大难。宗社再安,余不敢忘报。③

这里记载的比较简略,而且是要天下勤王部分,而"罪己"部分则未录。这与明代的士大夫大都同情建文帝有关。诏书原文在朝鲜《李朝实录》中倒保存得比较完整。当时,朝鲜派来的谢恩使朴惇

---

① 《明史》卷一百四十二,《王彬传》、《崇刚传》。
② 杨士奇:《东里全集》卷十九,《张本墓志铭》。
③ 吕毖:《明朝小史》卷三,《诏勤王》。

之来中国,因南京一带战事正急,他未到京师就返回朝鲜,他抄写了建文帝的这份诏书:

> 奉天承运皇帝诏曰:朕奉皇祖宝命,嗣奉上下神祇。燕人不道,擅动干戈,虐害万姓,屡兴大兵致讨。近者诸将失律,寇兵侵淮,意在渡江犯阙。已敕大将军率师控遏,务在扫除。尔四方都司、布政司、按察司及诸府卫文武之臣,闻国有急,各思奋其忠勇,率慕义之士,壮勇之人,赴阙勤王,以平寇难,以成大功,以扶持宗社。呜呼,朕不德而致寇,固不足言,然我臣子其肯弃朕而不顾乎? 各尽乃心,以平其难,则封赏之典,论功而行,朕无所吝。故兹诏谕,其体至怀。①

这位朝鲜使臣的记载比较真实可信。这里既罪己"不德",又斥责"燕人不道",号召各地"赴阙勤王"。京师诸臣看建文帝大势已去,为图自全,纷纷请求出城募兵,致使京师更加空虚。这时只有方孝孺等人忠心不贰,日侍建文帝左右,帮助出谋划策,并劝建文帝不必焦心,"长江可当百万兵",各地勤王兵很快就会陆续赶到,那时局面就会改观了。

刚入六月,燕军即抵达浦子口,亦即浦口。这里与南京的下关隔江相对,为南北津渡要道。这时由盛庸在这里驻守。他在淮河战败后,即退到这里专注于防守长江,依靠长江天险来抵挡燕师。两军在浦子口这场激战中,盛庸率诸将奋勇反击,燕军失利。正当燕王要败退时,高煦率胡骑赶来。燕王一阵高兴,拍着高煦的背说:"勉之! 世子多疾,如得天下,以若为嗣"。② 于是高煦殊死反击,燕王也率领精骑直冲盛庸阵,燕军遂转败为胜。浦子口失陷后,南京就完全暴露在燕军的面前。

---

① 《李朝实录》太宗李芳远朝卷四。
② 谈迁:《国榷》卷十二。

燕王这时就要准备渡江了。六月二日,他亲至江边祭祀大江之神,其祭文是:

予为奸恶所迫,不得已起兵御祸,誓欲清君侧之恶,以安社稷。予有厌于神者,不得渡此江。神鉴孔迩,昭格予言。①

胜利指日可待,但燕王到这时也没有放下"清君侧"的旗帜。

五、建文求和成泡影

自燕兵占领扬州以后,建文朝廷就陷入一片惊慌之中。在一些谋臣的策划下,一面遣人四出募兵勤王,一面遣使向燕王求和,即使求和不成,也可以拖延时日,等候勤王的援兵。燕王很清楚这种求和活动的真实用意,他丝毫没放松自己的进军步伐。在燕师胜利进军的号角声中,这类求和活动一个又一个地变成了泡影。

当扬州失守的消息传到京师后,方孝孺向建文帝献计说:"事急矣,宜以计缓之,遣人许割地。稽延数日,东南募兵当至。长江天堑,北兵不闲舟楫,相与决战于江上,胜败未可知。"②于是,建文帝便让庆成公主前往燕师议和,许割地划江而治。庆成公主是朱元璋哥哥的女儿,燕王的堂姐。庆成公主见到燕王后,姐弟二人相抱而哭。燕王说了一番不得已而起兵的话,并问周、齐二王现在何处。庆成公主告诉他,周王已召回,只是还没有复爵,齐王仍关在狱中。燕王听了后,不禁又流下泪来。这时,庆成公主向燕王说了割地求和的话。燕王回答得义正词严,也很巧妙。他说父皇封给自己的土地还保不住,"割地何用"? 自己起兵南来,目的在除奸臣,安社稷,不在土地。更何况自己本来就有封地,富贵已极,不愿多得。只要除掉奸臣,自己就"谒孝陵,朝天子,求复典章之旧,免

---

① 《太宗实录》卷九。
② 谷应泰:《明史纪事本末》卷十六,《燕王起兵》。

176

诸王之罪,即还北平",而并没有其它奢望。对燕王的这些话,庆成公主实在难以反驳。燕王又揭露这种求和的用意说:

此奸臣欲姑缓我,以俟远方之兵耳。我岂为其所欺哉![1]

庆成公主听了这话,会意地苦笑了一下。临别时,燕王要庆成公主代为"谢天子",并转告诸弟妹,"赖宗庙之灵垂佑,相见有日也。"言外之意,就是自己入京用不了几天了。

庆成公主向建文帝禀告以后,建文帝很害怕,问方孝孺该怎么办。方孝孺也没什么锦囊妙计,只能委婉地安慰他,谓长江天险可据,已派人去烧燕军的船只,况且天气酷热,燕师中疾病流行,用不了几天就会退兵的。

在燕王这边,这时却加快了攻占南京的步伐。燕师六月一日在浦子口击败盛庸,燕王于第二天祭长江之神,六月三日即誓师渡江。誓词中除指责"群奸构乱"以外,主要是激励将士,奋勇向前,以给建文朝廷最后一击:

尔有众克协一心,奋忠鼓勇,摧坚陷阵,斩将搴旗,身当矢石,万死一生。于今数年,茂功垂集,在戮力渡江,翦除奸恶。惟虑尔众,罔畏厥终,偾厥成功耳。夫天下者,我皇考之天下;民者,皇考之赤子。顺承天休,惟在安辑。渡江入京,秋毫毋犯。违予言者,军法从事。于乎,惟命无常,克敬惟常,尔惟懋敬,乃永无咎。[2]

值得注意的是,誓词中强调,天下是明太祖的天下,民是明太祖的民。这里虽未明言要推翻建文帝,但言辞中已暗含有不承认建文帝的意思。

这时,南军总掌江上舟师的是都督佥事陈瑄。如果说建文帝

---

① 《太宗实录》卷八。

② 《奉天靖难记》卷四。

还有所依赖的话,就是依赖长江天险,依赖江上的这支水军。但是,当建文帝命陈瑄率舟师增援盛庸时,陈瑄却率舟师迎降。燕军原来都是骑兵和步兵,没有水军,虽临时募集了一些船只,北兵也不习水战。如果南军依靠水军的优势顽强抵抗的话,会给燕兵渡江造成很大的困难。陈瑄的投降给了南军致命的一击,使燕师得以顺利渡江。

兵部侍郎陈植这时在江上督师,他的部将金都督想投降燕王。陈植知道后,将金都督斥责了一通,谕之以君臣大义。但金都督却不听这一套,他纠集党羽,出其不意地将陈植杀掉,接着率众投降了燕王,并向燕王邀赏。燕王看金都督是个没有气节的小人,不但没赏赐他,反而立即将他杀掉,对陈植却具棺装殓,派人护葬于白石山。燕王这样做,实际上是对部下的一种教育,表示自己敬重有气节、有骨气的人,而痛恨那些变节之徒。

渡江这天是个晴天,万里无云,微风轻拂,江上风平浪静。燕军将士见此情景都很高兴,以为昨日的祭祀感动了大江之神,正在冥冥之中保护着自己,士气更加旺盛。燕师战船相接,旌旗蔽空,金鼓大震,戈甲耀日,大军渡江如履平地。盛庸这时驻军于高资港(今江苏丹徒西约 40 里处),缘江上下 200 余里,尽列海船严备。南军遥见燕师阵容如此雄壮,早已胆落。燕师逐渐逼近南岸,盛庸整军抵御。燕王麾前锋鼓噪先登,继之以精骑数百直冲盛庸大营。这时的南军大有不堪一击之势,很快溃不成军,争相往山上逃跑。燕军追奔数十里,斩首数百级,盛庸单骑逃走,其余将士都解甲来降。

燕师胜利渡江后,将领们大都主张直接西进,攻取京师。经过这半年的转战,诸将都明白了燕王的战略意图,就是要尽快地夺占南京。他们满以为这次建议能符合燕王的心意,但出乎意料,燕王却要攻取东边的镇江。他说:

镇江咽喉之地,若城守不下,往来非便。辟之人患疥癣,
虽不能伤生,终亦为梗。先取镇江,则彼势危矣。①

燕王的这次军事部署好像有悖常态,实则是因时制宜。南京城内
还有20万军队,如要顽强抵抗,非一朝一日所能攻下。倘镇江方
面前来夹击,腹背受敌,会使自己处于不利的地位,甚至功败垂成。
镇江是军事重地,占领了这里,就可以放心地攻打南京了。这正体
现了燕王用兵不拘常规的高明之处。

　　燕王命归降的战船都挂上黄旗,在江上来来往往。镇江紧靠
长江,城中守军看到水军都投降了燕王,非常吃惊。他们向镇江守
将童俊说:"水军已经投降,我们还能有什么作为呢?"童俊自知不
敌,遂率众归降。这样,进军京师就没有后顾之忧了。

　　六月八日,燕军由镇江西进,抵达龙潭。这里离南京很近,燕
王遥望钟山,怆然泪下。钟山脚下有他父皇朱元璋的陵墓,自己经
过3年征战,很快就要进入南京了,他这时的感情是极其复杂的。
部下见这位叱咤风云的三军统帅竟然落泪,都感到很奇怪,谓胜利
在望,"何以悲为"?燕王说:"吾往日渡江,即入京见吾亲。比为
奸恶所祸,不渡此江数年。今至此,吾亲安在?瞻望钟山,仰怀陵
寝,是以悲耳"。② 不少人原以为燕王是一副铁石心肠,现在才知
道,他也是个有血有肉的人,也有着一般人的喜怒哀乐。大家听了
燕王这话,难免有些悲怆,有的也跟着掉下泪来。

　　这时的建文帝已坐卧不安。方孝孺也很忧虑,但他在建文帝
面前还得表现出镇定自若的样子。他安慰建文帝道,城中还有劲
兵20万,城高池深,粮草充足,足可固守。他还献计,实行坚壁清
野,让城外民人入城,将城外积木也都运入城内,使燕军难以攻城。

---

① 《太宗实录》卷九。
② 《太宗实录》卷九。

这些建议都被建文帝一一采纳。另外,方孝孺还建议说:"前遣郡主未能办事,今以诸王分守城门,遣曹国公、茹尚书、王都督往龙潭,仍以割地讲和为辞,用觇其虚实,以待援兵至。至则选精锐数万,内外夹击,决死一战,可以成功。万一不利,车驾幸蜀,收集士马,以为后举。"①方孝孺的话并非没有道理,因为朝廷方面毕竟还有半壁河山,如果上下一心,局面并非不可收拾。无奈这时朝廷方面已士无固志,上下离心,什么样的计划都难以很好地实行。方孝孺的这个计划尽管也很周到,但已改变不了"忽啦啦似大厦倾"的危亡局面。

当时茹常是兵部尚书,王佐是都督,李景隆领着二人一起来见燕王。燕王不无讥讽口味地说:"勤劳公等至此,有言乎?"李景隆等人把建文帝准备割地求和的事说了一遍。燕王冷笑了几声,说他们是说客,这是奸臣之计,接着把对庆成公主说的话又说了一遍,表示自己只求除奸臣,别无他求。李景隆等人只得扫兴而回,向建文帝如实禀告。

建文帝要李景隆马上再去见燕王,就说齐泰、黄子澄等奸臣已被窜逐,等捉拿回来以后再交给燕王。李景隆畏惧,不敢前往,建文帝便命在京诸王陪同李景隆一起前去。在前去诸王中,有史可查的有谷王朱橞、安王朱楹,而没有周王朱橚。

六月十一日,诸王来到燕营。燕王和兄弟们在此相见,不免感慨万端,怆然泪下。诸王把建文帝的意思说了以后,燕王即严肃地说:

> 诸弟试谓斯言当乎,否乎? 诚乎,伪乎? 果出于君乎? 抑奸臣之谋乎?

这话真是一针见血,诸王只得无可奈何地说:"大兄所洞见矣,诸

---

① 《太宗实录》卷九。文中"郡主"云云,乃因建文时将庆成公主改称为庆成郡主。

弟何言！诸弟来，岂得已哉？"①从诸王所处的境况来看，他们内心深处都向着燕王。建文帝削藩，他们都是目标。燕王起兵，正好替他们出了一口气。只是碍于封建正统观念，他们还尊奉着建文帝，受建文帝差遣出使。至于他们内心里在想什么，已很难逆料了。但有一点大体可以断定：燕王即位后，他们相信自己的地位不会恶化，或许还能更好些。这就注定了他们的出使不会产生什么结果。

　　诸王不果而还，建文帝更加六神无主，在会见廷臣时竟失声痛哭。有的建议他离开京师去浙江，有的主张去湖南，方孝孺主张不必仓促出走，仍坚守京城，以待外援，万一不利时，再去四川，在那里以图后举。建文帝采纳了方孝孺的主张，一面派魏国公徐辉祖和开国公常升分头防御，一面秘密遣人出城，以蜡丸裹诏书，促各地赶快出兵勤王。但这些蜡书都被燕军截获，直到南京陷落，没见一处勤王兵赶来。

　　六月十二日，燕军逼近南京。徐辉祖的弟弟徐增寿当时任左都督，暗中策划投降燕王。其实，燕王起兵后，徐增寿不断"以京师虚实输于燕"，这时更加紧了投降活动。大理寺丞邹瑾和监察御史魏冕得知实情，和同官18人在殿下将徐增寿狠狠地殴打了一通。建文帝亲自诘问徐增寿有无投降之事，他不予回答。建文帝一时大怒，亲自提剑"斩之殿庑下。"②人们没想到，这位一贯温文儒雅的帝王还会有这么大的火气。但是，这时杀徐增寿已于事无补，打算投降的何止他一人！

　　六月十三日，在投降派的配合下，燕王兵不血刃便进入了南京。前后跨4个年头、时间达3年之久的靖难之役到此基本结束。

---

① 《太宗实录》卷九。
② 谈迁：《国榷》卷十二；《明史》卷一百二十五，《徐达传》附。

第五章　南京称帝

建文四年（1402）六月十三日，燕王顺利进入南京，全国传檄而定。他随即登上帝位，这就是历史上的明成祖，也就是习称的永乐大帝。对于降附的建文旧臣，即使是长期在战场上与他对敌的将领，他都表现出了政治家的宽容，一律予以任用。对于力主削藩和拒不归降的旧臣，他则表现出了令人发指的残忍，从而严重玷污了他一生的功业和英名。

第一节　入　正　大　统

李景隆和谷王橞打开金川门，迎燕师入京。在大臣和诸王的劝进下，燕王登上帝位。对于建文时所更改的典章制度，一律废除，仍用洪武时旧典，表示自己才是明太祖的正统继承人。

一、金川门之变

南京作为京师，有重兵驻守，经数十年的修建，城墙坚固。因此，燕王对攻打京师这一仗还是相当重视的，他以为一定会有一场恶战。他先派先锋刘保等率骑兵千余人前去侦察。他们先来到朝阳门一带，看到这里并没有什么防备。这真使燕王大喜过望。这时的南京城内已乱作一团，许多人见朱允炆大势已去，已不足依靠，便在暗中积极谋划降燕。建文帝朱允炆感到身边的人没几个可靠的，便让诸王分守城门。但他没有想到，这些亲王也在盘算着投降燕王。

六月十三日,燕王整军向南京挺进。临行前,燕王戒谕部下,进入南京后要严守军纪,不得骚扰百姓:

> 将士入城之日,不许擅入人家。侵人一毫者,功高必斩。①

这时,李景隆和谷王橞负责防守金川门。当燕王起兵"靖难"时,谷王橞不愿归附燕王,自己从宣府逃回京师,协助建文帝抗燕。这样的亲王应该算是比较可信的了,所以建文帝让他防守西北方向的这座重要的城门。但是,这时的谷王橞已做好了投降的一切准备。当燕王率兵赶来时,他和李景隆立即打开城门,迎接燕师入城。

如此顺利地进入南京,燕王自然是喜不自胜。但他也有忧心的事,他担心城破之时建文帝会大开杀戒,将诸王杀掉,尤其是自己的同母兄弟周王,其处境尤为危险。为了保护周、齐二王,燕王派出两支各千余骑的精锐前去护卫。周王看到那么多士兵突然赶来,以为要杀掉自己,非常害怕。当他得知这是燕王派兵来保护他时,又惊又喜地说:"我不死矣!"他随着兵士立即来见燕王。兄弟二人已数年不见,今在此相会,遂抱头痛哭,旁边的人也被感动得"怆然下泪"。周王说:"奸恶屠戮我兄弟,赖大兄救我,今日相见,真再生也!"②实际上,燕王比周王还要激动。要知道,这是他三年的出生入死、浴血征战才赢来的,兄弟的这次相见的确来之不易。但燕王说的话更高明,他把兄弟得以相见归结为天地神明和父母在天之灵的庇佑。

燕军这边已顺利进入京师,建文帝那边还没有一个勤王兵赶来,胜败之势已判然分明。当燕王来到皇宫时,"宫中火起,帝不

---

① 《太宗实录》卷九。
② 《太宗实录》卷九。

知所终。"①人们从火中扒出了一具尸体,已成灰烬,分辨不出来他是不是建文帝。但这件事表明,建文帝历时4年多的统治宣告结束,明成祖赢得了这场战争的最后胜利,中国历史上的一个新皇帝和一个新时代就要诞生了。

金川门之变后,建文旧臣们的态度有四种类型。第一种是逃跑,"燕兵之入,一夕朝臣缒城去者四十余人。"②在那兵荒马乱之时,这些逃跑大臣的姓名已难以详考。

第二种是投降,这也是人数最多的一种。燕王进入南京的当天,兵部尚书茹瑺就率领群臣投降,并请燕王立即登极称帝。在这些降臣当中,有后来成为一代名臣的夏原吉、蹇义、杨士奇、杨荣、杨溥、解缙、胡广、金幼孜等人。

第三种是抗节不屈的大臣。在大势已去的情况下,这些人为中国传统的君臣大义所驱使,不愿降燕,尽各种可能对抗燕王,明知不可而为之。这些人是少数,但也是最有骨气的一类。例如,徐达的长子徐辉祖,当燕师由金川门入京时,他还率部毫无希望地抵挡了一阵,很快就败下阵来,被禁于私第。还有一个叫连楹的御史,他也假装投降,千方百计想接近燕王行刺,结果被燕王的部下杀死。史书上说,连楹"被杀,尸直立不仆"。③ 人被杀了,尸体还直立着,这在事实上是不可能的,它反映了后人对这种刚直不屈人士的赞颂。

第四种就是自杀殉难的。他们看到自己为之效忠的皇帝被推翻了,生死未卜,又不愿做降臣,便一死了事。例如曾当廷殴打徐增寿的御史魏冕,当宫中火起时,有人劝他投降燕王,受到他厉声

① 《明史》卷四,《恭闵帝本纪》。
② 《明史》卷一百四十三,《程济传》。
③ 《明史》卷一百四十一,《景清传》附。

喝斥,随即自杀。和魏冕一起殴打徐增寿的大理丞邹瑾,也和魏冕同时自杀殉难。

有一个叫龚泰的都给事中,当燕王进入金川门后,他被燕兵抓来。燕王知道他不属于所谓奸党之列,就释放了他。但他并不领燕王的情,回来后就投城下自杀。

宋代大儒程颐的后裔程本立,曾参与撰修《明太祖实录》。"实录"修完后,他被任为江西副使。还未上任,燕兵入金川门,程本立遂自缢而死。

翰林纂修周是修也是个志操卓荦之士。京师失守后,他留书给解缙、杨士奇等诸友人,托以后事,自己一个人来到应天府学,向先师行礼毕,自缢于尊经阁。①

当时自杀的还有很多,这里没必要一一列举。这后两种人给燕王以很大的震动,他必须用软硬两手来处置建文旧臣,即除了优容降臣外,还要用铁的手腕来对付那些不肯归降的人。这就不可避免地酿出了后来的一幕幕悲剧。

燕王进入南京的当天,即发布安民布告,张贴各处。幸原文不长,今照录于后,以见当时真实情状:

洪武三十五年(建文四年)六月十三日,大明燕王令旨:谕在京军民人等知道。予昔者同守藩封,以左班奸臣窃弄威福,骨肉被其残害,起兵诛之,盖以扶持祖宗社稷,保安亲藩也。于六月十三日抚定京城,奸臣之有罪者,予不敢赦;无罪者,予不敢杀,惟顺乎天而已。或有无知小人,乘时图报私仇,擅自绑缚,劫掠财物,祸及无辜,非予本意。今后凡为首恶有名者,听人擒拿;余无者,不许擅自绑缚,惟恐有伤治道。谕尔

---

① 《明史》卷一百四十三,《魏冕传》、《邹瑾传》、《龚泰传》、《程本立传》、《周是修传》。

众,咸使闻知。①

值得注意的是,燕王虽已入主京师,但发布的文告仍用燕王的名号。直到这时,他仍然没放弃"清君侧"、除奸臣的旗帜,表明自己起兵并不是为了夺取皇位。

由于燕王严格约束部下,燕兵入京时,"城中军民皆具香花,夹道迎拜。将士入城肃然,秋毫无犯。市不易肆,民皆安堵。"②这里的描述不免有些溢美,但燕师军纪比较严明却是事实。入城当天,燕军一个士兵在市上擅自拿取民人一双鞋子,燕王闻知后即"立命斩之"。③ 于是,京师的秩序很快便安定下来。

二、明成祖登极

燕王朱棣胜利了。比起建文帝朱允炆来,事实证明他要杰出得多,甚至是不可同日而语。大臣们心里都很清楚,天下是燕王的了,建文帝已是一具政治僵尸,绝无复活的可能。因此,凡是没外逃的在京诸臣,这时大都纷纷投降。如果说还有例外的话,那就是徐辉祖,他既没自杀殉难,也没投降燕王。当燕兵入金川门以后,他率兵抵挡了一阵,但很快就败下阵来。他回来就守在父亲徐达的祠堂内,拒不出迎。燕王亲自将他召来询问,他一句话也不说,始终没表现出一点拥戴燕王的意思。燕王命法司审问他的罪状,他也不予回答,只是用笔写了两句话,一是他的父亲徐达是开国元勋,二是明太祖赐予的铁券中有免死的话。燕王非常恼怒,但念徐辉祖是自己的内兄,又不愿担当破坏祖训的罪名,所以还是没有杀

---

① 黄佐:《革除遗事》卷四。《奉天靖难记》卷四载有燕王给"京师文武臣民"的谕文,与此大意略同,而此文更近原件。

② 《太宗实录》卷九。

③ 《太宗实录》卷九。

他,只是把他"削爵幽之私第"。①

别的人没有徐辉祖这样的胆量,也没有这样的资本,他们便纷纷迎降劝进。燕王进入京师当天,兵部尚书茹瑺就率领群臣叩头劝进,谓国家不可一日无主,劝燕王立即登极。燕王心里自然很高兴,但他知道时机还不成熟,也没必要如此匆忙,便予以拒绝。事实上,皇位已是掌中之物,他要让更多的人来劝进。

第二天,诸王和文武群臣一起上劝进表,请上尊号,正大位。燕王则故意作态,谓自己不得已才起兵,目的在除奸恶,"安宗社,为周公之勋"。今少主"自绝于天",当择有才德者为帝,自己才德"菲薄,岂堪负荷"? 这些人自然是叩头固请,谓"殿下为太祖嫡嗣,德冠群伦,功施社稷,宜居天位,使太祖万世之鸿业永有所托,天下之生民永有所赖。不宜固让,以孤天人之心。"②这话应该说是够恳切的了,但燕王觉得还是不够火候,又予拒绝。

第三天,跟随燕王征战的诸将一起上表劝进,谓起兵以来,"战必胜,攻必取,实由天命之有归",劝燕王早登"宸极之尊"。燕王仍予拒绝。

第四天,诸王再次上表劝进,燕王固辞不许。同一天,文武群臣也再次上表,燕王回答说,自己并不是"虚为谦让,盖思皇考创业甚难,诚欲推择诸王中有才德、可以奉承宗庙者立之。主宰得人,天下之福。予虽北面,且无忧矣。"群臣叩头固请,谓"殿下德为圣人,位居嫡长,当承洪业……不宜徇匹夫之谦,以虚天下之望"。③ 燕王仍固辞不允。

第五天,也就是六月十七日,燕王觉得火候差不多了,如果再

---

① 《明史》卷一百二十五,《徐达传》附。明代公、侯、伯封爵,俱给"铁券",正面刻有制词,背面刻着自身及子孙免死次数。
② 《太宗实录》卷九。
③ 《太宗实录》卷九。

固辞不就,反而不好下台,便准备登极称帝。正当燕王喜气洋洋地进宫登极时,当时任编修的杨荣迎谒于路上,对燕王说:"殿下先谒陵乎,先即位乎?"①这一句话提醒了燕王,他立即命驾掉头前往孝陵拜谒。这似乎是件小事,其实有着不可忽视的政治影响。拜谒父皇的陵墓后再即位,表明自己是继承明太祖的皇位,而不是建文帝朱允炆的皇位。这对通过三年战争夺得帝位的燕王来说,实在是很重要的一件事,在天下臣民的心理上,这至少可以增加一些自己是合法继承人的色彩。杨荣也因此事日见信任,后来成为明成祖最亲近的大臣之一。

燕王拜谒孝陵后,登辇入城。在登极前,燕王少不得向诸王和群臣说几句客套话:

> 诸王群臣以为,奉宗庙宜莫如予。宗庙事重,予不足称,今辞弗获,勉徇众志。诸王群臣各宜协心,辅予不逮。②

燕王朱棣随后登上奉天殿,即皇帝位。文武百官和在京军民自然少不了一番热烈隆重的庆贺,无需赘述。值得一提的是,当建文帝削夺诸王时,在京师流行起了一首歌谣:

> 莫逐燕,逐燕日高飞,高飞上帝畿。③

当时人们不明白这首歌谣是什么意思,现在燕王当了皇帝,才知道那首歌谣应验了。

明成祖建元"永乐",以明年为永乐元年,改建文四年为洪武三十五年。翰林儒臣初拟年号为"永清",明成祖自改为"永乐",取天下永远康乐之意。帝王年号一般取与前代不相重复者,像"洪武"这个年号,乃明太祖朱元璋所自定,与以前历代帝王都不重复。但"永乐"这个年号,十六国时前凉的张重华即曾使用

---

① 《明史》卷一百四十八,《杨荣传》。
②③ 谷应泰:《明史纪事本末》卷十六,《燕王起兵》。

（346—353），北宋末年方腊起义时也曾用过。但他们使用的时间都比较短，又处于乱世，知道的人不多，所以明成祖也使用了这个年号。后人甚至称明成祖为永乐皇帝。他可能至死也不知道，他这个年号以前即被人数次使用。

在中国历史上，大体从明成祖开始，年号就几乎成了皇帝的小名，或者说是代号，到清代更为流行。例如永乐、万历、康熙、乾隆……俨然就是使用这些年号的皇帝的代称。这种习俗有一个演变的过程。在汉武帝以前，中国的帝王没有年号，只有谥号，即帝王死后，根据他生前的行为和功业立号以易名，例如周武王、周厉王、汉武帝、汉哀帝等等，谥号几乎就是这些帝王的代称。年代久远了，用作谥号的那些常用字多有重复，使用起来已不方便，唐代遂为之一变，大行庙号，即皇帝死后升附太庙，追尊他为某祖某宗，例如唐高祖、唐太宗、宋太祖、宋太宗等等。于是，唐代以后直至明代以前，庙号就几乎成了皇帝的代称。后来，什么祖、什么宗的也太多了，用起来也不方便了，所以明清时期年号大行，以至于人们几乎记不得这些皇帝的谥号和庙号，而只知道他的年号。大概因为明成祖是少有的雄才大略的帝王，所以从他那时起，以年号代称皇帝的习俗就基本形成了。

还有一个有趣的现象，颇引人注意，即明成祖即位后将先师庙改称为文庙，将历代受祭祀的周公从文庙中撤出，仅祀于文华殿之东室。① 古代立学都要祭先圣先师。唐代以前，都以周公为先圣。汉代立学开始庙祀孔子。唐代，有时以孔子为先圣，周公为先师；有时以周公为先圣，孔子为先师，但均能同时受祭。燕王起兵，口口声声说要"周公辅成王"，但他即位之后，却将周公的身价大大降低，这到底出自一种什么心态，实令人费解。可能的一种解释

---

① 沈德符：《万历野获编》补遗卷二，《文庙不祀周公》。

是,他即位后并没有"周公辅成王",而是自己当了皇帝。当学子们祭拜周公时,他们自然会联想到周公辅成王的可敬,明成祖所谓"周公辅成王"的欺世盗名。稍有点明史知识的人都知道,明成祖的这种心理是他一生许多重大举动的重要潜在原因。

三、革除之际

在明清的野史笔记中,所谓"革除",是指革去建文年号。伴随着这件事,还有许多同类性质的事迹可述。

明成祖在即位前,数次向建文帝上书,用的都是建文年号。他称帝后即予革去,实际上含有不承认建文帝的意思。对建文帝所实行的一些制度、所上的一些尊号、改用的一些名称,明成祖尽予更改,一般的是恢复洪武时旧制。

建文帝曾"更定内外大小官制",例如,洪武时六部尚书为正二品,侍郎为正三品,建文帝则升尚书为正一品,并增设左、右侍中各一人,为正二品,位在侍郎之上。明成祖则令尽复洪武旧制。官制名称改来改去,十分繁琐,难以一一缕述。对于这些名称的改变,建文帝只是为改而改,没有任何实际意义,徒然为明成祖起兵增添口实。现在明成祖恢复洪武旧制,显得明成祖才是明太祖的正统继承人。对建文帝更改洪武官制一事,明成祖曾叹息着对群臣说:

> 只如群臣散官一事,前代沿袭,行之已久,何关利害,亦欲改易。且陵土未干,何忍纷纷为此!……凡开创之主,其经历多,谋虑深,每作一事,必筹度数日乃行,亦欲子孙世守之。……后世轻佻诡谀之徒,以其私智小见导嗣君改易祖法,嗣君不明,以为能而宠任之,徇小人之智谋,至于国弊民叛而丧其社稷者有之矣,岂可不以为戒![1]

---

① 谷应泰:《明史纪事本末》卷十六,《燕王起兵》。

所谓"散官",明代也称阶官,即虽有其名但闲散无职事的官。其制始于汉代,到隋代才有了"散官"之名。以后历代都有勋官、散官之分。明代文臣散官资阶42级,武臣散官资阶30级。建文帝时,不仅勋官,而且连同散官都予重新更定。这种改变确实没什么实际意义,只是将沿用已久的名称变变而已。明成祖以此为例,指责建文帝"改易祖法",颇能令人信服,因为当时就有许多人对建文帝的这类改动不以为然。在明成祖发布的即位诏中,第一条就宣布:

建文以来,祖宗成法有更改者,仍复旧制,刑名一依《大明律》科断。①

建文时,京城各门和宫中诸殿的名称都予改过,明成祖下令全部恢复洪武时旧名。建文时所上的谥号也重新改谥。建文帝追尊他的父亲朱标为孝康皇帝,庙号兴宗,明成祖则仍称朱标为懿文皇太子。朱标的元妃常氏,建文帝尊为孝康皇后,明成祖复称她为敬懿皇太子妃。建文帝的生母吕氏,建文帝尊为皇太后。明成祖入金川门那天,曾把她迎至军中,向他的这位皇嫂述说了一通不得已才起兵的原委,后来让她和其子允熞一起守居懿文太子陵,仍称她为懿文太子妃。建文帝的另外两个弟弟允熥和允熜都被废为庶人。

最令人注意的是对明太祖和马皇后的改谥。建文帝上给明太祖朱元璋的谥号是"钦明启运俊德成功统天大孝高皇帝",马皇后原有谥号为"孝慈高皇后"。在古代,谥字越多表示越尊崇。唐代谥号原来只7字,后增至9字。元代谥号有达18字者,宋神宗谥号达20字。明成祖为了表示自己是明太祖的正统继承人,以极其隆重的礼仪对他的父母重新上谥号。为明太祖新上的谥号是"圣神文武钦明启运俊德成功统天大孝高皇帝",马皇后的谥号是"孝慈昭宪至仁文德承天顺圣高皇后"。原来的谥号只13字,现增至

① 《太宗实录》卷十上。

17字,显得更尊崇了。此后,明代皇帝谥号都是17字,只有嘉靖帝为太祖增至21字。

明成祖为了表明自己遵守祖制,凡是建文时所实行的新法,几乎全部改行洪武旧制。这样,有些事情就从一个极端走向了另一个极端。大臣们慑于明成祖的威严,明知有些事情不必再改过去,也不敢劝阻。只有吏部尚书蹇义对这种做法有所匡救:

> 时方务反建文之政,所更易者悉罢之。(蹇)义从容言曰:"损益贵适时宜。前改者固不当,今必欲尽复者,亦未悉当也。"因举数事陈说本末。帝称善,从其言。①

在当时的那种气氛下,对明成祖作这种劝谏是要冒很大风险的。更何况蹇义还是个降臣,他居然敢向明成祖直言得失,不能不让人感到他是个正直之臣。正因如此,蹇义成了明成祖最倚重的大臣之一,长期任吏部尚书。

为了安抚归降诸臣,明成祖将建文时诸臣的千余封章奏取出,命解缙等人检查一遍,凡是关于民生之类的都保留下来,其他凡是有所干犯的都烧掉,以解除诸降臣的顾虑。明成祖从容问解缙等人:"你们大概也有一些有干犯的章奏吧?"还没等解缙等人回答,修撰李贯争先答道:"臣实无之。"明成祖遂正色说道:"你以为没有这样的章奏就是贤臣吗?食其禄,则思任其事。当国危之际,近侍独无一言,可乎?我不是厌恶那些尽心于建文的人,只是厌恶那些诱导建文变坏祖宗法规的人。以前你们是他的臣,就应该忠于他;今天事我,就应该忠于我,不必曲自隐蔽。"②这显然是明成祖的高明之举。即使这样,像建文时的吏部尚书张纮还是害怕被追究责任,竟自杀而死。如果没有这种安抚措施,不知有多少人还会

---

① 《明史》卷一百四十九,《蹇义传》。
② 谷应泰:《明史纪事本末》卷十六,《燕王起兵》。

192

走这条路。

当革除之际,明成祖另一个影响较大的举动是改修《明太祖实录》。在中国古代,一个新皇帝即位后,要马上组织人为上一个皇帝撰写"实录"。各朝实录主要依据皇帝的"起居注"编成。时至今日,人们所能看到的最早的"起居注"是唐高祖李渊的起居注残编,名为《大唐创业起居注》;所能看到的最早的"实录"是《唐顺宗实录》和《宋太宗实录》残本,明代以前的其余各朝实录已尽佚。《明实录》尚称完整,但一再改修的只有《明太祖实录》。也就是说,人们现在所看到的《明太祖实录》是经三修而成的。

对建文时所修的《明太祖实录》,明成祖说它"遗逸既多,兼有失实",遂命儒臣重修。对这件事,后世学者多有考辨,说法不一,但都认为明成祖的这种说法不是他的真意。简单地说,明成祖的真实用意在于:通过重修《明太祖实录》,把自己打扮成合法、正统和为明太祖所中意的皇位继承人,从而永远改变"篡逆者"的形象。

正因如此,明成祖一即位,就命曹国公李景隆为监修,以解缙为总裁官,重修《明太祖实录》,于永乐元年六月改修完毕。后来,明成祖对这个改后的本子还不满意,又命姚广孝为监修、杨士奇为总裁官再次改修。今人所看到的《明太祖实录》,就是经三修而成的,头两次修的已被焚毁。对这种一再改修"实录"的事,《明通鉴》的作者夏燮一针见血地揭出了明成祖的隐衷:"明成祖于建文所修太祖实录,一改再改,其用意在嫡出一事。盖懿文太子薨,则其伦序犹在秦(王)、晋(王)。若洪武之末,则秦、晋二王已薨,自谓伦序当立,藉以文其篡逆之名也。"①"实录"向来被认为是研究历史的第一手资料,但因这种一改再改,从而有不少失实之处,给后来研究这段历史的人带来很多困难。

---

① 夏燮:《明通鉴》卷首,"义例"。

四、论功行赏

明成祖于北平初起兵时,身边只有 800 壮士。建文朝廷"以天下制一隅",明成祖则以一隅抗天下,经过 3 年艰苦卓绝的转战,终于推翻了建文帝,自己当了皇帝,开始南面称孤,他自然忘不了那些为他打江山的将士。当南京的局面稍为稳定以后,他便大行论功封赏。

从征将领封公者 2 人:朱能为成国公,食禄 5200 石,子孙世袭;丘福为淇国公,子孙世袭。另外,张玉因在东昌战死,追封为荣国公。张玉和朱能是明成祖夺天下的左膀右臂,故恩典尤为优厚,"俱三世赠王,为极盛。"①所谓"三世赠王",即对他们的父亲、祖父和曾祖父都追赠王号,是极为荣宠的封典。

封侯、封伯者各十余人。其中,张玉的儿子张辅封为信安伯;因谭渊也先期战死,其子谭忠封为新宁伯。他们的子孙都可世袭,只是因他们的功劳大小不同,有的可袭原职,有的则只能承袭指挥、同知等职。在明代,靖难功臣封公、侯、伯者,其嫡长被称为爵主,可主一个家庭的是非曲直。这些人实际上是明成祖扶植起来的一批新贵,是他的重要统治基础。

对其他从征将士分 4 等封赏:一等是奇功,二等是首功,三等是次功,四等是大旗下功,除封官加职以外,还赏赐银两、文绮等物。大规模封赏以后,明成祖"虑功臣封有遗缺,令丘福等议"。丘福等人认为对个别将领封赏太轻,于是又增封了 1 个侯、4 个伯。例如李彬,原封伯爵,丘福等人认为其功不在房宽之下,而房宽已封侯,明成祖遂将李彬封为丰城侯。②

---

① 沈德符:《万历野获编》卷五,《定襄王》。
② 《明史》卷一百四十六,《陈贤传》。

这些创业功臣都受到重用，他们的子孙也享有不少特权。例如武官子弟本来要先比试，后袭职，但明成祖却让"靖难故官子弟"先袭职，以后再比试。他谕兵部说：

　　　　朕适见所引故官子弟比试者，不觉怆然。盖初举义之时，其父兄忍饥冒寒，艰苦百战，不幸有死于战阵，或殁于疾病。今观其子弟皆稚弱，若令如例比试，而后袭职，必未闲武事，而因是绝其俸禄，无以自存矣。可且令袭职，给全俸，俟长成比试。①

这段话很能代表明成祖对靖难功臣的感情。这些子弟既然已正式袭了职，以后即使进行所谓"比试"，也不过是走走过场，决不会因这种所谓"比试"而被除名。很明显，这是对靖难功臣及其子弟的一种加恩。

　　这里特别值得一提的是姚广孝。他虽未亲临战阵，但却是靖难的第一功臣。明成祖为燕王时，身边多是武人，出谋划策主要依靠姚广孝。促使燕王下决心起兵的是他，燕王统兵在外转战，主要由他辅佐世子居守北平。"李景隆、吴高、平安之师，前后数十百万，皆计却之。"②使燕王一直无后顾之忧，且可从后方得到源源不断的补给。姚广孝的作用很类似刘邦打天下时居守关中的萧何，甚至更有过之。因为刘邦在外边作战，身边还有个大谋士张良，而明成祖则没有，靖难三年，"或旋或否，战守机事皆决于道衍。……论功以为第一。"③明成祖对这位第一功臣自然要大加封赏了，但奇怪的是，姚广孝却辞而不受，只接受了一个僧禄司左善世的僧官。"道衍"是他的僧号，人们一直称他为道衍和尚。这时

---

① 《太宗实录》卷八十三。
② 李贽：《续藏书》卷九，《姚广孝》。
③ 《明史》卷一百四十五，《姚广孝传》。

明成祖命恢复其姚姓,赐名"广孝"。明成祖让他蓄发,意在使其还俗,姚广孝坚持不肯。明成祖赐给他宅第,他也推辞不要。明成祖赐给他两个漂亮的宫女,他一个多月未接近她们,也不与她们说话,也不说让她们走,明成祖只好将这两个宫女召回。永乐二年立太子,明成祖命姚广孝为资善大夫、太子少师,并以同官追赠他的父亲和祖父。他平时住在僧寺,上朝时着朝服冠带,退朝后仍穿僧家缁衣。姚广孝是中国历史上一个非常奇特的人物,他以皇帝的宾客自居,关键处总能见到他的身影,但却不贪图高位。明成祖赏赐给他的金帛无数,但他都散发给"宗族乡人"。只是到他死了以后,明成祖才得以尽情地对他进行追封,追赠他为"推诚辅国协谋宣力文臣,特进荣禄大夫、上柱国、荣国公,谥恭靖"。在明成祖所封赠的文臣当中,没有哪一个能与姚广孝的这种封号相比。

在靖难之役期间,凡与此事有关而被建文帝罢黜的诸臣,明成祖令仍任原职。即使与靖难无关而被建文帝罢黜的诸臣,有的仍任以职事,有的年老体弱,则命以原官致仕,分品级赐予钱钞,以作道里费,让他们回乡"优游暮年"。①

明成祖入京师,监察御史尹昌隆被列为奸党,将就刑时,他大呼冤枉,谓自己曾上疏劝建文帝,以皇位让明成祖,"奏牍尚存,可复案也。"原来,当燕兵南下时,尹昌隆曾上书建文帝说:"今事势日去,而北来章奏有周公辅成王之语,不若罢兵息战,许其入朝。彼既欲仲大义于天下,不应便相违戾。设有蹉跌,便须举位让之,犹不失藩王也。若沈吟不断,祸至无日,进退失据,虽欲为丹徒布衣,不可得矣。"明成祖见此章奏后,颇受感动,不仅未杀他,还命他为北平按察使司。②

---

① 《太宗实录》卷二十三。
② 谷应泰:《明史纪事本末》卷十六,《燕王起兵》。

都督徐增寿因暗中助己,被建文帝所杀,明成祖痛悼不已。遂追封他为武阳侯,不久又进爵为定国公,子孙世袭。徐达的长子已袭封为魏国公,其次子徐增寿又世为定国公,故徐达之后"一门二公",为明代功臣中所仅见。

明成祖也没有忘记那些有功的普通百姓。像北平、保定、通州等地协助燕军守城的妇女,有的运砖、运石,有的运水浇城,在抵御南军中都有功劳,因此而分级受到赏赐。例如,"保定运砖石妇女,每名赏钞一百贯,绢一疋,棉花三斤。"①

明成祖渡长江取南京时,舟工是周小二。明成祖也没忘掉这位为自己操舟的人,"擢上海县民周小二为巡检,赐采帛二表里,钞百锭,蠲其徭赋三年。"②燕军渡江,舟工很多,但周小二船上乘的是明成祖,所以他得到特殊的升赏。这件小事表明,凡是为明成祖夺天下做出过贡献的人,不论功劳大小,都成了有功之人,都受到了不同的升赏。这与那些忠于建文的人形成了鲜明的对比。

第二节　屠戮建文遗臣

正如前文所述,面对明成祖这位新皇帝,建文旧臣大体可分为4类,即降附、逃跑、抗节不屈和自杀殉难。降附的大臣认为,明成祖取代建文帝只不过是皇族家事,他们都是明太祖朱元璋的后裔,自己转过来向明成祖称臣不算什么失节的事。这批人是大多数。另有些官员既不愿为建文殉节,又不愿降附,于是便隐姓埋名,以平民隐士了此一生。而抗节不屈的大臣认为,明成祖当皇帝属于"篡逆",大逆不道,建文帝才是正统的合法的皇帝。他们怀着对

---

① 懒生袁子:《奉天刑赏录》,"运砖人役"。
② 《太宗实录》卷十下。

建文帝的一片忠心,向明成祖誓死抗争。明成祖则以极其残暴的手段,对他们及其亲属大肆诛戮,从而构成他一生中最阴暗的一页。

一、血腥的一幕

明成祖初起兵时,所谓"除奸恶",主要是指齐泰、黄子澄二人,未涉及其他的大臣。这种做法可能出自一种策略上的考虑,不愿打击面过宽。现在不同了,他登极当了皇帝,一下子就列出左班文臣中的奸恶29人。他们当中有不少是明初的著名大臣,其中包括:太常寺卿黄子澄,兵部尚书齐泰,礼部尚书陈迪,文学博士方孝孺,副都御史练子宁,礼部侍郎黄观,大理少卿胡闰、寺丞邹瑾,户部尚书王钝和侍郎郭任、卢迥,刑部尚书侯泰、侍郎暴昭,工部尚书郑赐、侍郎黄福,吏部尚书张纮,御史曾凤韶、王度、谢升、尹昌隆,宗人府经历卓敬、修撰王叔英等人。可以看出,建文时的六部九卿大臣几乎全被列入其中。在他们当中,郑赐、王钝、黄福、尹昌隆四人曾迎驾归附,自称为奸臣所连累,命仍任原职。因李景隆和茹瑺为吏部尚书张纮开脱,命张纮仍任吏部尚书,其余的人则一律不予宽宥。没过几天,又揭榜于朝堂,将徐辉祖、葛成、周是修、铁铉、姚善、刘璟、茅大芳等人皆列入奸臣榜,连同上次所列,"共五十余人"。[1] 实际上,后来陆续被惩治的所谓"奸恶官员"还有很多,有的文献记载达124人。[2] 这当中,包括一些虽未榜示但却为建文帝殉节的官员。

显而易见,建文朝文武官员的主要人物几乎都包括在这些所谓"奸恶"之中。牵动面特别大的是,明成祖公开发出赏格,允许军民人等绑缚那些未降附的奸臣,并分级升赏。于是,不少人因擒

① 《明史》卷一百五十一,《张纮传》;《明史纪事本末》卷十六,《燕王起兵》。
② 郎瑛:《七修类稿》卷十,《建文忠臣》。

获奸臣得官,各地有不少人乘机报私仇,抢劫财物,造成很大的危害。明成祖也很快发现了这样做的弊端,下令制止,但过了很久才得以止息。

明成祖对这些所谓奸恶区分首从,对"首恶"严惩,非首恶者只要悔罪降附,即予宽宥。在惩治这些"首恶"的过程当中,可谓无所不用其极。

黄子澄被列为"首恶"中的第一人。当明成祖率兵入京时,黄子澄和齐泰名为被"窜逐",实则是"密令募兵"。黄子澄准备和苏州知府姚善一起到海外乞兵,以图后举,姚善以为不可,他便自己南下。在太仓,被武士汤华所执,送往京师。明成祖亲自审问,黄子澄抗节不屈,仍然口称"殿下",而不是称"陛下",遭到左右侍从的一片呵斥。黄子澄大义凛然地说:

> 臣知殿下以兵力取富贵,不知殿下即此位。……况富贵瞬息,何足重轻!殿下向来悖谬,不可为训,恐子孙有效尤而起无足怪者。

明成祖大怒,命将他宗族老少65人、妻族外亲380人全部带至,"哀号震天"。黄子澄见此情景心如刀割。明成祖命他将自己的罪过写于纸上,他奋笔写道:

> 本为先帝文臣,不职谏削藩权不早,以成此凶残。后嗣慎不足法。

明成祖见此极为恼怒,立命将他的双手砍去,接着又说道:"汝虽未入岛夷,足迹已至海上。"遂命再将他的两足砍去。这时的黄子澄已手足全无。人们都知道汉初的戚夫人被吕后砍为"人豕",但很少有人知道这种悲剧在黄子澄身上又得到重演。所不同的是,戚夫人成人豕后过了一段时间才死去,黄子澄则当即被磔杀。他一家人不分老少,全被斩首,姻亲都被谪戍边疆。只有他的一个儿子改名为田经,迁居湖广咸宁(今湖北咸宁市),黄子澄这才没有绝嗣。

因黄子澄曾躲藏在致仕的袁州知府杨任家中,杨任受到株连,亦被磔杀,两个儿子也被斩首,亲属谪戍边疆。①

齐泰是另一"首恶",他奉密诏赴外地募兵,以图兴复。当时悬赏捉拿齐泰等人,风声紧急。他原骑一匹白马,怕被人认出来,便用黑墨把马染成黑色。因急匆匆赶路,马浑身出汗,马身上的黑墨脱去,被人认出,在广德(今属安徽)被人抓获,送往京师。齐泰不屈被杀,一家被"族诛",从兄弟齐敬宗死难,叔父齐时永、齐阳彦等被谪戍。其子刚6岁,免死,配给功臣家为奴,仁宗时才被赦还。

铁铉字鼎石,河南邓州(今南阳)人。当明成祖连败李景隆后,乘胜南下,不意在济南为铁铉所挫。不久,铁铉和盛庸在东昌又大败燕军,致使燕军不敢再取道山东南下。当明成祖称帝南京时,铁铉率残兵驻淮南。燕将用计将其擒获,十月间送至京师。明成祖亲自审问,铁铉反背坐于廷上,谩骂不止。明成祖让他回过头来看一下,终不可得。明成祖盛怒之下,命将其耳鼻割下,但铁铉仍骂不止。明成祖"碎分其体",磔杀于市,时年37岁。铁铉的父母皆80余岁,一起被安置到海南。长子福安,年12岁,谪戍河池(今属广西)。次子康安,年7岁,起初发往匠铺,后被戮死。其妻女都被发往教坊司,充作女乐,实为官妓。②

陈迪是建文时的礼部尚书,明成祖将他召来责问,他抗辩不屈,骂不绝口。他和儿子凤山、丹山等6人同日就刑。陈迪等仍骂声不止,明成祖命将凤山等人的耳鼻割下,熬熟后让陈迪去吃,并问味道如何。陈迪答道:"忠臣孝子的肉,香美无比。"并继续唾骂。明成祖命将他们6人都凌迟致死。人们在收尸时,发现陈迪

---

① 朱国桢:《皇明逊国臣传》卷二,《太常卿兼翰林学士黄公》;《明史》卷一百四十一,《黄子澄传》。
② 黄佐:《革除遗事》卷四,《铁铉》;朱国桢:《皇明逊国臣传》卷二,《兵部尚书铁公》。

的衣带中有遗诗一首：

三受天王顾命新，山河带砺此丝纶。

千秋公论明于日，照彻区区不二心。

另有《五噫歌》，"辞意悲烈"。陈迪的妻子管氏自缢死，幼子陈珠才5个月，乳母将他藏在水沟中，才得以幸免。①

建文遗臣中有许多人惨烈死去，难以尽述。尤其令人目不忍睹的是，他们的妻女也受到百般凌辱。例如，黄子澄的妹妹和齐泰的一个姐姐、两个外甥媳妇都被发往教坊司，在那里被任意凌辱，有的还生了孩子。这在史籍中有多处记载。下边的记载虽文采不足，但却真实可信，且更近当时的原貌：

> 永乐十一年正月十一日，本司（教坊司）右韶舞邓诚等于右顺门口奏，有奸恶齐泰的姐并两个外甥媳妇，又有黄子澄妹，四个妇人，每一日一夜二十条汉子守着。年小的都怀身，节除（夕）夜生了个小龟子，又有个三岁的女儿。奉钦：依由他。小的长到大，便是摇钱的树儿。又奏，黄子澄的妻生一个小厮，如今十岁也。又有，史家有铁铉家个小妮子。奉钦：依都由他。②

这些女子都被刺了字，在教坊司被人任意糟蹋。因为这时已是永乐十一年，黄子澄妻子生的那个孩子10岁，即9周岁，显然是在教坊司被奸污后生的。

铁铉的两个女儿也被发往教坊司为娼，但数日始终不受辱。她们二人各赋诗一首，交给铁铉往日的一个同官。其长女诗云：

教坊脂粉洗铅华，一片闲心对落花。

---

① 朱国桢：《皇明逊国臣传》卷二，《礼部尚书陈公》；《明史》卷一百四十一，《陈迪传》。

② 懒生袁子：《奉天刑赏录》，据"教坊录"。

旧曲听来犹有恨,故园归去已无家。

云环半挽临粧镜,两泪空流湿绛纱。

今日相逢白司马,尊前重与诉琵琶。

其次女诗云:

骨肉相残产业荒,一身何忍去归娼!

泪垂玉筯辞官舍,步蹑金莲入教坊。

览镜自怜倾国色,向人休学倚门妆。

春来雨露宽如海,嫁得刘郎胜阮郎。①

这位同官将铁铉二女的诗呈上,明成祖知道二人志不可屈,动了恻隐之心,"乃赦出之,皆适士人"。此事见于多处记载,有的史籍谓此事不确。朱国桢《皇明逊国臣传》中称:"二诗或出好事之口。"不论此事确否,铁铉有女儿被发往教坊司却是可信的。

这些遗臣的妻女有不少人被折磨死在教坊司,有的死者尸体就被拉出去让狗吃了。有的女子被配给家奴,如果这家奴不是太凶残,身份虽低贱些,但对这些女子来说就算是较好的下场了。谢升的妻子韩氏被送往淇国公丘福营,"转营奸宿"。这也算是一种独特的刑罚。

在明成祖屠戮建文遗臣过程中,最惨烈、最为后人所常提及的,大概就是方孝孺了。

二、方孝孺不屈,"诛十族"

方孝孺是建文帝最亲近的大臣之一,遇到什么国家大事,建文帝总是要问问他。建文帝好读书,有了什么疑难问题,总是让他为自己讲解。临朝奏事,或行或否,经常让方孝孺在御前拟旨批答。修《明太祖实录》,方孝孺为总裁;燕王起兵北平,讨燕的诏檄都出

---

① 吕毖:《明朝小史》卷四,《二女诗》。

自方孝孺之手;更定官制,多出自方孝孺之议。方孝孺字"希古",正像他的名和字的含义一样,他复古好儒,改官制,行井田,一味循行古法。建文帝对他十分尊重,言听计从,君臣相处甚谐。尽管方孝孺的父亲因"空印案"受株连被明太祖所杀,但他视建文帝为知遇之君,忠心不二。正因如此,也就埋下了日后这场悲剧的祸根。

明成祖由北平长驱南下时,姚广孝送到郊外,跪在明成祖跟前密托:"方孝孺素有学行,城破之日,他必不肯降。请不要杀他,杀了方孝孺,天下读书的种子就绝了。"明成祖点头答应。金川门之变后,方孝孺拒不迎降,闭门不出,并为建文帝穿丧服,昼夜啼哭。明成祖召用他,他不肯屈从,被镇抚伍云等强迫着来见明成祖。他身着丧服,当廷号哭。明成祖让他的学生廖镛等人去劝说他,他对廖镛等人大声训斥道:"小子们跟我数年,难道还不知道义之是非吗?"明成祖不想杀他,将他系入监狱,并派人反复劝谕,但始终不屈。明成祖要拟即位诏,大家都推荐方孝孺,遂召他出狱。他当众号哭,声彻殿廷。明成祖一时颇受感动,从殿上走下来亲自劳问道:"先生无自苦,予欲法周公辅成王耳。"方反问道:"成王安在?"成祖道:"彼自焚死。"方问:"何不立成王之子?"成祖道:"国赖长君。"方说:"何不立成王之弟?"成祖道:"此朕家事。"成祖一边说,一边示意左右,让他们把笔札交给方孝孺,并说:"诏天下,非先生草不可。"方孝孺投笔于地,且哭且骂说:"死即死耳,诏不可草!"成祖按捺着火气道:"即死,独不顾九族乎?"方孝孺以更大的声音答道:"便十族奈我何!"成祖顿时大怒,恨其嘴硬,立命左右将方孝孺的嘴割破,直割到两耳,复下狱中,大捕其宗族门生。每逮系一人,就让他到方孝孺跟前,让方孝孺看一看,但方孝孺却连头都不回。

明成祖这时也横下了一条心,除诛方孝孺"九族"外,将其朋友门生又列为一族,共称所谓"十族"。当差役奉诏逮系其妻郑氏时,郑氏和诸子已自经而死。受此案株连被逮系的人甚多,仅被磔杀于市的即达 873 人,谪戍荒徼者不可胜计。方孝孺的弟弟名字叫孝友,受株连被杀,方孝孺看着他慷慨就刑,泪流满面。方孝友口占一诗道:

> 阿兄何必泪潜潜,取义成仁在此间。
> 华表柱头千载后,旅魂依旧到家山。

这令当时的士人感叹不已,说他的确不愧是方孝孺之弟。

方孝孺最后受戮,磔杀于聚宝门外。他就刑时气宇轩昂,并留下《绝命词》一首:

> 天降乱离兮孰知其由,
> 奸臣得计兮谋国用猷。
> 忠臣发愤兮血泪交流,
> 以此殉君兮抑又何求?
> 呜呼哀哉,庶不我尤!

方孝孺有两个女儿,都还年轻,尚未婚嫁,被逮系至京时,二人联袂投秦淮河而死。①

在方孝孺之前,中国没有所谓"诛十族"之说,最重的也只是"诛九族",这种株连已是极为残暴了。明成祖竟诛方孝孺"十族",岂不是空前绝后的残暴吗?为此,后人有的否认明成祖"诛十族"之说,其实是确有其事。对所谓"九族"的解释,历代有些歧异,明清时期一般是指犯人的上 4 代和下 4 代,加上本人这一代。历代的解释不管怎样不同,从来未把朋友门生作为一族,而方孝孺事确实株连到他的朋友门生。

郑公智和林嘉猷都曾"师事孝孺",的确是方孝孺的门生。郑公智是御史,林嘉猷是编修。福建人郑居贞是方孝孺的朋友,曾任

---

① 谷应泰:《明史纪事本末》卷十八,《壬午殉难》;朱国桢:《皇明逊国臣传》卷一,《文学博士方先生》;《明史》卷一百四十一,《方孝孺传》。

巩昌通判、河南参政。这些人都受株连被杀。① 德庆侯廖永忠的孙子廖镛和廖铭曾"受学于方孝孺",方孝孺被杀后,他们兄弟二人收其遗骸,安葬于聚宝门外的山上。他们二人接着就被逮系,最后也被杀。②

不必为尊者讳,也不必为传主讳,明成祖诛方孝孺"十族"之说确有其事。这件事和明成祖一生的几件伟大事业一样,构成了明成祖作为和个性的不同侧面,这才是一个活生生的、完整的明成祖。

方孝孺以一介儒生,手无缚鸡之力,面对专制君主的屠刀视死如归,抗节不屈,真可以感天地而泣鬼神! 正因如此,方孝孺受到许多后人的景仰和赞颂。李贽《续藏书》中保存了一首诗,是明初曾任过刑部尚书的魏泽写的,很好地表达了对方孝孺的悲悼之情。这首诗是他后来过方孝孺故居时写的:

> 筍舆冲雨过侯城,抚景令人感慨生。
> 黄鸟向人空百啭,清猿坠泪只三声。
> 山中自可全高节,天下难居是盛名。
> 却忆令威千载后,重归华表不胜情。③

方孝孺的气节确实感人。他受儒家正统思想的熏陶,对建文帝忠心不贰,确有操守。他遇上建文帝这个儒雅的皇帝,对他言听计从,也确有知遇之恩。如果抛开是否值得为建文帝殉节这个因素不谈,仅就方孝孺的个人气节来看,在历史上实不多见,只有极少数人能做到这一点。这正应了中国的一句古话:士为知己者亡。

但是,当人们冷静下来认真思索一番之后,就不难发现,方孝

---

① 《明史》卷一百四十一,《郑公智传》、《林嘉猷传》、《郑居贞传》。
② 《明史》卷一百二十九,《廖永忠传》。
③ 李贽:《续藏书》卷七,《典史魏公》。

孺的识见并不高。他更改官制,改殿名、城门名,都采用古称,甚至要重新推行远古的"井田",不能不说是背时之举。成祖起兵后,建文帝"以天下制一隅",占有极大的优势,结果却连连失败,终被明成祖取而代之。其中原因尽管很多,方孝孺作为建文帝的主要谋臣之一,必不可免地要负有一定的责任。这历史事实本身就表明,方孝孺算不上一个高明的谋略家。他最为可贵之处是他对建文帝的忠心,而这种忠心又近于所谓"愚忠"。

以前,人们都是把这场悲剧归罪于明成祖的残暴,实际上,方孝孺的这种愚忠也应承担一部分责任。皇帝是由明成祖当,还是由建文帝的儿子或弟弟来当,甚至是由建文帝来继续当,的确如明成祖所说,这是他们朱家的"家事",不论谁当,都是大明皇帝。实践证明,明成祖比建文帝更有作为。如果方孝孺没有这种愚忠的话,以自己的才智辅佐明成祖,对国家可能做出更多有益的事。可惜的是,方孝孺这副铮铮铁骨,恰恰遇上了敢于扭转乾坤、惟我独尊的明成祖,他容不得方孝孺对他如此冒犯,况且那些话句句都刺中了明成祖的痛处,终于酿成了这幕悲剧。正因如此,明清时期的不少学者谈到,这场悲剧乃"激之使然"。例如,《皇明表忠记》的作者钱士升即写道:

> 孝孺十族之诛,有以激之也。愈激愈杀,愈杀愈激,至于断舌碎骨,湛宗燔墓而不顾。而万乘之威,亦几于殚矣。①

李贽是明后期的著名思想家,他对方孝孺的这种做法也不以为然。他以山西清远戍卒罗义为例:罗义曾上书燕王,"乞早息兵归国"。他又赴京上书,请求建文帝"息兵讲和",被建文帝系于狱中。明成祖即位后,提升他为户科给事中,不久又升为湖广右参政。李贽借此议道:

---

① 谈迁:《国榷》卷十二,建文四年六月"乙丑"。

此卫卒见识,胜方正学(按:方孝孺读书之庐曰"正学")
十倍。人亦何必多读书哉? 呜呼! 以全盛之天下,金汤之世
界,付与讲究《周礼》、精熟《大学衍义》之大学士,不四年而遂
败。可畏哉,书也。①
我们不必为明成祖讳,他诛方孝孺"十族",的确过于残忍;我们也
不必为方孝孺讳,他确实失之愚忠。

三、"瓜蔓抄"

明成祖屠戮建文遗臣,另一件常为后人所提及的事就是"瓜
蔓抄"。所谓"瓜蔓抄",含有顺藤摸瓜之意,即转相攀染,广加株
连,滥杀无辜。此事始于御史大夫景清。

建文初年,景清曾任北平参议。燕王与他交谈,他侃侃而谈,
言论明析,颇受燕王赞赏。不久回京师,升为御史大夫。

明成祖称帝后,建文旧臣死的很多。景清曾与方孝孺约,宁为
建文殉节,决不向明成祖称臣。方孝孺等人都已慷慨殉难,而景清
因与明成祖有旧,仍任原官,委蛇于朝班很长时间。一天早朝,景
清怀藏利刃,穿着绯色衣服上殿,准备刺杀成祖。在此以前,有人
借异星赤色犯帝座为名,要成祖提高警惕。成祖本来就怀疑景清
有异心,及上朝,见景清著绯衣,有些异常,遂命侍从对景清搜身,
得利刃一把。成祖诘责,景清奋然说:"欲为故主报仇耳!"边说边
骂。成祖命打掉他的牙齿,但他仍骂不绝口,并含一口血向殿上喷
去,成祖的龙袍上被喷上斑斑点点的血迹。成祖顿时大怒,立命将
景清剥皮实草、械系于长安门,用铁刷子将景清身上的肉一块一块
地刷掉。肉被刷光,骨被打碎。成祖犹不解恨,遂灭其族,"籍其

---

① 李贽:《续藏书》卷七,《山西清远戍卒罗义》。

乡,转相攀染,谓之瓜蔓抄,村里为墟。"①景清的街坊邻居都受到株连,这种打击面比"诛十族"甚至还要宽。因为"十族"还有明确的界限,而这种"瓜蔓抄"几乎没什么界限可言。只要和犯人有点这样或那样的关系,都可能被株连。

例如,青州教谕刘固曾因母老乞归,景清致书刘固,要他回京任职。只是因为这种引荐的关系,刘固受到株连。他和儿子刘超、弟弟刘国、母亲袁氏同日受刑于聚宝门外。儿子刘超臂力过人,临刑时仰天一呼,捆绑他的绳索被挣断,随即夺过刽子手的屠刀,连杀场上十余人,后终于被磔杀。②

此风一开,无辜受牵连被杀者不胜枚举。例如,大礼寺少卿胡闰抗节不屈,他和长子俱被杀,次子遣戍边疆,4岁的幼女入功臣家为奴。③ 受胡闰牵连,宗族乡亲有许多人被无辜抄没,有的被杀。胡闰是饶州(今江西波阳)人,因遭"瓜蔓抄",故乡一片凄惨景象:

> 文皇(明成祖)既抄没其一族,男女二百一十七人。所居之地,在府城西隅硕铺坊,一路无人烟。雨夜闻哀号声,时见光怪。尝有一猿,独哀鸣彻晓。东西皆污池,黄茅白苇,稍夜,人不敢行。④

御史高翔是陕西朝邑人,明成祖即位后,他穿着丧服入见,语多不逊。明成祖大怒,除将其"族诛"外,还挖开其祖先的坟墓,掺杂上一些牛马的骨头,一起焚成灰扬掉,"亲党悉戍边"。其田产分给附近百姓,征收特重的赋税,"令世世骂高御史也。"其祖上墓地旧

---

① 朱国桢:《皇明逊国臣传》卷二,《御史大夫景公》;《明史》卷一百四十一,《景清传》。
② 谷应泰:《明史纪事本末》卷十八,《壬午殉难》。
③ 《明史》卷一百四十一,《胡闰传》。
④ 吕毖:《明朝小史》卷四,《孤猿夜泣》。

址被称为"漏泽园"。①　连种其田地的普通百姓都受到株连,这种做法实在是闻所未闻。

受这种"瓜蔓抄"的影响,当时告讦之风甚盛,有的人竟以告讦得官。例如,丁珏本是山阳(今江苏淮安)的一个普通百姓,"里人赛社",即具酒食祭祀田神,本来没什么其他意思,丁珏却诬称百姓"聚众为妖,坐死数十人"。明成祖觉得丁珏对自己很忠心,立即授他为御史。②

对建文旧臣的这场屠戮延续了十余年,只是有时紧一点,有时松一点。明成祖后来也看到株连太广,不时地故示宽大,"不念旧恶",有些被告讦的犯人亲属也未予治罪。

练子宁是建文时的右副都御史,因当廷责骂成祖,被割掉了舌头。他也遭到"瓜蔓抄","宗族弃市者一百五十一人,又九族亲家之亲被抄没戍边者,又数百人。"钱习礼是练子宁的姻亲,当时未被株连到。永乐九年,钱习礼中进士,选为庶吉士,不久改任检讨。乡人告他是练子宁奸党,钱习礼"恒惴惴",非常害怕再受到株连。大学士杨荣乘间向明成祖说到此事,明成祖不仅未予惩治,反而笑着说:"使子宁在,朕犹当用之,况习礼乎!"③这时距明成祖称帝已10年,尚有人为此事告讦,足见此风没有尽息。明成祖这种故示宽大的话,对建文旧臣及其亲属无疑是一种安慰。

永乐七年(1409),新中的进士王彦向朝廷自陈,称自己家与奸恶外亲有牵连,但未予治罪。④　明成祖这时已不愿过多株连。

胡广是永乐时的著名内阁学士,因母丧回江西吉水奔丧,回朝

---

① 吕毖:《明朝小史》卷四,《漏泽园》;《明史》卷一百四十一,《高翔传》。
② 沈德符:《万历野获编》补遗卷二,《朝士匿丧》。
③ 《明史》卷一百五十二,《钱习礼传》;谷应泰:《明史纪事本末》卷十八,《壬午殉难》。
④ 沈德符:《万历野获编》卷十八,《籍没奸党》。

后明成祖问他:"百姓安否?"胡广回答道:"安,但郡县穷治建文时奸党,株及支亲,为民厉。"①这件事表明,当时穷治建文遗臣,已牵动全国各地,株连面甚广。胡广的话对明成祖有所触动,数次谕刑部不欲多杀。

　　实际上,明成祖即位当年就曾谕刑部:"有罪者既已伏诛,无罪者各安职业,而内外军民屡执无罪之人,以希幸赏,恶不可长。速谕止之,违者抵罪。"②但此风一直未能止息。永乐九年(1411)九月,明成祖谕三法司,"凡死罪必复奏"。这显然是慎刑的标志。也就在这一年,浙江黄岩县的民人告发当地豪民,说他仍保存着建文时奸恶士人上给楚王的书稿,应予治罪。明成祖说:"此必与豪民有怨而欲报之。朕初即位命有司:凡建文中上书有干犯语言,皆朕未即位以前事,悉毁之,有告者勿行。今复行之,是号令不信矣。况天下之主,岂当念旧恶!"③明成祖的这番话说得很堂皇,但他并不是不念旧恶,这已是有目共睹。特别耐人寻味的是,普通百姓到这时还为这种小事进行告讦,可见此风久刮未止。但明成祖毕竟已即位10年了,统治已经稳固,建文帝已没有死灰复燃的可能,他可以认真地显示不念旧恶了。

　　明成祖屠戮建文遗臣既残酷,株连面又宽,不知有多少人含冤死去,这件事是明成祖一生的一块大心病。永乐二十二年(1424),也就是明成祖死去的那一年,新进士邢宽被点为状元,实际上就和明成祖的心理因素有关。邢宽与"刑宽"同音,取刑罚宽大仁慈之意。这恰恰从另一个侧面告诉人们,明成祖在处治建文遗臣方面并不宽大。

① 《明史》卷一百四十七,《胡广传》。
② 《太宗实录》卷十上。
③ 《太宗实录》卷七十八。

第三节　踪迹建文帝

明成祖入金川门后,建文帝是否死于火中,这一直是明成祖的一块大心病。他派心腹大臣四出,不遗余力地寻找建文下落。永乐年间不少重大举措与此事有关。此后数百年间,有关建文帝的传说越来越多,学者们也作出了种种努力,试图揭开这桩疑案的真相。

一、建文帝死于火了吗?

《明史·恭闵帝本纪》载,燕王入金川门的当天,"宫中火起,帝不知所终。"凡是有点历史知识的人,几乎都能一字不错地背下这句话。明史馆始创于清顺治二年(1645),《明史》于乾隆四年(1739)刊行,此时距明成祖入金川门已300多年。《明史》中的这句话模棱两可,实际上它正是建文下落不明的反映。据我国著名的明史学者黄云眉先生考证,《恭闵帝本纪》出自徐嘉炎之手,而徐嘉炎认为建文帝未死于火,而是"逊国"外逃。清前期的著名学者朱彝尊也在明史馆,他则认为已死于火,就像《明实录》中所记载的那样。自明代嘉、万以后,社会上流传许多有关建文逊国的野史笔记。所谓"逊国",即让位给明成祖而自己出走的意思,也就是说建文帝没有死。修《明史》的诸学者意见不能统一,遂依违于二说之间,留下了这句模棱两可的话。这句话又给后来的学者留下疑点,吸引着许多人殚精竭虑地要寻个究竟。黄云眉先生考证《明史》可谓用力最著,成就也最大,但他考来考去,最后也不得不无可奈何地表示:"不妨两存其说。"①

---

① 黄云眉:《明史考证》卷四,《〈恭闵帝纪〉考证》。

今天,我们在前人研究的基础上,已经有可能再前进一步。这不仅因为今天的条件更优越,即可以更方便地看到各种文献,而且因为我们可以摆脱过去学者所受到的一些局限,尤其是明清时期,学者们持什么看法,往往与当时的政治环境有关。我们今天探讨这个问题,已完全不存在这方面的影响。

据《明实录》记载,燕王率兵入金川门后,建文帝"乃叹曰:'我何面目相见耶!'遂阖宫自焚。"8天后,明成祖"备礼葬建文君,遣官致祭,辍朝三日"。[①] 以后明代官书都沿用此说。

据《明史·王景传》载,明成祖询问礼部侍郎王景,葬建文帝应该用什么礼仪。王景说:"宜用天子礼。"明成祖"从之"。朱彝尊认为,明成祖不会用天子礼仪安葬建文帝。实际上,只要想一下就会发现,明成祖礼葬建文帝是完全可信的。这是因为,在全国百姓的心目中,建文帝是合法的正统的真龙天子,他如果不死,皇位就应该是他的。明成祖要名正言顺地即帝位,就必须给全国造成建文帝已死的印象。不管火中的尸体是谁,反正已经烧焦,无法辨识,或者说根本就不需要辨识,就指为建文帝的尸体,并用天子礼仪安葬一下,正可以遮天下人耳目。这样做,与明成祖起兵"诛奸恶"的旗号相一致,本来不是要推翻建文帝,他自焚死,便依礼安葬他,天下臣民对明成祖便无可指责。这样做,明成祖登极称帝才名正言顺。既然建文帝已死,国不可一日无君,明成祖这才能即帝位。

对这一点,著名的明清史专家孟森先生也看出了其中奥妙。他说:"必以置陵守冢为用天子礼,则未必然。但葬时稍用天子仪仗,以震都人耳目,为绝天下人望之计,与出其尸于火,意正一贯,不必甚以为难信也。"[②]也就是说,明成祖礼葬建文帝是可信的,只

---

① 《太宗实录》卷九。
② 孟森:《明清史论著集刊》上册,《建文逊国事考》。

是"稍用天子仪仗",在形式上使用皇帝的旗帜、车驾、乐队等等,而不一定要"置陵守冢",就像今天人们所看到的北京十三陵那样。

但明成祖礼葬的真是建文帝吗?从各方面的材料来看,安葬的不是建文帝,而是建文帝的皇后马氏。她是光禄少卿马全之女,洪武二十八年被册为皇太孙妃。《明史》明确记载道:"(建文)四年六月,城陷,崩于火。"①死于火中的不是建文帝,而是马氏,但各种材料都看不到安葬马氏的记载,且尸体取之于火中,明成祖正可以指为建文帝之尸,接着便"稍以天子仪仗"将其安葬完事。

纵观各方面的材料可以断定,建文帝确已出逃。这至少有以下一些证据:

第一,尽管明成祖"用天子礼"安葬了建文帝,但南京却没有建文帝的坟墓。《国榷》的作者谈迁是明末人,他记道:"金陵故老,无能指建文帝葬处。"②这是本朝人在记本朝事,相距还不算甚远。此时就已指不出建文陵墓,足见当时安葬虽"用天子礼",但封冢肯定不大,时间稍久,人们就不能辨识。更重要的是,因明知安葬的不是建文帝,史牒中未予明确记载,太常寺不按时祭扫,时间用不了多久,坟迹就湮没无闻了。

第二,建文帝有两个儿子,长子文奎,建文元年立为皇太子。次子文圭,被明成祖幽禁于广安宫,即历史上常常提到的建庶人。后来,明英宗将文圭释放,年已 57 岁了,不久即死去。那么,皇太子文奎哪里去了呢?据《明史》记载:"燕师入,七岁矣,莫知所终。"③看来是逃跑了。既然 7 岁的太子在这次事变中逃跑在外,建文帝也可以逃往外地。

---

① 《明史》卷一百一十三,《后妃一》。
② 谈迁:《国榷》卷十二,建文四年六月"壬申"。
③ 《明史》卷一百一十八,《诸王三》。

第三,有一天明成祖对左右的人说:"朕于宫中遍寻皇考宸翰不可得,有言建文自焚时,并宝玺皆毁矣。朕深恸之。"①《明实录》中的这条材料为历代学者所忽略,实际上是一条很关键的材料。宝玺是封建皇帝发布诏令时所用的印章,被视为传国之宝。《明实录》无意中保留了这句话,却透露了一个重要的史实,即建文帝所使用的宝玺和建文帝一起消失了。此事是很耐人寻味的。

自秦朝到唐朝的千余年间,都使用由和氏璧琢成的玉玺,上有李斯的篆文:"受命于天,既寿永昌。"唐高祖李渊改"玺"为"宝",所以后世又称宝玺。据传,这颗传世之宝散失于五代时。明朝时又出现了另一种传说,即元顺帝北走沙漠时,带到了塞外。看来,和建文帝一起消失的不是这颗宝玺。那么,这颗宝玺要么是明太祖朱元璋琢制的那一颗,要么是建文帝琢制的那一颗。建文三年,使者由西域带回一块颇大的青玉,建文帝命琢制为玺,一改八字之古制,琢上16字:"天命明德,表正万方,精一执中,宇宙永昌。"②颁用此玺时,礼仪还搞得颇为隆重。大概是受宝玺丢失这件事的影响,弘治十三年(1500),陕西鄠县人献上一颗伪玺,玺文也是"受命于天,既寿永昌"8个字。③但弘治帝弃置未用。

不论随建文帝一起消失的是哪一颗宝玺,对新继任的皇帝都是一件很大的憾事。如果死在火中的是建文帝,即使宝玺有所损坏,也决不至于无影无踪,至少应有残骸在建文帝身边。明成祖也像指建文帝死于火一样,谓"有言"宝玺毁于火,谁也未亲见。由此可以看出,建文帝在逃跑时也带走了宝玺。更何况,即使建文帝真的投火自焚,他也没必要带着宝玺去自焚。相反,建文帝逃跑在外则要带上宝玺,这样,他既是正统的合法的皇帝,又有着皇帝合

---

① 《太宗实录》卷二十五。
②③ 沈德符:《万历野获编》卷一,《玺文》、《进玺》。

法的印玺,号令群众就可以更加名正言顺。因此可以说,这条不起眼的材料恰恰是建文帝未死于火的有力证据。

第四,从当时的形势来看,燕军虽然进入京师,但建文帝并没有到山穷水尽的地步。不要说江南基本上还是建文帝的地盘,即就江北而言,明成祖实际上所控制的地盘也不很多。当时,整个辽东还在朝廷控制之下,孙岳还控制着中都凤阳,铁铉仍控制着山东一带,驸马梅殷"尚拥兵淮上"。因此,当时建文帝可以调动的兵力仍然很多,没有必要投火自焚。他完全可以逃往外地,再图兴复。唐代发生"安史之乱"时,安禄山攻占了京师长安,唐玄宗逃往四川,后来终于平息了叛乱,唐室再兴。建文帝不会不知道这段历史。因此可以说,当时建文帝并没到非死不可的地步。

人们看到,明成祖进入南京后,建文遗臣除大量逃跑以外,有那么多人抗节不屈,有那么多人受株连,死得是那么惨烈,但很少有人认真想过,为什么有那么多人对建文帝那么忠心?其中除一部分人确有气节以外,也有相当一部分人出自对建文帝抱有幻想。他们知道建文帝已逃亡在外,还有可能复位,这成了他们不愿屈节归附明成祖的一种动力。

要知道,这时并不是臣下显示气节的最佳时刻,因为它并不是改朝换代,依旧是大明江山,依旧是朱元璋的后人当皇帝,只不过是由朱元璋的儿子当还是孙子当的问题,而他们实际上都有资格继承皇位。奇怪的是,这时旧臣所表现的气节比改朝换代时表现出的气节还要壮烈。李自成进京时,"文臣、阁部、词林、卿寺、台省以及郎署,自裁者仅二十人,竟无一人骂贼而死。"[1]汉族士大夫称清是异族入主,该是显示气节的最佳时刻了吧,但也赶不上明成祖即位后那样惨烈,那样规模大。稍有些明清史知识的人都知道,

---

[1] 懒道人:《剿闯小史》。

明朝旧臣没有多少人因拒绝降清而被杀。在著名的清初"文字狱"中,株连最多的大概就是庄廷钺的"明史狱"了,株连被杀者才70余人,数百人充军边疆。而方孝孺一案牵连被杀者即达873人,谪戍边疆者"不可胜计",至少比被杀的要多。其他建文旧臣受株连被杀数百人者有好几起。这显然是清初所无法比拟的。还不能不使人想到,建文旧臣中显然有相当一部分人对建文帝抱有复位的幻想。这从另一个侧面告诉人们,建文帝并没有死于火。

第五,姚广孝在临死前,请求明成祖释放了僧人溥洽。溥洽是建文帝的主录僧,他因知道建文帝逃跑一事而被禁系了16年。《明史·姚广孝传》载:

> (永乐)十六年三月入觐,年八十有四矣,病甚,不能朝,仍居庆寿寺。车驾临视者再,语甚欢,赐以金唾壶,问所欲言。广孝曰:"僧溥洽系久,愿赦之。"溥洽者,建文帝主录僧也。初,帝入南京,有言建文帝为僧遁去,溥洽知状,或言匿溥洽所。帝乃以他事禁溥洽……至是,帝以广孝言,即命出之。

明末清初的大文人钱谦益在《初学集》中有过考辨,建文帝出逃时剃发为僧,即出自溥洽之手。这件事有力地告诉人们,明成祖心里很明白,建文帝已逃亡在外。

正因为如此,明成祖派出心腹大臣四出查访建文下落。这事情本身就表明,建文帝的确没有死于火。

二、寻找建文下落

建文帝是怎么逃出去的,逃到了什么地方,不只是当时的人很关心,后世人也常常提及此事,并产生了许多颇为神秘的说法。明清时期的许多野史笔记对此都有所记载,其中最系统的大概就是《明史纪事本末》中的《建文逊国》那一篇了。其他诸书,例如《吾学编》、《明朝小史》、《明高僧传》中的一些记载,都与《建文逊国》

所记大同小异。

据记载,金川门失守后,建文帝长吁短叹,打算自杀。翰林院编修程济说:"不如出逃。"少监王钺跪秉道:"太祖驾崩时留下个铁箧,说有大难时打开,现放在奉先殿左边。"身边大臣急忙拿来铁箧,不只是裹着铁皮,两把锁也灌上了铁。建文帝急忙让人到大内点了把火,皇后马氏赴火死。程济打碎铁箧,里边有度牒 3 张,分别叫应文、应能、应贤,有剃刀一把,白银 10 锭,还有僧人穿的袈裟和鞋帽,里边还写着逃出的路线。程济随后为建文帝剃了发,杨应能愿剃发随行。监察御史叶希贤以自己名字中有"贤"字,认为"应贤无疑",也剃了发。当时身边的五六十人都愿随行,建文帝以人多目标大、行动不便为由,让大家"宜各从便",自己身边只带 9 个人逃去。神乐观道士王升用小船将建文帝接出。接着杨应能、叶希贤等 13 人赶来。此后,建文帝身边只留四五人做护卫,其余的人"遥为应援"。于是他们便忽南忽北,往来名胜,浪迹江湖,在许多地方留下了他们的传说和故事。直到现代,云南"大理民家仍有以惠帝(建文帝)为鼻祖者"。①

建文帝在云贵一带留下的遗迹和传说较多,不少书还记录了一些建文帝的诗文。这些诗文有一些属后人假托,但有一些颇合建文帝的身份,似不像假冒。其中常为人所提到的是《罗永庵随笔》两首。这是建文帝避居贵州金竺(今贵州广顺)罗永庵时所作。其中一首是:

风尘一夕忽南侵,天命潜移四海心。

凤返丹山红日远,龙归沧海碧云深。

紫微有象星还拱,玉漏无声水自沉。

遥想禁城今夜月,六宫犹望翠华临。

---

① 王崇武:《明靖难史事考证稿》第三章。

另一首是：

> 阅罢楞严磬懒敲，笑看黄屋寄云标。
>
> 南来瘴岭千层迥，北望天门万里遥。
>
> 款段久忘飞龙辇，袈裟新换衮龙袍。
>
> 百官此日知何处，惟有群鸟早晚朝。①

《建文逊国》对建文帝什么时间到了什么地方，由什么人跟随，记载得就像旅行日志，其可信程度已难以详考。有些内容肯定出自某些人的附会和传闻。例如建文帝由南京外逃时，说明太祖留下个铁箧，有的书还说成是明初大奇人刘基的主意，颇有神秘色彩，显然是后人附会。最关心这件事的应该说还是明成祖。他心里很明白，只要建文帝仍活在世上，他就是一面很神圣的旗帜，有着很大的影响力和号召力，随时都可以对自己的皇位构成威胁。因此，他派心腹大臣四出，有的是明言出使，借机访察，有的则扮成普通百姓，秘密寻找建文下落。这正像有的史书中所说：

> 文皇（明成祖）初，以逊国伏戎为虑，以故轺车四出，几于
> "上穷碧落下黄泉"矣。②

私访建文帝最著名的大概就是胡濙了。在明成祖在位的20余年间，他的主要活动就是四处寻访建文帝。《明史·胡濙传》载：

> 惠帝之崩于火，或言遁去，诸旧臣多从者，帝（明成祖）疑
> 之。（永乐）五年遣濙颁御制诸书，并访仙人张邋遢，遍行天
> 下州郡乡邑，隐察建文帝安在。濙以故在外最久。

所谓"颁御制诸书"，"访仙人张邋遢"，都不过是名义，他的主要任务和真正目的就是"隐察建文帝安在"。

这里提到的张邋遢是个奇人。他原籍辽东懿州（属今辽宁黑

---

① 吕毖：《明朝小史》卷三，《罗永菴遗笔》。
② 沈德符：《万历野获编》卷三十，《使西域之赏》。

山县),名全一,又名君实,号三丰。因为他不修边幅,所以人称张邋遢。他身材修长,龟形鹤背,大耳圆目,胡须根根如针。不论寒冬盛夏,随身只有一件破衲衣和一领蓑衣。读书过目不忘,善戏谑,旁若无人,有人说他能一日千里,行无定处。其形象就像家喻户晓的济公一样。据说明太祖朱元璋就曾经访察过他,未访察到。① 明成祖这时让胡濙去访,也是"积数年不遇",也许一开始就没准备遇上,因为他的真正目的在于访察建文帝。

郑和下西洋实际上也有察访建文帝的用意。《明史·郑和传》载:"成祖疑惠帝亡海外,欲踪迹之,且欲耀兵异域,示中国富强。"也就是说,明成祖怀疑建文帝逃往海外,所以让郑和出使海外诸国时暗中访察。仔细检索一下史籍就会发现,在郑和的使团中也有锦衣卫人员。锦衣卫和东厂、西厂都是明代的特务机构。这些人跟随郑和出使,显然有暗中察访建文帝的用意。这种情况在《明实录》中可以找到蛛丝马迹。

(宣德元年六月)锦衣卫杜子忠等四人,永乐中从太监郑和使西洋,至锡兰,四人被掠。今自苏门答腊国附朝贡舡来归。②

这条记载明白无误地告诉人们,在郑和使团中确实有锦衣卫特务跟随。这不仅是察访建文帝的一个有力证据,而且也是建文帝确实逃亡在外的一个有力证据。

明中期人郑晓也看破了这一点。他写道:

成祖西洋之舟发,不亦劳乎! 郑和之泛海也,胡濙之颁书也,国有大疑云尔。③

① 《明史》卷二百九十九,《张三丰传》。
② 《宣宗实录》卷二。
③ 郑晓:《今言》卷四。

这里的所谓"大疑",就是指建文帝逃亡在外一事。

若干年以来,研究郑和下西洋成为学术上的一个热点,有关著作和论文陆续不断,但人们却忽略了一个重要史实,即明成祖为什么要用郑和这样一些宦官充任使臣。郑和的副手王景宏也是宦官,出使榜葛剌(今孟加拉国)、尼八剌(今尼泊尔)和中印度等地的侯显也是宦官,《明史》上说他"强力敢任,五使绝域,劳绩与郑和亚"。① 出使蒙古诸部的是宦官海童,出使西域(今中亚一带)的主要是宦官李达。人们大都知道陈诚出使西域,是因为他留下了《使西域记》这本书,实际上他多次充当李达的副使,而正使是宦官李达。

一般说来,用宦官为使臣出使外国并不适宜,因为宦官被人们认为是"刑余小人"。那么,明成祖总是用宦官为使臣出使外国,难道就是因为只有他们才胜任、别的没有人才了吗? 显然不是,而是明成祖有其他考虑。不难想像,建文帝对待宦官严厉,他们纷纷逃归明成祖,透露建文帝宫中虚实,帮助明成祖夺得帝位。这些宦官不像士大夫那样讲究忠义,明成祖认为他们最为可靠,所以就让他们为使臣,"轺车四出",暗中担负着访察建文帝的任务。如果不是有这种特殊任务的话,明成祖完全可以派文臣充任使节,而不必大量地使用这些宦官。

甚至老百姓中也有人告发这种事的,说建文帝藏在了谁家谁家。例如,"浦江义门郑氏厅中",有建文帝亲书的"孝友堂"三字。建文逊国后,有人向朝廷告发,说建文帝藏在此家。明成祖"遣使廉之",到这家搜查了一番,"及发柜,惟见经史。"没找到建文帝。明成祖听说后大怒,"乃斩诬者"。② 告发者虽以诬告罪被斩,但明

---

① 《明史》卷三百四,《侯显传》。

② 吕毖:《明朝小史》卷四,《孝友堂》。

成祖毕竟派人去搜查了。这事表明,明成祖知道建文帝逃亡在外。不然的话,他就没有必要派人去搜查了。同时也表明,当时下层人士也知道建文帝逃亡在外。这人以诬告罪被杀,实际上主要是因为他触及了明成祖的痛处,明成祖本来说建文帝已死于火了,怎么还说他躲藏在谁家呢!岂不是扰乱民心!看来这人被杀是必然的了。

明成祖直到临死前一年才对此事放下心来。永乐二十一年(1423),胡濙由外地回朝,"驰谒帝(明成祖)于宣府。帝已就寝,闻濙至,急起召入。濙悉以所闻对,漏下四鼓乃出。先濙未至,传言建文帝蹈海去,帝分遣内臣郑和数辈浮海下西洋,至是疑始释。"①因为这是明成祖的心腹大事,所以尽管已经睡下了,还是起来接见胡濙,并谈到"四鼓乃出"。至于疑虑是怎么消失的,后人已不得其详,但肯定是得到了建文帝不会再为患的确切消息。另一件耐人寻味的事情是,郑和连续6次下西洋以后,明成祖从此就再也没有让他出使。郑和第七次下西洋是在宣德年间进行的。这不应被认为是一种偶然的巧合,而是与不必再访察建文帝有着内在的联系。

近人在考察建文帝下落方面取得了突破性成果。《文汇报》编辑徐作生原是学历史出身,他利用记者的方便条件,曾去南京寻访建文帝遗迹,后又赴北京多方考证。后来,徐作生数次去江苏吴县鼋山和穹窿山一带进行实地勘访,在此找到了建文帝出亡的遗迹、遗物,例如雕龙柱础、御池、御池桥、神道、方台等。他以文献材料结合自己实地勘访的结果,连续写成两篇论文,在学术界引起了普遍的重视和赞同。他经过7年的努力得出结论:当年建文帝出亡后,曾藏于江苏吴县鼋山普济寺内。不多久姚广孝归隐禅寺,在

---

① 《明史》卷一百六十九,《胡濙传》。

姚广孝的监护下,建文帝隐匿于穹窿山皇驾庵,直至1423年(永乐二十一年)病死于此,葬于皇驾庵后的小山坡上。[①] 作者的结论与胡 濙向明成祖的回报恰相吻合。因此可以得出结论,建文帝没有死于火,而是逃亡在外了。

三、关于建文疑案

建文帝的下落到底如何,成为一桩历史疑案。这个问题不仅长期困扰着明成祖,而且困扰了后来的数代皇帝,并成为后代学者长期争论不休的问题。有的人说建文帝已死于火,有的说他逃亡在外,有的人还冒充建文帝,再加上文人好异,加以附会渲染,更令人真假难辨。

有一种说法流传较广,直到嘉靖、万历年间还常常为人所提及,并笔之于书。郑晓在《吾学编》和《今言》中有五六处提到此事。据郑晓的记载,正统七年(1442),有一个僧人来到田州(今广西田阳)土官官府,自称是建文皇帝,说自己从四川到云南,又来到广西,因年纪已老,希望能把骸骨埋在祖墓旁边。官员们一听大惊,立即上报朝廷,并把他送往京师,宫中的人称他为“老佛”。朝廷大臣连连上疏,怀疑他是假冒,故意惑众。因老宦官吴亮侍奉过建文帝,英宗便命吴亮前去见一下这个僧人,看是真是假。一见面,那个僧人就说:“你不是吴亮吗?”吴亮故意说:“不是。”僧人说:“我往日御便殿,你进饭食,吃的是子鹅。我扔到地下一片鹅肉,你的手还提着一只壶,像条狗一样趴在地下把那块肉吃了,怎么说你不是吴亮呢!”吴亮听后伏地大哭,回去以后自经而死。英宗知道后,把僧人迎到西内,老死宫中,葬于西

---

① 徐作生:《明惠帝出亡穹窿山新证》,载《史学月刊》1986年第6期;《明惠帝出亡穹窿山补证》,载《史学月刊》1987年第4期。

山,不封不树。①

这个传说并不完全是凭空编造,而是由杨行祥冒充一事敷衍而成。仔细翻检一下《明实录》就会看到,在正统五年(1440)十一月"丁巳":

> 有僧年九十余,自云南至广西,绐人曰:"我建文也。张天师言我有四十年苦!今为僧期满,宜亟还邦国。"以黄纸为书,命其徒清进持诣思恩府(今广西武鸣)土官。知府岑瑛执送总兵官。柳溥械至京,会官鞫之,乃言其姓名为杨行祥,河南钧州白沙里人,洪武十七年度为僧,历游两京、云南、贵州至广西。上命锦衣卫锢禁之,凡四踰月,死狱中。其同谋僧十二人俱谪戍辽东边卫。②

建文帝生于洪武十年(1377),至正统五年(1440)为64岁,杨行祥年已90余,自然容易被识破。有的书记为杨应祥,有的书记为杨应能,实际上都本于这一件事。更何况,建文帝既然逃跑在外,他决不会再回来自投罗网。对照《明实录》中上面的这条记载,有关这类的传说自然不攻自破。

还有一种说法,严震直是建文时的工部尚书,明成祖即位后仍命他为工部尚书,奉使去安南,"见建文君,悲怆不食,吞金而死。"③这个传说纯系编造。《明实录》中记载,洪武三十五年(建文四年)九月"壬辰","工部尚书严震直卒。"④但他并未死于安南,而是死于山西泽州(今晋城)。这在《明史》中有明确记载:"成祖即位,召见,命以故官巡视山西。至泽州,病卒。"⑤严震直刚到

① 郑晓:《吾学编》卷五十九,《吴亮传》;谷应泰:《明史纪事本末》卷十七,《建文逊国》。
② 《明英宗实录》卷七十三。
③ 李贽:《续藏书》卷五,《严震直传》。
④ 《太宗实录》卷十二下。
⑤ 《明史》卷一百五十一,《严震直传》。

山西就病死于泽州,根本没到安南。

这些传说虽不可信,但它也说明了一个问题,士人大都同情建文帝,直到明中期,士大夫还不断编造出一些有关建文帝疑踪的传说。

有许多建文遗臣逃散各地,他们变换姓名,隐居僻乡,操各种不同的职业,不时还吟诗怀旧,更为建文疑踪增添了神秘色彩。其中流传较广的是关于河西佣、补锅匠和云门僧等人的传说。

所说的河西佣不知是何许人。建文四年冬天,他便开始在金城(今甘肃皋兰)行乞,后到河西鲁家为佣工,故被称为河西佣。他整天穿一件破葛衣,后以工值买了件羊皮袄,但仍要把旧葛衣套在外面。干活累了,有时还吟诗,夜里还不时啼哭。临死时嘱咐他的主人,不要埋葬他的尸骨,火焚后,等西北风起将骨灰扬掉即可。主人从其言。

补锅匠以补锅为业,经常往来于夔州和重庆一带,当地的老百姓大都认得他,称他为老补锅。不论到哪个地方,不过三天就离去。常宿寺庙,遇阴雨天即买酒自饮。有一天,在夔州他突然遇到一个人,相顾愕然,接着相抱痛哭,入山中密语一天,后离去。补锅匠还能写古诗,诗后题马二子,或马公,或塞马先生,后不知所终。

云门僧隐居会稽(今浙江绍兴),经常泛舟赋诗,回来就烧掉。还有个被称为东湖樵夫的人,以卖柴为生,卖柴时"口不二价"。闲暇时用草棒在地上写诗,写好后就用沙土乱其字迹。有人突然从后边抱住他,看他写的是什么内容,"皆孤臣去国之词"。①

有关这类人的记载还有很多,其真实姓名难以详考,说他们是建文遗臣则大体可信。这些人的行踪不时唤起人们对建文帝的回

---

① 朱国桢:《皇明逊国臣传》卷五,《河西佣》、《川中补锅》、《东湖樵夫》;《明史》卷一百四十三,《程济等传》。

忆,后来的士大夫也不断将这类事笔之于书。值得注意的是,后人的有关记载大都受到了当时政治形势的影响,未免有些曲笔。

永乐年间,士大夫中几乎没有敢言建文出亡一事者。官书所记,都是沿用建文死于火之说。当时的人本来知情,但碍于"国初杀气浑不除,越三十年还相屠",①人人噤若寒蝉,避之唯恐不及,越是知情人越不敢言。

明中期以后,文网渐疏,此事已过去久远,统治者已没有建文或他的子孙复辟的担心,所以士大夫中谈建文事的人多了起来。自正德以后,甚至不时有大臣上书,请对建文帝后人加封,为建文帝加庙号、谥号,经部议,未能实行。也就在这时,记载建文出亡一事的书陆续出现,其中影响最大的是史仲彬的《致身录》。万历年间,科臣欧阳调律将此书献于朝,谓得之于茅山道士之手。书中记建文帝出亡经过,作者史仲彬亲自随行,是跟随建文帝逃亡的22人之一。书前有焦竑的序,书后还有他儿子史晟的后记。此书流传至今,当时士大夫一时相信的很多。当时一些著名的文人大都持建文出亡一说,例如王世贞在《弇山堂别集》中,郑晓在《吾学编》和《今言》中都持此说。

这种情况在清前期为之一变,尤其是在清初,否认建文出亡一说者成为主流。像朱彝尊、王鸿绪等大文士都持此说。就连一直主张建文出亡一说的钱谦益也连连撰文,力辨《致身录》之伪,找出十条理由,证明它是后出的伪作。②《明史》成书于清前期,也以史仲彬"实未尝为侍书"为由,谓《致身录》为晚出,"附会不足信"。③ 明眼人不难看出,这是因为建文出亡一事与朱三太子案颇

---

① 王士禛:《池北偶谈》卷六,《致身录考》。
② 钱谦益:《初学集》卷二十二,《致身录考》、《书致身录考后》。
③ 《明史》卷一百四十三,《程济等传》。

为相似。清初不时有人冒充朱三太子,以崇祯帝太子的身分密谋反清,给清初统治者带来很多不稳定因素。人们如果谈论建文出亡一事,就颇有借古喻今之嫌。人们为迎合清初统治者的心意,要么避而不谈,要么就说建文出亡一事为伪撰。

　　这种局面到清中叶才有所变化。这时明朝灭亡已久,人们对朱三太子案一事早已淡忘,清朝的统治已稳固,人们才又敢于谈建文出亡一事。著名史学家赵翼就写过有关建文帝的诗,例如《金川门怀古》中即写道:"从亡芒履千山险,骈僇欧刀十族空。""一领袈裟宵出窦,九江绮衲夜翻城。"①从诗中可以看出,赵翼是相信建文出亡一说的。从士大夫的态度来看,大都同情建文帝,对明成祖多有微词。《儒林外史》的作者借邹吉甫的话说道:"本朝的天下要同孔夫子的周朝一样好的,就为出了个永乐爷,就弄坏了。"②话虽说得褊狭,但却反映了一般士大夫的倾向。

第四节　胜　败　之　间

　　"靖难之役"打了3年,跨4个年头,建文帝失败逃亡,明成祖随后登极称帝。这场战争给全国造成了很大的破坏,尤其是北方受害最深,"淮以北鞠为茂草"。这场战争无疑是历史上的一个重大事件,对有明一代的政治影响极其深远。此后数百年间,直到现代,都不断有学者对这段历史进行研究和考证。那么,这到底是一场什么性质的战争? 建文帝为什么失败了? 而明成祖为什么取得了最后的胜利呢?

---

　　①　赵翼:《瓯北诗钞》七言律二。
　　②　吴敬梓:《儒林外史》第九回。

一、这是一场什么性质的战争?

关于"靖难之役"的性质,过去有人说这是统一与分裂的斗争,有的说是革新集团和保守集团的斗争,还有的说是军人集团与文人集团的斗争。以前,人们大都习惯于按老框框想问题,谈到一场较大规模的战争,总要分出谁正义,谁非正义,谁对谁错,有明显的倾向性。上面的几种说法也不例外。实际上,尽管双方打出的旗号不同,但都掩盖不住赤裸裸的争夺皇位的实质。前边提到的那几种说法,都带有学究气,都未能击中要害。

说这是统一和分裂的斗争,是说建文帝代表统一的势力,明成祖代表分裂的势力。建文帝要削藩,明成祖起兵反抗,这不是统一和分裂的斗争吗? 实际上这只是从表面上看问题,缺乏全面深入的分析。

从当时整个社会情况来看,统一和分裂并不是社会的主要矛盾。明王朝统一已 30 余年,形成了一整套的制度和秩序,无论建文帝还是明成祖,都没打算裂土而治,而是都把自己看成整个统一国家的继承人。明成祖为夺位而发动了"靖难之役",最后以夺得帝位而告终。明成祖从来没想过割据一方,当时也没有割据的可能。起兵后,他和建文帝二人不是鱼死,就是网破,不可能建立两个并立的政权,谈不上谁想统一,谁想分裂。

建文帝代表统一吗? 具有讽刺意味的是,正是这位建文帝,当形势危急时,数次派人到明成祖那里去求和,答应割地而治;正是这位被说成代表分裂势力的明成祖,一再断然拒绝这种做法。用统一和分裂的这种说法,又怎么去解释这尽人皆知的历史事实呢?

另一个根据是所谓"削藩"。明成祖原是个藩王,建文帝要削藩,结果打了起来,这岂不是统一和分裂的斗争吗? 实际上,从当时矛盾发展的情况来看,削藩要反,不削藩也要反,只是早一天晚一天而已。历史事实表明,建文帝搞削藩,最后失败了,还丢了皇位。明成祖即位后也搞削藩,而且更有力,使藩王之害彻底被消除,中央集权得到空前的巩固和加强。难道能说建文帝削藩是为了统一,而明成祖削藩是为了分裂吗?

说这是革新集团和保守集团的斗争,是说建文帝代表革新势力,他不顾朱元璋的"祖训",改官制、省州县、削诸藩,力图革新。明成祖起兵反对,打断了这个进程,是保守势力的代表。

但建文帝"革"的是什么"新"呢?不要说"省州县"算不上什么革新,因为那只是减少几个州县的数目,就连改官制来说,也显得十分可笑。把官名换个古老的名称,人还是那个人,管的事还是那些事,这能叫革新吗?殿名、城门名也都换个新名称,到底意义何在呢?尤其引人注目的是,他还打算实行井田制。这种在西周时实行的奴隶制的土地制度,后世不时有人建议实行,但都失败了。建文帝居然也想实行,也没行得通。这显然是一种违背历史潮流的落后之举,与其说成是革新,还不如说是复古。

从当时社会情况来看,明王朝才建立 31 年,由于朱元璋以猛治国,吏治还说不上腐败,稍有点历史知识的人都承认,这是中国封建社会吏治最清明的时期之一。经济也得到恢复和发展,还处于上升阶段。建文帝即位时还不存在革新的客观要求。建文帝只要按照朱元璋的大政方针干下去,再稍加变通和完善,社会就可以稳定健康地发展。建文帝的所谓革新,多属无益之举,其特点是复古倒退。因此,他和明成祖争夺皇位的这场战争,也就说不上什么革新和保守的斗争了。

与革新、保守这种说法相联系,有人说靖难之役是一场军事集团和文人集团的斗争,明成祖代表军事集团的利益,建文帝代表文人集团的利益,文人集团要革新,军事集团要反扑,要镇压。这些人看到,建文帝身边多是文人,像方孝孺、黄子澄等人。文人在建文时比较得意,甚至有人说建文朝是"秀才朝廷"。而明成祖一开始就是个统军御边的将领,靠武力夺取了帝位,这不是文人与武人的斗争吗? 不难看出,这种说法是很浅薄的,是经不起推敲的。

最明显的事实是,建文帝身边并不全是文人,也有武将,他也得到了相当多将士的支持。徐达是明太祖朱元璋的第一号武将和功臣,如果说有个军事集团的话,他的影响应该说最大,而他的长子徐辉祖就一直坚定地支持建文帝,最后被明成祖幽禁一生。他的弟弟徐增寿却又向着明成祖,后被建文帝所杀。他们兄弟二人的态度如此不同,建文帝和明成祖二人中谁代表这个最大的武人家族的利益呢? 另外,建文帝命将出师讨伐明成祖,动不动就是数十万人,如果没有大批将士支持建文帝,这个仗能打下去吗? 像耿炳文这样的元功宿将,并不在明成祖那一边,而是在建文帝这一边。其他像盛庸、铁铉等人,也决不能说他们是文人。至于说方孝孺等文臣经常围着建文帝转,那是因为在和平时期,处理国家政事多用文人,过去历代王朝大都是如此,正所谓"乱世用武,治世用文",不能以此就说建文帝代表文人集团的利益。更何况,当时也看不出有个什么文人集团。

就明成祖那方面来看,他起兵时身边并没有一个所谓军事集团。张玉、朱能是他的左膀右臂,都只是中下级军官,代表不了明王朝军事集团的利益。明成祖身边连一个像耿炳文那样的元功宿将都没有。另外,明成祖身边也不全是武人,像姚广孝,显然就是个文人。

从靖难之役的经过可以看出,许多地方的守将是战是降,并没有考虑谁代表军人集团的利益,谁代表文人集团的利益,而是由当时的形势和一些其他因素决定的。例如,彰德守将赵清起初不肯降燕,只是对燕王说,你进入京师后,只要给我个二指长的小条,我就不敢不去,只是现在还不敢降。赵清的态度代表了大多数人,他们并不考虑谁军人、谁文人，而是谁当皇帝就拥戴谁，忠于的是皇权，而不是哪一个人。还有一些守将显得很滑稽，面对攻来的燕军不知所措，竟借助术士的占卜。泗州守将周景初就是如此，经占卜降燕吉利，他就投降了燕王。这看来很可笑，但它却说明了一个问题，即这些守将脑子里并没有一根军人集团和文人集团的弦。

不错，明成祖即位后，死得最惨烈的大都是文臣，这似乎成了这种说法的有力证据。但仔细考察一下就会看出，明成祖杀他们，不是因为他们是文臣，而是因为他们抗拒自己。凡归顺者，不管是文臣还是武将，明成祖都一概予以任用。以前，人们经常说诛方孝孺"十族"是多么惨多么惨，很少有人提及，还有相当一大批文臣很快归降了明成祖，例如较著名的有：蹇义、夏原吉、胡广、解缙、杨荣、杨溥、杨士奇等，这些人在后来都成了一代名臣，受到了明成祖的重用。在首批列出的 29 个"奸恶"当中，黄福是其中之一，但他归降了明成祖，也受到重用，被任为工部尚书，后来镇守安南，功绩卓著。这只是归降明成祖的文臣中的一小部分，但也足能说明，以杀方孝孺等人为例来证明明成祖代表军人集团的利益，这是站不住脚的。

经过以上的辨析，事情已经很清楚，靖难之役就是一场明成祖和建文帝争夺皇位的战争。建文帝害怕明成祖夺他的皇位，要削除他，明成祖则乘机起兵，夺取了皇位。事情就这么简单，这么明了，也正是问题的真正本质。

二、建文帝失去民心了吗？

靖难之役，明成祖是胜家，建文帝是输家，而失败一般被认为是失去民心的结果。在古代，通过宫廷政变夺得帝位的人屡见不鲜，例如唐太宗就是一个；通过在宫廷搞阴谋夺得帝位的人也常可看到，例如雍正帝就是。但是，一个藩王从地方上起兵夺得帝位的,在中国历史上却只有明成祖这一次。西汉时有过"吴楚七国之乱",七个藩王一起动手,那声势比明成祖这次大,但最后还是失败了。靖难之役在历史上很特殊,称得上是个例外。尤其令人难以理解的是,失败者并不是个坏皇帝,并没有失掉民心,而是颇受人拥戴。这就使得靖难之役显得更加例外了。或者说,这正是这场战争的一个突出特点。

明太祖朱元璋以严刑峻法驾驭臣下,这在历史上是出了名的。建文帝一改明太祖的严酷,崇尚礼教,认为"齐民以刑不若以礼",用刑尽量宽大。他儒雅好文,"日与方孝孺辈论周官法度",①一心想恢复二帝三王之治。臣下有什么想法,都可以大胆向他提出来,用不着像洪武时那样战战兢兢。这使得士大夫们真有些心花怒放了,觉得遇上了个好皇帝,觉得儒家那套政治理想可以付诸实践了。再加上中国封建社会的正统观念,觉得建文帝是明太祖的合法继承人,在家孝,在国忠,所以要忠于建文帝。直到明成祖夺得帝位了,许多建文旧臣仍抗节不屈,就像方孝孺那样视死如归,其主要原因就在于此。

建文帝失去了皇位,但没有失去民心。这不仅在方孝孺、铁铉等人身上得到了体现,其他的一些人,甚至一些普通士卒都认为,明成祖夺位属于"篡逆",内心一直向着建文帝。

明成祖即位时,刘基的次子刘璟在家为民。召他进京,他称疾不去。后来他被强行召到京师,见了明成祖不是称陛下,而是仍称殿下。尤其令明成祖恼火的是,刘璟居然当廷说:"殿下百世后,逃不得一'篡'字。"②明成祖大怒,将他下到狱中,他后来于狱中自杀。刘璟的话代表了相当一批人的态度,他们对建文帝抱着一

---

① 朱鹭:《建文书法拟》前编。
② 《明史》卷一百二十八,《刘璟传》。

片忠心。斥明成祖为"篡",这是他最忌讳的,捅到了他的痛处,难怪刘璟要被逮系下狱了。

有些士大夫留下的绝命词颇为感人。翰林修撰王叔英奉诏募兵,燕军入京,知事已不可为,遂自经于一棵银杏树下,其衣裾间藏有绝命词:

> 人生穹壤间,忠孝贵克全。
>
> 嗟余事君父,自省多过愆。
>
> 有志未及竟,奇疾忽见缠。
>
> 肥甘空在案,对之不下咽。
>
> 意者造化神,有命归九泉。
>
> 尝念夷与齐,饿死首阳巅。
>
> 周粟岂不佳,所见良独偏。
>
> 高踪渺难继,偶尔无足传。
>
> 千秋史官笔,慎勿称希贤。

王叔英写在案上的两句话也很悲壮:"生既已矣,未有补于当时;死亦徒然,庶无惭于后世。"①

曾凤韶在建文时任监察御史,明成祖即位后,召他仍任原官,他拒不赴任。成祖又召他任侍郎,他知道不可免,遂自杀。他用血写在衣襟上的绝命词是:"予生庐陵忠节之邦,素负刚梗之肠。读书登进士第,仕宦至绣衣郎。慨一死之得宜,可以含笑于地下,而不愧吾文天祥。"②

有些人死得颇具神话色彩。例如建文时的礼部右侍郎黄观,被列为文职奸臣第六,后于罗刹矶投河死。其妻翁氏亦投水死,死前呕血石上,成小影,一到阴雨天气就可以看到,人称"翁夫人血

---

① 《明史》卷一百四十三,《王叔英传》。

② 《明史》卷一百四十三,《曾凤韶传》。

影石"。影呈人形,有愁惨状,后被僧人移入寺中,直至清前期此石尚在。①

刘璟等属于士大夫行列,知书达理,始终忠于建文帝也就罢了。一些普通士卒也对建文帝忠心耿耿,这就很耐人寻味了。

无锡人储福原是燕山卫士卒,因不愿为明成祖效劳,在靖难之役结束前就逃跑了。明成祖即位后,下诏命逃卒入伍,储福被调往云南。储福"仰天哭曰:'吾虽一介贱卒,义不为叛逆之臣。'在舟中,日夜泣不止,竟不食而死。"②

昆山人龚翊从18岁起就当金川门守卒。燕军由金川门进入南京,他放声大哭,遂外逃隐居。宣德年间,著名的清官周忱两次推荐他为学官,他推辞不就,说道:"(龚)翊仕无害于义,恐负往日城门一恸耳。"③竟隐居终身,人们私谥他为安节先生。

这两个普通士卒大概都没有读过书,即使读过,也不会读得很多,肯定算不上士大夫圈内的人。他们对建文帝也居然那么忠心,表现得那么大义凛然,足可看出建文帝并没有失去民心。

人们常说,得民心者得天下,失民心者失天下。这是很有道理的,在通常情况下甚至可说是一条定律。凡事都有例外,在个别情况下,得民心的君主如果用人不当,策略失误,也会失掉天下。建文帝的失败应该说就是一例。如果说到用人不当的话,建文帝用李景隆就是个典型。

三、靖难之役中的李景隆

李景隆的父亲李文忠是朱元璋的外甥,由此可知,明成祖是李

---

① 《明史》卷一百四十三,《黄观传》。
② 李贽:《续藏书》卷七,《燕山卫士卒储福》。
③ 李贽:《续藏书》卷七,《金川门守卒龚翊》。

233

景隆的表叔,建文帝是李景隆的表兄弟。李景隆曾奉建文帝之命,逮治了明成祖的同母弟周王橚,从而更加受到建文帝的信任。建文帝命他代耿炳文为大将军,几乎倾全国兵力交他率领,全力北伐,试图一举消灭燕军,结果却全军覆没,使南军从此一蹶不振。李景隆是靖难之役中一个很关键的人物,他首鼠两端,越往后越倾向于明成祖,是一个葬送建文天下的祸首。以前,人们对靖难之役有过各种各样的分析,但都对李景隆注意不够。

李景隆率50万大军北伐,颇有雷霆万钧的气势。当时明成祖起兵不久,人马不多,主力又去攻略大宁等地,留在北平的主要是老弱妇孺,防守的力量十分单薄。在那种强弱不可同日而语的情况下,李景隆的大军竟一直未能将北平攻下,这是令人难以思议的事。尤其令人不解的是,当瞿能父子浴血奋战,已将彰义门攻破,李景隆不是麾师跟上,乘机攻入城内,而是命令瞿能暂停攻城,"令候大军同进",致使功败垂成。《明史》上说这是李景隆忌功,未免太轻描淡写了。瞿能只是李景隆的部将,立了功还能对李景隆有什么威胁吗?更何况,古往今来的统帅都是鼓励部下杀敌立功,哪有怕部下立功的呢!如果当时一鼓作气,攻占北平,使明成祖失去这个根本之地,结局会完全是另一种样子。仔细想一下就不难发现,李景隆这样做当有更深的原因在。

当李景隆连战皆败,由德州仓皇逃往济南时,德州尚有"粮储百余万"石。德州是伐燕的基地,粮草充足。李景隆南逃,将这些粮储完好无损地留给了燕军。① 李景隆如果不是首鼠两端的话,他完全应该将这些粮储烧掉,决不能留给燕军做军饷。这些粮储对燕军真是莫大的帮助。

李景隆为将,对有勇有谋真心伐燕的将领百般排斥。例如杨

本,本来是个有勇有谋的人,"从景隆讨燕有功。景隆忌之,不以闻。"即你再有功,我不为你上报。杨本后来大概看到了李景隆怀有二心,自己"以孤军独出",李景隆也不予接援,终于因寡不敌众,使杨本被俘,后死于北平狱中。①

王度也是个有勇有谋的人,盛庸取得东昌大捷,实际上多赖王度的谋划。李景隆虽丧师,但回朝仍用事,他"忌(盛)庸等功,谗间之,(王)度亦见疏"。② 使王度的才能无法进一步发挥。

这一连串的事充分表明,李景隆是在脚踩两家船,其危害性难以估量。后来,有越来越多的人识破了李景隆的真面目,弹劾他,要建文帝杀掉他。但建文帝仁柔有余,念他是至亲,始终未对他治罪。

黄子澄最初极力推荐李景隆为大将军,后来李景隆兵败回朝,黄子澄力请杀掉李景隆。他当廷痛哭着说:

景隆出师观望,怀二心,不呕诛,何以谢宗社,励将士!③

练子宁也当廷抓住李景隆,哭着指责他,请求建文帝立即将他杀掉。

方孝孺最后也看清了李景隆的真面目,当燕师逼近南京时,他当廷抓住李景隆,要建文帝杀掉他。方孝孺一针见血地说:"坏陛下事者,此贼也。"郑公瑾等18人群起而殴之,差一点将李景隆当场打死。④

当燕军兵临南京城下时,李景隆和谷王橞一起防守金川门。当时南京城内尚有劲兵20万,粮草充足,如果认真抵抗,还是有相当力量的。这时的李景隆再也不掩饰他的真面目了,立即打开城

---

① 《明史》卷一百四十二,《杨本传》。
② 《明史》卷一百四十一,《王度传》。
③④ 谷应泰:《明史纪事本末》卷十六,《燕王起兵》。

门,迎燕师进京,这就是所谓金川门之变,从而使明成祖取得了最后决定性胜利。

联系李景隆的前后表现,可以断定他首鼠两端。至于他在暗中到底帮着明成祖干了多少事,今已无法详考。但从明成祖对他的封赏中可以看出,他俨然是明成祖夺天下的第一功臣。史载,明成祖封赏靖难功臣,"公爵加禄受赏者一人",那就是李景隆,其所受封赏最为隆崇:

> 奉天辅运推诚宣力武臣,特进光禄大夫、左柱国、太子太师曹国公,加食禄一千石,子孙世袭。其赏白金四百两,文绮四十表里,钞四千贯。①

在李景隆之后,"都督佥事封公受赏者二人",即朱能和丘福。张玉死后,朱能就是明成祖手下的第一员大将了,他受的封赏是:

> 奉天靖难推诚宣力武臣,特进荣禄大夫、右柱国、左军都督府左都督、成国公,食禄五千二百石,子孙世袭。其赏白金四百两,文绮四十表里,钞四千贯并貂蝉冠服。②

对比一下就可以看出,朱能的封爵大大地低于李景隆。朱能是右柱国,李景隆是左柱国,明代尚左,左柱国为尊。另外,李景隆"太子太师"的头衔也是朱能所没有的。朱能尚且无法与李景隆相比,那就更不用说其他的"靖难功臣"了。这种情况不是很能说明李景隆在靖难之役中的作用了吗?

有的史书则说得明确了当,明成祖"以曹国公李景隆……有默相事机功",所以才对他的封赏特别优厚。③ 什么是"默相事机"? 还不是在暗中帮助明成祖!

---

① 懒生袁子:《奉天刑赏录》,"李景隆"。
② 懒生袁子:《奉天刑赏录》,"朱能"。
③ 谷应泰:《明史纪事本末》卷十六,《燕王起兵》。

236

正因为李景隆功高爵显,所以在明成祖的群臣中,他堂而皇之地位居第一。朝廷有大事,"景隆犹以班首主议,诸功臣咸不平。"①诸功臣九死一生,打下了江山,李景隆是个降臣,却位列班首,难怪"诸功臣咸不平"了。但这是因为他们不明白底细,明成祖才真正了解李景隆的特殊贡献。再加上李景隆那种特别显赫的身分,他就成了导致建文帝失败的一个关键人物。可悲的是,建文帝可能至死也没认识到这一点。

四、败者有因,胜非偶然

靖难之役以建文帝的失败和明成祖的胜利而告终,这是由多种因素决定的。

从建文帝方面来看,他的失败主要有以下三方面的原因:

第一,建文帝优柔寡断,策略连连失误。

当建文帝要削藩时,他明明知道最主要的威胁是燕王,但又不敢触动他,而是先削了几个并未构成威胁的藩王。古人都知道"擒贼先擒王",但建文帝却不敢这样做,而是先擒喽罗,打草惊蛇,使燕王早早地作了准备。有的大臣看出了问题的症结所在,建议把燕王徙封到南方,调虎离山,不算削除他的王号,又可以削弱他的势力,不使为害,应说是个良策,但建文帝却迟疑不决,未能实行,结果是养虎贻患,坏了大事。

燕王起兵后,建文帝用耿炳文北伐,这个决定还是很对的。论资望,论打仗经验,耿炳文都是个合适的人选。在真定之战中,燕兵突然发动袭击,耿炳文只是受了点小挫,真定并没有失守。燕王也不敢恋战,很快就撤回北平。但建文帝却临阵换将,让李景隆这个公子哥儿取代了耿炳文,从而铸成了不可挽回的大错。

---

① 《明史》卷一百二十六,《李景隆传》。

当燕军长驱南下时,南军连连失败,建文帝命徐辉祖率军往援,结果旗开得胜,大败燕军于齐眉山。燕军将领纷纷要求退往北平,只有朱能等少数几个人坚持继续南下。这对双方来说都是重要的十字路口,一步走错就可能全盘皆输。但建文帝这一步又走错了,刚打了个大胜仗,燕军还并没有北撤,他却先把徐辉祖撤了回去,而不是乘胜追击。这下子好了,南军"诸将势孤,遂相次败绩",燕军很快便打到南京城下。

建文帝的策略失误之处还有许多,以上所说只是几处荦荦大者。在关键阶段,一个策略失误就可能断送大局,而建文帝却连连失误,这就注定了他失败的命运。

第二,建文帝过于仁柔,贻误事机。

就个人品质来说,仁柔没什么不好。但作为一个统治者,尤其是封建时代的一个帝王,仁柔也可以坏大事。例如李景隆,率领50万大军北伐,加上别处汇合的军队,共有60万之众,结果全军覆没。如果换个刚毅点的君主,早就杀掉他了。但建文帝不仅未忍心杀他,还让他继续在朝中用事。坏事如李景隆者尚不受惩治,那还能惩治谁呢!执法不严,则部下懈于用事,难收成功之效。

有一次,建文帝向礼部侍郎陈性善"问治天下要道",陈性善上数条建议,建文帝"悉从之"。但很快又"为有司所格",又不实行了。陈性善很恼火,竟当面责问建文帝:"……许臣必行,未几辍改,事同反汗,何以信天下?"这情景是很难堪的,致使"帝为动容"。[①] 还是不了了之。臣下当廷责问有九五之尊的皇帝,这在封建社会是极其少见的。这是建文帝仁柔的又一个典型事例。仁柔的人往往不果断,这是当首脑的大弱点。

第三,建文帝用人不当,而且多疑。

_____

① 《明史》卷一百四十二,《陈性善传》。

建文帝用李景隆北伐,就是一个用人不当的典型。除此之外,这类用人不当的事还有很多。

建文帝把削藩大事交给齐泰、黄子澄,这两人都不足担此大任。要削藩,又不敢先动燕王,只是对燕王采取了一些预防措施。当时,户部侍郎郭任看出这种做法不策略,主张"先本后末",首先图燕。他说:"天下事先本后末则易成。今日储财粟,备军实,果何为者?乃北讨周(王),南讨湘(王),舍其本而末是图,非策也。"①在这点上,郭任比齐、黄高明,可惜郭任的建议未被采纳。黄子澄主张先图周王橚,实际上是舍本逐末,打草惊蛇。耿炳文在前线稍遭败绩,他又推荐李景隆,致使事不可为。明成祖入金川门后,齐泰用黑墨将白马染成黑色,落荒而逃。马身上出汗,墨汁顺汗水脱落,被人认了出来,齐泰只好当了俘虏。而他正是被建文帝委以重任的兵部尚书。这件小事足证他不是大将才。

方孝孺无疑是建文帝的左膀右臂之一,但他重气节不重才智。他曾说过:"士之可贵者,在气节不在才智。天下未尝无才智而世之乱也,恒以用才骋智者,钓奇窃名以悦其君,卒致无穷之祸,而气节不与焉。"②作为治国重臣,气节固然重要,但才智也很重要。方孝孺气节感人,但治国安邦的才智未免显得不足。这一点最突出地表现在他的所谓"改制"上。那边燕兵已起,全国兵马倥偬,而他却和建文帝在那里津津乐道于"周官法度",锐意文治,改官制,并州县,行井田,这能仅仅归结于不识时务吗?不可否认,这也是治国才能不足的表现。在明代,连赞美他的人也认为他纷更过甚,例如朱鹭就曾说过:

(建文)四年之间,今日省州,明日省县;今日并卫,明日

---

① 《明史》卷一百四十一,《郭任传》。
② 张萱:《西园闻见录》卷十。

并所;今日更官制,明日更官阶;宫门殿门名题日新,虽干戈倥
偬,日不暇给而不曾休,一何扰也! 是正学(方孝孺)之
过也。①

这话实在说出了问题的要害,但还没说行井田呢,那才显得更迂
腐呢。

建文帝还有用人多疑的弱点。例如,吴高和杨文驻守山海关,
对北平是个很大的威胁。明成祖只是略施小技,给他二人各致一
封信,盛赞吴高而贬低杨文。建文帝闻讯后,怀疑吴高有二心,遂
将其解职,谪徙广西。杨文勇而无谋,吴高较有谋略。这一来,独
留杨文守关,辽东兵就一直显得没什么作为了。

另外,徐辉祖于齐眉山大败燕军,局面为之一变。但建文帝很
快就把徐辉祖调回,致使燕军长驱金陵,全盘皆输。这除了策略上
的失误之外,也因为建文帝对徐辉祖有疑虑所致。

建文帝失败的因素也就是明成祖制胜的条件。建文帝是那样
仁柔,遇上的明成祖却是那样刚毅过人,那么有雄才大略。建文帝
"以天下制一隅",本来具有很大优势,但明成祖却由弱到强,由小
到大,由一隅而终于统治全国,取建文帝而代之。这与明成祖的作
风和策略的正确运用是密切相关的。

明成祖的部下除少部分嫡系外,大部分是南军的降兵降将。
对归降者一律不咎既往,推诚任用,所以看不到有反戈的现象。打
起仗来,明成祖总是身先士卒,这种人无畏的气概自然激励了部
下,故燕军将士打起仗来往往能以少胜多。

从策略的运用上看,明成祖不知要高出建文帝多少倍。例如,
当明成祖起兵后,以有限的兵力,采取突然袭击的方式,迅速取得
了蓟州、怀来战役的胜利。当建文帝派耿炳文北伐时,明成祖已在

① 朱鹭:《建文书法拟》前编。

240

北平一带站稳了脚跟,可以全力迎击正面之敌。在对付耿炳文时,明成祖趁南军立足未稳之机,采取远距离快速奔袭的战术,在运动战中捕捉战机,迅速取得了雄县、莫州和真定战役的胜利,使得南军的第一次北伐破产。在对付李景隆时,明成祖在内线打防御战,固守北平坚城,拖垮敌人。在外线打运动战,壮大自己,由弱变强,最后内外夹击,转危为安,使南军的第二次北伐又遭失败。在夹河、藁城战役中,明成祖扬野战之长,避攻坚之短,将敌人诱出坚城,各个击破。当他得知南京空虚时,则毅然改变战略,不再与南军进行一城一地的争夺,而是长驱南下,直取金陵。以京师号令全国,各地传檄而定,取得了最后的胜利。

仅从以上粗线条的分析就可以看出,明成祖完全可以跻身于古代最卓越的战略家行列。以前,人们出自痛恨明成祖屠戮方孝孺等人,多不愿谈他的卓越之处,致使他的才能和贡献未被人们充分认识到。了解到这一些之后,就会感到明成祖的胜利决不是偶然的。

第六章　加强中央集权

明成祖在位期间,采取了一系列重大措施来加强中央集权。他最早设立了内阁;再次削藩,彻底消除了藩王之害。他任用酷吏,打杀异己;创设东厂,实行特务统治,从而使专制主义中央集权发展到一个新阶段。

第一节　设立内阁

在近代,内阁是个很普通的名词。在中国历史上,永乐以前并没有所谓内阁,它是明成祖设立的。内阁的出现是中国官制史上的一个重大变化,它也是明成祖加强中央集权的一个有力措施。内阁制度与过去的丞相制度既有联系,又有区别,对后世影响甚大。

一、由丞相到内阁

明成祖设立内阁是一个重大历史现象。以前,人们大都有一种误解,以为内阁就是丞相,其实是很不对的。这里有必要把丞相演变到内阁的过程作一简单的回顾。

在中国封建社会,一直存在着皇权和相权的矛盾。从二者消长的过程来看,皇权在一天天上升和强化,相权则一天天下降和衰落,到明代则为内阁所取代。

秦汉时期相权最重。丞相"掌丞天子,助理万机",入则参与廷议，出则号令百官，事无不统，负有第一线的责任。丞相是所谓三公之一，但地位最重。丞相上朝，皇帝还要从御座上站起来，表示一下。皇帝如果在路上遇到丞相，还要下舆打一下招呼。"丞相有病，皇帝法驾亲至问候。"①这种待遇是后世丞相所不敢想望的。有人称秦和汉初是丞相责任制时期，应该说是有一定道理的。

汉武帝感到相权太重，便用近侍分夺丞相的权力。他在内廷设尚书台，实际上就是他的内廷秘书处，用来参决机务，甚至还让宦官参与其间。尚书台的地位日益显赫，相权随之日益低落。东汉时，尚书台的职权进一步扩大，尚书成了事实上的丞相，三公形同虚设，即所谓"虽置三公，事归台阁"。② 所谓"事归台阁"，就是归尚书台，"三公论道而已"。

隋唐时行三省制度，三省长官同为丞相，相互牵制，谁也不能专权。一般都有四五个人同时为相，多时达10余人。他们同时议事，最后由皇帝裁决。唐中期以后，皇帝还常常派亲信"同平章事"、"参知政事"，即同丞相们一起处理章奏等事，参与知道政府事务。这些人也渐渐地成了相。到后来，即使原来的三省长官，如果没有这些头衔，也不敢执政事。与秦汉时相比，这时的相权大为削弱了。

宋代的君主专制发展到一个新阶段。宋太祖赵匡胤在称帝的第二天，耍了个小花招，故意装着眼睛昏花，要丞相范质把章奏送到他跟前，趁机让宦官把他的座位撤掉。于是成为定制，以后丞相在廷上与皇帝答话，再也不能"坐而论道"了，而必须"立而陈言"。另外，皇帝对相权又进行了分割，分军事权给枢密院，分财政权给三司使，丞相只管行政。这还不够，还必须由皇帝"差遣"，方可任

---

① 杜佑：《通典》卷二十一。
② 《后汉书》卷四十九，《仲长统传》。

事。否则,不管什么官职,都无权行事。

元代行单省制度,只存中书。但中书令一般由皇太子兼任,中书令下面设左右丞相。原来行使丞相实权的"平章政事"还在丞相之下。中书令又常常没人在位,形同虚设,左右丞相行使起权力来也是名不正而言不顺。

到了明代,君主专制发展到登峰造极的程度。与此相适应,延续了千余年的丞相制度也被废除了。洪武十三年(1380),丞相胡惟庸以谋反罪伏诛,朱元璋乘机"罢丞相不设",一切出自"宸裁"。他还把这一点立为祖训:"以后嗣君毋得议置丞相。臣下敢有奏请设立者,处以极刑。"①这样,明代的皇帝就不仅是"代天行命"的君主,而且是事必躬亲的行政首脑。

因政务纷繁,皇帝一个人实在忙不过来,朱元璋便又设了"四辅官",让他们"侍左右,备顾问"。这些人品级低,没实权,对皇权构不成威胁。四辅官的设置实际上是向内阁制度的一个过渡。

"永乐入践极,始开内阁于东角门。"明成祖让解缙等7人"入直文渊阁,诸六部大政,咸共平章"。② 于是,在中国官制史上就进入了有内阁的时代。不仅明清两代有内阁,连北洋政府时期设的国务院也称内阁。

二、内阁事权

内阁成员俗称阁臣,也叫殿阁大学士。建文时没有殿阁诸名号,方孝孺也只是个文学博士。明成祖让解缙等7人入直文渊阁,就是一个小型内阁班子。据《明史·职官志》载:"殿阁大学士,掌献替可否,奉陈规诲,点检题奏,票拟批答,以平允庶政。"在明代,

---

① 《明史》卷二十七,《职官志》。
② 孙承泽:《春明梦余录》卷二十三,"内阁"。

"票拟"是内阁最主要的权力,即对诸司章奏先拟出处理意见,交皇帝"批红"后即付诸实施。这个权力在永乐年间还没有,宣德年间三杨势重,内阁才开始有了"票拟"的权力。在永乐年间,其他的那几项事权内阁已基本得到。仅就这几项事权来看,也属清要之职。内阁最接近皇帝,不仅代笔,而且可以和皇帝一起从容议事。这是外廷官员很欣羡的。

阁臣称大学士,这个名号也颇为荣宠。大学士最早见于唐代,为皇帝的文学侍从。到了宋代,大学士则用来优遇曾当过宰相的人。明代大学士品级虽不高,仅正五品,但名声不低。

阁臣还有个小特权,即可以向皇帝上"密揭"。臣下上封言事,外廷由通政司转呈,内廷由会极门宦官转呈,只有内阁成员可以进"密揭"。往往"外廷千言,不如禁密片语"。这就无形中提高了内阁的身价。

但如果说明代的内阁就相当于以前的丞相,那就大错了。首先,明代的内阁不是一级正式官署,没有法定的政治权力。以前,六部尚书是丞相的下属,丞相可以直接对他们发号施令。六部有什么事,也直接向丞相回报和请示。但内阁根本就没这样的权力。六部尚书直接向皇帝请示和回报,根本不经过内阁。

其次,明代内阁大学士的品级很低,"终明之世不过正五品"。明代的官阶分九品,一个五品官只是个中级官员。以前,丞相都是当朝一品,位极人臣。而在明代,就品级和事权而言,内阁大学士反在六部尚书之下。正因如此,《明史·职官志》上说:"虽居内阁,官必以尚书为尊。"宣德以后大学士品级高,是因"三杨"等人兼有师、保、尚书等头衔。

之所以有不少人认为内阁就相当于丞相,是因为受到一个现象的迷惑,即明中期以后出现了严嵩、张居正那样的权臣,俨然成了过去那样的丞相。其实,他们二人都是特殊历史条件下的产物。

嘉靖皇帝信道教,整天在宫内做斋醮,竟一连十几年不上朝。在政治上出现了真空,严嵩作为内阁首辅,自然就显得权力大了起来。万历皇帝10岁即位,少不更事,由张居正执政,权倾朝野,虽过去的真丞相也难以相比。即使这样,很多朝臣也认为这是有悖于"祖训"的,所以他们二人的下场都很可悲。这种特殊历史条件下的特殊现象,不能用来代表明代内阁的通常情况。

明代就有人说:"文皇(明成祖)嗣统,妙简英哲,于是解缙、杨士奇等入直内阁,备顾问,代王言而已。"①也就是说,明代内阁的最主要的职能不过是"代王言"而已。到明中期,社会上还流传着"纸糊三阁老,泥塑六尚书"之谣。那意思是说,六部尚书虽是二品官,有时还赶不上大学士进言方便。大学士票拟(永乐时大学士还没有此权)后,还要由司礼太监代皇帝"批红"后方能生效,司礼太监更接近皇帝。这还是有了"票拟"权以后的情况,在没有票拟权的永乐年间,阁老(大学士)们就更是"纸糊"的了。

由此可以看出,明成祖设立内阁,不过相当于内廷秘书处,其权力绝不足以与前代的丞相相比。这是明成祖加强专制主义中央集权的一个有力措施。

三、内阁七学士

明成祖设立内阁,其成员都是编、检、讲读之官。永乐年间习称"内阁七学士",都是颇有才华的文人:解缙是侍读,黄淮是中书舍人,杨士奇是编修,胡广为侍讲,杨荣为修撰,金幼孜是给事中,胡俨是检讨。永乐年间的文坛上出现了所谓"台阁派",以歌舞升平、雍容典雅为特征,杨士奇、杨荣和金幼孜等都是领袖人物。由此也可看出内阁七学士的基本特色。

---

① 袁袠:《世纬》卷上。

246

解缙是七人中才华最奔放的一个,颇有点恃才狂放的味道,是明初著名的大才子。洪武时他就上书反对分封,明太祖看他年轻,让他回去待上 10 年,"以十年著述,冠带来廷",大用未晚。建文时回京,任翰林待诏。明成祖即位,升他为侍读学士。编撰《明太祖实录》、《列女传》等书,明成祖都让他任总裁。在春节(古代以立春那天为春节,一月一日为元旦。今以一月一日为春节,乃孙中山建立民国后改定)那天,明成祖赐给解缙等 7 人金绮衣,待遇和六部尚书一样。明成祖为这种破例的恩遇解释说:"代言之司,机密所系,且旦夕侍朕,裨益不在尚书下也。"[1]七学士虽然只是五品官,但在明成祖的眼里还是很有地位的。明成祖对他们推诚重用,他们也知无不言,"从容献纳,帝尝虚己以听。"

当明成祖要对安南大举用兵时,解缙极力反对,但未被采纳。后来,因卷入皇子的夺嫡斗争,解缙被下狱致死。

胡广是建文二年的状元。廷试时,正值讨伐燕王的关头,胡广的对策有"亲藩陆梁,人心摇动"的话。所谓"陆梁",即跳跃的样子,指藩王不安本分。建文帝听了很高兴,亲点他为头名状元,赐名胡靖,取意靖燕王之难的意思。双方你靖我的难,我靖你的难,最后是明成祖靖难成功,胡广和解缙同时迎附。明成祖改胡广修撰为侍读,恢复胡广原名。胡广曾数次随成祖北征,每纪功勒石,都由胡广来书写。

杨士奇是七学士中任事最久、也最负盛名的一个。人们常说"三杨当国",为首的就是杨士奇,另两人是杨荣和杨溥。明成祖初以杨士奇为左中允,继为左谕德,后升任编修。杨士奇奉职谨慎,在家从来不言公事。他善于应对,每言辄中。人有小过,他极力与人为善,不予苛责。有一次,广东布政使徐奇带了一些南方的

---

① 《明史》卷一百四十七,《解缙传》。

土特产赠送廷臣,在送礼的名单上没有杨士奇。明成祖问杨士奇这是怎么回事,杨士奇回答说:"徐奇赴广东时,群臣作诗为他送行。我恰巧有病没有去,所以我也就不在名单上。现在受还是没受尚难确定,况且礼品轻微,当无他意。"明成祖本来打算要治那些人的罪,听杨士奇这么一说,马上变了主意,命令烧掉那个名单,不再追究。① 别人听到这件事,自然都很感激杨士奇。这件事也表明,明成祖和内阁学士们的关系格外亲密。

杨荣是七学士中最懂兵事的一个。明成祖在兵事上遇到什么问题,总是找来杨荣征求意见。明成祖五次亲征蒙古,杨荣每次都随行,多有赞划之功。杨荣在七学士中年龄最小,但特别警敏,判事准确。有一天晚上,宁夏来报告,说已被敌人包围,事情紧急。明成祖问杨荣当如何处置。杨荣说:"宁夏城墙坚固,将士习战。奏书送到京师需十余天,围也就解了。"到半夜时,宁夏果又来报,说围已解。② 这使得明成祖颇为叹服,杨荣也因而益受信任。永乐五年(1407),杨荣受命赴甘肃赞划军务,回京在武英殿向成祖禀报。因正值盛夏,明成祖对他圆满完成任务满心高兴,亲自切西瓜给他吃。这虽然是件小事,但却从中可以看出他们君臣关系的融洽。

其他的几个学士也都各有特长。黄淮达于治体,论事明析,所言多被成祖所采纳。蒙元的阿鲁台要率部归附,请求准许他控制吐蕃(今西藏)诸部,许多大臣主张答应他。黄淮却说:"分则易制,合则难图。"明成祖听了以后很以为是,当廷赞扬黄淮说:"黄淮论事,如立高冈,无远不见。"③金幼孜的诗文写得很漂亮,常侍成祖身边。成祖数次北征蒙元诸部,他都随行,作诗咏山川形胜,

---

① 《明史》卷一百四十八,《杨士奇传》。
② 《明史》卷一百四十八,《杨荣传》。
③ 《明史》卷一百四十七,《黄淮传》。

书功纪行。胡俨嗜学,天文、地理无不究览,能以师道自任,故长期担任国子监祭酒。这7个人组成了明成祖的秘书班子。虽然他们都是建文旧臣,但却受到明成祖的分外信任。

内阁七学士都来自翰林院。翰林,意同翰苑,即文士荟萃之地。明清两代都把翰林院作为储才重地。翰林院无定员,人可以多,也可以少,翰林学士掌秘书、著作之职。他们的品级不高,但如表现得才华出众,往往能很快升至显要。明成祖从翰林院中选拔解缙等7人组成内阁,在永乐一朝发挥了极为重要的核心作用。明代人就看到了内阁制度的长处:"至我太宗文皇帝,简任内阁儒臣,日与咨访政治。然彼时内阁,多是朝廷亲选翰林编修等才猷、历经能识人才、治体公忠体同者为之,不曾骤加高品。至于选入翰林者,又皆惟才是取,不拘内外新旧职事。"①这话表明了内阁和翰林院的关系,也道出了内阁制度的优点。明太祖废除丞相制以后,明成祖设立内阁,这对推动整个官僚机器的运转,对加强中央集权,都是一个成功的措施。正因如此,内阁制度在永乐时一经确立,后世皇帝皆相沿不废。

第二节　再次削藩

建文帝削藩,惹出了一场全国性内战,结果丢了皇位。明成祖即位后,他也深感藩王之害,认为这是他加强中央集权的重大障碍。即位之初,明成祖对诸王恩礼有加,但不久就开始了大刀阔斧的削藩行动。有些藩王想走明成祖的老路,阴谋反叛,但明成祖毕竟不是建文帝,这些阴谋都归于失败。朱元璋分封藩王所造成的祸害,到明成祖时才基本被消除。

---

① 张萱:《西园闻见录》卷二十六。

一、削藩前先行安抚

明成祖一进入金川门，马上就派人将周王和齐王从狱中救出。一开始他们很惊慌，以为要把他们拉出去杀掉呢，当他们知道这是明成祖在救他们时，自然喜出望外。他们把明成祖的胜利看成自己的胜利，以为往日的权势和富贵又会重来。他们没有想到，他们的这位"大兄"是一位削藩更彻底的人物。只是因为刚进京师，一来明成祖还需要得到诸王的支持，二来自己因反对建文帝削藩而起兵，自己不能马上再削藩。为了表现出与建文帝的明显不同，他要先对诸王进行安抚。

明成祖一即位就宣布，凡是被建文帝削去王号的诸王，一律恢复旧爵。这样，周王、齐王、代王、岷王都恢复了旧封。湘王因在建文时自焚而死，建文帝给他的谥号为"戾"，显然带有贬意，明成祖改谥其为"献"，这就有褒义了。不仅这些王都复了旧爵，他们遭牵连的部下也都得到复职："文武官员军民人等连累致罪者，官复原职。已故者，文官优免其家差役，武官子孙承袭。民充军者，复还原籍为民；军发边远者，仍还原卫。"①另外，明成祖还为各王府增置了宾辅、伴读、伴书等，这也是提高诸王府待遇的一个标志。明成祖即位时正值盛夏，南京酷热，明成祖让在京诸王不必每日上朝，而改为三日一朝，以示优遇。诸王府除嫡长子承袭外，其余诸子随着宗支的疏远，按规定封为将军、中尉等职，明成祖也为他们提高了品级。这样一来，宗室成员都因明成祖即位而得到了不同的好处。

对于宁王朱权，明成祖在刚起兵不久就收编了他的部下，当时答应他，事成后"中分天下"。现在事成了，明成祖当了皇帝，没有

---

① 《太宗实录》卷十上。

250

兑现前言,而是将宁王改封到南昌。

明成祖还时而对诸王进行慷慨的赏赐。其中,对他的同母兄弟周王的赏赐最优厚。例如,明成祖刚即位,就赏赐给周王钞21000锭。第二天,即七月九日是周王的生日,明成祖又"赐周王橚生日礼物:冠一,通天犀带一,彩币三十匹,金香炉、盒各一,玉观音、金铜佛各一,钞八千锭,马四匹,羊十只,酒百瓶。"①这种礼遇是别人所不敢想望的。

谷王橞因迎驾有功,明成祖"赐谷王橞乐七奏,卫士三百,金银枪、大剑、金三百两,银三千两,彩币三百匹,钞三万锭,马四匹,金笼鞍辔二副,岁增米三千石。"与此同时,明成祖又"赐周王橚钞八万锭,齐王榑二万锭。"②仅从以上这两个例子就可以看出,明成祖即位之初对诸王是何等恩礼有加。

另外,建文时一般不准诸王进京,明成祖则一改建文时的做法,许诸王时而入京朝觐。"永乐朝,亲王入觐者不绝,盖文皇(明成祖)矫建文疏忌宗室,倍加恩礼。"③这实际上也是明成祖安抚诸王的一个措施。

但诸王们很快就发现,他们在明成祖手下只能安分守法,不能骄恣放纵,更不能干任何危害皇权的事。否则,明成祖削起藩来比建文帝要坚决果断。

二、削藩时雷厉风行

几乎就在对诸王安抚的同时,明成祖就严密注视着诸王的表现。事实上,这些藩王只有极个别的人表现较好,例如封到四川的

---

① 《太宗实录》卷十上。
② 《太宗实录》卷十下。
③ 沈德符:《万历野获编》卷四,《亲王来朝》。

251

蜀王朱椿,平时喜欢读书,雍容好儒,守礼法,为当地百姓还做了一些好事,其余的可以说都有不法行为。轻者骄纵放荡,为害地方,重者则暗养勇士,阴谋夺位。对于前者,明成祖赐书切责一番也就完事了。对于后者,即那些阴谋夺位的藩王,明成祖则断然予以削除,有的革去护卫,仅留个王号空名,有的则彻底地废为庶民。

宁王朱权的三护卫都是剽悍的骑兵,为明成祖立下了汗马功劳。明成祖即位后,不仅没有和朱权"中分天下",而且连个较好的封地也没有给他。宁王自然也不敢提中分天下的事,一开始只要求封到苏州。明成祖以苏州为畿内之地,没有答应。又请封往钱塘,明成祖则说,他们的父皇曾打算封五弟(周王)到钱塘,最后也没实现,所以现在也不能封给他。最后终于将宁王改封到南昌。当时的南昌还属于比较荒僻的地方。宁王自然怏怏不快。他于永乐元年二月就封,当年就有人"告(朱)权巫蛊诽谤罪"。宁王听说后非常害怕,但明成祖派人按验,没找到确切的证据,又见宁王那么担心,似有悔改,未予惩治。从此以后,宁王"日韬晦",以鼓琴诗书自娱,终成祖一朝总算平安。

代王朱桂曾被建文帝废为庶人,明成祖复其爵,让他于永乐元年正月回原封地大同。不久,明成祖就听到他有骄纵不法的行为,遂赐玺书警告他:"闻弟纵戮取财,国人甚苦,告者数矣,且王独不记建文时耶?"代王仍不思悔改,告发他不轨的人列出他32条罪状。明成祖遂召他入京,他不来。再召,只得硬着头皮上道。走到半路,明成祖又派人将他遣回,但已"削其三护卫,止给校尉三十人随从"。① 这时代王距恢复旧藩还不到半年。

齐王朱榑在建文时也被废为庶人,明成祖恢复了他的旧封。但他恶习不改,"阴畜刺客,招异人术士为咒诅,辄用护卫兵守青

州城,并城筑苑墙断往来,守吏不得登城夜巡。"两个地方官向明成祖上书告变,齐王闻知后,将这二人杀掉灭口。永乐三年,亦有人告周王不法,周王遂上书谢罪。明成祖将周王谢罪的文字交给齐王看。第二年五月齐王来京,有不少人弹劾齐王的罪过,齐王当廷蛮横地喊道:"奸臣喋喋,又欲效建文时耶!会尽斩此辈。"明成祖遂断然将其禁锢于南京,革去三护卫,将他及其子孙都废为庶人。①

岷王朱楩在建文时也被废削,明成祖复其王爵。当时西平侯沐晟向建文帝奏报了岷王的不法行为,使其被废为庶人,这时又复爵了,故与沐晟交恶甚深。岷王仍恶习如故,明成祖赐书劝谕,同时也诫谕沐晟一番。岷王不思改悔,整日沉湎于酒色,擅自收缴诸官司印信,妄戮吏民。明成祖听说后十分恼怒,命夺其册宝,但不久又还给了他,这是因岷王在建文时就被废,刚复王爵再废,于心有所不忍。但岷王仍作恶不悛,明成祖遂"削其护卫,罢官属"。②使其如同一介平民,无法作恶。永乐六年(1408),与岷王被废削的大体同时,封在兰州的肃王朱楧也被废掉。

周王橚也不安本分。建文时,长史王翰数次劝说他,皆不听,王翰佯狂而去。他的次子汝南王有爌向建文帝告发,说他的父亲有异谋,致使周王被废,禁锢于南京。明成祖念其为同母兄弟,对他格外优厚,不仅复其王爵,而且为他增加禄米五千石。明成祖让他回原来的封地开封,他说开封因临近黄河,为河患所苦,求改封别处。明成祖遂命在洛阳为他建造新宫,准备将他徙封到洛阳。但是不久,周王又说河堤已加固,请求再修一下开封的旧宫,以节省费用。明成祖又答应了他。但他并不接受教训,违犯礼法,擅自在他封地以外的州县张贴榜文,号令地方。地方官抄下来报告朝

---

① 《明史》卷一百一十六,《齐王榑传》。
② 《明史》卷一百一十八,《岷王楩传》。

廷。永乐三年(1405)七月,明成祖赐书切责,要他"行事存大体,毋贻人讥议"。①

永乐十八年(1420)十月,人告周王准备谋反。明成祖遣心腹"察之有验",遂于第二年二月召他进京,把别人揭发他的罪状让他看。周王无言可辩,"唯顿首称死罪"。明成祖许其归国,但已革去三护卫。周王在众兄弟中还算较好的一个,才是这种样子,其他藩王也就可想而知了。周王大概觉得,明成祖之后就该轮到他当皇帝了,所以明代人就说,周王"岂非复袭壬午故事耶"?② 因建文四年是壬午年,所以有人称金川门之变为壬午之变。

之所以说周王是诸王中较好的一个,是因为他毕竟是个读书人。特别值得一提的是,他还是明代颇有成就的科学家。他著有《救荒本草》一书,收录了可供人食用的野生植物414种,其中267种为他所新增,且图文并茂,考订详实。李时珍曾称赞该书"详明可据"。周王还主持编写了《普济方》一书,共168卷,取古今方剂,分成2175类,收778法,61739方,附239幅图,集我国明代以前方剂之大成,是我国现存最大而又最完备的一部古代方剂学著作。周王还善词赋,著有《元宫词》百章。这大概是他在政治上失意后专注于学问的结果。

谷王橞因有金川门迎降之功,得到的赏赐特别丰厚。明成祖将他改封到长沙,增岁禄二千石。他居国骄横,忠诚伯茹常有一次路过长沙,未去拜谒他,他便弹劾茹常无礼,致使茹常服毒自杀。他在当地"夺民田,侵公税,杀无罪人。"他的长史虞廷纲数次规劝,惹得他发了火,反诬虞廷纲诽谤,将其磔杀。另外,他还招纳亡命,教他们习兵法战阵,造战舰兵器。他又大建佛寺,找来1000多

---

① 《太宗实录》卷三十六。
② 沈德符:《万历野获编》卷四,《周定王异志》。

僧人为他念咒语祈福。他伪引占卜中的谶语,称自己是明太祖的第十八子,当主神器。谷王橞实际上是第十九子,因赵王朱杞早死,他即自称为第十八子。他当皇帝心切,打算借元宵节献灯的机会,选壮士同入内宫,伺机为变。他致书蜀王,多有起事的隐语,蜀王回书切责。不久,蜀王的儿子崇宁王朱悦燇因罪逃来长沙,藏在谷王橞处。谷王橞广布谣言:"往年我开金川门,出建文君,今在邸中。我将为申大义,事发有日矣。"他的部下张兴密报于朝,蜀王也上书告变。明成祖遂召谷王入朝,数其罪过。谷王无言以对,"伏地请死"。明成祖没有杀他,只将他及其二子废为庶人。① 谷王橞开金川门迎降明成祖,背叛了建文帝,接着又打着建文帝的旗号反对明成祖,真可谓是个反复无常的人了。

谷王橞被废是在永乐十五年。由于他阴谋打建文帝的旗号谋反,故殃及建文帝的弟弟允熥。当时,他是建文帝惟一还活在世上的弟弟。明成祖怕有人借他搞不轨之谋,"是年即以讣闻",②实际上就是暗中指使人将他杀掉。

明成祖由藩王起家,深知藩王之害,所以对诸藩进行着严密的监视。除上述数王外,还有一些王被以各种方式削除。例如,秦王的儿子隐王尚炳,因称病未出迎朝廷使者,被明成祖赐书切责。他慌忙来朝谢罪,因慌惧不久死去。尚炳的弟弟安定王尚炌阴谋夺位,他让卜者算命,谓他当登大宝。于是,他招募人马,私造印信,准备起事。事发后,尚炌被废为庶人,"命往泗州守祖陵"。③ 辽王朱植在建文时被改封荆州,明成祖因他未支持自己,即位后将他的护卫削除,只给他保留个空王号。建文帝出逃时,他还有两个弟

① 《明史》卷一百一十八,《谷王橞传》。
② 沈德符:《万历野获编》补遗卷一,《谷王反复》。
③ 《太宗实录》卷一百十三。

弟,明成祖为示宽容,一开始还给他们个王号,只是封到较偏远的地方,但很快就把他们召回京师,禁锢于凤阳,先后死去。

看来,明成祖削藩比较顺利,不像建文帝那样一波三折。这一方面是因为建文帝削了几个藩王,为明成祖提供了一些有利条件,另一方面也因为,当时已没有足能与朝廷抗衡的强藩。尤其重要的是,建文帝削藩犹豫,态度不坚决,策略也不当,而明成祖则坚决果断,雷厉风行,策略也运用得当。

明初的削藩是历史上的一件大事,对有明一代的政治影响深远。今将朱元璋诸子藩王情况列表于后。

朱元璋诸子藩王情况一览表

王号	名字	排行	封地	纪　　　　事
秦王	朱樉	二	西安	洪武三年封,洪武十一年就藩。洪武二十二年改大宗正院为宗人府,任宗人令。洪武二十四年因多有过失,召来京师,因太子朱标为解,复命归藩。洪武二十八年死,谥号"愍"。
晋王	朱棡	三	太原	洪武三年封,洪武十一年就藩。性骄横、多不法,就藩途中即笞膳夫。太祖几欲废之,赖太子救,得免。洪武三十一年三月死,谥号"恭"。
燕王	朱棣	四	北平	
周王	朱橚	五	开封	洪武三年封为吴王,洪武十一年改封周王。建文初废,禁锢南京。成祖复其封。永乐十八年因谋反有征,削三护卫。洪熙元年死,谥号"定"。
楚王	朱桢	六	武昌	始生时,报武昌捷,太祖喜,许以楚地封之。洪武十四年就藩,数次平南方叛乱。永乐二十二年死,谥号"昭"。
齐王	朱榑	七	青州	洪武三年封,十五年就藩。数历塞上,以武略自喜。性凶暴,多不法。建文时废为庶人,与周王同禁锢。明成祖复其封。永乐八年,因谋反和其子并废为庶人。

256

王号	名字	排行	封地	纪　　　事
潭王	朱梓	八	长沙	洪武三年封,十八年就藩。好学善属文。因岳父坐胡惟庸案伏诛,不自安。太祖召入京,大惧,与妃俱焚死。无子,除封。
赵王	朱杞	九		洪武二年生,次年受封,明年死。
鲁王	朱檀	十	兖州	洪武三年生,生两月即受封。洪武十八年就藩。好礼士,善诗歌。因服金石药伤目。洪武二十二年死,谥号"荒"。
蜀王	朱椿	十一	成都	洪武十一年封,二十三年就藩。雍容儒雅,太祖称之为"蜀秀才"。曾聘方孝孺为世子傅,题其居为"正学"。以礼教守藩,民得安业。永乐十四年,告谷王谋反,受成祖嘉赏。永乐二十一年死。
湘王	朱柏	十二	荆州	洪武十一年封,十八年就藩。好读书,善骑射,尤喜道家言,自号"紫虚子"。建文时,人告谋反,无以自明,阖宫自焚。谥号"戾",永乐时改谥为"献"。
代王	朱桂	十三	大同	洪武十一年封豫王,二十五年改封代,是年就藩。建文时以罪废为庶人,成祖复其封。不久,人告其三十二罪,革其护卫、官属。晚年尚同其子浪行市中,袖锤斧伤人。正统十一年死。
肃王	朱㮵	十四	兰州	洪武十一年封汉王,翌年改封肃,又明年就藩平凉,二十八年就藩甘州。建文时移驻兰州。永乐六年,因妄杀卫卒和私受哈密进马,逮其长史官属。永乐十七年死。
辽王	朱植	十五	广宁	洪武十一年封卫王,二十五年改封辽。习军旅,数立战功。靖难兵起,建文帝召入京,改封荆州。永乐十年削其护卫,二十二年死。
庆王	朱㮅	十六	宁夏	洪武二十四年封,二十六年就藩。好学有文才。成化五年死。

王号	名字	排行	封地	纪　　事
宁王	朱权	十七	大宁	洪武二十四年封,二十六年就藩。"带甲八万,革车六千",数出塞,以善谋称。靖难兵起,建文帝召其入京,不赴,坐削三护卫。成祖收编其骑兵,为劲旅。永乐元年改封南昌。人告诽谤,遂自警,日韬晦,多与文士往还,注书和撰述数十种。正统十三年死。
岷王	朱楩	十八	岷州	洪武二十四年封,二十八年改驻云南。建文元年废为庶人,徙漳州。成祖复其封。因多行不法,永乐六年削其护卫,罢官属。景泰元年死。
谷王	朱橞	十九	宣府	洪武二十四年封,二十八年就藩。因宣府为上谷地,故称谷王。燕兵起,走还京师。开金川门迎降成祖,改封长沙。永乐十五年,因以建文旗号谋反,和其子皆被废为庶人。
韩王	朱松	二十	开原	洪武二十四年封,未就国。好学无过,永乐五年死。
沈王	朱模	二十一	潞州	洪武二十四年封,永乐六年就藩,宣德六年死。
安王	朱楹	二十二	平凉	洪武二十四年封,永乐六年就藩,十五年死。
唐王	朱桱	二十三	南阳	洪武二十四年封,永乐六年就藩,十三年死。
郢王	朱栋	二十四	安陆	洪武二十四年封,永乐六年就藩,十二年死。
伊王	朱㰒	二十五	洛阳	洪武二十四年封,永乐六年就藩。好骑射,不乐居宫室,常驰逐郊外,无故伤人。永乐十二年死。
	朱楠	二十六		洪武二十六年生,刚逾月而死。

三、削藩后藩禁严厉

明成祖开始削藩后,逐步加强了对诸王的控制,这也就是所谓"藩禁"。严格地说,这也是削藩的一个内容,因为虽名义上没削去王号,但实际权力却大大削弱了。这或者可以称作是另一种形式的削藩。这类藩禁在洪武、建文时已规定了一些,自明成祖以后禁例更多,而且更加严厉。

从《明实录》中可以看出,自永乐三年始,明成祖就不断地训谕诸王,要他们老实守法,以全亲亲之谊。永乐三年五月,明成祖赐书训诫诸王:"《易》曰:'履霜坚冰至。'孔子释之曰:'其所由来者渐矣。'……虽不可亏亲亲之私恩,亦不敢废天下之公义。……诸弟侄亦惟常念皇考之法俱在,各尽乃道,共保富贵。"①同年十月,明成祖乘赐诸王《皇明祖训》之机,再次向诸王表示,自己不是宋太宗,诸王也不要当"汉七国"。② 但历史事实表明,诸王想当"汉七国"的很多,有的是没敢当,有的是试当了一下,很快就被削去了。明成祖则比宋太宗更有过之,他反而更像汉武帝,因为正是在他们这两个雄才大略的帝王手里,两代的藩王之害才彻底被消除。

大体上看,明成祖加强藩禁的措施有以下几个方面:

第一,移塞王于内地,削减其护卫军。

从明初藩王的情况来看,实力最强的是几个"塞王"。因有御边的任务,不仅自己控制的兵士多,且有节制其他军事将领的权力。对朝廷构成威胁的也主要是他们。建文时就把几个塞王移往内地,例如辽王朱植原封广宁,建文帝将他移往荆州,肃王朱楧也由甘州移往兰州。明成祖即位后,虽称恢复诸王旧爵封,但移往内地的藩王不许回原地,而且还把原封宣府的谷王移往长沙,宁王也由大宁改封南昌。原来,一般的藩王都有三护卫,一卫大抵5600人。明成祖用各种方式,有的三卫尽削,有的只留一卫,有的则只留几十人"备使令"而已。

第二,禁止诸王节制武臣,将军事指挥权转移到朝廷任命的将

---

① 《太宗实录》卷三十五。
② 《太宗实录》卷三十八。

领手中。

洪武年间形成了诸王可以节制武臣的局面,尤其是几个塞王,一旦边境有事,像傅友德那样的元功宿将都要听藩王节制。这是一种很大的权力,也为诸王提供了培养羽翼、拥兵割据的条件。建文帝就曾经规定:"亲王不得节制文武吏士。"①但没有形成制度,也没有切实有力的措施。这一点在明成祖那里得到了有力的实施。他陆续把靖难功臣派往各地,让他们指挥当地的军队,明令诸王不得干预。他命左都督刘贞镇守辽东;何福佩征虏将军印,充总兵官,镇守陕西、宁夏等地。武安侯郑亨充总兵官,驻宣府备御。北平虽有他的三子高燧在那里驻守,明成祖仍命靖安侯王忠前去节制诸军。这样,自明成祖以后,诸王节制武臣、指挥军队的权力就消失了。同时,明成祖又设立京军三大营,强干弱枝,藩王尾大不掉的局面就不复存在了。

第三,禁止藩王干预地方事务。

洪武末年就有过这类的规定,建文时又加以重申,但那时由于藩王的实际权力过大,干预地方事务的事还是经常发生。明成祖当过藩王,深知其中三昧,即位不久就宣布:"自今王府不得朝命,不许擅役一军一民及领一钱一物,听从者有罚。"②这实际上也是告诉地方官,不要听任藩王干预他们的事务。为此,明成祖还明确规定:"事干王府者,遵祖训启王知之。有司令行事务,不许一概启请,推托利害。若王府事有相关,即遣人驰奏,不得报而擅承行者,论以重罪。"③即使这样,永乐三年还是发生了周王府在地方州县张贴榜文的事,为此明成祖赐书严加训诫:"朝廷与王府事体不

① 谷应泰:《明史纪事本末》卷十五,《削夺诸藩》。
② 《太宗实录》卷十八。
③ 《太宗实录》卷十九。

同,(王府)长史专理王府事,岂得遍行号令于封外,与朝廷等?一家有一家之尊,一国有一国之尊,天下有天下之尊,卑不踰尊古之制也。今贤弟居国,如诸子擅行号令于国内,其亦可乎?……"①周王是成祖的同母兄弟,尚不许干预地方事务,其他诸王就更不许这样做了。

由以上的叙述可以看出,明成祖削藩的手法比建文帝高明,也显得更从容。他对诸王先诚谕,对有异谋者则或削护卫,或废为庶人,对未废削者也作了一些严厉的限制。经明成祖这一系列的处置,就从根本上改变了藩王权力过大的局面,使他们难以再危害朝廷。自明成祖以后,诸王"若无罪而拘之者",虽觊觎皇位的不乏其人,有的人也搞了点小动作,但没有能成气候者,"片纸旦下,而夕系于请室。"

具有讽刺意味的是,由建文帝开始的这件削藩大事,竟由他的反对者明成祖完成了。此后,尤其是宣德年间,又陆续增加了一些藩禁措施,例如,凡皇族人员不得参政、出仕,也不得从事士农工商"四民之业",出城不得二王相见,严禁与官府结交,明中期以后甚至还禁止藩王入朝。这样,明宗室成员就成了"徒拥虚名、坐糜厚禄"的寄生虫。这类寄生虫人数少时还问题不大,明末达到二三十万,成了国家财政上的一个大包袱,带来一系列严重的社会问题。当"开宗室之禁"时,明王朝也就临近灭亡了。

第三节　任　用　酷　吏

明成祖知道自己的皇位来得不光彩,有那么多建文旧臣抗节不屈,虽经过大肆诛杀,没人敢公开反对自己,但仍不能保证人人

---

① 《太宗实录》卷三十六。

忠心。为了巩固自己的统治,强化中央集权,他便千方百计地严密控制臣下,任用酷吏打杀异己。正像唐代的武则天使用酷吏周兴、索元礼等人那样,明成祖手下也有一批这样的"恶犬",其中最有名的是纪纲和陈瑛。

一、纪纲

纪纲是临邑人,曾和高贤宁同受学于王省。燕师南下,王省守义自杀,高贤宁助铁铉固守济南,曾写《周公辅成王论》。纪纲却是另一种人,不守本分,以"劣行被黜",即被王省赶出了校门。人们都没有想到,这个品行不端的纪纲后来竟成了明成祖搏击臣民的得力鹰犬。

当明成祖率燕军南下济南时,纪纲这个平民百姓竟毛遂自荐,拦住明成祖的马,"请自效"。明成祖和他一交谈,觉得他挺精明,又善骑射,遂将他留在身边。纪纲"善钩人意向",颇得明成祖欢心,不久便被提升为"忠义卫千户"。明成祖即位后,升他为"锦衣卫指挥使"。锦衣卫是朱元璋设立的,为亲军第一卫,不仅掌侍卫,而且掌侦缉。锦衣卫还掌管诏狱,也就是习称的锦衣卫狱,主要关押臣僚。由此可以看出,纪纲任锦衣卫指挥使,这是一个十分显要的角色。

纪纲按照明成祖的意旨,"广布校尉,日摘臣民阴事。"明成祖把这些人交纪纲处置。纪纲"深文诬诋",严加惩治。明成祖感到他对自己很忠心,很快又提升他为都指挥佥事,仍兼掌锦衣卫。①这一来,纪纲就更加权势熏天了。

明代颇有名气的廉吏周新就死于纪纲之手。有一次,纪纲派一个锦衣卫千户到浙江缉事。这个千户大作威福,广收贿赂。周

---

① 《明史》卷三百七,《纪纲传》。

新当时是浙江按察使,准备逮治这个千户。因事不秘,这个千户早早地逃跑了。不几天,周新因公事入京,在涿州偶然遇上了这个千户,周新立即将他逮系于涿州狱中。但是,周新还没赶到北京,这个千户却已提前赶到了。纪纲遂诬劾周新诸多罪状,明成祖大怒,立命逮治周新。旗校都是锦衣卫人员,在路上就把周新打得体无完肤,奄奄一息。周新自知被诬,当廷抗辩,惹得明成祖大怒,立命斩首。后来纪纲因罪被杀以后,周新才得以昭雪。①

明初的大名士解缙也死于纪纲之手。解缙自恃才高,勇于任事,喜欢评论诸臣短长。在立储一事上他支持皇长子朱高炽,为汉王高煦所忌。后借故将解缙逮系锦衣卫狱,“拷掠备至”。在纪纲的严刑逼问下,狱词连及八九个大臣,都被逮系狱中。其中,有5人在狱中“皆瘐死”。有一次,纪纲上诏狱囚籍,明成祖看到还有解缙的名字,说道:“(解)缙犹在耶?”纪纲似乎明白了其中的意思,遂用酒将解缙灌醉,“埋积雪中,立死。”②解缙活活在积雪中被冻死时才47岁,世人都知道他才用未尽,颇感痛惜。

纪纲要处死哪一个人,就先把他领到家中,让他洗个澡,设酒席让他好好吃一顿,佯说要到皇帝跟前为他解脱,借以索取财贿。等到这人的家产快用尽时,突然将这人杀掉。这样,既受了贿,又杀了人,在明成祖面前还显得很忠心,很能干。在他掌锦衣卫期间,臣僚“被残杀者不可胜数”。③ 纪纲的官阶虽然不算很高,但朝中大臣都很害怕他,“诸公虽元勋见则自匿”。④

都督薛禄是明成祖的靖难功臣,官阶远在纪纲之上。有一次,纪纲想买一个女道士为妾,结果被薛禄先得到了。纪纲很恼火,在

---

① 《明史》卷一百六十一,《周新传》。
② 《明史》卷一百四十七,《解缙传》。
③ 《明史》卷三百七,《佞倖》。
④ 王世贞:《锦衣志》。

内庭遇上薛禄,突然用铁挝打去,薛禄"脑裂几死"。即使如此,他对纪纲也无可奈何。都指挥哑失帖木儿大概有些不识时务,自恃与纪纲是同级官,在路上不避道,纪纲便借故将他"捶杀之"。

当时还没设东厂,明成祖主要用纪纲侦伺臣下。满朝文武都知道纪纲那不同寻常的分量。于是,纪纲的胆子也越来越大。"诏选妃嫔,试可,令暂出待年,(纪)纲私纳其尤者。"即把最好的留下供自己玩乐。明初的大富豪沈万三虽被籍没,但"漏资尚富",其子文度向纪纲贿送了许多的奇珍异宝。纪纲让文度到苏州一带选美女,"十五而中分之"。①

永乐十四年(1416)七月,异己分子被打杀得差不多了,明成祖也清楚地知道,人们对纪纲都有一种不可言状的怨恨,便以谋反罪将纪纲磔杀于市,以消天下人之怨。这只横行了十四五年的恶犬,这时变成了一只替罪羊。

二、陈瑛

陈瑛和纪纲不同,纪纲是个特务头子,在暗中侦伺臣下,陈瑛掌都察院,专门负责纠劾百官,是公开监督臣下的人。

陈瑛是滁县人,洪武时为御史,建文初调任北平佥事。有人告他受燕王金钱,与燕王通密谋,被建文帝逮治,谪贬广西。明成祖即位后,召他为都察院左副都御史,掌院事。他"天性残忍,受帝宠任,益务深刻,专以搏击为能"。他一上任,就接二连三地劾治建文旧臣十余人。像侍郎黄观、修撰王叔英等,不仅本人伏诛,还"给配其妻女,疏族、外亲莫不连染"。大理寺少卿胡闰和其子都被杀,受株连"数百家,号冤声彻天。两列御史皆掩泣,(陈)瑛亦色惨"。

---

① 《明史》卷三百七,《纪纲传》。

但陈瑛却说:"不以叛逆处此辈,则吾等为无名。"①这句话反映了陈瑛的真实心态:把建文旧臣定为"叛逆",自己则属于正义;对他们惩治得越严厉,越显得自己忠心。一个掌都察院的首领抱着这种心理行事,也就不难理解建文旧臣为什么死得那么惨了。

陈瑛善于察言观色,落井下石。永乐三年(1405)二月,北京刑部尚书雒佥上书,"奏朝廷用人宜新旧兼任。今所信任者,率藩邸旧臣,非至公之道。"这话刺着了明成祖的痛处,极不高兴,但又怕别人说自己"不容言者",所以并没打算立即治雒佥的罪。陈瑛这时却火上加油,马上弹劾雒佥"居官贪婪暴虐,擅作威福十数事",甚至说雒佥的妻子也在家乡"逼索财物","强买货物"。于是,明成祖便以这些罪名将雒佥处死。②

一个多月以后,陈瑛又弹劾工部尚书黄福,说他"不能存恤工匠"。黄福是建文旧臣中被列为奸恶的 29 个文臣之一,但他没什么恶迹,又归降了明成祖,在解缙对诸大臣的评语中,黄福是惟一的一个没有贬语的人。因此,明成祖仍重用了黄福,让他任工部尚书。这时因陈瑛劾奏,遂将黄福降一级使用,改任北京行部尚书。③ 黄福还算幸运,没有掉脑袋。

永乐四年(1406)三月,嘉兴知县李鉴奉命籍没"奸党姚瑄",没有将姚瑄的弟弟一起逮治。陈瑛则弹劾李鉴,说他对应当连坐的人没有逮系,应予治罪,并将李鉴逮送京师。李鉴向明成祖解释说,都察院行文中只有姚瑄的名字,没有他弟弟的名字。幸赖明成祖明察,谓李鉴这是出于"慎重之意",未予治罪。④ 但这件事却生

① 《明史》卷三百八,《陈瑛传》。
② 《太宗实录》卷三十三。
③ 《太宗实录》卷三十四。当时北京称行在,有一套官僚机构。在北京任尚书则称行部尚书。
④ 《太宗实录》卷四十一。

动地表明,陈瑛用法是何等刻薄。

陈瑛于永乐元年即被提升为左都御史,名正言顺地成为掌都察院的第一号人物。在他任职的 9 年间,其最主要的活动就是打杀建文旧臣,包括那些归降后受到明成祖重用的大臣。《明史》上说:"都御史陈瑛灭建文朝忠臣数十族,亲属被戮者数万人。"①这并没有夸大其词,这还不包括归降明成祖的那些人。

盛庸归降后,明成祖命他镇守淮安。铁铉就获后,明成祖又命盛庸为山东布政使。永乐元年,盛庸为避嫌而致仕,以求善终。不久,千户王钦告讦盛庸,虽未得实,但王钦立即被提升为指挥同知。陈瑛看出了其中的奥妙,接着便弹劾盛庸"怨望有异图",盛庸惧而自杀。②

陈瑛弹劾盛庸得手后,永乐二年便又弹劾长兴侯耿炳文,说他使用的器皿和服饰上有龙凤花纹,"僭妄不道"。这是个很重又不容易说清的罪名,致使耿炳文也畏罪自杀。

何福也曾率南军与明成祖对抗。明成祖即位后,以何福知兵,命他镇守宁夏、甘肃等地数年,被封为宁远侯。永乐八年随明成祖北征,"数违节度"。师回后,陈瑛乘机弹劾,逼何福自缢。

茹常是最先迎降并劝明成祖早正大统的人,被明成祖封为忠诚伯。但他也逃不过陈瑛的魔爪,说他营府第"违祖制",逮系锦衣卫狱。他自知不免,便服毒而死。

梅殷和胡观虽是明太祖的驸马,但因原来忠于建文帝,陈瑛也毫不畏惧地对他们进行弹劾。

当明成祖在南京即位时,梅殷"尚拥兵淮上"。明成祖让妹妹宁国公主写血书招梅殷。梅殷见书痛哭,遂回京归降。入见时,明

---

① 《明史》卷三百七,《纪纲传》。
② 《明史》卷一百四十四,《盛庸传》。

成祖亲自迎劳,说道:"驸马劳苦。"梅殷答道:"劳而无功耳。"陈瑛看出梅殷并不甘心归附,于永乐二年便弹劾他"畜养亡命",还和人诅咒明成祖。第二年十月,梅殷早晨上朝时,突然被人挤到桥下溺死。宁国公主抓住明成祖的衣服大哭,问驸马安在。明成祖把罪责推在都督佥事谭深和锦衣卫指挥赵曦身上,将二人当替罪羊杀掉。《明实录》上是这样记载此事的:

　　(梅殷)一日四鼓入朝,经竹桥,(谭)深、(赵)曦令人捽殷,坠桥下死。而(赵)曦诬奏殷自投水死。①

这显然是史官为明成祖粉饰的说法。实际上,经陈瑛对梅殷诬劾后,明成祖联系到梅殷以前的表现,就导演了这幕双簧。

　　驸马胡观曾随李景隆北伐,为燕兵所俘,归降了明成祖。永乐三年五月,陈瑛弹劾胡观"强取民间子女,又娶娼为妾",且知他人有异谋不报。胡观自知不免,遂自经而死。② 朱元璋有 16 个女儿,在诸驸马中,梅殷和胡观是比较有才能的,深受朱元璋喜爱。他们二人之死都和陈瑛有关。

　　李景隆虽为群臣之首,但也好景不长,永乐二年就遭到陈瑛的弹劾,说他"谋不轨"。接着,周王橚、郑赐、蹇义等人也弹劾李景隆多有不法。但明成祖却"诏勿问"。③ 后来,大概因为藩邸旧臣和建文旧臣都对李景隆没有好感,纷纷弹劾他,明成祖这才夺了他的爵,还是不忍心杀他,仅将他锢之私第,永乐末年死去。

　　连明成祖的心腹大臣他也敢弹劾。隆平侯张信因曾秘密告变,被明成祖称作"恩张"。明成祖即位后,察访诸王府秘事大都派张信去办。永乐八年冬天,陈瑛弹劾张信"无汗马功劳,忝冒侯

---

① 《太宗实录》卷三十八。
② 《明史》卷一百二十一,《南康公主传》。
③ 《明史》卷三百八,《陈瑛传》。

爵,恣肆贪墨"。明成祖起初"命法司杂治之,寻以旧勋不问"。①
从这件事可以看出,陈瑛的气焰是多么炙手可热。

以上所举,只是陈瑛所劾治的人中有代表性的几个,其他被他
弹劾获罪的还有很多,例如顺昌伯王佐,都督陈俊,指挥王恕,都督
曹远,指挥房昭,佥都御史俞士吉,大理少卿袁复,御史车舒,都督
王端,指挥林泉、牛谅,通政司参议贺银等,"先后又数十人,俱得
罪。"不可否认,其中有些人确有罪过,但也有相当多的人是受诬
劾。皇太子朱高炽在监国时当面说他:"卿用心刻薄,不明政体,
殊非大臣之道。"②因明成祖当时正宠信他,所以皇太子对他也无
可奈何。

对陈瑛的所作所为,明成祖心里一清二楚。只是当时他需要
这样的鹰犬,陈瑛就充当了这样的角色。后来,明成祖看到他积怨
太深,便将他"下狱死,天下快之"。

三、用酷吏掌之有度

明成祖毕竟是有雄才大略的帝王,他使用酷吏为自己效劳,又
不允许他们危害自己的统治。他用酷吏威慑臣下,使臣下不敢有
越轨行为,尤其是要防止叛逆事件。包括这些酷吏在内,实际上也
处于被严密的控制之下。只是他们缺少这种自知之明,得意起来
便忘乎所以。当明成祖看到这些酷吏危害了自己的统治时,就会
毫不犹豫地将他们除掉。

酷吏们在那里搏击臣下,总头目其实是明成祖。正像《明
史·陈瑛传》上所说,陈瑛弹劾大臣,"皆阴希帝指"。明成祖需要
酷吏,于是就产生了酷吏。纪纲和陈瑛只是两个较典型的,其实当

---

① 《明史》卷一百四十六,《张信传》。
② 《明史》卷三百八,《陈瑛传》。

时产生了不少这样的人物。

周新是明初颇有点名气的廉吏，"永乐初拜监察御史，弹劾不避，权贵惮之，称曰'冷面寒铁公'。"①据《明史·周新传》上记载，京师中谁家的小孩哭闹，一说周新来了，小孩子们马上就藏到一边，不敢又哭又闹了。实际上他也是"为政察察"，劾治了不少大臣。只是他不贪墨，对普通百姓不坏，平反了一些冤案，所以名声还不错。后来明成祖听信了纪纲的谗言，将周新处死。

郑赐在建文时曾任工部尚书，曾"督河南军扼燕"。明成祖即位后，他的罪恶被说成仅亚于齐、黄二人。明成祖责问他，他说"尽臣职耳"。明成祖感到此人可用，便命他为刑部尚书。他为政严苛，一上任就弹劾孙岳，指责他毁凤阳寺庙，取木材造船以抗御燕军。他又和陈瑛一起弹劾耿炳文、李景隆等人。有一次，教谕康孔高朝京师，因老母有病，他顺道回乡探望老母，耽误了数月。郑赐便予弹劾，请逮问治罪。幸赖明成祖明察，认为探母疾情有可原，又恢复了康孔高的官。在配合陈瑛等人劾治建文旧臣中，他发挥了很重要的作用。永乐六年，他为同官所间，忧惧而死。②

马麟在建文时被谪贬云南，明成祖将他召回，任兵科都给事中。有个大臣在奏牍中写错了一个字，他就反复劾奏，请予治罪。明成祖训诫他："言官当陈军国大务，细故可略也。"他这才罢休。《明史》上说他"无他建白，专以讦发为能。……(马)麟居言路，纠弹诸司无虚日"。③

淮安的民人丁珏看风头有机可乘，乡人丰收后在土地庙祭神，他诬告乡人不轨，致数十人被处死，他本人竟也因此被立授为刑科

①　张萱:《西园闻见录》卷十。
②　《明史》卷一百五十一，《郑赐传》。
③　《明史》卷三百八，《马麟传》。

给事中：

> （丁）珏居山阳,见时严诽谤之禁,乃讦其乡人里社赛神事,指为聚众谋不轨,坐死者数十人。法司希指,谓珏才可用,立擢之。由是阴伺百僚,有小过辄以闻,举朝侧目。卒以贪黩被劾戍边。①

这件事充分表明,明成祖很欣赏这类告密的人。天下臣民举手投足都必须格外小心,否则就会随时被人告发。

当时臣下都处在明成祖的严密监视之下,甚至皇太子也不能幸免。胡濙在国内踪迹建文帝,永乐十六年,他还奉明成祖之命,名为出巡江浙,暗中到南京侦察皇太子的行为。他在南京故意多住了些日子,连内阁学士杨士奇也感到奇怪,催他上道,他便以"冬衣未完"来掩饰。他到安庆后,将所见所闻秘密地写成报告,为皇太子说了些好话,这才解除了明成祖的疑虑。其实,胡濙自己也处在别人的监视之下。一个土酋曾向胡濙讨《洪武正韵》,馈送给胡濙三小筐樱桃。胡濙拒绝接受樱桃,但把书却送给了这个土酋。胡濙回京后,明成祖向他问起此事。胡濙便恍然大悟,原来他的一举一动都有人向明成祖回报。②

因为告密的人多,执法的大臣又多以严苛为能,因此获罪的人自然也就多。有些大臣被系于诏狱,明成祖外出巡幸时,"下诏狱者率舆以从,谓之随驾重囚。"这显然带有折辱他们的意思。更有甚者,有许多人瘐死狱中,有时一个月即瘐死狱中930余人。永乐九年(1411)十一月,刑科都给事中曹润上书称：

> 臣窃见其中有淹禁一年之上者,且一月之间,瘐死九百三十余人,使罪重者不得示惩,而轻者死于无辜。

---

① 《明通鉴》卷十五。
② 张萱：《西园闻见录》卷十八。

明成祖见奏,马上召法司官说:

> 朕于一物不忍伤害,况人命乎!尔等不体朕心,冤滥如此,纵不畏国法,独不畏阴谴耶?姑记尔等,徒流以下,期十日内皆决放,重罪当系者亦须矜恤,无令死于饥寒。违者必不宥。①

明成祖的这些话是否由衷而发,当是另一回事,但一月之内瘐死930余人却是事实。由此可以看出,酷吏们草菅人命达到了何等严重的程度。

明成祖用酷吏,但又不全信酷吏,还不时故意说一些宽大的话。例如那个诬乡民赛神而得官的丁珏,没得意几年,就被贬谪戍边。这时,明成祖对廷臣说:"朕素疑其奸邪,若悉行所言,廷臣岂有一人免耶?"②

对掌都察院的陈瑛,明成祖虽宠任他,"然亦知其残刻,所奏谳不尽从。"后来,明成祖还对廷臣们说:"瑛刻薄,非助朕为善者。"③为了平息众怒,后来即断然将他下狱处死。即就这个陈瑛来说,他虽然刻于用法,但他大概也知道自己只是皇帝的鹰犬,也时时处在别人的掌握之中,不敢贪墨。明成祖曾让解缙书评各个廷臣之短长,解缙对陈瑛的评语是:"陈瑛刻于用法,尚能持廉。"对刑部尚书郑赐的评语是:"郑赐可谓君子,颇短于才。"④不管这类评价是否完全客观,但大致可以看出,这些酷吏虽用法刻薄,但还不敢过分地胡作非为。当明成祖一发现这方面的问题后,即断然予以处置。即使这些酷吏不敢过分贪墨,其下场也都很可悲。

明成祖即位之初,鼓励告密,有不少人乘机挟私诬告,陷害好

---

① 《太宗实录》卷七十九。
② 《明史》卷三百八,《丁珏传》。
③ 《明史》三百八,《陈瑛传》。
④ 《明史》卷一百四十七,《解缙传》。

人。永乐二年,明成祖用礼部尚书李至刚言,榜示全国,严格禁止挟私诬告:

> 李至刚言:"……无知小人往往搜求细故,拑制诸司,或怀挟私仇,陷害良善;或妄称奏诉,躲避差徭;或驰骋小才,希求进用。甚者无稽泛言,烦渎圣听,虽称兴利除害,其实假公济私,宜治以重罪,榜示天下。"诏可之。①

这番话生动地表明,当时的告讦之风是何等之盛。这也正是产生酷吏的时代条件。为了制止诬告,明成祖还颁布了惩治诬告的办法:

> 凡诬告三四人者,杖一百,徒三年;五六人者,杖一百,流三千里。所诬重者,从重论。诬告十人以上者,凌迟处死,枭首其乡,家属迁化外。②

有一次,锦衣卫官校诬某大臣诽谤时政,按律当斩。明成祖怀疑不实,命法司细查,果属诬告。明成祖生气地说:"小人敢诬君子,此风不可长。论校尉如律。"③岂不知,这种诬告之风正是明成祖自己提倡起来的。

明成祖为了防止酷吏们胡作非为,便让他们互相牵制。例如锦衣卫头子纪纲,作恶多端,被宦官揭发,被处死。后来,明成祖干脆以宦官为头目设立了另一个特务机构——东厂。

第四节　创　设　东　厂

锦衣卫毕竟还是个外廷机构,既管侦缉,也负责侍卫皇帝。明成祖设立的东厂是个内廷机构,是个地地道道的特务组织。东厂

---

①② 余继登:《典故纪闻》卷六。
③ 余继登:《典故纪闻》卷六。

由宦官掌管,刺探到什么事直接向皇帝报告。由于宦官昼夜在皇帝身边,报告这类事就特别方便。东厂和锦衣卫互相配合,又互相牵制,合称为“厂卫”。东厂一经设立,终明不废,成为明代政治生活中的一个极为重要的因素。至于后世皇帝设的西厂、内行厂等等,都是时设时废,都赶不上东厂的影响大。设立东厂是明成祖加强专制主义中央集权的有力措施,也是一个特点。

一、重用宦官由来已久

从对待宦官的态度来看,明成祖与明太祖、建文帝截然不同。明太祖鉴前代之失,控制宦官极严。他认为唐代的宦官品级与廷臣相同最为失体,便降低宦官品级,最高不得过四品,并不许宦官兼任外臣文武官衔,不得服用外臣冠服。宦官不得干预政事,否则立斩。诸司不得与宦官文移往来。按照《周礼》,宦官统于冢宰,明太祖则把管理宦官的事务交给吏部。有一个老宦官因供事已久,一天从容谈及政事,被明太祖立即遣返回乡。这样,有些宦官“过诸大臣前一揖,不启口而退”。① 明太祖对这样的宦官最欣赏。建文帝即位后,“御内臣益严,诏出外稍不法,许有司械闻。”②

明成祖对待宦官则与他们大异其趣。当靖难之役还在进行之时,就有许多宦官偷偷地跑到明成祖那里,向他报告朝廷虚实。明成祖之所以敢孤注一掷,长驱金陵,就是因为他从宦官那里得到了确切的情报,知道南京空虚。有些宦官还拼杀疆场,多有战功。例如那个被称为“狗儿”的宦官,在靖难之役中是个颇有名气的悍将,多次随明成祖冲锋陷阵,战功累累,成为明成祖的得力干将。明成祖感到这些宦官忠于自己,仇视建文帝,所以即位后便重用起他们来,在内政、外交、军事等各个领域,都能看到宦官在起着重要

---

①② 《明史》卷三百四,《宦官传一》。

作用。

　　明成祖即位后的第一年,就派宦官李兴出使暹罗(今泰国)。自永乐三年(1405)始,连续派宦官郑和大规模出使南洋和印度洋一带,成为中外友好交往史上的盛事。与此同时,出使北边蒙古诸部的主要是宦官海童,出使中亚等地的主要是宦官李达,出使尼八剌(今尼泊尔)、榜葛剌(今孟加拉国)等地的主要是宦官侯显。明成祖还用宦官监军、镇守。例如,都督谭青营中就有宦官王安充任监军。明军征服安南后,用著名的宦官马骐在那里镇守。

　　尤其值得注意的是,明太祖原来规定宦官不许读书识字。但后来明代的宦官多通文墨,一般人便据《明史·宦官传》的记载,认为宣德时设内书堂,教小宦官读书,此后的宦官才开始通文墨。其实,明成祖虽然没有正式设内书堂,但已开始派人教宦官们读书识字。据《明通鉴》记载,永乐时"听选教官入内教习之"。① 也就是说,明代的宦官在永乐时就已经通文墨了。这也正是他们在各个领域表演的资本。

　　明成祖感到仅用锦衣卫刺事还不放心,就让宦官也干起这类事来。实际上,用宦官出使、监军,这本身就带有刺事的色彩。清前期著名史学家赵翼写道:

　　　　(明成祖)以西北诸将多洪武旧人,不能无疑虑,乃设镇守之官,以中人(宦官)参之。②
这些镇守、监军之类的宦官显然都有刺事的任务。据记载,永乐十年(1412),"内官奉诸差行。上(明成祖)曰:'朕恐在外诸司,行事或有不便,间往询之。但不许干预有司事。'"③这显然负有刺事

---

① 夏燮:《明通鉴》卷十九。
② 赵翼:《廿二史札记》卷三十五,《明代宦官》。
③ 查继佐:《罪惟录》卷二十七,《定制内官》。

的使命。这表明,在永乐十八年(1420)设立东厂以前,明成祖早就在使用宦官刺事了。最典型的例子就是侦伺锦衣卫头子纪纲了。当时,纪纲气焰熏天,天下臣民似乎都在他的监视之下,没想到还有人在监视着他。"内侍仇(纪)纲者发其罪",①明成祖随即将纪纲磔杀。

明成祖还改变了洪武时由吏部管理宦官的旧制,让宦官第一衙门司礼监来管理宦官事务。这种制度的变化在正史上看不到,在记载明代掌故的野史上却有记载:"至永乐,始归其事于其内,而史讳之。"②也就是说,明成祖将宦官的管理权由吏部转归内廷。这样,宦官的活动就更加方便了。到永乐十八年(1420),明成祖便正式设立了东厂。

二、设立东厂,层层监督

明代有都察院,又有六科给事中,是监察百官的外廷机构。都察院掌十三道监察御史,六科给事中分别监察六部,合称"科道"。专制帝王对他们还不放心,朱元璋又设立了锦衣卫,除侍卫皇帝外,还有侦缉的职能。其实,在锦衣卫之前,朱元璋还设立过一个"察言司",这是一般人所不知道的。据《明太祖实录》记载,洪武三年七月,"革察言司。"③"察言",顾名思义,当是侦察言论舆情的意思。但它成立于何时,机构设置和活动如何,人们均不得而知。但这短短的四个字却告诉人们,明王朝一建立便使用特务刺事,后来只是名称时有变化、机构越来越多罢了。这样就可以互相牵制,层层监督,最后一统于皇帝。明成祖也是出自这一目的,便

---

② 沈德符:《万历野获编》补遗卷一,《内官定制》。
③ 《明太祖实录》卷五十四。

设置了由宦官统领的东厂。

在中国制度史上,尤其是特务制度史上,东厂的设立无疑是个重大事件。关于中国特务的产生,胡适曾依据《三国志》,考证出始于魏吴的"校事官"。其实,还有更早一些的。自春秋以后,作战双方使用特务刺探对方是常见的事。《孙子》兵法13篇中,就有一篇是《用间篇》,实际上就是使用特务。汉代有"大谁何","主问非常之人"。① 唐代的缉事番役被称为"不良人"。② 在明代以前,封建帝王使用特务刺事都是偶一为之,没有形成一整套的机构和制度。明代则专门设置了特务机构,特务刺事开始制度化。

由于特务都是干些见不得人的事,特务机构又大都是秘密建立起来的,所以正史对此都语焉不详。要么是根本不记,要么是一笔带过。外人又很少知道内情,因而给后人研究这个问题带来很大的困难,有些问题至今仍扑朔迷离。例如东厂到底设立于什么时间,就是一个至今仍争论不休的问题。有的说设立于永乐七年(1409),有的说设立于永乐十八年(1420),有的说设于永乐十八年(1420)不确,但又说不出确切的时间。因此,这里不妨多花点笔墨,把这个问题辨析清楚,顺便也可以了解一些明成祖的思想和活动。

谈迁《国榷》于永乐七年十二月条记:"始立东厂刺事,内官主之。"于是有人便据以说,东厂设立于永乐七年(1409)。但同书在永乐十八年十二月条还记道:"始立东厂,专内臣刺事。"前后自相矛盾,可姑置不论。从各方面的材料来看,东厂始设于永乐十八年(1420)八月。

《明会典》据成化时大学士万安奏罢东厂疏,推出东厂始设于

---

① 《汉书·五行志》第七,下之上。

② 韦绚:《嘉话录》载,李勉"为开封畿县尉"时,即有"不良"侦伺之。

永乐十八年(1420)。《明史》、《明大政纂要》、《资治通鉴纲目三编》和王世贞《中官考》都持此说。《明通鉴》还进一步记道,永乐十八年"八月丁酉朔,日有食之。是月置东厂于北京"。《明通鉴》虽然成书较晚,但作者广收野史笔记,经过考订得出此论,较为可信。另外,此说可信还可举出以下四条理由:

第一,唐赛儿起义是永乐年间最大的一次农民起义。起义发生在永乐十八年(1420)二月,后虽被镇压,但"自号佛母"的唐赛儿却没有抓到。七月间,"上(明成祖)以唐赛儿久不获,虑削发为尼,或混处女道士中,乃下诏大索,尽逮山东、北京尼。已,又尽逮天下出家妇女,先后凡几万人。"①但还是没有逮到。七月"大索"不果,在八月设东厂,用内臣领着缉访,是合乎情理的。

第二,"八月丁酉朔,日有食之。"日食在封建时代被认为是很大的灾异之兆。更何况发生在初一,这就更不吉利了。因此,在这月设东厂,用内臣刺外廷事,正合乎专制帝王的恐惧心理。成化时,也是因为京师出现妖异,有"妖狐夜出",而设立了西厂。

第三,永乐十八年(1420)九月,"上命行在礼部以北京为京师,不称行在。"②改京师是一朝惊天动地的大事。因此,在前一个月设东厂,用内臣刺探舆情就显得特别重要。

第四,仔细看一下《明实录》就会发现,在永乐七年(1409)虽然就有使用宦官刺事的记载,但这类记载很少,而且也看不到他们的气焰怎样嚣张。但在永乐十八年(1420)十月,却有中官"气势不可近,六曹官往往被捶击"的记载。这种气焰是以前所看不到的。这应是中官已提督东厂、气势渐横的结果。

因此,东厂设于永乐十八年(1420)八月是比较可信的。

---

① 夏燮:《明通鉴》卷十七。
② 《太宗实录》卷一百一十七。

东厂设于东安门北,即后来北京的"东仓胡同"。提督东厂的,最初"选各监中一人提督,后专用司礼秉笔第二人或第三人为之",称为"督主"。他们"各设私臣、掌家、掌班、司房等员"。①明代宦官有十二监、四司、八局,合称二十四衙门。其中,司礼监为第一衙门。司礼监有掌印太监一员,因可以代替皇帝对章奏"批红",故权力甚大。在掌印太监以下是秉笔太监,掌东厂的就是秉笔太监第二号人物或第三号人物。据《明史·刑法志》载:"东厂之属无专官,掌刑千户一,理刑百户一,亦谓之贴刑,皆卫官。"东厂和锦衣卫互相监督,互相牵制,又互相勾结。东厂的很多隶役就由锦衣卫拨充,役长称"档头"。有关东厂内部组织的材料甚少,我们只能知道这些大概的情况。

三、水银泻地,无孔不入

在永乐年间,外有锦衣卫,内有东厂,天下臣民都处在严密的监视之下。除了这些特务机构人员以外,明成祖还经常使用自己的心腹四出侦事。例如胡濙就是很典型的一个,侦缉建文帝,还侦伺过太子朱高炽。被明成祖称为"恩张"的张信也是一个,"凡察藩王动静诸密事,皆命信。"②监察御史郑辰也曾充当侦事的角色,有人告谷王橞"谋不轨,复命(郑)辰察之,尽得其踪迹。帝语方宾曰:'是真国家耳目臣矣。'"③公主和驸马也时时处于被侦伺之中,"文皇尝夜遣小中官潜入(梅)殷第,察之。"④有一个看城门的士卒有一天没上班,便被一个宦官告发,说他"纵酒废事",后经查

---

① 《续文献通考》卷五十六。
② 《明史》卷一百四十六,《张信传》。
③ 《明史》卷一百五十七,《郑辰传》。
④ 谷应泰:《明史纪事本末》卷十八,《壬午殉难》。

询,是因他母亲有病,请了假才回家的,这才没有被治罪。①

东厂特务侦事的小头目称"档头",下领番子数人,这些番子也称为干事。一些地痞流氓经常送情报给档头,称"起数"。档头给他们赏钱,称"买起数"。为了进一步落实,档头率领番子前去侦伺,称"打桩"。有时对所谓犯人先毒打一顿,受贿满足后才放出,称"干榨酒"。每月的月初,东厂的数百特务抽签,"分瞰官府",在各官府和城门访缉称"坐记"。当会审大狱或锦衣卫拷讯重犯时,他们就去旁听,称"听记"。将情报报告给东厂头目,称"打事件"。打来事件后,即使是深夜,也能马上直接报告皇帝。"事无大小,天子皆得闻之。"②因为宦官更接近皇帝,不用像锦衣卫那样具疏报告。但东厂特务打来事件后,一般还要"发司房删润奏之"。③

东厂自设有监狱。东厂外"稍南有狱一处,凡重犯皆系之。轻犯干连则在署外之店也。"④他们不经过法司就可以刑讯犯人。只是东厂的这种监狱是否始设于永乐时,则史无明文。永乐时东厂有囚系犯人的地方,则是大体可信的。

由以上的叙述可以看出,当时上至太子亲王、公主驸马,下至普通官吏、普通百姓,都处于特务们的严密监视之下。就连这些监视别人的特务,也处在别的特务的监视之中。谁稍有越轨行为,马上就会被最高统治者知道,真可谓水银泻地无孔不入了。

值得注意的是,尽管明成祖设立了东厂,恢复了在洪武末年被废掉的锦衣卫狱,广泛地使用特务刺事,但由于明成祖威柄自操,刚果有为,特务们还不敢作恶太甚。例如永乐四年(1406)五月,

---

① 王世贞:《弇山堂别集》卷九十九,《中官考二》。
② 《明史》卷九十五,《刑法志三》。
③④ 刘若愚:《酌中志》卷十六。

一个宦官"以私财寓外人",明成祖随即予以严惩,并敕各衙门卫士,宦官"出入之际,遵旧制严搜"。① 一个宦官私役工匠,明成祖训斥应天府尹向宝,怪他不予制止:"为京尹,朝夕在朕左右,尚畏如此,若在远外任小官职,当如何畏之?"遂命锦衣卫将这个宦官逮治。但从明成祖的这段话中也可以看出,臣下对宦官是何等害怕。

近代西方一个政论家说过,当首脑的首要条件是做一个好的屠夫。如果自己成不了好的屠夫,身边就需要有能成为好屠夫的人。明成祖不仅身边有这样的屠夫,而且他本人就是一个好的屠夫,对不忠于自己、危害自己的人,随时都会毫不留情地除掉。这样,明成祖就大大地强化了他的统治机器,把专制主义中央集权推进到一个新阶段。

---

① 《太宗实录》卷四十三。

第七章　经营边疆

今天,我们生活在统一的多民族的大家庭里,这是中国人民几千年来共同努力的结果。其中,一些雄才大略的帝王发挥了不可替代的作用。"秦皇汉武",卓有贡献;"唐宗"也很突出,"宋祖"则远远赶不上明成祖。到了清代,则要数康熙皇帝了。明成祖在位期间,经济持续发展,国力强盛,中央集权得到空前的巩固和加强,在此条件下积极经营边疆,光前耀后。明成祖在东北设奴儿干都司,对黑龙江和乌苏里江流域实施有效的管辖。明成祖在西南少数民族地区开始实行"改土归流",进一步加强了当地和中原地区各方面的联系。另外,明成祖对西北地区、西藏和南海诸岛积极经营,都取得了令人瞩目的成果。

第一节　经营东北和设立奴儿干都司

在朱元璋经营东北的基础上,明成祖进一步对东北地区进行经营和管理,设立了奴儿干都司,竖立了永宁寺碑,并不时派钦差大臣前往巡视。这件不朽的功业已和明成祖的名字紧密地联系在一起。

一、对东北边陲的初期经营

我国满族是黑龙江流域和松花江流域的古老民族。在古代,由于交通不便,人烟稀少,直到明初那里仍是一派蛮荒景象。洪武八年（1375），朱元璋设立了辽东都指挥使司，管辖开原以南的辽东诸地。洪武二十年（1387），纳哈出率部降明，元朝在东北的军事力量被基本消灭，打通了往黑龙河流域的通路，招徕女真（满族）内迁，将他们安置在东宁、三万和辽海等卫。这种做法取得了一定的成绩，但也算不上十分成功。终洪武一朝，由于各种原因，始终未能在女真地区设置军政机构。

明成祖即位后，积极对东北边陲进行全面经营。永乐元年（1403），明成祖"遣行人刑枢偕知县张斌往谕奴儿干，至吉烈迷诸部招抚之"。① 这次招抚取得了很大成果，使女真诸部纷纷来附。当年十一月，明成祖在女真聚居地区设置建州卫（今绥芬河流域），于十二月又设置了兀者卫（今呼兰河流域），这在《明实录》中有明确记载：

忽剌温等处女直（真）野人头目西阳哈、锁失哈等来朝，贡马百三十匹，置兀者卫，以西阳哈为指挥使，锁失哈为指挥同知，吉里纳等六人为指挥佥事。②

这是明成祖在东北边陲建置军政机构的开始。

永乐二年（1404），奴儿干地区诸部首领相率来京，明成祖遂决定设置奴儿干卫，并任命把剌答哈、阿剌孙等四人为指挥同知，古胪寺等为千户所镇抚，赐予诰印、冠带、袭衣。奴儿干卫的设立为奴儿干都司的设立奠定了基础。

至永乐七年（1409），明成祖在黑龙江和乌苏里江流域共设置了 132 个卫。③ 于是，在东北边陲就出现了一个崭新的局面：

东北至奴儿干，涉海有吉列迷诸种部落，东临建州、海西、

---

① 严从简：《殊域周咨录》卷二十四，《女直》。
② 《太宗实录》卷二十五。
③ 《大明一统志》卷八十九。

野人女直,……永乐初相率来归入觐。太宗文皇帝嘉其向化之诚,乃因其地分设卫所若干,以其酋长统率之,听其种牧、飞放、畋猎,俾各安其生,咸属统内。①

在这种情况下,设置更高一级的管理机构就成为顺理成章的客观要求。

二、设立奴儿干都司

永乐七年(1409),奴儿干卫的头目来朝,称奴儿干地处冲要,宜设元帅府,明成祖遂决定设立奴儿干都司。《明实录》记载此事甚详:

> (永乐七年闰四月)设奴儿干都指挥使司。初,头目忽剌冬奴等来朝,已立卫。至是,复奏其地冲要,宜立元帅府,故置都司。以东宁卫指挥康旺为都指挥同知,千户王肇舟等为都指挥金事,统属其众,岁贡海青等物,仍设狗站递送。②

这是设立奴儿干都司最原始的资料。它表明,奴儿干卫的女真头目要求设立更高级别的管理机构。东宁卫属于辽东都司,康旺和王肇舟都来自东宁卫,他们的下属兵士也基本上都来自辽东都司,可见奴儿干都司和辽东都司有着不寻常的密切关系。这里所谓"狗站",元代就曾设置,为驿站的一种,指用狗拉雪橇来传递公文等。

但是,奴儿干都司在永乐七年(1409)并没有建立起来,这是蒙元势力大举内犯的结果。也就在永乐七年(1409)四月,蒙元可汗本雅失里囚杀了明廷的使臣郭骥,并举兵东进。这令人自然想到,明成祖这时设立奴儿干都司,显然带有"藉女直制北虏"的用

---

① 《辽东志书序》。
② 《太宗实录》卷六十二。

意。七月间,明成祖命大将丘福率师北伐,结果因轻敌而全军覆没。据《李朝实录》记载,这时"达达军盛行于开原、金山等处,官军(明军)遇之辄败"。① 由此可以看出,当时蒙元军队已深入到辽东都司地面。这样,设立奴儿干都司的计划只好暂停。永乐八年(1410),明成祖率大军亲征漠北,击退了蒙元势力的东犯,使东北获得了安定的局面,从而为奴儿干都司的设立创造了条件。于是,永乐九年(1411)便正式设立了奴儿干都司:

> 永乐九年春,特遣内官亦失哈等,率官军一千余人,巨船二十五艘,复至其国,开设奴儿干都司。②

在边远的少数民族地区设立都司,又是流官体制,这是件很不容易的事。要存在和发展下去,就更加困难了,这需要许多条件的配合。明王朝经略北部边疆,最主要的威胁来自蒙元势力,其成败也取决于双方力量的消长。正是由于明成祖击退了蒙元势力的内犯,奴儿干都司才得以正式设立。除此之外,还有赖于明王朝国力的增强。经明太祖朱元璋30余年的经营,又经过永乐前期的发展,明王朝已进入了它的鼎盛时期。正是在这时,像郑和下西洋、设立奴儿干都司这样的重大事件才能够出现。

另外,奴儿干都司的顺利设立还和女真诸部的归附和支持密切相关。洪武时就已在辽东设立数卫,专门安置内迁的女真人民。永乐时,明成祖除了在女真地区广设羁縻卫所以外,还积极招徕女真内迁,并专设安乐州和自在州予以安置。明成祖还注意重用女真头目,例如为设立奴儿干都司做出了很大贡献的亦失哈、王肇舟,招徕女真诸部卓有贡献的金声等,都是女真人。他们为奴儿干都司的设立和发展都做出了很大的贡献。

---

① 《李朝实录》太宗十年正月辛巳条。
② 《敕修奴儿干永宁寺碑记》。

奴儿干都司建立后,明成祖为了进一步加强对这一地区的管理,因地制宜,又陆续增设了不少卫所。到"土木之变"发生前,奴儿干都司下辖184个卫、20个所,①绝大部分都是永乐年间设置的。到万历年间,"为卫者三百八十四,为千户(所)者二十四,"②合计共408个卫所。这些卫所的头目都由当地少数民族酋长和其他头目充任,由明廷颁给敕书。由于这些卫所离京师数千里,交通不便,朝廷对这些卫所的情况并不十分清楚,史籍记载也多有缺略。因此,要确切地指出这些卫所的地址,现在已非常困难。经过学者们的多年努力,现在已可以指出近一半的卫所地址。③ 凭借这些已经考证出的卫所地址,就可以比较准确地勾画出奴儿干都司的管辖范围:西起斡难河(鄂嫩河),北至外兴安岭,东抵大海,东北越海而辖库页岛。也就是说,这片广大地区在明代就已正式纳入了中国版图。明成祖设立的奴儿干都司就是管理这一地区的最高地方军政机构。

从有关材料来看,其边徼的卫所大都是明成祖设立的。例如,在乌苏里江以东设有如下卫所:

永乐四年(1406)设亦儿古里卫。④ 亦儿古里,清代称作"宜尔库禄",也称"伊勒枯鲁噶山",地址在今俄罗斯伯力的东北。

同年还设双城卫于双城子,⑤在今俄罗斯乌苏里斯克。

永乐八年(1410)设亦麻河卫。⑥ 亦麻河也叫"伊瞒河",或"尼瞒河",往西流入乌苏里江。今俄罗斯亦称伊瞒河(伊曼河)。

---

① 《明一统志》卷八十九。
② 万历《明会典》卷一百八。
③ 杨旸、袁闾琨、傅朗云:《明代奴儿干都司及其卫所研究》一书,共考证出奴儿干都司下属卫所188个,占408个卫所的46%,是迄今考证此问题的最好成绩。
④ 《太宗实录》卷四十五。
⑤ 《大明一统志》卷八十九。
⑥ 《太宗实录》卷六十八。

明成祖在库页岛（今俄罗斯萨哈林岛）上设置了囊哈儿卫。永乐十年（1412），明成祖命亦失哈巡视"自海西抵奴儿干及海外苦夷诸民"。[①]"苦夷"即"库页"的谐音。明代称库页岛为苦夷或苦兀。同年十月，明王朝在其北部的囊阿里设立了囊哈儿卫。[②]"囊阿里"，今俄罗斯称郎格里。后来，在黑龙江依兰县发现了囊哈儿指挥使的官印。印正面刻8字："囊哈儿卫指挥使印"；背面刻15字："神字七十三号永乐十年十月礼部造"。[③]

奴儿干都司设于黑龙江口附近的特林。这里是元朝奴儿干东征元帅府的旧址。奴儿干又作"弩而哥"或"耦儿干"，清代也称作"尼噜罕"，满语是"图画"的意思，意即这里的山川美丽如画。奴儿干都司设立以后，明王朝便进一步加强了对这一地区的管理和经营。

奴儿干都司直属明中央政府，是军政合一的地方最高机构，设有都指挥使、都指挥同知、都指挥佥事等官员。明成祖在位期间，都指挥使一职一直悬缺，以都指挥同知康旺为最高长官，明宣宗时才将他提升为都指挥使，其下设有办事机构经历司。那里经常驻有数百士兵，一般由辽东都司调拨，二年一轮换。遇有紧急情事，则增派官军前往。都司下属的各卫所官员既是明王朝命官，又是当地少数民族首领，有利于管理当地事务。

为了保证公文的传递，运送官军和贡赋，明王朝在其境内设置了4条驿站线路。这4条驿站线路都和辽东都司境内的驿站相连，直通内地。为了保证航运的需要，永乐年间还在吉林市附近的松花江畔设立"船厂"，以建造船只，当地遂以"船厂"为名。明朝

---

① 《敕修奴儿干永宁寺碑记》。
② 《太宗实录》卷八十四。
③ 金岳霖:《东北古印钩沉》。

水军常常沿松花江出海,前往库页岛等地,从而加强了对东北边陲的经营和管理。在松花江边的石崖上,至今仍保留着著名的阿什哈达摩崖石刻,上有在此督造船只官员的诗词刻字。

奴儿干都司的职权主要有以下几个方面:

第一,招谕和抚恤当地少数民族诸部,以便"依土立兴卫所,收集旧部人民,使之自相统属"。①

第二,组织当地人民向明朝政府缴纳赋税。他们缴纳的是当地土产,即所谓"土贡",主要是海青、大鹰、白兔、黑狐、海豹皮、金钱豹皮和马匹等。这正像《重修永宁寺碑记》中所说:"遂捕海青方物朝贡"。

第三,边防有什么紧急情事,听从明中央政府调遣。明廷"有所征调,闻命即从,无敢违期"。②

第四,进行贸易,以换取朝廷需用之物。这可以从下面这件事中看出:宣德二年(1427)七月,朝鲜官员到夏店,见到指挥金声,"(金)声言:我与内官二人,入狗国,捕海青五十七,贸易明鱼胶、豹皮、白黑狐皮、白鼠皮而来。"③这里所谓"狗国",指黑龙江下游役使狗的民族地区,犹如清代的"使犬部",是对奴儿干等处的另一种说法,并没有侮辱的意思。

明王朝对奴儿干都司及其下属卫所实行羁縻统治,体现了中央和地方机构的一般性关系。这表现在以下几个方面:都司及卫所官员的任免、升降和承袭皆由明廷决定;他们须听从明廷调拨,戍守边疆;卫所需向明廷缴纳贡赋;卫所迁移及其人员徙居,需报明廷批准;卫所间发生纠纷,须听从明廷裁决;各卫所都必须执行

---

① 《敕修奴儿干永宁寺碑记》。
② 严从简:《殊域周咨录》卷二十四,《女直》。
③ 《李朝实录》世宗九年九月癸巳条。

明廷政令。

可以清楚地看出，明成祖设立奴儿干都司以后，明中央政府已确立了对黑龙江和乌苏里江流域的领土主权，加强了对这一地区的有效管辖。明廷在这里设官置制，教民垦殖，整军经武，设防实边，有力地促进了当地经济文化的发展，加快了各民族间的融合。

三、竖立永宁寺碑

明成祖设立奴儿干都司后，就在都司所在地特林地方的江边上，修建了一座供奉观音菩萨的永宁寺。在永宁寺旁边，竖立着两块纪事的石碑，一块是亦失哈于永乐十一年（1413）所立，被称为永宁寺碑，也习称为永乐碑。另一块是宣德年间重修永宁寺时所立，又称宣德碑。永乐年间修建的永宁寺早已堙废，但寺前所立的这两块石碑却屹立在原址达500年之久，中外文献中都有不少记载。尤其是19世纪前期，西方和日本的一些探险家不断来到黑龙江流域，在他们的有关著述中可以多处看到关于这些古迹的记述。

清朝末年，清廷官员曹廷杰奉命到黑龙江流域进行调查，在特林地方看到这两块碑巍然直立，遂亲自将碑文拓了下来，现保存在中国第一历史档案馆，是极其珍贵的文献。它作为历史的见证，表明永乐时已对黑龙江流域实施有效的管辖，而这正是以前人们不大熟知的重要史实。尤其是当国际上某些别有用心的人否认这一史实时，就更显示出永宁寺碑难以估量的价值，也愈加显示出明成祖经营东北边陲的重大贡献。

永乐十一年（1413）立的永宁寺碑高5.36尺，阔2.5尺，刻文30行，每行64字，额题《永宁寺记》，正书：《敕修奴儿干永宁寺碑记》。碑的背面刻有满文和蒙文各15行，碑的侧面刻有汉、蒙、藏、满 4 种文字。① 1904 年,沙皇俄国的一些人将这两块碑搬去,藏了起来,但碑文拓片早已为世人所知。

永宁寺碑记载了永乐年间设立奴儿干都司的经过,叙述了亦失哈和康旺等人宣谕招抚奴儿干一带的大体情况。碑文还告诉人们,当时明王朝在奴儿干设官分职,屯兵戍守,还向黑龙江流域各族首领"赐爵给赏",使"其民悦服",当地向明廷贡献海青等物,承担起作为明王朝臣民所应负的义务。从碑记后面众多的题名中可以看出,其中有官吏,也有平民;有汉族,也有各少数民族。这一些都有力地表明,奴儿干都司是明王朝这个多民族国家的地方政权。这也是明成祖经营祖国边疆历史上的光辉一页。

第二节　设哈密卫和改土归流

明成祖对西北和西南地区也进行了积极的经营。永乐四年(1406)设立了哈密卫,成为西北地区最边远的军事重镇,促进了西北地区的安定和发展。人们大都知道清雍正时鄂尔泰在西南推行改土归流,很少有人知道,正是明成祖开了改土归流的先河。

一、经营西北和设立哈密卫

明朝初年,蒙元势力一直是北边的主要威胁。在与蒙元势力的斗争中,西北地区处于很重要的地位。明军每次北征蒙古,西路军的进攻方向就是西北地区。当时,天山南北分裂成许多封建割据政权,较大的是于阗(今和田)和别失八里(今乌鲁木齐一带),其次是吐鲁番和哈密,而小的割据政权方圆只有数里。他们相互

---

① 钟民岩:《历史的见证——明代奴儿干永宁寺碑文考释》,载《历史研究》1974年第 1 期。

间长期纷争不已。洪武五年(1372),明廷在大败元军后设甘肃卫(今甘肃张掖),遂积极向前伸展。在长城西端的嘉峪关外,明廷设有所谓"西北七卫"。其中,安定卫、阿端卫和罕东卫设立于洪武八年(1375),曲先卫设而又废。其余三卫都是明成祖所设立,曲先卫也被明成祖恢复起来。这些卫都是军事政治机构,从而有力地加强了对西北地区的管理。

曲先卫是永乐四年(1406)重新设立起来的。它始设于洪武初,但具体年代不详。它位于今青海柴达木盆地西北,敦煌西南。永乐四年(1406),安定卫指挥哈三、散即思和三即等人来朝,奏请明成祖:"乞仍分为二,复先朝旧制。"明成祖答应了他们的要求,重设曲先卫,命三即为指挥使,掌卫事,"自是屡入贡"。① 曲先和安定、阿端三卫都在柴达木盆地西北一带,居民主要是畏兀儿(维吾尔)、藏族和蒙族,以游牧为业,其卫所官员则多系蒙族人。

赤斤蒙古卫在今玉门西南,因地近明代九边镇之一的甘肃镇(治所在今酒泉),与明廷的关系尤为密切。永乐二年(1404)九月,元故丞相苦术之子塔力尼率男女500余人来归,明成祖对此非常高兴,遂下诏设立赤斤蒙古所,以塔力尼为千户官,并赐予诰印、彩币、袭衣(即明廷官员制服)。永乐八年(1410),因塔力尼协助明军平叛有功,明成祖"闻之喜,诏改千户所为卫,擢塔力尼指挥佥事,其部下授官者三人"。② 第二年,塔力尼遣人来朝贡马,后屡次平定叛乱,受到明成祖的嘉奖,并提升他为指挥同知。

沙州卫在今敦煌。"永乐二年,酋长困即来、买住率众来归。"明成祖遂命置沙州卫,授他们二人为指挥使。永乐八年(1410),提升困即来为都指挥佥事,"其僚属进秩者二十人"。永乐二十二

---

① 《明史》卷三百三十,《曲先卫》。
② 《明史》卷三百三十,《赤斤蒙古卫》。

年（1424），瓦剌某部来京贡献，半路上为别部所困，"困即来遣人护送至京"。① 明成祖对此十分高兴，除赐以彩币外，还将他提升为都督佥事。当地有蒙古族、畏兀儿族和其他一些少数民族。他们除游牧外，还从事农业生产。明成祖用蒙古贵族治理沙州一带，巩固了边防，也促进了当地的发展。

明成祖经营西北的最大成就是哈密卫的设立。哈密卫在今新疆哈密市，汉代为"伊吾庐"地，唐代为伊州。它是有明一代最靠西的一个卫。其境内"大小城凡十有一"。② 当地居民主要有回回、畏兀儿和蒙族。明朝初年，这里由蒙古贵族安克帖木儿统治。明成祖即位后，遣官招谕，并许其用马匹来交易需用之物。安克帖木儿随即遣使来贡。永乐元年（1403）十一月，又来贡马4740匹，明成祖命付给马值，对使者赐赉有加。

永乐二年（1404），安克帖木儿又遣使来贡，并请封。明成祖遂封他为忠顺王，赐予金印。不久，蒙古可汗鬼力赤将他毒死。永乐三年（1405）二月，明成祖遣官致祭，并以他的侄子脱脱袭忠顺王。

永乐四年（1406）三月，明成祖决定设立哈密卫，"以其头目马哈麻火者等为指挥、千百户等官，又以周安为忠顺王长史，刘行为纪善，辅导。"③让他们共同管理当地军政事务。

明成祖"眷脱脱特厚"，这一方面是因为脱脱自幼在明成祖身边，是明成祖把他从俘人中提拔起来，"俾列宿卫"。明成祖对他比较了解，比较信任。另一方面，这时统治中亚撒马尔罕一带的帖木儿势力大盛，一心要恢复蒙元帝国，于永乐二年（1404）率军东征，打算一举灭掉明王朝。后因帖木儿死于东征路上，这次东征只

---

① 《明史》卷三百三十，《沙州卫》。
② 顾祖禹：《读史方舆纪要》卷六十五，《哈密卫》。
③ 《明史》卷三百二十九，《哈密卫》。

好作罢。但这件事不能不引起明成祖的极大重视,并一度命甘肃总兵宋晟训兵提防。这时用脱脱镇守哈密,无异于明军的第一道防线。这自然也是明成祖待脱脱特别优厚的重要原因。

永乐八年(1410),脱脱以暴疾死。明成祖"遣官赐祭",并提升都指挥同知哈剌哈纳为都督佥事,镇守哈密。同时,明成祖封脱脱的从弟兔力帖木儿为忠义王,赐予诰印、玉带,命其在哈密世守。从此以后,忠义王不断来贡马匹和豹皮等物。明成祖对他的赏赐也十分丰厚。

哈密是明廷通往西域的孔道,在交通和军事上有重要地位。这里土地比较肥沃,宜耕宜牧。当地人民的生活和文化水平也较高。明成祖设哈密卫进行管理,其范围西北达今新疆的巴尔库山。连同其他六卫,辖地包括罗布泊和柴达木盆地。更西的国家和地区来明廷朝贡,都是先到哈密,由哈密卫"译表以上",[1]并派人护送至京。在当地,明廷主要用茶叶换取西域等地的马匹。哈密卫的设立不仅具有军事国防意义,而且也促进了当地经济文化的发展。

二、经营西南和改土归流

在云贵、两广、四川和湖广等地,聚居着苗、瑶、彝、壮、傣等少数民族。为开发祖国的西南边疆,他们都做出了自己的贡献。由于居住地区和生产条件不同,他们的社会状况呈现出明显的差别。在明初,这里大部分地区已基本进入封建社会,有的地方还停留在奴隶制时代,个别地方甚至还滞留在原始社会时期。这里长期以来一直实行土司制度,即利用当地少数民族上层人物进行统治,长官世袭。

---

① 严从简:《殊域周咨录》卷十二。

土司制度形成于元代，其目的是"以夷治夷"。因为土官世袭，所以割据性特别强，往往为争夺土地和人口而互相攻杀，甚至起兵叛乱，反抗中央政府。明成祖即位后，随着中央集权的加强和当地经济的发展，土司制度的弊端越来越突出，明成祖便开始在条件成熟的地方实行改土归流。

所谓改土归流，就是按照内地实行的政治体制，委派有一定任期的流官担任当地的长官，例如知府、知州、知县等等，以取代世袭的土官，变间接统治为直接统治。明成祖最先在西南地区实行改土归流，这无疑是中国历史上的一件大事，历经数百年，直到清代才最后完成。明成祖改土归流的最大成绩是贵州省的设立。

明初，贵州有所谓三大土司。其中，思州宣慰司设置较早。在朱元璋称帝以前，设置于元代的思州宣慰司率先归附，朱元璋"即令以故官世守之"。朱元璋称帝后，将其一分为二，遂成思州和思南两宣慰司。贵州宣慰司设置稍晚。洪武五年（1372），当地土官先后归降，明太祖命他们"以原官世袭。……赋税听自输纳，未置郡县"。① 明成祖即位后，对西南少数民族地区积极经营，基本上仍用土官对当地进行治理。但是，他对诸土司的管理比较严，土司必须定期入京朝贡，如要承袭，不论多么远，都必须亲自到京师接受朝命。对土司的职责、义务等，都作了严明的规定。土司如有违犯，即视为有罪，要严加惩处。这样，明代的土司就不能像唐宋时那样"来者不拒、去者不追"了，也不像元代那样放任了。可以说，这些措施就是改土归流的前奏。一旦条件成熟，明成祖就要断然改用流官来治理了。

永乐八年（1410），思南宣慰田大雅死去，其子田宗鼎承袭。田宗鼎性情凶暴，与他的副使黄禧构怨，长时间相互攻讦。明成祖

① 《明史》卷三百一十六，《贵州土司》。

遂改任黄禧为辰州知府。这种做法明显地迁就了田宗鼎。不久，田宗鼎与思州宣慰田琛争夺地盘，仇恨越结越深。黄禧看有机可乘，遂和田琛相勾结，共同对付田宗鼎。双方由小型冲突发展成大规模叛乱。永乐十一年（1413），明成祖用镇远侯顾成为将，率兵5万前往镇压，将叛乱头目逮送京师。这自然是一个好机会，明成祖遂"分其地为八府四州，设贵州布政使司，而以长官司七十五分隶焉，属户部。置贵州都指挥使，领十八卫，而以长官司七隶焉，属兵部。府以下参用土官。其土官之朝贡符信属礼部，承袭属吏部，领土兵者属兵部。"①从此以后，贵州就成为明代十三布政司之一，成为省一级的行政单位。

明成祖设立贵州布政司（省），这在中国历史上是一件值得肯定的大事，意义深远。

首先，它开了中国历史上对西南少数民族地区改土归流的先河。由于种种原因，西南少数民族地区比内地开发较晚，社会发展阶段比较落后，各地又很不平衡。因此，改土归流是一项长期的也是势在必行的措施，不可能一蹴而就。明成祖这次改土归流也不彻底，府以下仍"参用土官"，后来也时有反复。总的看来，明成祖设立贵州布政司的措施是成功的，并一直维持了下来，为后来更大规模的改土归流提供了榜样，也提供了经验。

其次，贵州布政司的设立使我国的行政区划进一步趋向合理。以前，贵州时而属四川，时而属湖广或云南。自此以后成为省一级行政单位，开始由"边地"变为"内地"，结束了大小土司各自为政的局面，使中央政令可以直达贵州各地。这同时也意味着，当地过去那种互不统属的土酋体制宣告解体。

最后，贵州布政司的设立促进了当地的开发和发展。它使当

---

① 《明史》卷三百一十六，《贵州土司》。

地的老百姓成为封建国家的编户齐民,解除了过去那种"世民"与"世官"之间的人身隶属关系,使广大劳动者的社会处境得到改善,促进了当地落后的生产关系的变革,因而有利于生产力的提高。同时,改土归流使各族人民之间的经济文化交流得到加强。内地人民大量迁入,先进的生产技术得到传播,大量荒地得到垦殖,水利设施得到兴修,各级学校陆续开办。这一切都表明,明成祖首先推行改土归流是顺乎历史潮流的进步之举。

第三节　封赠乌斯藏和经营南海

明成祖在位期间,对西藏和南海诸岛加强了经营和管理,使这些地方和内地的政治、经济和文化联系进一步巩固和加强。

一、封赠乌斯藏

明代称西藏为乌斯藏。藏族人民主要从事畜牧业,只是在一些河谷地带种些农作物,农产品主要是青稞、荞麦等。当地的上层喇嘛和各部酋长组成各级封建领主,占有大量农奴和牲畜,剥削和压迫广大农奴。

西藏盛行喇嘛教,也就是带有本地特色的佛教。喇嘛教内部有许多教派,互相争夺统治权。明初的主要教派有红教(宁玛派)、白教(噶举派)、花教(萨迦派)等。元朝初年,元世祖忽必烈封花教首领八思巴为"大宝法王",并以他为西藏政治首领,在西藏实行政教合一的统治。八思巴死后,他的徒弟承袭大宝法王的,都称为"帝师"。明王朝建立后的第二年,朱元璋即派使臣到西藏地区广加诏谕,宣布仍承认元朝对僧侣的封号,指出西藏是在明朝的"幅帧之内",并要故官赴京授职。洪武六年(1373),根据乌斯藏摄帝师所举,授职60人。从洪武四年(1371)到六年(1373),明廷陆续设置了乌斯藏、朵甘卫两指挥使司以及各级行政机构。洪武七年(1374)又将两卫升级为都指挥使司。

明成祖即位后,对西藏进一步加强了经营和管理,其突出特点是对当地的宗教领袖多封法号,给予极高的礼遇,通过他们对西藏实施有效的管辖。

乌斯藏摄帝师喃加巴藏卜死后,哈立麻被尊为尚师。当地人民认为他有道术,对他特别尊崇。明成祖还是燕王的时候就知道他,即位后随即遣司礼监少监侯显和僧人智光一起前往乌斯藏,带着敕书和礼物,请哈立麻进京。哈立麻先派下人来京贡纳,自己随后亲自来朝。永乐四年(1406)冬季,明成祖听说哈立麻将到京师,十分高兴,立即派驸马都尉沐昕亲自前往迎接。到京后,明成祖与他会见于奉天殿,第二天于华盖殿设盛宴予以款待。明成祖对哈立麻的赏赐十分优厚,从中可以看出明成祖对他是多么敬重:

赐黄金百,白金千,钞二万,彩币四十五表里,法器、裀褥、鞍马、香果、茶米诸物毕备。其从者亦有赏。明年春,赐仪仗、银瓜、牙仗、骨朵、魫灯、纱灯、香合、拂子各二,手炉六,伞盖一,银交椅、银足踏、银杌、银盆、银罐、青圆扇、红圆扇、拜褥、帐幄各一,幡幢四十有八,鞍马二,散马四。①

这种赏赐是一般人所不敢想望的。

第二年春天,明成祖命人在京师近郊的灵谷寺修建起"普度大斋",让哈立麻为明太祖和高后荐福。明成祖亲自行香,礼仪十分隆重。其间,所谓"瑞应"纷纷出现:卿云、甘露、青鸟、白象、白鹤,甚至"舍利祥光,连日毕见,又闻梵呗天乐自空而下",②都似乎在显示哈立麻活佛的法力。当时文坛上出现了一批台阁派诗人,

---

① 《明史》卷三百三十一,《乌斯藏大宝法王传》。
② 《明史》卷三百四,《侯显传》。

像杨士奇、杨荣、金幼孜等都是其代表人物。在没有什么瑞应的时候,他们还要千方百计地借题发挥,献诗赋为明成祖歌功颂德。这时有了这么多瑞应,他们的这种才能更有了用武之地,纷纷献瑞应颂。大概是胡广的《圣孝瑞应颂》最中明成祖的心意,明成祖让人谱成佛曲,"令宫人歌舞之"。①

这样闹哄哄地搞了 7 天,明成祖觉得很成功,十分高兴,又对哈立麻进行了丰厚的赏赐:"复赐黄金百,白金千,宝钞二千,彩币表里百二十,马九。"明成祖给哈立麻的封号更是前所未有的尊崇:"万行具足十方最胜圆觉妙智慧善普应佑国演教如来大宝法王西天大善自在佛,领天下释教。"颁封号后,又赐给诰印、金银、彩币之物甚多。随哈立麻前来的徒弟有 3 人被封为"大国师"。②

不久,明成祖又命哈立麻赴五台山建大斋,再次为他的父母荐福。事后又给以丰厚的赏赐。永乐六年(1408)四月,哈立麻才起身返藏。明成祖除再次赐予金币、佛像等物外,还派宦官为他护行。其礼遇之高简直令人难以置信。

当时,确实有些大臣在私下议论,认为这样做有些过分。例如,当哈立麻等人在灵谷寺为高帝和高后荐福时,因不通汉语,需要译者跟随。翰林侍读李继鼎就讥讽道:"若彼既有神通,当通中国语,何为待译者而后知乎?且所谓'唵嘛呢叭咪吽'云者,乃云'俺把你哄'也,人不之悟耳。"③其实,他们并不真正了解明成祖的心意。明成祖并不是个虔诚的佛教徒,他对这些活佛只是利用而已。哈立麻被许多人尊为人世间的活佛,用他来为自己的父母荐福,可以迷惑很多人。中国人中正宗的佛教徒虽不很多,但多多

---

① 《明史》卷一百四十七,《胡广传》。
② 《明史》卷三百三十一,《乌斯藏大宝法王传》。
③ 姚福:《清溪暇笔》。

少少信奉佛家学说的人却不少。通过哈立麻的这些荐福活动,正可以表明自己是明太祖的合法继承人,可以为自己的皇位带来一些神圣的灵光。另外,通过对哈立麻这些优厚的礼遇,可以使他更诚心地效忠自己,以通过他来管理西藏事务。这是他很重要的政治目的。

另外,明成祖这样大搞佛事还有深层次的心理因素。他即位的最初几年,对不归附自己的建文旧臣进行残酷的屠戮,令人目不忍睹。这时他却大搞佛事,借以表明自己并不是嗜杀的残暴之徒。因此,这样的佛事活动似乎可以减轻他的一些负罪感。

哈立麻是白教领袖,他被封为"大宝法王"后,花教领袖也希望得到封赠。当时的花教领袖是昆泽思巴,他的徒弟们也都尊他为尚师。明成祖听说他颇有道术,也有很大的影响,便派宦官带着玺书、银币前去征召。昆泽思巴自然很高兴,马上派人随使者入京,向明成祖贡舍利、佛像等物,他自己则随后入朝。永乐十一年(1413)二月,昆泽思巴到京。明成祖亲自赐宴款待,并赐给他藏经、银钞、彩币、鞍马、茶果诸物,封他为"万行圆融妙法最胜真如慧智弘慈广济护国演教正觉大乘法王、西天上善金刚普应大光明佛,领天下释教"。① 明成祖还赐给他印诰、袈裟、鞍马等物。其礼仪仅亚于被封为"大宝法王"的哈立麻。他于第二年辞归,明成祖又赐予他许多银币和器物,并派中官为他护行。就像哈立麻被简尊为"大宝法王"一样,他被简尊为"大乘法王"。他回藏后又数次遣人入贡,明成祖也先后派中官乔来喜、杨三保前往,赐予他佛像、法器、彩币等物。

明成祖共封了两个法王:大宝法王和大乘法王,他们更主要的是宗教精神领袖,没有固定的封地,也不必定期来贡。另外,明成

---

① 《明史》卷三百三十一,《大乘法王传》。

祖还册封各地政权的领袖为阐化王、阐教王、辅教王、护教王和赞差王。这五王有固定封地,要定期向中央政府朝贡,承袭时也要由明廷遣使册封。

对后世影响更大的是对黄教首领的册封。14世纪末期,藏族僧侣宗喀巴(罗桑扎巴)创立了一个新教派——格鲁派。由于这派要僧侣戴黄帽,所以被习称为黄教。黄教主张严守戒律,学、行并重,不与世俗争权,因而得到西藏上层人士的欢迎和支持,势力扩大得很快。永乐七年(1409),宗喀巴在拉萨举行法会,参加的僧众达8000余人。明成祖封了两个法王以后,黄教徒也很想得到天子的恩宠,于是纷纷来京邀恩。明成祖都给以丰厚的赏赐。永乐十二年(1414),宗喀巴派他的弟子释迦也失来朝,明成祖盛情款待,仪礼低于大乘法王。第二年,明成祖封他为"妙觉圆通慈慧普应辅国显教灌顶弘善西天佛子大国师",并赐予诰印。永乐十四年(1416)辞归时,明成祖又赐给他佛经、佛像、法仗、僧衣、绮帛、金银器等物,尤其使他引以为荣的是,明成祖还亲撰赞词相送,这是其他教派领袖所没有的。

自此以后,黄教首领不断来贡。永乐十七年(1419),明成祖特命中官杨三保往赐佛像、衣币等。黄教的势力迅速扩大,甚至在蒙古地区也流行开来。到宣德时,释迦也失又被加封为"大慈法王"。①

宗喀巴死后,按照宗教说法,由他的两大弟子世世转生,传其衣钵。这两大弟子后来被追称为一世达赖和一世班禅。黄教在西藏地区逐渐确立起统治地位,直到现在也没有太大的改变。由于黄教发源于今青海西宁市附近的湟中,那里建起了一座金碧辉煌的寺院——塔尔寺,成为藏族人民的重要宗教圣地。

明成祖通过对各宗教领袖的封赠,有力地加强了对西藏各地

---

① 《明史》卷三百三十一,《大慈法王传》。

的管理。为了方便西藏和内地的人员和物品交流,永乐十二年(1414),明成祖命杨三保再次赴乌斯藏,命阐教、护教、赞善三王一起修建驿站,从而使雅州(今四川雅安)到乌斯藏的道路畅通无阻。明廷在雅州、打煎炉(今四川康定)等地设点交易,藏族人民用马匹、犀角等物换取内地的茶、盐、布匹等物,方便了西藏人民的生产和生活。

综观明成祖对乌斯藏的政策和做法,可以看出和明太祖有明显的不同。明太祖"授国师、大国师者不过四五人",主要通过茶马互市维系西藏和内地的关系。明成祖则主要通过封赠当地宗教领袖,通过他们加强对西藏的管理。"至成祖兼崇其教,自阐化等五王及二法王外,授西天佛子者二,灌顶大国师者九,灌顶国师者十有八,其他阐师、僧官不可悉数。"[1]在当时情况下,明成祖的这种做法取得了相当的成功。《明史》对此有段很好的总结:

> 初,太祖以西番地广,人犷悍,欲分其势而杀其力,使不为边患,故来者辄授官。又以其地皆食肉,倚中国茶为命,故设茶课司于天全六番,令以马市,而入贡者又优以茶布。诸番恋贡市之利,且欲保世官,不敢为变。迨成祖,益封法王及大国师、西天佛子等,俾转相化导,以共尊中国。以故西陲宴然,终明世无番寇之患。[2]

明代乌斯藏一直和中央政府保持着密切的关系,明成祖的贡献最大,而且对后世的影响十分深远。

二、经营南海诸岛

我国广东省南部海域称作南海,国外也称作南中国海,是我国

---

① 《明史》卷三百三十一,《大慈法王传》。
② 《明史》卷三百三十一,《朵甘乌斯藏行都指挥使司传》。

四大海中最大的一个。因为南海经常涨潮,所以我国古代又称之为"涨海",也有的史籍写作"张海"或"大涨海"。在南海水域分布着一些岛屿,大都由珊瑚礁构成,有的还时隐时现,即有些岛礁在涨潮时就被淹没了,有的则是暗礁。它们大体组成四个岛屿群,分别称作西沙群岛、东沙群岛、中沙群岛和南沙群岛。三国时山阴人谢承在《后汉书》中就记载道:交趾七郡贡献,皆从涨海出入。"以理推之,"涨海"之名至晚即已在汉代出现。后人诗词中也不时出现"涨海"之名,例如唐朝诗人沈佺期就留有佳句:"北斗崇山挂,南风涨海牵。"由于这里是我国与东南亚和南亚诸国海上交通枢纽,所以我国很早就对这里的岛屿进行了勘察和经营。在这个漫长的历史过程中,明成祖有着突出的贡献。

明成祖对南海的经营和管理,突出地表现在他先后 6 次派郑和出使西洋的过程中。从永乐三年(1405)开始,郑和率领近 3 万人的庞大船队,前后 7 次下西洋,其中 6 次是受明成祖派遣出行的。郑和每次出使,都要经过南海诸岛。对所经之处,郑和一行都要反复勘查。为了纪念明成祖和郑和一行,后人就用他们的名字对诸岛命名。例如西沙群岛,散布的各岛礁又大体可分为东西两群岛屿,西面的岛屿群就被命名为"永乐群岛"。永乐群岛包括 8 个较大的岛屿和一些暗礁。1920 年,西沙群岛的渔民在那里发现了许多中国古钱,其中以"永乐通宝"为最多。①

南沙群岛中还有个"景宏岛"。"景宏"就是指王景宏,是郑和下西洋时的副使。如郑和不在,就由他统领这支庞大的船队。他也被称作王三保,东南亚一带散布和流传着不少有关王三保的遗迹和传说。景宏岛是南沙群岛中一个较大的岛屿,而南沙群岛又

---

① 陈可畏、邓自欣:《南海诸岛是我国的领土,决不容许别国侵占》,载 1987 年《中国边疆史地研究报告》第 1 辑。

是南海四大群岛中岛屿最多、分布最广的群岛。

南沙群岛中还有一个"马欢岛",是以马欢的名字命名的。马欢通晓阿拉伯语,充任郑和的译员,自永乐十一年(1413)第四次下西洋起,三次随郑和出使。他历览各国的风土人情,笔之于书,成《瀛涯胜览》,一直流传至今,成为研究郑和下西洋及所经各国历史风情的重要典籍。

费信是又一个随郑和出使并留下著述的人,南沙群岛中也有一个以费信的名字命名的岛——"费信岛"。这也是南沙群岛中一个较大的岛屿。据《星槎胜览》书后的《费信传》所记,郑和下西洋时,"简文采论识之士,专一策书,备上清览,(费)信首预选。"由此可见,费信是随郑和专事记录的幕僚,大体相当于现在的秘书。他所写的《星槎胜览》一书就是他沿途所见所闻的记录。

王景宏、马欢、费信都是跟随郑和下西洋的人,用他们的名字来命名的都是单个的岛,而郑和是下西洋的统帅,用他的名字来命名的是一群岛礁,称之为"郑和群礁",①也是南沙群岛的一部分。由在南海水下发现大量的"永乐通宝"钱可以看出,当时我国渔民已在那里谋生和居住。明代的史籍称南海诸岛为"千里长沙,万里石塘",这在《郑和航海图》中都有所显示。这一切都表明,明成祖时期对南海诸岛的经营是卓有成效的。随着近现代南海的战略地位日益重要,这就更使我们感受到明成祖经营祖国边疆的历史功绩。

---

① 洪焕春:《明初对外政策和郑和下西洋》,载《南京大学学报》1984 年第 4 期。

第八章　四方宾服

在中国历史上,永乐年间是中外友好交往的盛期。明成祖虽未明令废除朱元璋制定的海禁政策,但在具体执行上却是大大地放松了。他一即位就遣使四出,对周边诸国广加招徕,并出现了郑和下西洋的盛事,成为中国与亚非国家友好关系史上的佳话。也正是在永乐年间,各国来华贡使"络绎于道",并有4个国家和地区的国王先后来华,有的就死在了中国,成为中外友好的历史见证。

第一节　开明友好的睦邻政策

明成祖即位后,对周边诸国执行了一条开明友好的睦邻政策,从而使中外友好交往发展到一个新阶段,达到前所未有的新水平。

一、遣使通好

明成祖即位之初,颇有点"门前冷落车马稀"的景象。当时,只有真腊(柬埔寨)、暹罗(泰国)、琉球(今日本冲绳)和朝鲜等少数几个国家来贡,这对好大喜功的明成祖来说,简直是太不能令人满意了。他决心要改变这种局面。

这种局面的形成是明太祖不务远略的结果。明太祖朱元璋初即位时,也一度向周边诸国遣使招徕,表明自己是新朝天子,元帝国已被推翻,要它们来中国朝贡。当时,也曾有十几个国家和地区遣使来华,朱元璋也都给予很好的接待。洪武十三年(1380),丞相胡惟庸以谋反罪伏诛,朱元璋认为他勾结日本,反对自己,十分生气,遂对外国来贡多方限制。到洪武末年,朱元璋"以海外诸夷多诈,绝其往来,唯琉球、真腊、暹罗许入贡"。① 从《明实录》和其他史籍来看,洪武末年来贡的还有朝鲜和安南。即使这样,来贡的国家也显然是太少了。尤其引人注目的是,明初设有专门负责接待外国贡使的市舶司,这时也被朱元璋全部废除了。

　　明成祖即位后,这种局面顿时为之一变。他即位刚3个月,打了3年之久的靖难之役的硝烟还没有散尽,就于九月"以即位诏谕安南、暹罗、爪哇、琉球、西洋、苏门答剌、占城诸国。上(明成祖)谕礼部臣曰:'……今四海一家,正当广示无外,诸国有输诚来贡者听。尔其谕之,使明知朕意。'"②这里明确表明了明成祖对诸国的态度,不仅"广示无外",而且来者不拒,不再像他的父皇那样对外国贡使多方限制了。这也是明成祖对他开明友好的睦邻政策的表白。

　　其实,当时和中国关系最密切的还是朝鲜。这次广泛出使,朝鲜不在其内,那是因为在此以前已遣人前往。明成祖六月十七日即皇帝位,八月一日就"遣使以即位诏谕朝鲜"。③ 当时辽东尚未归附,明成祖可能担心朝鲜仍忠于建文帝,所以最先遣使去朝,借以孤立在辽东的建文势力。

　　永乐元年(1403),国内的局势渐渐安定下来,这时出使的人数更多、规模也更大了。今仅就《明实录》所载,将永乐元年(1403)明成祖遣使情况简列于下:

　　　　"二月甲寅(七日),遣使以金印、诰命赐朝鲜国王李

---

① 《明太祖实录》卷二百三十一。
② 《太宗实录》卷十二上。
③ 《太宗实录》卷十上。

芳远。……

遣使赍诏谕暹罗国王昭禄群膺哆罗谛刺,并赐之驼纽镀金银印。

遣左通政赵居任等使朝鲜。"

"四月辛酉(十五日),遣行人杨渤等赍敕往谕安南陪臣耆老等。"

"六月丁巳(十一日),分遣给事中杨春等十二人为正副使,颁诏安南、暹罗诸国,仍赐其王彩币。"

"八月癸丑(八日),遣官往赐朝鲜、安南、占城、暹罗、琉球、真腊、爪哇、西洋、苏门答刺诸番国王绒线、织金、文绮、纱罗有差。行人吕让、丘智使安南;按察副使闻良辅、行人宁善使爪哇、西洋、苏门答刺;给事中王哲、行人成务使暹罗;行人杨宾兴、王枢使占城、真腊;行人边信、刘元使琉球;翰林待诏王延龄、行人崔彬使朝鲜。"

"九月庚寅(十五日),遣中官马彬等使爪哇,……复命(马)彬等赍诏谕西洋、苏门答刺诸番国王,并赐之文绮、纱罗。"

"九月己亥(二十四日),遣内官李兴等赍敕劳暹罗国王昭禄群膺哆罗谛刺,并赐王文绮被四十四,及铜钱、麝香诸物,与其贡使偕行。"

"十月丁巳(十三日),遣内官尹庆等赍诏往谕满刺加、柯枝诸国。赐其国王罗销金帐幔及伞,并金织文绮、彩绢有差。"

"闰十一月丁卯(二十四日),遣礼部郎中夏止善等赍诏往安南,封胡查为安南国王。"

从上面的记载可以看出,明成祖遣使四出几无虚日,而且范围很广。像柯枝和"西洋",都在印度半岛的南端。"西洋"又称"西洋琐里",号称西洋大国。

就整个永乐年间遣使的情况来看,除了最著名的郑和下西洋以外,出使西域一带最著名的是陈诚和李达。出使西南诸国的主要是侯显,他数次出使尼八剌(今尼泊尔)、榜葛剌(今孟加拉国)和沼纳朴儿(今印度中部)。出使蒙古诸部的主要是宦官海童。等到郑和大规模出使时,足迹已达阿拉伯半岛和非洲东部。他们对促进中外友好都做出了很大的贡献。

二、放松海禁

所谓"海禁",也就是近人所说的闭关,其主要特征是禁止私人之间的海外贸易,既不许中国海商私自出海,也不许外国商船来中国贸易,一切中外物品交换活动都必须通过"朝贡"和赏赉的方式进行,也就是历史上所说的"朝贡贸易"。这是明太祖朱元璋的一个创造。以前,人们都把它简单地说成是自给自足的自然经济的反映。实际上,这只是一种理论上的推测。明太祖实行海禁政策有着更主要、更直接的原因,那就是担心"海疆不靖"。张士诚和方国珍都曾是朱元璋的劲敌,他们活动在江浙沿海一带,方国珍还有一支颇有战斗力的水师。他们失败后,其部下大都逃亡到东南海上,继续与明王朝为敌。朱元璋害怕这些海上敌对势力和国内相勾结,以共同反对自己,所以他便断然地实行海禁政策。朱元璋曾说:"余以海道可通外邦,故尝禁其往来。"①这真是一语道破天机。从本质上来说,海禁也是朱元璋极端的专制主义思想在对外经济活动中的体现。②

海禁,不仅禁止人民私自出海贸易,而且连沿海人民下海捕鱼

---

① 《明太祖实录》卷七十。
② 见拙作:《论明代实行海禁的原因——兼评西方殖民者东来说》,载《海交史研究》1989 年第 1 期。

的活动也被禁止,甚至禁止国内人民使用"番货",亦即外国物品。明廷还通过所谓"垛集"、"按籍抽兵",征沿海船户为军。明廷还在沿海广筑城堡,严行稽查。即使外国来朝贡,明太祖也对来贡的时间、路线、人数等进行了严格的规定,不许随意来贡。后来,朱元璋还干脆把负责接待外国贡使的市舶司也废除了。这样一来,中外交往自然就受到很大的限制。①

明成祖即位后,也未敢明令废除海禁。这主要是因为,他指责建文帝"变乱祖制",自己打的旗号是恢复祖制,所以对朱元璋制定的海禁政策他不敢轻易取消。这从他刚即位后发布的谕旨中就可以看出来。建文四年(1402)七月一日,这时他即位还不到半个月,就在颁布的谕旨中重申道:

> 沿海军民人等,近年以来,往往私自下番,交通外国,今后不许。所司以遵洪武事例禁治。②

但纸面上的条文和实际执行的情况并不一致。这种情况在历史上经常出现,明成祖对待海禁一事又是个典型。因为他虽然那样说,但在具体执行中却是大大地放松了。

朱元璋在位期间,有关海禁的诏令每过一两年就要重申一次,还不时派军政大员到沿海巡视。明成祖则只在即位之初宣布过"遵洪武事例禁治",以后则再也没有宣布过这类的诏令。恰恰相反,有关优待来使的诏谕却不断颁降。例如,建文四年(1402)九月七日,这时他即位还不到 3 个月,他就对礼部诸臣说:"诸番国遣使来朝,一皆遇之以诚,其以土物来市易者,悉听其便。或有不知避忌而误干宪条,皆宽宥之,以怀远人。"③这离宣布仍遵洪武旧

---

① 见拙作:《论明代的海禁》,载《山东大学学报》1987 年第 2 期。
② 《太宗实录》卷十上。
③ 《太宗实录》卷十二上。

制实行海禁的诏令才两个月,调子就有了这么大的变化。

明成祖放松海禁的一个直接措施就是重新设立市舶司。永乐元年(1403)八月,明成祖下令,"于浙江、福建、广东设市舶提举司,隶布政司,每司置提举一员,从五品;副提举二员,从六品;吏目一员,从九品。"①永乐三年(1405)九月,"以诸番贡使益多",明成祖遂命令三市舶司各设驿馆,以供贡使及其随行人员住宿。福建馆叫"来远",浙江馆叫"安远",广东馆叫"怀远"。②由这三个驿馆的名称也可以看出,明成祖对诸国来华人员采取了欢迎和友好的态度。

三、优待来使

明成祖对来华人员一概采取欢迎的态度,并为他们提供很多方便条件,在礼遇上也给予很高的待遇。

由海路来华的贡使先到市舶司,由市舶司官员负责接待,安排住宿、饮食,然后由市舶司派人陪同贡使入京,沿途地方官员负责运送贡物。中亚诸国由陆路来华,他们一般先到哈密卫,由哈密卫派人护送至京,其贡品也由地方官安排老百姓代为运送。来华贡使献上贡品,得到明成祖宽宏大度的赏赐,其价值都远远超过贡品的价值。这就是人们所常说的"厚往薄来"的政策。除此之外,贡使都附带着一些私物,允许他们在市舶司和京师会同馆进行交易,这都是大有利可图的事。因此,许多国外私商便冒充贡使来华。明廷对海外诸国的情况知之不详,来者不拒。仅仅为这些真假贡使运送贡物就成为沿途百姓很大的负担。《明史》记道:

---

① 《太宗实录》卷二十一。
② 《太宗实录》卷三十七。

永乐时,成祖欲远方万国无不臣服,故西域之使岁岁不绝。诸蕃贪中国财帛,且利市易,络绎道途。商人率伪称贡使,多携马、驼、玉石,声言进献。既入关,则一切舟车水陆、晨昏饮馔之费,悉取之有司。邮传困供亿,军民疲转输。比西归,辄缘道迟留,多市货物。东西数千里间,骚然繁费,公私上下罔不怨咨。廷臣莫为言,延臣亦莫之恤也。①

这里说的是西北陆路,由东南海路来华的贡使也是同样。这种记载告诉人们,一是永乐年间贡使特别多,二是有一些商人冒充贡使,三是明廷对他们提供许多方便,持友好欢迎的态度。

明成祖对来华贡使都给以友好的接待,不管他们的国家是大是小、是强是弱,明成祖都要亲自接待,并给以丰厚的赏赐。除此之外,遇有重大喜庆节日,例如元旦、郊祭、万寿节(皇帝生日)、冬至时,明成祖都邀请各国贡使参加宴会和庆祝活动。有时,明成祖还单独设宴款待外国贡使,借以了解国外情况。

贡使们在中国做了些违法的事,明成祖一般不予惩治,表现出极大的宽容。

永乐元年(1403)九月,日本遣使入贡,先到达宁波。礼部尚书李至刚奏道,外国贡使不得私带兵器,更不能私下卖给老百姓,应将日本贡使的刀枪之类"籍封送京师"。明成祖答复道:"外夷向慕中国,来修朝贡,危蹈海波,跋涉万里,道路既远,赍费亦多,其各有赍以助给路费,亦人情也,岂当一切拘之禁令!"李至刚又奏道:"刀槊之类,在民间不许私有,则亦无所鬻,惟当籍封送官。"明成祖又回答道,刀枪没地方卖,官府就出钱买下来,"勿拘法禁,以失朝廷宽大之意,且阻远人归慕之心,此要务也。"②日本贡使违禁

---

① 《明史》卷三百三十二,《西域传四》。
② 《太宗实录》卷二十二。

私带刀枪，明廷不仅没予"籍封"，反而由官府出钱买下。尤其引人注意的是，明成祖反复重申，"岂当一切拘之禁令"，"勿拘法禁"，这显然是指海禁而言。以前，官员们都是以严遵禁令为尽职，这时明成祖不让臣下"拘之禁令"，这自然是对远人的优待。

明成祖有关此类的话还可以找到许多。例如，永乐二年（1404）五月，琉球山南王遣使来贡，竟私自带着银子到景德镇购买瓷器，"法当逮问"。明成祖却说："远方之人，求利而已，安知禁令？朝廷于远人当怀之，此不足罪。"①

外国贡使以所带私物在中国出售，明成祖也给以免税优待。例如，西洋琐里（今印度南端）于"永乐元年来朝，附载胡椒等物，皆免税。"②

明成祖还制定了对外国贡使的赏赐条例。贡使们代表他们的国王向中国朝贡，明成祖颁赏时也首先赏赐他们的国王和王妃。为使这种赏赐与"天朝上国"的身分相符，这种赏赐自然都是十分优厚的。除国王和王妃外，对贡使成员都按级行赏："三品四品，人钞百五十锭，锦一匹，纻丝三表里；五品，钞百二十锭，纻丝三表里；六品七品，钞九十锭，纻丝二表里；八品九品，钞八十锭，纻丝一表里；未入流，钞六十锭，纻丝一表里。"③

除此之外，遇有重大节日或庆典，外国贡使都可以和明廷大臣一起受到赏赐。这类不时赏赐"事例不一，或出一时特恩，不可胜计"。④ 明成祖对外国贡使的诸多优待，显然是他睦邻友好政策的一种表现。

---

① 《太宗实录》卷二十九。
② 万历《明会典》卷一百一十一，《外夷上》。
③ 《太宗实录》卷一百一十九。
④ 弘治《明会典》卷一百，《给赐一》。

第二节　通好西域

历史上通常所说的西域,还包括今新疆地区。这里所说的西域,仅指新疆以西的中亚一带。明成祖即位之初,中亚的帖木儿帝国盛极一时,并准备东来攻打明朝。帖木儿死后,明成祖遣使通好,双方的关系得到迅速的恢复和发展。从此以后,明王朝与中亚各国的使节往来不断,终明之世一直保持着友好的关系。

一、与帖木儿帝国重归于好

明成祖即位之初,在中亚兴起了一个强大的帖木儿帝国,一度给明王朝造成很大的威胁。

14世纪初,四大汗国之一的察哈台分裂为东、西二部。东察哈台控制我国今新疆一带,西察哈台占据阿姆河和锡尔河一带,相互间不断发生战争。1370年(洪武三年),跛足的帖木儿夺得西察哈台的统治权,成为西察哈台的君主。他以成吉思汗的继承人自居,力图重新恢复蒙元大帝国的统治。他积极向外扩张,不久即占领了旧察哈台全境。接着,他又征服了波斯、花刺子模等地。后来,他又攻入伊拉克、俄罗斯等地,并打败了钦察汗国,攻入印度,对德里大加焚掠。他还攻入土耳其,俘获了土耳其的苏丹。帖木儿以撒马尔罕(今乌兹别克的撒马尔罕州首府)为首都,建立起一个盛极一时的大帝国。

洪武前期,帖木儿向明廷"纳贡称臣"。随着扩张战争的节节胜利,帖木儿渐渐骄横起来。洪武二十八年(1395),明太祖遣傅安出使撒马尔罕,竟被帖木儿扣留。帖木儿派人领着傅安到处周游,借以夸耀他统治疆域的广大。也就在明成祖即位的建文四年(1402),帖木儿征服了土耳其,感到已无后顾之忧,遂决意对中国用兵。

明成祖即位后,曾遣使往谕,并责备帖木儿数年不来朝贡之过。帖木儿声称,他要"亲来见大汗(明朝皇帝),使之称臣纳贡于帖木儿"。① 永乐二年(1404)冬季,帖木儿经过一番准备之后,统领数十万大军东来攻明。明成祖闻讯后,马上敕谕甘肃总兵官左都督宋晟:

> 回回例兀言,撒马尔罕回回与别失八里沙迷查干王,假道率兵东向。彼未必敢肆志如此,然边备常不可怠。……宜练士马,谨斥堠,计粮储,预为之备。②

撒马尔罕距中国内地路途遥远,到处是高山和沙漠,水草缺乏,供给困难。帖木儿军中战马死的很多,帖木儿本人也病死途中。因此,这次对中国的远征也只好作罢。明成祖对此事却一直放心不下,永乐五年(1407),他再一次敕谕宋晟:"朝廷遣使为虏(指帖木儿)拘留未归,未知其意如何,"并要他遣人"往察彼处动静以闻"。③ 实际上,帖木儿死了以后,这场战争的威胁也就解除了。

帖木儿因长子早死,他死后便由其孙哈里继承了大汗位。哈里不想和明朝构兵,便于永乐五年(1407)六月遣使虎歹达送傅安等回中国,顺便贡献方物,借以恢复和明王朝的和平邦交关系。明成祖对来使盛情款待,赏赉甚厚,并"遣指挥白阿儿忻台等往祭故王(帖木儿),而赐新王及部落银币"。④ 明成祖这样做显然是很合乎邦交礼仪的。

傅安等人自洪武二十八年(1395)出使撒马尔罕,于永乐五年

---

① (德)细尔脱白格:《游记》。译文见《中西交通史料汇编》第一册第六章。
② 《太宗实录》卷三十三。
③ 《太宗实录》卷五十。
④ 《明史》卷三百三十二,《撒马儿罕传》。

（1407）才回到中国，被扣 13 年（1395—1407）。傅安在异国他乡"艰苦备尝，志节益励"，不畏威逼利诱，始终拒绝投降，维护了大明帝国的尊严。傅安出使时"方壮龄，比归，须眉尽白。同行御史姚臣、太监刘惟俱物故。官军千五百人，生而还者十有七人而已"。①使团原有 1500 人，只剩 17 人生还国内，仅此一点也可看出，这次出使是何等的艰险。其情景与汉武帝时的张骞通西域很相类，但傅安却很少为人所知。他这种热爱祖国的气节是值得大书特书的。

明成祖对傅安很赞赏，认为他不辱使命，对他厚加赏赐，并要他偕同来使再次出使撒马尔罕诸国。永乐七年（1409），哈里遣使随傅安入贡。"自后，或比年，或间一岁，或三岁，辄入贡。"永乐十三年（1415），哈里遣使随中国著名的使节陈诚等入贡，辞归时，明成祖又命陈诚和中官鲁安偕同前往，赐其头目白银、彩币等物。"其国复遣使随（陈）诚等入贡。（永乐）十八年复命（陈）诚及中官郭敬赍敕及彩币报之。"②真可谓使节"不绝于道"。

尤其值得一提的是，当明王朝与帖木儿帝国的关系恢复以后，明成祖对当地诸部不是挑拨离间，分而治之，而是促使他们相互团结，帮助他们排解纠纷。

帖木儿生前曾命其第四子沙哈鲁领有哈烈（今阿富汗西北部）。帖木儿死后，其孙哈里继承汗位，与他的叔叔沙哈鲁不谐，相互争战不休。明成祖命都指挥白阿儿忻台赍敕往谕沙哈鲁：

> 天生民而立之君，俾各遂其生。朕统驭天下，一视同仁，无间遐迩，屡尝遣使谕尔。尔能虔修职贡，抚辑人民，安于西徼，朕甚嘉之。比闻尔与从子哈里构兵相仇，朕为恻然。一家

---

① 陈继儒：《见闻录》。
② 《明史》卷三百三十二，《撒马儿罕传》。

之亲,恩爱相厚,足制外侮。亲者尚尔乖戾,疏者安得协和。自今宜休兵息民,保全骨肉,共享太平之福。①

明成祖还赐给沙哈鲁"彩币表里"。接着,白阿儿忻台又前往撒马尔罕,"敕谕哈里罢兵,亦赐彩币。"②当时,双方因长年交战而筋疲力尽,经明成祖劝谕,遂停止战争。这显示了明王朝对帖木儿帝国的友好态度。从此以后,哈烈和其他诸部不断遣使来贡。终明之世,明王朝与这些国家和地区一直维系着和平友好的关系。

二、陈诚和《使西域记》

明成祖遣使四出,次数多,规模大,范围广。其中,除了随郑和下西洋的几个人留有著述以外,就只有陈诚留有著述了。

当时,在出使西域的使臣中,以陈诚的次数最多,行迹也最广。正像东南海路最出名的使节是郑和那样,在西北陆路最出名的使节就是陈诚了。

陈诚是江西吉水人,洪武二十七年(1394)举进士,授行人,犹如现在所说的外交官。洪武二十九年(1396)他即奉命出使"西域",但未出今新疆境。第二年他又和吕让一起出使过安南。永乐年间,明成祖命陈诚三次出使中亚一带,功绩卓著。

永乐十一年(1413)十月,明成祖首次命他出使"西域"。陈诚于第二年春天出发,次年十一月回国,在西域诸国近两年时间。这次出使的正使是宦官李达,陈诚为副使。陈诚一行访问了撒马尔罕、哈烈、达失干(今乌兹别克首都塔什干)等地。每到一地,他们都首先交上玺书(相当于现在的国书),接着献给当地国王文绮、纱罗、布帛等物。陈诚一行回国时,撒马尔罕遣使随同来中国朝

①② 《明史》卷三百三十二,《哈烈传》。

贡。永乐十四年（1416），撒马尔罕的使臣回国，明成祖命陈诚随行，也就是永乐年间陈诚的第二次出使。这次陈诚由副使升为正使，其副手是宦官鲁安。

陈诚一行到哈烈后，受到国王沙哈鲁和他儿子的盛情款待。陈诚除交上玺书外，还交给沙哈鲁一幅绘画，上面画着一匹白马。沙哈鲁一眼就看出，画上的这匹马正是他献给明成祖的。沙哈鲁深受感动，遂遣使护送陈诚一行回国。从此以后，哈烈和中国的关系日益密切。赠画虽然只是一件小事，但对加深双方的信任和友好却收到了意外的效果。明成祖在位期间中外友好关系发展迅速，除了其他因素以外，和明成祖的外交艺术也是有关的。因为陈诚的外交活动取得了圆满的成功，陈诚被提升为广东布政使参议。永乐十八年（1420），陈诚第三次奉明成祖之命出使西域，进一步促进了中亚各国同中国的和平友好关系。这次出使回国后，陈诚升为都转运使。

陈诚在第一次出使时，将行程和所见所闻笔之于书，成《使西域记》一卷。回国后，他将此书献给明成祖，实际上就是他和李达的这次出使报告。这件事在《明实录》中有详细记载。永乐十三年（1415）十月记：

> 中官李达、吏部员外郎陈诚等使西域还。西域诸国哈烈、撒马尔罕……等处各遣使，贡文豹、西马、方物。（陈）诚上《使西域记》，所历凡十七国，山川、风俗、物产悉备焉。①

此书是研究中亚历史地理的宝贵资料。"所历凡十七国"，其中除了撒马尔罕、哈烈、达失干等以外，其余大都在我国今新疆境内，有些地名至今难以详考。

---

① 《太宗实录》卷九十八。

第三节　改善对日关系

有明一代的中日关系一直不谐,只是在永乐年间得到较大程度的改善。明成祖一即位就遣使赴日通好,恢复了两国正常的邦交关系。对那些来中国沿海劫掠的倭寇,明成祖则严加剿捕,使自元末以来的倭寇之患得以暂时平息。

一、明初倭寇问题

明成祖即位之初,除了沿海不时有倭寇的警报以外,中日间没有任何官方往来。

元世祖忽必烈曾对日本大举征讨,因遭暴风而全军覆没,故终元之世日本不通中国。明王朝建立后,朱元璋遣使赴日通好,日本国王遂遣使来华,奉表称臣,两国间的邦交关系遂得以恢复。朱元璋还以"祖训"的形式,将日本列为15个不征国之一。

日本海盗自元代起就不断到中国沿海抢劫,明初亦然。中日邦交恢复后,日本不断将这些海盗送回中国,听中国惩治。中国称这些日本海盗为倭寇。有时,日本还将被倭寇掳掠的中国人送回。例如,洪武四年(1371)日本使臣第一次来华时,就"送还明、台二郡被掠人口七十余"。①

但这种友好的关系没维持多久。洪武十三年(1380),丞相胡惟庸以谋反罪伏诛。朱元璋了解到,胡惟庸曾"欲藉日本为助",因此,"怒日本特甚,决意绝之,专以防海为务。"②明太祖朱元璋曾一度想发兵讨伐日本,但鉴于元朝征日本失败的教训,才未对日本用兵。

---

①②　《明史》卷三百二十二,《日本传》。

明成祖即位时,中日间断绝邦交已20余年。其间,倭寇不断在中国沿海骚扰和抢劫。明成祖决心要改变这种状况。

二、遣使通好,恢复邦交

明成祖于建文四年(1402)六月十七日即位,九月七日便遣使以即位诏谕日本。永乐元年(1403)九月,明成祖遣左通政赵居任、行人杨洪偕同僧人道成一起出使日本。还没有出发,日本贡使已到宁波。明成祖听说很高兴,知道上年的出使已收到成效。但是,在日本贡使附带的私物中有刀枪之类的兵器,违犯了中国的禁令。礼部尚书李至刚奏请"籍封送京师",明成祖为怀柔远人,改善与日关系,未予治罪,反而命官府出钱将这些刀枪买下。日本贡使于十月到京,献上日本王源道义的"表及方物。帝(明成祖)厚礼之,遣官偕其使还,赉道义冠服、龟钮金章及锦绮、纱罗"。[①] 日本贡使这次来华,标志着中断了20余年的中日邦交得到了恢复。从此以后,两国使节往来不断,关系日益密切。

永乐二年(1404),因明成祖册立长子高炽为皇太子,日本特遣使臣来贺。当时,日本海寇在中国沿海经常抢劫财物,掳掠人口,明成祖借此机会谕其国王,要日本逮捕这些海寇。日本感到倭寇的行为妨害了两国关系的发展,遂"发兵尽歼其众,系其魁二十人,以(永乐)三年十一月献于朝,且修贡"。[②]明成祖对日本这样做十分赞赏,特遣鸿胪寺少卿潘赐和中官王进一起出使日本,对日本国王大加赏赐。对日本献来的这20个倭寇头目,明成祖却交还给日本使臣,让他们自行处治。日本使臣回到宁波,将这20个倭寇头目置于大缸中,"烝杀之"。嘉靖年间胡宗宪在东南沿海负责剿倭,他还见到过这次"烝杀"倭寇头目的旧址。胡宗宪在《筹海

---

①② 《明史》卷二百二十二,《日本传》。

图编》中记道:"今铜甑犹存,炉灶遗址在芦头堰。"

为这件事,明成祖特别颁诏,许日本 10 年一贡,人只 200,船只两艘,不得带兵器,违者以寇论。为了方便日本来贡,特赏赐给日本船只两艘,专为入贡用。

永乐四年(1406)正月,明成祖又命侍郎俞士吉出使日本,对其国王"赐赍优渥,封其国之山为'寿安镇国之山',御制碑文,立其上"。① 《万历野获编》中录有这篇碑文的原文:

> 日本有国钜海东,舟航密迩华夏通。
>
> 衣冠礼乐昭华风,服御绮绣考鼓钟。
>
> 食有鼎俎居有宫,语言文字皆顺从。
>
> 善俗殊异羯与戎,万年景运当时雍。
>
> 皇考在天灵感通,监观海宇罔不恭。
>
> 尔源道义能迪功,远岛微寇敢鞠凶。
>
> 鼠窃蝇嘬潜其踪,尔奉朕命搜捕穷。
>
> 如雷如电飞蒙冲,绝港余孽以火攻。
>
> 焦流水上横复纵,什什伍伍擒奸凶。
>
> 荷校屈肘卫以从,献俘来庭口喁喁。
>
> 彤庭左右夸精忠,顾咨太史畴勋庸。
>
> 有国镇山宜锡封,惟尔善与山增崇。
>
> 宠以铭诗贞石盘,万世照耀扶桑红。②

在明成祖在位 20 余年间,只有日本、满剌加等少数几个国家享受到封山的待遇。日本国王对此十分感激,当年六月就遣使来谢,以后则频频来贡,并献上所捕获的倭寇。日本使臣请求得到徐皇后所编的《劝善》、《内训》二书,明成祖遂命各赐 100 本。

---

① 《明史》卷三百二十二,《日本传》。

② 沈德符:《万历野获编》卷一,《赐外国诗》。

永乐六年（1408）十二月，因日本国王源道义死，其子遣使来明廷告讣。明成祖"命中官周全往祭，赐谥'恭献'，赙绢布各五百匹。复遣使赍诏封（源）义持嗣日本国王，赐锦绮纱罗六十匹。"①由此可以看出，当时中日双方的关系已很密切。故王的谥号要由明成祖赐予，新王继位要由明成祖册封。这与其他朝贡国已完全一致。

因当时倭寇不断在中国沿海掳掠，明成祖遣使谕日本新国王源义持，要他严加剿捕。永乐八年（1410）四月，源义持遣使谢恩，并献上所获海寇。明成祖十分高兴，于第二年遣王进前往褒赏，并在日本购买一些宫廷需用之物。当时日本内部有纷争，有些人打算扣留王进。王进闻讯后，偷偷地从另一条路逃回。从此以后，日本数年未来中国朝贡。

由于日本对倭寇的约束放松，倭寇为害日益严重。也就在永乐八年（1410），倭寇大掠盘石（今浙江乐清县西南）。永乐十五年（1417），倭寇先后掳掠松门（今浙江温岭县东南）、金乡（今浙江平阳县南）、平阳（今属浙江）等地。明成祖命沿海守军严行剿捕。靖远伯王友募民严宝等人协助剿倭，"严宝等杀贼数百人，并得其所掠货物。成祖谕（王）友曰：'下人成功者，未必皆出其能，皆由主将能导之方略，作其志气。今严宝等有获，亦尔之功。但所获货物，宜悉与之，尔勿干与毫末。盖人冒险成功，而不推利与之，后来不复乐为用矣。'"②当时剿倭，官军不足，求之于民兵，足见倭寇为患已有相当规模。为此，明成祖命刑部员外郎吕渊前去日本，责备日本方面约束不严，"令悔过自新"，凡是被掠往日本的中国人，要日本全部送回。第二年（永乐十六年），日本

---

① 《太宗实录》卷六十。
② 余继登：《典故纪闻》卷六。

国王遣使随吕渊来贡说:"海寇旁午,故贡使不能上达。其无赖鼠窃者,实非臣所知。愿贷罪,容其朝贡。"①明成祖觉得日使说的有理,礼遇如故,并许其照常来贡,但倭寇仍不断在沿海一带抢劫。有时,一次即捕获倭寇数十人。有的大臣建议将这些倭寇立即杀掉,但明成祖认为:"威之以刑,不若怀之以德,宜还之。"②将他们送回日本处治。

随着中日官方关系的恢复和发展,双方的经济文化交流得到扩大。中国输入日本的主要是绸缎、布帛、瓷器等,日本输入中国的主要是漆器、硫磺、折扇、刀等物品。尤其是日本的漆器和折扇,工艺精细,深受中国人民喜爱。日本折扇又称聚头扇、蝙蝠扇或撒扇,因从日本传来,故中国人又称之为"倭扇"。当时,中国也开始仿制,折扇遂在中国流行开来。对此,有文献记载道:

> 中国宋前惟用团扇。元初,东南使者使聚头扇,人皆讥笑之。我朝永乐初始有持者。及倭充贡,遍赐群臣,内府又仿其制,天下遂通用之。③

这表明,正是永乐年间双方的关系得到恢复和发展以后,日本的一些手工业品才在中国得到广泛的流行。

三、望海埚之战

明成祖一方面加强中日间官方的友好往来,要日本国王对倭寇严加约束,另一方面则加强沿海防务,对来犯的倭寇严加剿捕。永乐年间,沿海各地对倭寇不断有所斩获。其中,最大的一次胜利就是望海埚之战了。

自永乐八年(1410)始,刘江即以左都督镇守辽东,除防御蒙

---

① ② 《明史》卷三百二十二,《日本传》。
③ 张燮:《东西洋考》卷六。

元残余势力外,另一个重要任务就是备倭。

刘江在巡视各海岛时,来到金州卫(今辽东半岛南端)金线岛西北的望海埚上,看到这里地势高广,可驻兵千余人。当地土人告诉他,洪武初年都督耿忠就曾在这里筑堡备倭。这里离金州约70里,凡倭寇来掠,一定要经过这里,实滨海咽喉之地。刘江在奏请明成祖后,便在这里用石头筑堡,置烽火台,严兵以待。

永乐十七年(1419)六月的一天,哨兵来报,谓东南方向夜里举火有光。刘江估计倭寇将至,遂增派马、步兵赴望海埚上防备。第二天,倭寇乘30余艘海船赶来,停泊在马雄岛,登岸后朝望海埚奔来,共约2000余人,鱼贯而前。这支倭寇的头目相貌丑陋,挥兵率众,兵势颇锐。刘江泰然自若,略不为意,只秣马厉兵以待。刘江命都指挥徐刚伏兵山下,命百户江隆率小队壮士绕至敌后,断其归路。刘江与他们约定,见旗举而伏起,闻炮鸣而奋击,不用命者军法从事。不大会,倭寇来到望海埚下,进入埋伏圈中。刘江披发举旗鸣炮,伏兵四起,继以两翼并进,从早晨一直鏖战到天黑,倭寇大败,死者狼藉。倭寇余众逃到樱桃园空堡中,刘江率军将此堡团团围住。明军将士人人奋勇,请求入堡剿杀。刘江不许,反而在西边网开一面,让倭寇从那里外逃,然后分两翼夹击,尽歼倭寇,"斩首千余级,生擒百三十人。"①偶有少数走脱的倭寇,到海边准备上船逃跑时,又被等候在那里的江隆俘获。因此,这次倭寇的大规模来犯竟没有一人逃掉。

明成祖闻报后,非常高兴,遂封刘江为广宁伯,子孙世袭。有功将士都受到不同的封赏。刘江原来冒用他父亲的名字,这时才恢复真名刘荣。

自望海埚之战后,倭寇元气大伤,多年不敢到辽东为害。在此

---

① 《明史》卷一百五十五,《刘荣传》。

后的百余年间,小股倭寇虽不时有闻,但未见大批倭寇来犯。这正如有的史书所说,原来,"滨海之区,无岁不被其害。至是,为(刘)江所挫,敛迹不敢大为寇。然沿海稍稍侵盗,亦不能竟绝。"①

第四节　郑　和　下　西　洋

在永乐年间的对外交往中,规模最大、影响最深远的莫过于郑和下西洋了。自永乐三年(1405)至宣德八年(1433),郑和在28年间前后七下西洋,前6次都是在永乐年间进行的,只有最后一次是在宣德年间。

所谓"下西洋",是指出使今南洋和印度洋一带的国家和地区。通过郑和出使,明王朝和30多个国家和地区建立起友好的关系,在中国和亚非国家关系史上写下了光辉的一页。

一、用人得当,动因复杂

据《明实录》载:

> 永乐三年(1405)六月己卯(十五日,公历七月十一日),遣中官郑和等赍敕往谕西洋诸国,并赐诸国王金织文绮、彩绢各有差。②

《明史·郑和传》则说得比较详细:"永乐三年六月,命(郑)和及其侪王景弘等通使西洋。将士卒二万七千八百余人,多赍金币。造大舶,修四十四丈、广十八丈者六十二。自苏州刘家河泛海至福建,复自福建五虎门扬帆……"也就是说,这就拉开了郑和大规模出使的序幕。

---

① 谷应泰:《明史纪事本末》卷五十五,《沿海倭乱》。
② 《太宗实录》卷三十五。

明成祖选择郑和来统率这支庞大的船队,是经过慎重考虑的,也是很得当的。

郑和是云南昆阳人,原姓马,所以有的书就称他为"马三保"。他们家世奉伊斯兰教,其祖父和父亲都曾去天方朝圣,因而被称为"哈只",意即巡礼人。洪武十五年(1382),明军攻灭了云南的梁王政权,郑和被俘入宫,阉割为宦官,后被朱元璋拨给燕王朱棣听用。郑和在明成祖身边长大,在靖难之役中亲临战阵,"多立奇功",①深受明成祖的赏识和信任。明成祖即位后,命他为内官监太监,并赐姓为"郑",从此以后便改名为"郑和"。由这种经历可以看出,郑和是深受明成祖信任的人。

明成祖对郑和的才能也很了解,知道他堪此重任。据记载,"(郑)和自幼有材智","才负经纬,文通孔孟"。② 有的史书上说,"(郑)和有智略,知兵习战,帝(明成祖)甚倚信之。"③《明书·郑和传》则说他"丰躯伟貌,博辨机敏"。从这些记载可以看出,郑和身材高大,仪表堂堂,既通文墨,又知兵习战,是具有这种统帅才能的。

明成祖选中郑和,还有信仰上的原因。郑和出生于伊斯兰世家,他本人也是回教徒。郑和在第五次下西洋时,曾亲自到泉州回教先贤墓行香。在南洋一带,有许多国家和地区的人民信奉伊斯兰教,阿拉伯诸国更是伊斯兰教的世界。由信仰相同的郑和出使这些国家和地区,自然是很适宜的。

另外,郑和还信奉佛教,是个佛教徒。明代宦官"最信因果,好佛者众,其坟必僧寺也"。④ 郑和也自不能例外。在姚广孝题记

---

① 朱国桢:《皇明大政记》。

② 李士厚:《郑和家谱考释》。

③ 《古今图书集成·明伦汇编·宫闱典》卷一百三十二,引《明外史》。

④ 刘若愚:《酌中志》卷二十三。

《佛说摩利支天经》中说："今菩萨戒弟子郑和,法名佛善,施财命工刊印流通……"郑和施财刊印佛经,还有个"佛善"的法名,足证郑和是个佛教徒无疑。这对郑和出使也是个有利条件,因为众所周知,在东南亚和南亚一带佛教有很大的势力。

明成祖在用郑和出使前,曾问术士袁忠彻,看用郑和是否适当。袁忠彻也极力称赞郑和,进一步坚定了明成祖的决心。袁忠彻曾记载此事说:"永乐初,欲通东南夷。上(明成祖)问以三保(郑和)领兵如何,……对曰:'三保姿貌才智,内侍中无与比者。臣察其气色,诚可任。'遂令统督以往,所至畏服焉。"①明成祖虽然是个雄才大略的帝王,但也不可否认他有迷信心理。他在发动靖难之役时就征求过袁忠彻的意见,对他颇为信任。这种以长相气色来判断人的术家之言,在今天看来似为荒诞不经,但剥去其迷信色彩,也有其合理的成分。例如,郑和身体好,有才智,可担此重任。事实表明,这都是很对的。尤其是充任使臣,更需要仪表堂堂。

为了郑和能顺利出使,明成祖十分关心建造海船。永乐二年(1404),明成祖即命福建建造 5 艘海舶,以备下西洋之用。永乐五年(1407),明成祖又命改造海运船 249 艘。据《明史·郑和传》记载,这些船只很大,长 44 丈,宽 18 丈,可乘千余人。当时,大概只有中国才能建造出这么大的船只。这些大船是郑和安全远航的可靠保证。

明成祖还为郑和组织起人才齐全的出使队伍。郑和这支队伍有 27800 人,除军士外,还有各种行政和后勤人员,像医官、文书、通事(翻译)、火长(船长),凡所需人员,可说是应有尽有。

那么,明成祖到底为什么这样兴师动众,这样一而再、再而三

① 袁忠彻:《古今识鉴》卷八。

地命郑和大规模出使呢？这样一个重大历史事件,应该说是由多种因素促成的。除了前边所说的有踪迹建文帝的用意之外,至少还有以下两方面的原因。

第一,明成祖朱棣通过靖难之役夺得皇位后,急需收拾民心。从传统上来看,明成祖夺取皇位属于"篡逆",有悖于封建正统观念,其合法性受到广泛的攻击和怀疑。方孝孺宁被杀"十族"也不为他起草登极诏就是明证。因此,明成祖在大肆诛杀建文旧臣后,迫切需要提高个人声望。在封建专制时代,封建帝王为提高个人声望是不惜任何代价的。明成祖派郑和出使,"颁正朔",广施赏赉,以使"太宗文皇帝德泽洋溢天下,施及蛮夷。舟车所至,人力所通,莫不尊亲,执圭捧帛而来朝,梯山航海而进贡。"①这种"万邦臣服"、"祯祥毕集"的盛况,可以大大地提高皇帝的声望,树立自己"代天行命"的天子形象。这对明成祖收拾民心是大有益处的,也是十分必要的。

第二,有明一代,始终存在着所谓"北虏南倭"的压力。这种压力深刻地影响了明王朝的内外政策。在明初,南边的倭患尚不甚严重,主要威胁是北边的蒙元残余势力。蒙元势力虽北走沙漠,但仍保留有一支相当强的军事力量。明太祖朱元璋虽屡次遣将北征,但始终未能根本解决问题。明成祖当燕王时,即与蒙元势力进行过多次交锋,对这种威胁有着十分清楚的认识。他即位不久就长驻北京,摆出与蒙元战斗的姿态。纵观明成祖一生,除靖难之役外,他的军事生涯差不多都是和蒙元势力周旋。他曾亲自五征漠北,反击蒙元势力的侵扰。北边的这种形势,使明成祖迫切需要一个安定的南方。通过郑和下西洋,发展和南边诸国的友好关系,正是为了贯彻他的这种战略意图。于是,永乐年间就呈现出这样的

---

① 费信:《星槎胜览》序。

局面:在北边是进行一次又一次的大规模远征,在南边则是郑和的一次又一次的大规模远航。明成祖用兵于北疆,施德于南方,正是一种威德并举的战略。郑和果不辱使命,在"下西洋"的过程中"施恩布德",使双方的友好关系建立和增强起来。终永乐一世,除安南外,南方基本没发生什么战争。明成祖晚年,"威德遐被,四方宾服,受朝命而入贡者殆三十国。"①这大部分的功劳应归于郑和的出使。

郑和船队有二三万军士,除了可以"耀兵异域,示中国富强"以外,对南洋一带的海寇还可以就地剿捕。例如剽掠商旅的旧港头目陈祖义即被郑和擒获杀掉。这就进一步保证了南方的安宁。

明成祖是一代英主,汉唐是他心目中的盛世。在他看来,"万邦无不归顺者,圣人之统也。"②正如汉有"张骞凿空"一样,他派郑和数使西洋,正是为了实现他"帝王居中,抚驭万国"的雄心。他命郑和"往东南诸国,赏赐宣谕",借以达到"敦睦邦交"的目的。

另外,明成祖派郑和下西洋,可能还有牵制帖木儿帝国的用意。③ 这一点虽没有直接材料可以证明,但从当时的历史背景上看,并不是毫无根据。从时间上看,帖木儿于永乐二年(1404)举兵东进,准备来攻打明帝国,郑和于永乐三年(1405)出使,时间相合。从出使的行程来看,郑和前三次下西洋都是以印度南端为终点站,而没有继续西使。当时帖木儿帝国一度攻占了印度北部,郑和到印度南部牵制它,也是合乎情理的。再者,从牵制帖木儿帝国这个角度来考虑,郑和率领近3万人的军士出使也就不奇怪了。

总之,明成祖派郑和大规模出使,这是由多种因素促成的。

---

① 《明史》卷五,《成祖本纪》。
② 巩珍:《西洋番国志》。
③ 尚钺:《中国历史纲要》;向达:《三保太监下西洋》(见《旅行家》1955年第12期)皆持是说。

二、力排众议,连续出使

从永乐三年(1405)开始,郑和在永乐年间连续 6 次大规模出使。郑和的船队一般都是从苏州刘家港出发,先到福建五虎门,由五虎门南下占城(今越南南部),再由占城到满剌加(今马来亚)、爪哇等,穿过马六甲海峡继续往西行驶。当时的船只都是帆船,需借助风力,所以郑和出使时都是在冬季或早春,以便借助于东北季风。郑和回国时都是在夏季,以便借助于西南季风。郑和前三次出使的终点站都是印度半岛南端的古里(今印度卡利卡特)。自第四次以后,才越过印度半岛南端,到达波斯湾沿岸,并与阿拉伯半岛诸国和非洲东岸的一些国家发生了交往。起初,郑和船队是沿海岸线航行,后来,郑和的船队便由印度半岛南端横渡印度洋,直达红海口和非洲东岸诸国。今将郑和 6 次出使的时间和所经国家和地区列表于下。

郑和出使时间和所经主要国家、地区一览表

序次	出国时间	回国时间	所经主要国家、地区
一	永乐三年冬 (1405 年冬)	永乐五年九月 (1407 年 10 月)	占城、暹罗、苏门答剌、旧港、满剌加、锡兰、古里
二	永乐五年冬 (1407 年冬)	永乐七年夏末 (1409 年夏末)	占城、爪哇、满剌加、暹罗、浡泥、锡兰、加异勒、柯枝、古里
三	永乐七年九月 (1409 年 10 月)	永乐九年六月 (1411 年 7 月)	占城、爪哇、暹罗、满剌加、苏门答剌、阿鲁、锡兰、柯枝、古里、溜山、阿拨把丹、小葛兰、甘把里
四	永乐十一年冬 (1413 年冬)	永乐十三年七月 (1415 年 8 月)	占城、爪哇、满剌加、锡兰、柯枝、古里、阿鲁、彭亨、急兰丹、忽鲁谟斯、溜山、木骨都束、卜喇哇
五	永乐十五年冬 (1417 年冬)	永乐十七年七月 (1419 年 8 月)	占城、爪哇、满剌加、锡兰、柯枝、古里、阿鲁、彭亨、急兰丹、忽鲁谟斯、溜山、木骨都束、麻林
六	永乐十九年冬 (1421 年冬)	永乐二十年八月 (1422 年 9 月)	占城、暹罗、满剌加、榜葛剌、锡兰、古里、阿丹、祖法儿、剌撒、溜山、柯枝、木骨都束、卜喇哇

郑和每到一地,首先是开读明成祖对各国王和当地头目的诏谕,以宣扬中国皇帝皇恩浩荡,邀其到中国朝贡。《郑和家谱·敕海外诸番》条载有这种诏谕的原文:

> 皇帝敕谕四方海外诸番王及头目人等:朕奉天命君主天下,一体上帝之心,施恩布德。凡覆载之内,日月所照,霜露所濡之处,其人民老少,皆欲使之遂其生业,不致失所。今遣郑和赍敕普谕朕意。尔等祗顺天道,恪守朕言,循理安分,勿得违越。不可欺寡,不可凌弱,庶几共享太平之福。若有撼诚来朝,咸锡皆赏。故兹敕谕,悉使闻知。

开读诏谕后,接着对国王进行一番赏赐,赐物主要是金银和文绮、彩绢等物,且赐及王妃和大臣。诸国君长自然也要有一番奉献。这些官方活动结束后,再与当地进行一些货物交易,换回一些宫廷需用之物。

郑和在海外也使用过两次武力。一次是在旧港(即三佛齐,今苏门答腊岛上的巨港),当地头目陈祖义"剽掠商旅",甚至打算邀劫郑和的船队,郑和将他擒获带回中国。另一次是在锡兰(今斯里兰卡),其国王亚烈苦奈儿"发兵劫(郑)和舟",郑和将他擒获,也带回国内。明成祖对这两个人的处置方法截然不同。陈祖义是个海寇,本来就是个中国人,明成祖断然将其杀掉。亚烈苦奈儿是锡兰国王,明成祖对他"赦不诛,释归国"。[①] 明成祖对锡兰国王的这种宽宏,显然有利于发展双方的友好关系。事实也证明,明成祖这样做效果良好。从此以后,锡兰使者不断到中国朝贡,那里再也没发生过邀劫郑和船队的事,双方建立起十分友好的关系。

明成祖还让郑和在海外排解邻国纠纷。郑和第二次出使时,明成祖特意让郑和赍敕去暹罗,要暹罗与占城、满剌加等邻国搞好

---

① 《明史》卷三百四,《郑和传》。

睦邻关系,不可恃强凌弱。原来,占城的贡使回国时,因遇大风而漂至彭亨(今马来西亚彭亨),被暹罗扣留。明成祖赐给满剌加和苏门答剌的印诰也被暹罗强行抢去,两个国家都来向明成祖控告暹罗强横无理。郑和到暹罗开读了明成祖给国王的敕谕:

> 占城、苏门答剌、满剌加与尔俱受朝命,安能逞威拘其贡使,夺其诰印! 天有显道,福善祸淫,安南黎贼可为鉴戒。其即返占城使者,还苏门答剌、满剌加印诰。自今奉法循理,保境睦邻,庶永享太平之福。①

暹罗马上遣使来中国,"贡方物,谢前罪",遣还占城贡使,送还满剌加和苏门答剌的印诰,使这一带恢复了和平和安宁。像这种为邻国排解纠纷的事,明成祖还让郑和干过多次。

郑和还不时代表明成祖对当地国王进行册封。例如,永乐三年(1405)明成祖封古里的土酋沙米的喜为国王,永乐五年(1407)郑和"赍诏敕,赐其国王诰命、银印,给赐、升赏各头目品级、冠带"。这些代表国王身份的诰命、银印,由郑和亲手赐予国王。为了纪念这件盛事,郑和还在古里立碑勒铭,上书:

> 其去中国十万余里,民物咸若,熙皞同风。刻石于兹,永示万世。②

这里所说"十万余里",是极言其远的意思,并非确指。所谓"民物咸若,熙皞同风",是说这里的人民安居乐业,世道昌明,和中国很相类。

永乐年间,郑和除了6次大规模出使以外,还有一次小规模出使,时间是永乐二十二年(1424)春天,任务是册封施进卿之子袭旧港宣慰使之职。原来,郑和在第一次下西洋时,因得到旧港另一

---

① 《明史》卷三百二十四,《暹罗传》。
② 马欢:《瀛涯胜览》,"古里国"。

个头目施进卿的协助,所以顺利地将海盗头目陈祖义捕获。明成祖遂"设旧港宣慰使司,命(施)进卿为宣慰使,赐印诰、冠带、文绮纱罗"。① 宣慰使司是明王朝在边远少数民族地区设置的地方行政机构。旧港在今苏门答腊岛东南端的巨港一带,中国封建王朝只有明成祖在这里设置过这类机构。永乐二十二年(1424)春天,施进卿之子济孙遣使来见明成祖,谓其父施进卿已死,请让他袭宣慰使之职,并说原赐旧印已毁于火,请另给新印。明成祖遂"命济孙袭宣慰使,赐纱帽……银印,令中官郑和赍往给之。"②郑和这次出使的任务很简单,只是去旧港册封济孙承袭父职,并赐予银印等物。这次出使不在通常所说的"七次下西洋"之内,大概是因为这次行程不远,根本没进入印度洋。郑和这次出使还没回到国内,明成祖就已死在北征回师的路上。

随郑和大规模连续出使,许多国家和地区纷纷遣使来中国,贡献奇珍异宝、珍禽异兽,其盛况为历朝所不曾见。一些大臣写诗作赋,歌舞升平,明成祖对这种情景自然也是满心高兴。尤其是一些国家随郑和来中国贡献麒麟,更使满朝大臣欢欣鼓舞,认为这是难得一见的瑞兆。画家沈度还特地为麒麟作画并题诗,成《榜葛剌进麒麟图》,现在原物及摹本尚存,藏于中国历史博物馆。著名的文臣杨士奇也作诗歌颂这件事:

天香神引玉炉薰,日照龙墀彩仗分。

阊阖九重通御气,蓬莱五色护祥云。

班朕文武齐鵷鹭,庆合华夷致凤麟。

圣主临轩万年寿,敬陈明德赞尧勋。③

① 《太宗实录》卷七十一。
② 《太宗实录》卷二百六十七。
③ 严从简:《殊域周咨录》卷十一,《榜葛剌》。

郑和出使几乎和永乐一朝相始终,由于耗费巨大,不断遭到一些大臣的反对。像杨士奇、杨荣、夏原吉这些著名大臣,都从不同角度劝阻过这件事。永乐十九年(1421)初,明成祖刚迁都到北京,三大殿即遭了火灾。明成祖下诏求直言,这时一些大臣便借机力陈下西洋之弊,话也说得更直接了。例如,翰林院侍读李时勉和侍讲邹辑便上书说:"连年四方蛮夷朝贡之使相望于道,实罢(疲)中国。宜明诏海外诸国,近者三年,远者五年一来朝贡,庶几官民两便。"明成祖遂下令,"往诸番国宝船及迤西、迤北等处买马等项,暂行停止。"①这只是在那种特定的情况下,认为有大灾异,又有那么多人反对,明成祖才"暂行停止"了下西洋。但是,到这年冬天,明成祖又命郑和进行了第六次大规模出使。正是由于明成祖力排众议,大力支持,才使郑和完成了波澜壮阔的大规模远航。

三、成就巨大,耗费惊人

郑和下西洋无疑是世界航海史上空前的壮举,这突出地表现在它的规模大、时间早、技术先进。他比西方"地理大发现"时期的哥伦布、麦哲伦、达·伽马等人的航海要早半个多世纪。在当时,这种大规模的远航只能发生在中国,也只有像明成祖这样气魄浩大的帝王才能组织起这样的远航。

郑和下西洋的成就是巨大的,这首先表现在亚非友好关系的进一步加强上。人们看到,受郑和下西洋的推动,亚非国家来华使节往来不断,其频繁程度为中国数千年封建社会所仅见。洪武末年,只有周围少数几个国家来中国"朝贡",这种冷落景象在建文时没有什么改变。郑和第一次下西洋于永乐五年(1407)回国,"是年,琉球、中山、安南、暹罗、日本、别失八里、阿鲁、撒马尔罕、

---

① 《太宗实录》卷一百二十。

苏门答剌、满剌加、小葛兰入贡。"①其中,除少数几个国家外,大都与郑和出使有关。许多国家的使节就是搭乘郑和的船只来中国的。例如,永乐十七年(1419)郑和第五次下西洋回国时,就带回了17个国家和地区的贡使。永乐二十一年(1423)郑和第六次下西洋回国,第二年来中国朝贡的共"十六国,遣使千二百人贡方物至京"。② 这种盛况在中外关系史上即不说绝后,至少是空前的。

据统计,洪武年间自洪武二年(1369)二月起始有贡使来华,到朱元璋死的29年间,共有来华使节183次。在永乐年间,自永乐元年(1403)二月至明成祖死的21年间,共有来华使节318次。③ 洪武年间平均每年6次多一点,永乐年间则平均每年15次多。这种情况不能不使明成祖"威制万邦"的虚荣心得到极大的满足。这正像《明史·成祖本纪》的赞语所说,到明成祖晚年,"威德遐被,四方宾服,受朝命而入贡者殆三十国。幅陨之广,远近汉、唐。成功骏烈,卓乎盛矣!"

郑和的船队庞大,在出访诸国时有主船队,有分船队,所以一次能访问许多国家。在连续多次远航中,开辟了亚非国家之间纵横交错的交通网,所绘制的《郑和航海图》流传至今,极大地方便了亚非国家间的往来和交流。尤其引人注意的是,从第四次下西洋开始,郑和的船队由印度南端经溜山(今马尔代夫)横渡印度洋,直达红海口,访问非洲东岸诸国,从而打通了一条亚非国家间友好交往的新通道。也就是在第四次下西洋时,郑和亲自到了伊斯兰教圣地麦加,当时称作天方。④ 这无疑是中国和阿拉伯世界关系史上的一件盛事。

---

① 《明史》卷六,《成祖本纪》。
② 《太宗实录》卷一百二十七。
③ 郑鹤声、郑一钧:《郑和下西洋资料汇编》中册(下),第1159页。
④ 见拙作:《郑和赴麦加考》,载《阿拉伯世界》1990年第3期。

在郑和所到诸国,留下了许多纪念郑和的文物和古迹。例如,在爪哇岛上有三宝垄、三宝洞、三宝公庙等,在泰国有三宝寺,在锡兰等地还留有郑和所立的石碑。这些都是中国和亚非国家传统友谊的历史见证。

郑和下西洋还有力地促进了亚非国家间的经济文化交流。郑和在海外对当地国王进行赏赐,这都是代表明成祖进行的,赏赐丰厚,物品精美。除此之外,郑和还在当地进行了一些交易活动。这种交易都是在公平友好的气氛中进行的,用中国的传统手工业品换回当地的一些土特产。有的国家担心郑和的船队不再来,便要求留下郑和船队中的几个人作为人质。受郑和下西洋的影响,各国贡使纷纷来华,除通过朝贡和赏赉所进行的交换外,他们也在中国与民间进行了一些交易活动。这样,不仅中国较高的文明对当地产生了广泛的影响,而且中国也从国外学到了一些先进的东西。例如,郑和就从海外带回了一些烧制玻璃的技术工人。

受郑和下西洋的带动,在一定程度上使海禁变得较为松弛。沿海人民"往往私造海舟,假朝廷干办为名,擅自下番"。[1] 其他国家的一些商人也冒充贡使,来中国进行商品交换活动。在这期间,中国人前往南洋一带定居的越来越多,他们都起到了先进文明和技术传播者的作用。

这些巨大的成就和郑和的名字联系在一起,自然也和明成祖的名字联系在一起。

应该承认,明成祖一而再、再而三地命郑和大规模出使,主要出自政治目的,而不是经济目的,因而人力、物力、财力上的耗费是十分惊人的。那么多的人,那么多的船只,船只又那么大,所带的赏赐和交易物品又那么多,从船只的建造到人员、物品的组织和集

---

[1] 《明宣宗实录》卷一百三。

中,都是牵动全国的大事。

郑和在海外对当地国王赏赐,也与明成祖在国内对贡使赏赐一样,都是遵循"厚往薄来"的原则。郑和从内库提取丝绸动辄几十万匹,向景德镇派造瓷器一次即达数十万件。为显示天朝富强,以达到"以重利诱诸番"的目的,赏赐都极力从丰。由于郑和一行航海劳苦,明成祖除对他们"宴劳"外,还按级逐人赏赐。仅永乐九年(1411)六月一次即赐钞"凡二十万锭",另外还有彩币、绢布之赐,且赏赐恩及家属。同时,郑和在海外也不惜以巨资采办一些宫廷奢侈用品。这正如《瀛涯胜览·纪行诗》所写:"归到京华觐紫宸,龙墀献纳皆奇珍。"据明人王士性记载:"国初,府库充溢,三宝郑太监下西洋,赍银七百余万,费十载,尚剩百余万归。"①永乐十年(1412),明成祖用这百余万两白银去修建南京大报恩寺。由此可以看出,仅在永乐十年(1412)以前的三次下西洋中,郑和的船队就花费了 600 万两左右的白银。这在当时是一笔巨大的开支。这正如《明史·郑和传》中所说:"虽所取无名宝物不可胜计,而中国耗费亦不资。"正因如此,不少大臣一再反对郑和下西洋。这也正是郑和航海事业不能长期为继的重要原因之一。但是,相对于郑和下西洋的巨大成就而言,这毕竟是次要的。由明成祖推动的郑和下西洋是个重大历史性事件,贡献卓著,将永远彪炳史册。

第五节　国王来访传佳话

永乐年间,各国贡使"络绎于道",除了一般的使节和王子、王妃以外,还有 4 个国家的国王 7 次来华,这是历代封建王朝所不曾见过的。他们都受到明成祖的热情款待,其中有 3 个国王死在了

---

① 王士性:《广志绎》卷一。

中国,留下了许多友谊的佳话。

一、满剌加王来访

满剌加即马来亚,今属马来西亚,洪武和建文时一直未通中国。永乐元年(1403),明成祖遣尹庆出使满剌加,当时其地尚未称国,也没有国王,臣属于暹罗。尹庆赐其酋长拜里迷苏剌织金文绮等,宣示明成祖威德和招徕之意。拜里迷苏剌大喜,永乐三年(1405)遣使来中国,贡方物。明成祖很高兴,遂封拜里迷苏剌为满剌加国王,并赐予诰印、彩币、袭衣等物。其使者表示,其王愿每年来贡,请求明成祖"封其山为一国之镇"。明成祖答应了他的请求,并亲制碑文勒于山上。从此以后,两国的关系甚是密切。永乐七年(1409),郑和"赍诏敕,赐头目双台银印、冠带袍服,建碑封城,遂命满剌加国"。① 郑和还在满剌加建了一个像小城一样的官仓,一应钱粮都储存在这里,各分支船队都在这里聚齐,等风顺时一起回国。满剌加王对明成祖十分感激,便决定亲自率领一个庞大的使团来中国朝贡:

> (永乐九年七月二十五日)满剌加国王拜里迷苏剌率其妻子及陪臣五百四十余人入朝。初,上(明成祖)闻之,念其轻去乡土,跋涉海道以来,即遣官往劳,复命有司供张会同馆。是日,奉表入见,并献方物。上御奉天门宴劳之,别宴王妃及陪臣等。仍命光禄寺日给牲宰上尊,命礼部赐王金绣龙衣二袭,麒麟衣一袭,及金银器皿、帷幔裀褥。赐王妃及其子侄、陪臣、傔从文绮纱罗、袭衣有差。②

满剌加这个使团有 540 余人, 这是很少见的, 由此足可看出满剌

---

① 马欢:《瀛涯胜览》,"满剌加国"。
② 《太宗实录》卷七十七。

加王对这次出使的重视。明成祖给他的礼遇也很高,没到京以前就"遣官往劳",来京朝见的当天就亲自设宴款待,而且赏赐极丰。3天后,明成祖又在会同馆设宴款待满剌加王及王妃。九月一日,明成祖又于午门设宴,款待满剌加王及各国使臣。十五日,拜里迷苏剌辞归,明成祖又于奉天门设宴饯行,并热情洋溢地慰劳说:

> 王涉数万里至京师,坦然无虞,盖王之忠诚,神明所祐。朕与王相见甚欢,固当自留,但国人在望,宜往慰之。……王途中强饮食,善调护,以副朕眷念之怀。①

接着,明成祖又赐予他金银、绢帛和一应用物。

第二年,拜里迷苏剌派他的侄子来中国,向明成祖致谢。从此以后,贡使往来不断。

永乐十二年(1414),拜里迷苏剌死,其子叫母干撒于的儿沙,亲自来向明成祖告讣。明成祖遂命他袭满剌加王,并赐予金币。永乐十七年(1419),新王率妻子、陪臣等人亲自来中国谢恩。永乐二十二年(1424),新王又死去,其子西里麻哈剌嗣位,又一次率妻子、陪臣来中国谢恩。

自明成祖封满剌加王以后,满剌加王不时亲自来中国。至于一般的贡使,或一年一次,或隔年一次,一直不断。直到明中期葡萄牙人占领满剌加以后,这种朝贡活动才停止。仅在永乐年间,祖孙三代国王都亲自来中国访问,这不能不说是中外关系史上的一件盛事。

二、苏禄王来访

苏禄,指今菲律宾的苏禄群岛。在随郑和出使的人员留下的

---

① 《太宗实录》卷七十八。

三本书中,只有《星槎胜览》一书记有"苏禄国"。我们不能肯定郑和是否亲自去过苏禄,但至少他的分支船队到过此地。苏禄王的来访当与郑和的出使有关。当时苏禄有 3 个王——东王、西王和峒王。永乐十五年(1417)八月,三王一起率领一个 340 余人的庞大使团来访。这在《明实录》上有明确记载:

> (八月一日)权苏禄东国巴都葛叭答剌、权苏禄西国麻哈剌吒葛剌马丁、故权苏禄峒者之妻巴都葛叭剌卜,各率其属及随从头目凡三百四十余人,奉金缕表来朝贡,且献珍珠、宝石、玳瑁等物,赐予视满剌加国王。①

也就是说,对苏禄三王的礼遇和赏赐与满剌加王相同,即同样优厚。

八日,明成祖正式册封三王同为苏禄国王,并赐予诰命、印章、冠服等物,对随从人员也都给予了不同的赏赐。

八月二十七日,三王辞归,明成祖又赐予金银、玉带、文绮、绢帛诸物甚丰。九月十三日,东王于德州病死。明成祖闻讣后十分悲伤,马上遣官往祭,命地方官为其营建坟墓,葬以王礼,赐谥号为"恭定"。明成祖命其长子回国袭封,留王妃及东王次子和十名随从守墓,待 3 年丧满后回国,并令德州地方官每人每月支给粮食 1 石,布钞若干,另在德州找 3 户回民供役使,全免其差役。

明成祖还命为东王立碑勒铭,并亲自撰写了碑文。苏禄东王墓和所立石碑至今尚在,地址在今德州市北门外,已被列为国家重点保护文物。王妃于永乐二十一年(1422)回国,共守墓 6 年。其次子和一些随从则长期在中国住了下来,一直都享受很多优待。现在德州北门外的安、温二姓都是其后裔。

东王的长子名字叫都马含,明成祖在册封他承袭东王的敕谕

---

① 《太宗实录》卷一百七。

中说:

> 尔父知尊中国,躬率家属陪臣,远涉海道,万里来朝。眷
> 其诚悃,已赐王封,优加赐赍,遣人护送还国。舟次德州,以疾
> 殁。朕闻之,良用悯悼,已葬祭如礼。尔以嫡长,为国人所属,
> 宜即继承,以绥番服。今特命尔为苏禄国东王,尔尚益懋忠
> 贞,敬承天道,以副眷怀,以承尔父之志,钦哉![1]

永乐十九年(1421),东王的叔叔来贡,献给明成祖一颗大珍珠,重
7两多,得到明成祖的大量赏赐。永乐二十二年(1424)苏禄又来
贡一次,以后一直到明朝灭亡,就再也没有看到苏禄的贡使。这表
明,只有在明成祖大力发展中外友好关系的时候,苏禄才和中国有
了友好的交往。这种交往已成为中国和菲律宾友好关系史上的佳
话。后世人不断到苏禄王墓凭吊,并留下了许多脍炙人口的诗篇。
例如顾炎武即于清初到过这里,并赋诗道:

> 丰碑遥见炳奎题,尚忆先朝宠日殚。
>
> 世有国人供洒扫,每勤词客驻轮蹄。
>
> 九河水壮龙狐出,十二城荒向鹤栖。
>
> 下马一为郏子问,中原云鸟正凄迷。[2]

顾炎武对东王的悼念之情溢于言表。

三、浡泥王和古麻剌朗王来访

浡泥即今加里曼丹岛,北宋时即已通中国,洪武时曾遣使往
谕,浡泥亦遣使来贡。明成祖即位后,双方的关系更加密切。永乐
五年(1407),郑和第二次下西洋期间到了浡泥。第二年八月,浡
泥王麻那惹加那亲自来朝。他们一行先到了福建,地方官马上报

---

① 《太宗实录》卷一百七。

② 郑鹤声、郑一钧:《郑和下西洋资料汇编》中册(下),第1139页。

告了明成祖,明成祖遂派中官杜兴前往迎接,并"宴劳之"。奉明成祖之命,凡浡泥王所经各地,地方官都要设宴款待。浡泥王到京献上方物,对明成祖说了一番颂扬的话:

> 陛下膺天宝命,统一华夷。臣国远在海岛,荷蒙大恩,锡以封爵。自是国中雨旸时顺,岁屡丰稔,民无灾厉;山川之间,珍宝毕露;草木鸟兽,悉皆蕃育;国之老长,咸谓此陛下覆冒大恩所致。臣愿睹天日之光,少输微诚,故不惮险远,躬率家属国人诣阙朝谢。①

明成祖十分高兴,对浡泥王嘉劳再三,对王和王妃、随从都给予丰厚的赏赐。当天,明成祖亲自设宴于奉天门,款待浡泥国王,王妃及其随从另宴于旧三公府。

永乐六年(1408)十月一日,浡泥王因病死于会同馆。明成祖很悲伤,为此"辍朝三日",遣官致祭,赐以缯帛,太子和各亲王也都遣人往祭。明成祖特命工部为浡泥王备棺椁、明器,将浡泥王安葬于南京安德门外的石子岗,立碑勒铭,并于墓旁建祠,谥号"恭顺"。浡泥王有一子,名字叫遐旺,刚4岁。明成祖命遐旺袭王爵,赐予冠服、玉带等物,让他的叔叔尽心辅佐。明成祖还让找了3户人家充当坟户,专事守墓,免除其徭役。

明成祖还按照遐旺和他叔叔的请求,敕谕爪哇,不准再向浡泥每年征收40斤片脑。在遐旺回国时,明成祖派中官张谦和行人周航护行。且按照浡泥旧王的请求,封浡泥后山为"长宁镇国之山",并亲制碑文,让张谦勒于石上。

永乐十年(1412)九月,浡泥王遐旺和他的母亲一起来中国。明成祖命礼部官员先宴劳于会同馆,第二天,明成祖亲自于奉天门设宴款待,对遐旺的母亲另设有宴席。两天后,明成祖再次设宴,

---

① 《太宗实录》卷五十八。

并赐给遐旺冠带、袭衣等物,对遐旺的母亲和叔父等人都各有赏赐。第二年春天,遐旺一行回国,明成祖又赐给他黄金百两、白银500两,钞3000锭,钱1500缗,另有锦绮纱罗诸物,十分丰厚。这不仅显示了明成祖的慷慨和大度,而且表现了对远方客人的友好情谊。

永乐年间,古麻剌朗国王也曾来中国访问。古麻剌朗也称作麻剌,今属菲律宾。永乐十五年(1417),明成祖曾遣太监张谦出使该国,并赠送给国王干剌义亦敦奔绒锦、纻丝、纱罗诸物。永乐十八年(1420)十月,国王干剌义亦敦奔率妻子、陪臣随张谦来朝,贡方物。明成祖命礼部以礼遇满剌加王的规格来接待。古麻剌王对明成祖说:"虽为国中所推,然未受朝命,幸赐之。"明成祖答应了他的请求,便仍用旧王号对他进行了册封,并给予诰印、冠带、金织袭衣等,对王妃和陪臣都给予丰厚的赏赐。①

永乐十九年(1421)正月间,古麻剌朗国王辞归,明成祖又赠予金银、铜钱、文绮、纱罗等物。他们一行四月间到达福建,国王干剌义亦敦奔竟病死当地。明成祖闻讣后很悲伤,遣礼部主事杨善前往谕祭,谥号"康靖",命地方官治坟墓,以王礼安葬于福州。明成祖命其子剌芯嗣古麻剌朗王位,率众回国。

这样,仅永乐一朝就有4个国家的国王先后7次来访,并有3个国王死在中国,在中国安葬,其陵墓至今犹存,成为中外友好的历史见证。这种情况是历朝历代都不曾见过的。这从一个侧面表明,永乐年间的中外友好交往达到了前所未有的高度。这正像明代人严从简所说:"当时之夷,没葬于中国者,如浡泥、苏禄、麻剌共三人焉。非我朝德威远被,乌能使海外遐酋,倾心殒身如此

---

① 《太宗实录》卷一百一十八。

哉!"①这的确与明王朝"德威远被"有关,但还有一条更直接的原因,那就是明成祖推行了一条积极友好的外交政策。

---

① 严从简:《殊域周咨录》卷九,《麻剌》。

第九章　下安南和征漠北

明成祖在广泛发展对外友好关系的同时,对敌对国家则断然进行武力征讨。永乐四年(1406),他命令 80 万大军下安南,郡县其地;永乐七年(1409)大将军丘福在漠北失败后,他先后 5 次亲征漠北,使蒙元残余势力在一个相当长的时间里不敢内犯。

第一节　八十万大军下安南

在明代,越南分北、南两部分,北部称安南,也称交阯,南部称占城。自秦汉至唐末,中国封建王朝一直在今越南北部设置郡县,如同内地。唐朝末年,安南脱离中国独立,但直到 19 世纪下半叶沦为法国的殖民地以前,安南一直和中国保持着密切的藩属关系。朱元璋即位的第一年,遣使通好的国家只有安南和朝鲜。明成祖即位只两个多月,即遣使赴安南宣谕,使节往来不断。永乐四年(1406),以安南王位继承问题为导火线,双方发生了一场大规模战争。

一、安南王位继承问题

明初,安南国王为陈氏。洪武末年,安南国相黎季犛擅权,擅自废立国王,但国王仍为陈氏。朱元璋曾为此而拒绝安南的朝贡,后来因"不欲劳师远征,乃纳之"。① 建文元年(1399),黎季犛大

---

① 《明史》卷三百二十一,《安南传》。

杀陈氏宗族而自立,自己改姓名为胡一元,名其子黎苍为胡𡗐,自谓虞舜之后,立胡𡗐为安南国王,自己称太上皇,改国号为大虞。当时中国开始了靖难之役,无暇远顾,黎氏篡位成功。

明成祖即位后遣使往谕。永乐元年(1403)四月,胡𡗐遣使来贡,并对明成祖即位表示祝贺,自署"权理安南国事",未敢称王。贡使向明成祖奏道,前安南王陈日煃早死,其宗族无人,自己是他的外孙,"为众所推,权理国事,主其祠祭,于今四年。微蒙圣德,境内粗安。然名分未正,难以率下,拜表陈词无所称谓。伏望天恩赐臣封爵,使废国更兴,荒夷有统,臣奉命效贡,有死无二。"①明成祖对是否封胡𡗐为安南国王一事,一时难以确定,便命礼部细议。礼部诸臣怀疑其中有诈,便决定遣官察访。明成祖命行人杨渤赍敕赴安南,询问陪臣父老,看胡𡗐所说的是否属实,陈氏是否真的没有后嗣。不久,杨渤和胡𡗐派的使臣一起来朝,并献上安南陪臣父老所献的表文,情况与胡𡗐的使节所说的完全一样,并恳切要求封胡𡗐为安南国王。表文中称:"胡𡗐实其外孙,少依王所,亦能恭顺小心,勤于事上,是以众人诚心推𡗐权理国事,以主陈氏宗庙。今已四年,小大咸安。天使下临询及,微贱臣等愚昧,敢以实奏。"②明成祖见此情况,遂命礼部郎中夏止善赴安南,册封胡𡗐为安南国王。明成祖在给胡𡗐的诏谕中说:

> 覆载之中,皆朕赤子,立之司牧惟顺民情。……朕嗣大宝,尔胡𡗐输诚效职,奏谓前国王陈氏嗣绝,尔以外孙主祀,于今四年。询之于众,所言亦同。今特命尔为安南国王。于戏!作善降祥,厥有显道,事大恤下,往罄乃诚。钦哉!③

---

① 《太宗实录》卷十八。
② 《太宗实录》卷二十四。
③ 《太宗实录》卷二十四。

但好景不长,永乐二年(1404)八月,原安南国王陈日煃的旧臣裴伯耆逃来中国,向明成祖陈说黎氏篡位的真实情况。他的母亲是陈氏近族,自己为裨将,五品官,在外防备海寇。黎氏篡位后,"屠害忠臣,灭族者以百十数",他的兄弟妻子也被杀掉。他恳请明成祖,"愿广一视之仁,哀无辜之众,兴吊伐之师,隆继绝之义。臣得负弩矢前进,导扬天威……臣不才,窃效申包胥为人,敢以死罪请。伏望陛下哀矜。"①明成祖听了颇受感动,命有司供给裴伯耆衣食。

没过几天,老挝军民宣慰使将陈日煃的弟弟陈天平送来京师,恳请明成祖"迅发六师,用章天讨"。② 至此已真相大白,明成祖更加感动,命礼部官员好生招待陈天平。

永乐三年(1405)元旦时,安南国王胡查遣使来贺,明成祖让陈天平突然出来见他们。这些安南使臣一见到陈天平,"皆愕下拜,有泣者"。裴伯耆也在场,向安南使臣责以君臣大义,他们都"惶恐不能答"。明成祖见此情状,更加确信无疑,对胡查父子的悖逆行为十分愤怒,称这种行为为"鬼神所不容。"③

明成祖遂命御史李琦等人前往安南,责胡查篡逆之罪,并要胡查说出实情。胡查立即遣使来向明成祖谢罪,承认陈天平是陈氏宗族,不知道还活着。对屠戮陈氏宗族一事则百般抵赖,表示愿迎接陈天平回安南即王位,"以君事之"。最后恳切地表示:"伏望皇上天地父母,恕臣狂愚,赦臣无罪,臣不胜悚惧瞻望之至。"④

明成祖看言辞诚恳,便答应了胡查的请求,并派聂聪去安南,敕谕胡查,如真能迎接陈天平回安南即王位,就封胡查为上公,胡查遂派人随聂聪来中国,请迎陈天平回安南。明成祖对胡查的诚

① 《太宗实录》卷三十。
②③ 《明史》卷三百二十一,《安南传》。
④ 《太宗实录》卷三十五。

意本来有些怀疑,但聂聪极言胡奎的话可信,明成祖遂命陈天平回国。为了安全起见,明成祖命广西左、右副将军黄中、吕毅率兵5000前往护送。

永乐四年(1406)正月间,陈天平向明成祖告辞回国,明成祖赠以绮罗、纱衣各二袭,钞一万贯,并命广西参政王麟陪送。明成祖还封胡奎为顺化郡公,其所属州县的赋税尽归他享用。三月间,黄中等人护送陈天平入安南境,胡奎派陪臣黄晦卿等人以牛酒犒师,见陈天平皆迎拜,只是不见胡奎前来。黄中问及此事,黄晦卿诡言胡奎"有微疾",不能远出,将在前边迎接。黄中派人到前边侦察,也没发现什么异常,便信以为真,继续前行。过了鸡陵关,将到芹站时,山路险峻,林木茂密,又遇上大雨,兵士不能成列。忽然伏兵大起,鼓噪之声震撼山谷,安南兵士约10余万,将陈天平邀劫而去。黄中仓促整军迎击,安南兵已将桥梁毁掉,无法前进。安南兵统帅在远处遥拜说:"远夷不敢抗大国,犯王师,缘(陈)天平实疏远小人,非陈氏亲属,而敢肆其巧伪,以惑圣德,劳师旅,死有余责。今幸得而杀之,以谢天子,吾王即当上表待罪。天兵远临,小国贫乏,不足以久淹从者。"①黄中无奈,只得引兵回国。

明成祖听说陈天平被邀杀,十分恼怒,遂决心对安南大举用兵。

二、大举征讨

明成祖决计对安南大举用兵,直接导火线是安南王位继承问题。在今天看来,明成祖发动的这场战争无疑带有侵略的性质,但在当时,却是为了行使宗主国的权力,所兴的是"仁义之师",就连安南王胡奎也自感理屈。除了这个直接原因之外,造成这场战争

---

① 《太宗实录》卷四十一。

的还有以下两个原因：

第一，安南数次侵犯我国广西、云南边境地区。洪武中期，安南即数次侵犯思明府（今广西宁明），朱元璋为此曾拒绝安南朝贡。洪武末年，"交人（安南）侵迫益急"。① 朱元璋不愿劳师远征，仅予敕责，未予征讨。永乐二年（1404）四月，思明府知府黄广成奏言："迩岁安南屡兴兵侵夺"，②并占领了边境不少村寨。明成祖谕令安南归还所侵占地，但安南未听从，明成祖派兵护送陈天平回国，其中也有索还被侵土地的用意。结果明军被邀击败还，这就更加坚定了明成祖对安南用兵的决心。

第二，安南数次侵犯邻国，这些国家常来中国控说安南横暴，这也是促成这次用兵的原因之一。洪武初年，安南数次恃强侵犯占城。朱元璋遣使谕令两国罢兵，两国皆奉诏。洪武十年（1377），安南对占城大举用兵，遭到占城的顽强抵抗，致使安南王战死。明成祖即位后，安南仍不断侵犯占城，占城不断遣使来中国，"诉安南侵掠"。明成祖谕令二国罢兵修好，安南"阳言奉命，侵掠如故"，并夺取了明成祖赐予占城的赐物。明成祖对安南"遣官切责"，③但屡不见效。安南和占城在当时都是中国的藩属国，明成祖自以为有维护这地区安定的权力和义务。当他的劝谕屡不奏效时，他便决心要对安南进行武力征讨了。

明成祖召成国公朱能和新城侯张辅商议，对他们说："安南黎贼罪大恶极，天地所不容，今命尔等将兵讨之，尔等由广西入，西平侯（沐晟）由云南入，度用师几何？"朱能和张辅回答说："……仁义之师天下无敌，陛下以至仁伐至不仁，臣等奉扬天威，当一鼓扫灭。

① 《明太祖实录》卷二百四十八。
② 《太宗实录》卷二十八。
③ 《明史》卷三百二十一，《安南传》。

师之多寡,惟上所命。"①明成祖听了十分高兴。

接着,明成祖敕谕镇守云南的西平侯沐晟,告诉他将对安南用兵,从四川调兵7万,从蜀王三护卫中选卒5000,交沐晟调遣。大军所需粮草要他提前准备,及早运送,不可误事,并赐给沐晟白银500两。七月一日,明成祖遣使祭告山海之神,实际上就是讨伐安南的檄文:

> 安南贼臣黎季犛及子(黎)苍,屡弑国主,歼夷其宗,篡夺其国,改易姓名,僭称位号,暴征横敛,淫刑酷法,一方嗷嗷无所控诉。又纵兵劫掠,侵夺邻封。累谕弗悛,而骋诈逆命,肆其凶毒。今命将出师,救民伐罪,以是月十六日兵行,特用致告,惟神相之。②

七月四日,明成祖命成国公朱能为征夷将军,已在云南的沐晟为左副将军,新城侯张辅为右副将军,"帅丰城侯李彬等十八将军,兵八十万,……分道进讨。"③明成祖在给朱能等人的敕谕中,再次说到黎氏父子"篡夺其位"的罪恶。这是讨伐安南的最直接、也是最主要的原因。为此出兵80万,劳师远征,这是很耐人深思的。对这次出兵,有不少大臣表示反对,例如内阁学士解缙就是其中的一个,但明成祖不为所动。从《明实录》中一系列的记载可以看出,明成祖一再斥责黎氏父子的这种"篡逆"行为,对此表现得深恶痛绝。明眼人不难看出,这有着心理上的原因,即:明成祖一再斥责黎氏父子"篡逆",正表明自己夺取皇位不属于"篡逆"。理直气壮地讨伐安南,似乎有利于洗刷一些建文旧臣加在自己头上的"篡逆"的恶名。

---

① 《太宗实录》卷四十二。
② 《太宗实录》卷四十四。
③ 《明史》卷一百五十四,《张辅传》。

347

明成祖在敕谕中一再申明自己是正义之师，"安南之人皆朕赤子，今其势如在倒悬"，要朱能等前往拯救，"如救焚拯溺，不可缓也。"黎氏父子一定要抓获，对胁从者和无辜之人务从宽大。明成祖还要朱能等"毋毁庐墓，毋害稼穑，毋恣取货财，毋掠人妻女，毋戮降附者，有一于此，虽有功不宥"。在战略战术上，明成祖对朱能等也进行了谆谆告诫："毋冒险肆行，毋贪利轻进。其爱恤士卒，坚利甲兵，本之以敬慎，载之以智勇。……罪人既得，即择陈氏子孙之贤者立之。"①从敕谕中可以看出，明成祖起初并没有把安南纳为中国郡县的意思。

自明成祖即位以来，这是第一次大规模用兵，所以明成祖分外重视，对各方面都进行了周密的安排。

沐晟是这次远征的左副将军，地位仅次于朱能。沐晟是朱元璋的养子沐英的次子，世守云南。朱能由广西进兵，而沐晟则由云南进兵，实际上是独当一面。再加上沐晟是功臣之后，明成祖怕他不服朱能调度，特颁敕告谕沐晟：

　　古人有言："师克在和。"故军门谓之"和门"。尔为副将总兵官，有所调遣相机审势，如无妨碍即须应调。或总兵官遥度，与尔处事有所妨，或正与贼相拒，或道路梗塞势难赴之，即明白具报，不可故违以伤和气。将帅不和，取败之道，尔宜慎之。②

在战略战术上应注意的一些事，明成祖对朱能等也尽可能地进行了告诫。明成祖说，两军分道由广西和云南进兵，"须两军合势，和以辑事"，如敌人乘两军未合，用计阻止，或集中力量对付某一军，诱以小利，"官军恃勇而贪，此危道也"。还要防备敌人伪装

---

① 《太宗实录》卷四十四。
② 《太宗实录》卷四十四。

纳款,而别行奸谋;或"据险设伏,伺我不虞";或趁官军饥渴,在饮食中放置毒药,等等。敌人的诡计"千状万端,不可不慎"。明成祖还反复告诫,不可仿效宋襄公那种蠢猪式的仁义,而要"相机而动,择利而行",自己则不予牵制。①

明成祖对行军纪律也作了周密的安排。官军经过之处,应该秋毫无犯。入安南后,应该区分善恶,决不可玉石俱焚,如"妄戮一人,虽建奇功不得赎罪"。攻下郡邑后,其文书图籍不要毁掉,而要妥善保存。

明成祖对一些细节也考虑得十分周到。例如,在出师前明成祖对朱能等说,虽说安南天气热,但夜里很凉,如缺少盖的就容易生病。更何况到冬天时安南也冷,有的人家还生火取暖。因此军中都要带棉衣。另外,蛮俗好下毒药,所以要提防敌人投毒,官军要凿井而饮,自己做饭吃。

明成祖估计,明军由北边进攻,安南敌军将会向占城撤退。因此,在朱能率军出师的同时,明成祖还敕谕广东都指挥司,选精兵600人,由能干的千户官二员率领,由海道前往占城,和占城的兵马汇合一处,共同截住安南敌人的退路。八月间,占城遣使来贡,"且言安南黎贼数侵掠其境土、人民,请兵讨之"。明成祖遂遣中官马彬前往占城,敕谕占城国王:"尔宜严兵境上,防遏要冲。其安南人先居占城者不问,自今有逃至者,皆勿容隐。但得黎贼父子及其党恶,即械送京师,厚加赏赉。"②

七月十六日,朱能等率师起行,车驾临祭大江诸神之后,犒劳军士。明成祖亲至江边送行。当日天气晴朗,顺风扬帆,军势雄壮。明成祖见此情景,心里十分高兴。一切又是安排得那么周详,

---

① 《太宗实录》卷四十四。
② 《太宗实录》卷四十五。

他自信这次出兵一定能获得大胜利。

十月间,朱能率兵至龙州(今属广西,靠近中越边境),染疾而死。右副将军张辅遂代将其军,并遣人奏报明成祖。张辅也是个十分能干的将领。他率军刚进入安南境,就传檄各地,列举黎氏父子20条大罪状,并向安南人民表达了立陈氏之后为安南王的宗旨。黎氏父子进行拼死的抵抗,力图打持久战。明军远出,利在速决。张辅激励士气,连战皆捷。永乐五年(1407)正月,明军大败安南兵于木丸江,遂宣诏访求陈氏子孙。这时,有1000多安南耆老到张辅军门,说道:"陈氏为黎贼杀尽,无可继者。安南本中国地,乞仍入职方,同内郡。"①张辅马上遣人将此情况报告了明成祖。

五月间,张辅擒获了黎季犛及伪太子,安南尽平。捷报传至京师,群臣致贺道:"黎贼父子违天逆命,今悉就擒,皆由圣德合天、神、人助顺。"明成祖对这次用兵的胜利自然是满心高兴,但面对群臣的恭贺,他并没有昏昏然,而是谦虚地说:"此诚天地、宗社之灵,将士用命所致,朕何有焉!"②因陈氏已无子孙可立,群臣请开设郡县,明成祖遂降诏施行。

六月一日,明成祖正式颁降"平安南诏",改安南为交阯,设布政司,如同内地,命工部尚书黄福掌布政、按察二司事,为当地最高行政长官。安南自唐末独立以来,至此约400年,这时又复入中国版图。

永乐六年(1408)六月,张辅率得胜之师,振旅还京。明成祖亲自赐宴奉天殿,在高兴之余,作赋为《平安南歌》。进封张辅为英国公,岁禄三千石,给予世券。张辅从率兵进入安南算起,只用了半年多的时间就将安南平定。此后他又在那里驻守了一年。但

---

① 《明史》卷三百二十一,《安南传》。
② 《太宗实录》卷四十九。

他回京不久,安南便又发生了叛乱。

三、安南叛服

安南被纳入中国版图后,掌当地布政司事的黄福奏言,当地初附,赋税征敛各地轻重不一,请求制定一个统一的章程。明成祖要他在安南为政务从宽简,不可重赋征敛,重赋是驱民造反之途。因此,明成祖命户部官议定当地赋税时,"务从轻省"。① 尽管如此,张辅回京才一个多月,明成祖就接到了陈氏旧臣简定发动叛乱的报告。

在张辅讨伐安南时,简定本来已投降。将他遣送京师的途中,趁遣送人员疏忽,他秘密逃去,聚众为乱。在张辅还未离开安南时,他只在暗中活动,未敢公开反叛。张辅于六月回京师,他八月间就举兵反叛。他潜称王号,纪元"兴庆"。造兵器,招徒党,四出攻掠,其势日盛。留守安南的明军极力镇压,但屡出无功。明成祖闻报后,以安南初入版图,人心未稳,如不及时将反叛扑灭,以后越发难制。于是,明成祖命沐晟为征夷将军,由云南出兵征讨,并命兵部尚书刘儁前往赞助军事。

与此同时,明成祖还遣使赴安南,敕谕简定,告诫他行事须顺天道,极力对他招抚。只要罢兵,反叛的罪过也可以不予追究:"人孰无过?过而能改,善莫大焉!尔等宜及时明顺逆之理,察祸福之机……诚能革心来归,既往之愆,赦不问,仍各授官,俾还本土,统治其众,子孙世袭。朕言出于心,通于天地。尔若执迷不悛,祸及身家,悔将无及。"②

但简定根本不听明成祖的这种劝告,叛乱的规模越来越大。

① 《太宗实录》卷五十五。
② 《太宗实录》卷五十八。

这年十二月,沐晟率明军与简定大战于生厥江,遭到惨败。都督金事吕毅、兵部尚书刘儁、布政司参政刘昱都死于这场战事。吕毅是靖难功臣,数立奇功,平安南后,明成祖让他掌当地都指挥使司事。在这次大战中,吕毅因陷入敌人的埋伏而战死。刘儁在张辅征安南时就赞军务,多有裨益。这次为沐晟赞军务,陷入敌围,自刎而死。刘昱看突围无望,也和刘儁一起自杀。

永乐七年(1409)正月,沐晟奏报出师败绩,请增派大军征讨。御史李庆上疏弹劾沐晟,说他不能奋勇制胜,丧师辱国,"法当治罪"。明成祖念沐晟世守云南有功,未予治罪,为他开脱说:"为将丧师,安得无罪!姑曲容之,令勉图后效。"①遂命张辅为总兵官,以王友为副总兵,再次率军往征安南,与沐晟等人协力行事。明成祖还一再叮嘱张辅,听说简定虚张声势,说有大象5万头,明军无法与大象对阵。这是前线将领缺少智谋,使敌人起轻视之心的结果。简定未必有5万头大象,即使有,也并不可怕,只要多用智谋,一样能将其攻破。

张辅进入安南时,简定已自称"越上皇",另立陈季扩为王,势力更加强大。张辅果然不负明成祖的期望,长驱直入,节节胜利。大约半年时间,简定的主力基本上被击溃。永乐七年(1409)十月,陈季扩遣人致书张辅,自称自己是前王的孙子,请给予封爵。张辅则回答说:"陈氏子孙往者为黎贼所戮,尝遍求国中,无有存者。今奉命讨贼,不知其他。"②张辅杀掉来人,继续追剿简定余众。到这年年底,张辅将简定俘获,遣人械送京师。永乐八年(1410)初,张辅继续追剿余党,斩敌甚众,但始终未能俘获陈季扩。

这时,因大将军丘福征蒙古全军覆没,明成祖决定亲自率兵征

---

① 《太宗实录》卷六十一。
② 《太宗实录》卷六十七。

讨,要张辅马上回京,随他北征。张辅上疏奏称,如将原调官军全部调回,就会使剿敌之事功败垂成。因此,他建议留下一些随自己来征的将士,交沐晟指挥,以继续剿灭余寇。明成祖答应了张辅的请求,以沐晟佩征夷将军印,充总兵官,以彻底平息叛乱。

陈季扩趁张辅回京,遂大举攻掠。许多安南人不愿受中国约束,再加上驻安南的一些明廷官吏骚扰百姓,所以很多人便依附陈季扩,大有"野火烧不尽"之势。沐晟极力镇压,但总不见效,叛乱的规模反而越来越大。

永乐九年(1410)正月,张辅随明成祖北征回京才一个月,明成祖又命他佩征虏将军印,充总兵官,第三次赴安南平叛。

这时,陈季扩已遣人上表请降。明成祖也想借此平息叛乱,遂封陈季扩为交阯布政使。但这样做并未能使叛乱平息,所以命张辅第三次前往。临行前,明成祖特地告谕张辅:

> 陈季扩表奏伏罪,朕推诚待之,已可其奏,遣人赍敕抚谕。如能至诚归顺,即赦其罪。若怀诈不诚,尔等务在协谋平贼,庶不负朕之委托。①

由这些话可以看出,明成祖对陈季扩所实行的是恩威并施的策略。为了瓦解敌众,明成祖还特地诏谕安南各地:

> 悯兹困蔽之后,特敷宽恤之恩:自永乐九年二月二十四日以前,交阯但有啸聚山林者,咸赦其罪,军复原伍,民复原业。其官员军民有犯,已发觉,咸赦除之。税粮之外,金银、盐铁、鱼课等项,停征三年。②

但这些措施都没收到明显的效果,叛乱仍然在扩大。张辅到安南后,整饬军纪,全力进击,一连取得了几个大胜利。尤其值得一提

---

① 《太宗实录》卷七十四。
② 《太宗实录》卷七十四。

的是,永乐十一年(1413)冬天,陈季扩果然用象军与战,用成千上万的大象在前边冲锋,气势汹汹。张辅命士兵用箭射,先射象奴,再射象的鼻子,致使这些大象纷纷往回跑,反而把叛军踩死很多。明军取得这次大胜利后,乘胜前进,第二年便俘获了陈季扩及其儿子。安南遂大体平定。

张辅于永乐十三年(1415)二月班师回京,明成祖四月间就又命他为征夷将军,往安南镇守。第二年,明成祖又将张辅召回,用李彬代为镇守。

因安南自唐末独立以来已400余年,这时又被明军征服,所以对明廷的统治有一种强烈的敌对情绪。虽经张辅屡次征讨,但祸根未除。对此,掌安南布政、按察二司事的黄福心里很清楚。他在致张辅的书信中有一段很精彩的话:

> 恶本未尽除,守兵不足用。驭之有道,可以渐安;守之无法,不免再变。①

事情的确是这样。张辅刚撤军,安南便又爆发了以黎利为首的大规模反明斗争。黎利原是陈季扩的金吾将军,后投降明军,命他任巡检官。这时宦官马骐赴安南采办,大索安南境内的珍宝,人情骚动。黎利乘机鼓动反明,遂举兵反叛。尽管李彬东征西讨,"日不暇给",但叛乱却此起彼伏,规模越来越大。永乐十八年(1420),明成祖看安南久不得平定,便命荣昌伯陈智为左参将,赴安南助李彬平叛。与此同时,明成祖降敕责备李彬说,黎利等人至今未获,"兵何时得息?民何时得安?宜广为方略,速奏荡平。"②

李彬见明成祖降敕责备,心里很害怕,遂全力追剿。虽接连打了几个大胜仗,但黎利始终未被俘获。在李彬的追剿下,黎利逃到

---

① 《明史》卷一百五十四,卷末赞语。
② 《明史》卷三百二十一,《安南传》。

老挝。明成祖闻报后,向老挝的使臣责问藏匿黎利之过,老挝遂将黎利驱逐出境。但黎利仍反明不止,明军虽百般剿捕,但都未能奏效。

明成祖发大兵征安南,在军事上虽取得了很大的胜利,但对安南的治理却不算成功,致使安南的反叛一直不得平息。宣德二年(1427),黎利谎称找到了陈氏的后人陈暠,明宣宗明知是诈,但想借此息兵,遂弃安南,将明军撤回。后来,黎利的儿子还正式当了安南国王,也得到了明廷的册封。从此以后,两国又恢复了正常的友好关系。

第二节　首次亲征漠北

明成祖即位时,蒙古已分裂为三部——鞑靼部、瓦剌部和兀良哈部。兀良哈部活动在西辽河、老哈河一带,靠近中原,力量也较弱,在洪武时即已内附。朱元璋在兀良哈部设立朵颜三卫,归宁王朱权统辖。明成祖通过靖难之役夺得皇位,朵颜三卫立了大功。因此,明成祖便授予朵颜三卫的大小头目以军职,每年还给兀良哈部耕牛、农具、种子等,以帮助他们从事农业生产。兀良哈部一直和明廷保持着较友好的关系。

鞑靼部活动在鄂嫩河、克鲁伦河和贝加尔湖以南地区,势力最强,是明廷的主要威胁。瓦剌部活动在科布多河、额尔齐斯河流域及其以南的准噶尔盆地。鞑靼和瓦剌之间经常发生争战,因此,尽管不时南下侵扰,但在洪武末至永乐初并未构成很大的威胁。这也正是明成祖打了3年靖难之役而北部边境却仍平静的原因。

对明王朝来说,最主要的威胁就来自蒙古诸部,这是时时刻刻挂在明成祖心头的一件大事。明成祖对蒙古诸部总的政策是:分化瓦解,抑强扶弱,恩威并施,维护均势。

一、抑强扶弱,和平争取

永乐元年(1403)九月,镇守贵州的总兵官顾诚在给明成祖的奏疏中,精辟地分析周边大势,建议对北边进行重点防御:

> 窃以为云南、两广,远在边陲,蛮贼间尝窃发,譬犹蜂虿之毒,不足系心。东南海道,虽倭寇时复出没,然止一时剽掠,但令缘海兵卫严加提防,亦无足虑。惟北虏遗孽,其众强悍,其心狡黠,睢盱侦伺,侵扰边疆。经国远谋,当为深虑。①

顾诚还在奏疏中建议,在北边关隘要"高其城垣,深其壕堑,屯田储积,操兵养马,以备不虞"。明成祖对顾诚的上书深为嘉许。当时靖难之役结束不久,天下初定,明成祖希望边疆不要多事。因此,他也不主张轻易对漠北蒙古诸部用兵。他曾对身边的侍臣说:"至于外夷,但思有以备之,必不肯自我扰之。"②因此,他除了在北边加强防备以外,自己还经常驻守北京,称行在,并设立了一整套行政机构。这也就是后人所常说的"天子守边"。另外,明成祖对鞑靼、瓦剌诸部不失时机地抑强扶弱,在它们中间维持一种均势状态,使其难以对明廷构成威胁。对愿意和明王朝保持友好关系的蒙古诸部,明成祖都一律抱欢迎的态度,并极力对诸部进行和平争取,以维护边疆的安宁。只有当蒙古诸部之间的均势被打破,明王朝面临严重的威胁时,明成祖才参以大规模的军事远征。

从永乐初年鞑靼和瓦剌的情况来看,鞑靼的势力较强。当时鞑靼的可汗是鬼力赤,他不是元顺帝的后裔,而是通过篡权当了可汗的。原来他们仍称元朝,史称"北元",鬼力赤废除了元朝的称号,改国号为鞑靼。永乐四年(1406),鞑靼发生内讧,大将阿鲁台

---

① 《太宗实录》卷二十二。
② 《太宗实录》卷二十三。

杀掉鬼力赤,迎立元宗室本雅失里为可汗,自任太师。尽管明成祖一即位就遣使通好,但鞑靼一直没有积极的表示。阿鲁台掌权后,几乎与明王朝断绝了一切往来。

鞑靼和瓦剌不断相互仇杀。明成祖看鞑靼势力较强,就着意支持瓦剌,借以牵制鞑靼。瓦剌在与鞑靼的争战中处于劣势,也迫切希望得到明王朝的支持,所以明成祖即位不久即来京朝贡,以后贡使往来不绝。永乐元年(1403)十月,鞑靼进攻瓦剌,被瓦剌部的马哈木打败。于是,双方都来入贡。这表明双方的势力已大体趋于平衡。明成祖心里很高兴,对双方的使臣都优礼有加。

但鞑靼的实力比瓦剌强大,很快又处于明显的优势,并打算南下攻掠,对明王朝的态度也渐渐不恭起来。永乐三年(1405),明成祖听说鞑靼准备南下,他也没准备大规模出兵,只是命边关将士严加防备。他颇为自信地说:"狡虏情况固亦如是,谨吾边备,虏何能为!"[1]果如明成祖所料,鞑靼见边境防守严密,没敢大举内犯。

经过几年的发展,鞑靼的势力愈见强大,对瓦剌表现出越来越大的优势,并不时南下侵扰。明成祖遣使责问,使臣反而被杀。于是,明成祖在丘福北征失败后,自己亲自率兵进行了第一次北征,大获全胜。鞑靼的势力从此大衰,与瓦剌又维持了几年的均势。瓦剌势力渐强,想完全控制漠北,均势显然被打破。于是,明成祖于永乐十二年(1414)又进行了第二次亲征,使瓦剌受到严重打击。这种均势一直维持到永乐末年,明成祖看到鞑靼的势力又强大起来,便又连续三年进行了三次亲征,从而使鞑靼的势力一蹶不振。

在提到明成祖与蒙古的关系时,人们常常说到明成祖的 5 次亲征。其实,明成祖对蒙古更经常、更大量的工作是和平争取。尤其是在永乐七年(1409)丘福北征以前,明成祖主要是实行和平争

---

[1] 《太宗实录》卷三十三。

取的政策,这主要表现在以下几个方面。

(一)遣使通好

明成祖即位才一个多月,即建文四年(1402)八月间,"以即位,遣使赍诏谕和林、瓦剌等处诸部酋长。"①"和林"在今蒙古首都乌兰巴托附近,当时是鞑靼部的统治中心。由此可见,这次遣使诏谕显然包括鞑靼。从明成祖的意思来看,一是告知他们自己已即帝位,二是希望维持和平友好的关系。

永乐元年(1403)正月,明成祖又遣使往谕鞑靼可汗鬼力赤,并赐予"金绮"等物。同时,对鬼力赤手下的几个大臣,例如阿鲁台,也都分别给予赏赐。鉴于上次遣使没得到鬼力赤的任何反应,这次便特地表示,希望鬼力赤"能遣使往来通好,同为一家,使边城万里蜂堠无警,彼此熙然,共享太平之福"。② 看来,明成祖的这些话不能仅仅看做是外交辞令,因为他刚刚夺得帝位,真心希望北部边境能够安定。

这年七月,明成祖又遣指挥革来等前往召谕鬼力赤,并表达了"讲好修睦"的愿望。永乐四年(1406)三月,明成祖又遣使招鬼力赤来归,都没得到鬼力赤的积极反应,甚至还拘留明廷的使臣。五月间,明成祖听说鬼力赤手下的强臣阿鲁台有"归诚之心",遂遣人前往召谕,希望阿鲁台学习"王陵、陈平去楚归汉,尉迟、李靖舍隋归唐"的美事,"或遣尔子来见,或率部属同来",来归后,"听择善地以处,荣膺王爵,世守其地,传之子孙,永世无穷。"这显然有对鞑靼分化瓦解的意思。阿鲁台虽未来归,但他却杀掉了鬼力赤,另立元宗室本雅失里。明成祖不知道鞑靼内部发生了这种变故,永乐五年(1407)十月又遣使谕鬼力赤说:"前遣使致书可汗,本期

---

① 《太宗实录》卷十上。
② 《太宗实录》卷十六。

通好,共享太平,乃拘留信使不报,今再遣百户早花等审求其故。祸福之机,天有显道,惟可汗省之。"①这次的语气已颇强硬,不仅责备鞑靼拘留明廷使臣的过错,而且隐露杀机。

永乐七年(1409)三月,明成祖知道鬼力赤已被阿鲁台杀掉,由本雅失里即汗位,于是遣给事中郭骥等出使鞑靼,以表达彼此永远相安的愿望。为表达自己的诚意,明成祖对以前俘获的本雅失里的部属共22人,都给予赏赉,然后由使臣送回。但不幸的是,这次出使不仅没有成功,使臣郭骥反而被杀。由此引发了明军的第一次北征。

明成祖在发动靖难之役时,就已经与瓦剌部通好。瓦剌部首领猛哥帖木儿死后,其部众分裂为三部,分别由马哈木、太平、把秃孛罗统领,其中以马哈木部的势力较强。明成祖不仅一即位就遣使通好,而且以后也经常遣使前往。永乐六年(1408)五月,明成祖担心瓦剌与鞑靼新立的可汗本雅失里联合,便遣使前去争取。马哈木不愿臣服本雅失里,为了得到明廷的支持,遂于这年冬天遣使来明廷贡马,并请求封爵。明成祖自然很高兴,便封马哈木为顺宁王,太平为贤义王,把秃孛罗为安乐王。永乐十二年(1414)明成祖亲征瓦剌以后,马哈木于第二年死去,明成祖还遣使往祭。

(二)发展贸易

蒙族以畜牧业为主,一些日常用品需仰赖中原地区。一旦双方断绝了贸易关系,蒙族人民的生活马上就陷入困境。通过贸易供应蒙族人民生活必需品,成为明成祖怀柔蒙古的重要手段。

永乐三年(1405),明成祖下诏在开原和广宁设立马市,专门接待与明廷关系密切的兀良哈部。永乐六年(1408),明成祖又在西北数地设立不定期的马市,除接待西域各部外,也接待鞑靼和瓦

---

① 《太宗实录》卷五十三。

刺。之所以称作马市,是因为蒙古各部卖给明廷的基本上都是马匹,买回去的则是茶叶、布匹、粮食、铁锅等物。

除了马市这种官市以外,明成祖还允许在一定时期进行民间贸易。在和平时期,明成祖允许边境地区的蒙古人民入境贸易,守边士卒不得打扰。除了火药、武器等一些违禁物品外,蒙古人民一般的生活必需品都可以通过这种私市买到。

(三)优待降附

对自愿归附和在战争中投降的蒙古人,明成祖都尽可能地给予优待。

由于明成祖的招抚和笼络,蒙古中上层人物不断有人率领部众由漠北来中原定居。纵观永乐一朝,几乎每年都有一些蒙古人内附,多的时候一个月达数起。这类记载在《明实录》中可说俯拾皆是。凡来归附者,明成祖都划给他们土地,让他们在那里耕牧,有的还给予畜产、粮种,其头目还封以各级官职,仍领其部众。如地方官未按规定赏赐和给予,明成祖还下诏责备,督促如数给予。例如,永乐三年(1405)六月,明成祖敕谕甘肃总兵官宋晟,以前鞑靼首领阿卜都罕等8人,民众19人来附:

令尔给畜产。官:牛十,羊五十;民:牛六,羊二十。比闻其中有未给受者,皆有愧恨之辞。夫归附同,而朝廷待之不同,使怀愧恨,亦非抚纳降附之道。可便如例悉给。①

没过几天,明成祖又命归附的鞑靼首领"察罕达鲁花为都督,其弟哈达为千户。……使之安居本土,善抚其众。"②察罕还向明成祖说到几个"同心归附"的人,明成祖命礼部分别赐以彩币。

永乐七年(1409)六月,鞑靼国公阿滩卜花等人率部来归,明成祖特命宁夏总兵官陈懋善加抚恤,并"厚宴劳之"。七月间,鞑

①② 《太宗实录》卷三十五。

鞑丞相咎卜等率众3万来宁夏归附,明成祖特地遣使前往慰劳,并要陈懋妥善安置,还要对他们设宴招待。

对来归附的蒙古人,允许他们在军中服役,按照明成祖"待远人当厚"的谕旨,给他们的待遇都比汉人优厚。从对他们的安置来看,除大部分安置在边疆宜于耕牧的地方之外,还允许他们在两京或内地其他地方居住,有的还赐予住宅和日用器物,以帮助他们安家。对此,顾炎武曾记道:"明永乐、宣德间,鞑靼来降,多乞留居京师。"[1]习称他们为"降人"。

对于归降后又逃走的蒙古人,明成祖也表现得十分宽宏,一律不予追究。他即位的当年年底,归降后安置在宁夏的蒙古人又叛去,宁夏总兵官何福请求举兵讨伐,被明成祖制止。他告谕何福道:"朝廷大体,当以诚心待之。……来者不拒,去者不追。……其同类颇众,其间必有相与为亲戚者。今若以兵讨叛,其未叛者亦将置疑,不若姑听之去。"[2]有的叛逃后又想归附,徘徊塞外,犹豫不决。明成祖知道后,派人前去招抚,使他们解除了顾虑,再次内附。有的归附蒙古人惑于流言,发起小规模叛乱,在明军打击下远逃。明成祖后来了解到,他们是由于"惑于流言,非其本心",便遣人前去招抚,赦免他们的罪过,让他们回来仍复旧业。永乐八年(1410),虎保等人所率领的一部约12000人,又重新归附,回到甘肃定居。

对在战争中俘虏的蒙古官兵,明成祖也给予诸多优待。只要真心投降,都予以释放,愿意回去的,都发给一定的口粮。愿意留下的,即安置他们在边疆诸地从事耕牧,并发给口粮、羊马和其他生活用品,有的还在军中服役。甚至在明成祖的侍卫中也有一些

---

[1]　顾炎武:《日知录》卷二十九。
[2]　《太宗实录》卷十五。

降附的蒙古人。

为了表示亲密无间,明成祖还对不少蒙古人赐姓赐名。例如永乐三年(1405)十月,山西的蒙族指挥、千百户等官190人,明成祖都赐予姓名。① 在明廷与蒙古诸部的关系中,有些人经常见之于史书,发挥了颇为重要的作用,看名字是汉人,实际上是蒙古人。例如吴允诚,原蒙古名是把都帖木儿,金忠的蒙古原名是也先土干。

由以上可以看出,明成祖对蒙古并不是一味地进行武力征讨,而是还有着和平争取的颇为开明的一面。以前,人们一提到明成祖,马上就联想到五征漠北,再加上一些戏曲对这种战事的渲染,就更使人们产生了一种片面的认识,以为明成祖对蒙古诸部一味地穷兵黩武。实际上,只有当这种和平争取的政策失败后,边防安全受到严重威胁,明成祖才断然进行武力征讨。

二、丘福北征,全军覆没

永乐七年(1409)四月,明成祖遣都指挥金塔卜歹和给事中郭骥前往鞑靼,一则对本雅失里即可汗位表示祝贺,二则送还俘虏,并赐予本雅失里和阿鲁台等人彩币等物,表达通好的诚意。

六月,百户李咬住等人从鞑靼逃回,说郭骥已被本雅失里所杀。本雅失里和阿鲁台正准备南下,以掩袭兀良哈诸部。明成祖闻讯大怒,遂决定整军讨伐。

在大军出征之前,明成祖预先作了一系列的安排。他马上敕谕朵颜三卫,要他们作好迎击鞑靼的准备。与此同时,明成祖还遣使偕同瓦剌的使臣前往瓦剌,赐以印诰、彩币、袭衣等,要瓦剌配合明军,牵制鞑靼。明成祖还敕谕甘肃总兵官何福,告知他将对鞑靼

---

① 《太宗实录》卷三十八。

用兵,要他"整饬士马以待,如虏来寇掠,则不必驰报,即率将士击之。不来则谨守边备"。①

七月,明成祖命淇国公丘福为大将军,充任总兵官,武城侯王聪为左副将军,同安侯火真为右副将军,王忠和李远为左、右参将,率大军10万,往征鞑靼。在陛辞时,明成祖对丘福等密授方略,尤其怕他轻敌冒进,谆谆告诫道:

> 慎则胜,不慎则败。……闻军中有言虏易取者,慎勿信之。信之必败事。夫缚兔与缚虎,其势不同。缚虎用全力,而缚兔亦必用缚虎之力,乃保万全。盖此虏狡黠,况今征之于数千里外,岂可不慎!②

丘福是藩邸旧人,出身于卒伍,勇猛敢斗,在靖难之役中立有大功。自张玉、朱能相继死后,丘福在武臣中地位最高。正因如此,明成祖才命他为大将军北征。从明成祖对他的告诫中可以看出,明成祖对他的弱点很清楚,所以一再强调要谨慎,要他缚兔如缚虎一样。如果丘福能把明成祖的这些话记在心里,再发挥勇猛敢斗的特长,取胜本应是没什么问题的。可惜的是,一到战场上,丘福就把明成祖的这些告诫忘在了脑后。

八月,丘福率大军至塞外。他率领千余骑首先到胪朐河(今克鲁伦河)南岸,遇到鞑靼的一支小股骑兵,很快将之击败。丘福乘胜渡过河去,又俘获了一个故意诱丘福孤军深入的鞑靼尚书。丘福与他饮酒交谈,问他本雅失里在什么地方。这个尚书谎称,本雅失里听说大军来讨伐,吓得慌忙北逃,离这里大约有30里。丘福听了后十分高兴,决定疾速前往,将其擒获。

当时丘福身边只有千余人,大军尚未赶到,诸将担心中计,纷

---

① 《太宗实录》卷六十四。
② 《太宗实录》卷六十五。

纷劝丘福不可轻进。丘福不听,令尚书为向导,率众直逼敌营。连续两天,每战皆胜,敌人一再败退。丘福颇得意,要乘胜直追。李远看出敌人有诈,劝丘福道:

> 将军轻信谍者,径渡河,悬孤军至此。虏故示弱,使我深入,进必不利。今退,则为虏所乘。莫如结营自固,昼则扬旗代鼓,时出奇兵举挑战,夜则多燃炬鸣炮,以张军势,使虏莫测。二日内我军毕至,併力攻之,必利。不然,亦可全师而还。①

王聪等将领也极言不可轻进,丘福皆不听,反厉声喝道:"不从命者斩!"他自己麾士卒驰马先行。一些将士明知将误中敌计,以至流下泪来。他们见丘福已上马出发,无可奈何,也只得随从前往。

丘福一行走出不远,马上被敌人团团围住。李远和王聪率500骑突围,杀敌数百人,王聪战死。李远马蹶被俘,骂不绝口,当场被杀。丘福、火真和王忠都被敌人俘获杀掉。鞑靼乘胜反击,明军全军覆没,只有少数人逃回。

明成祖闻讯后十分懊恼,尤其对丘福不听告诫令人愤怒,遂夺丘福世爵,并将其全家徙往海南。李远曾流着泪向丘福劝谏,死得冤枉,遂追封为莒国公,谥号"忠壮"。明成祖感到用别人北征难以奏效,便决定亲自率军北征。

三、御驾亲征,大获全胜

明成祖亲自北征的决心已定,便从各方面积极准备。当时已是深秋,天气渐冷,不宜出师,遂决定来年春天北征。这时瓦剌与明廷保持着友好的往来,明成祖一来为了牵制鞑靼,二来担心鞑靼乘胜进攻瓦剌,便于永乐七年(1409)九月遣使赴瓦剌,谕顺宁王

---

① 《太宗实录》卷六十五。

马哈木,告诉他丘福战败之事,防备鞑靼用明军的旗帜、衣甲去进攻他,来春自己将亲自率兵征讨鞑靼。

就在丘福失败以后,鞑靼也不断有人内附。其中有人告诉明成祖,本雅失里和阿鲁台打败明军后,"志骄气盈,谓我师新挫,不能再出,渐移营东南过冬。"如这样的话,明军可晚一些时间出师。如果鞑靼往攻瓦剌,其部众西行,越往西越远,追之不及,太晚了就要贻误战机。明成祖遂决定明年二月起行,征求部下意见,廷臣都认为这个时间比较适宜。

丘福上次率军10万北征,结果全军覆没,明成祖这次决定率军50万出塞。这样大规模的远征,粮饷的供给和运输就成为头等重要的大事。明成祖找来户部尚书夏原吉商议。夏原吉提出,用金刚车3万辆,可运粮约20万石,随大军前行。每十天的路程筑一小城,斟酌储粮。明成祖感到此法很妥当,遂命夏原吉加紧准备。

永乐八年(1410)正月,明成祖下诏亲征,因皇太子在南京留守,便命皇长孙朱瞻基留守北京。张辅已被从安南调回随行,学士胡广、杨荣和金幼孜也随同出征。为了提高战斗力,明成祖还特地敕谕刑部和都察院,凡是武职人员充军的、监问未决的,都让他们赴北京自陈,只要不是死罪,都予宽宥,让他们上前线立功。

永乐八年(1410)二月十日,明成祖率大军浩浩荡荡走出德胜门,踏上了北征之路。这正像金幼孜所记载的那样:"兵甲之雄,车马之盛,旌旗之众,耀于川陆。风清日和,埃尘不兴,铙鼓之声,訇震山谷。"[1]明成祖更是气宇轩昂,对这次出征的胜利充满了信心。他认为自己"必胜之道有五:以大击小,以顺收逆,以治攻乱,以逸待劳,以悦吊怨。鲜不殄灭荡除有罪,扫清沙漠,抚绥颠连,将

---

① 金幼孜:《前北征录》。见《金声玉振集》第九册。

疆场乂安,人民无转输之苦,将士无战斗之虞,可以解甲而高枕矣!"①

二月十三日大军出居庸关,忽然纷纷扬扬地下起大雪来,不大会儿天气转晴,天宇澄净,云霞五彩,灿然照耀于山谷。山岩积雪如银台。明成祖于帐前放眼四顾,雪后景观奇丽,令人顿生浩气。他喊出金幼孜等人出来观赏雪景,并说道:"雪后看山此景最佳。虽有善画者,莫能图其仿佛也。"②这种乐趣是宫廷中所没有的。

第二天一早醒来,衣服上都是霜,帐房旁边积雪盈尺。天气虽然寒冷,但明成祖的兴致却特别高,一边前行,一边狩猎。金幼孜看明成祖骑着马追赶一只兔子,忽然走到自己跟前。明成祖笑着对这位内阁学士说:"到此看山又是一种奇特也。"③明成祖一边前行,一边与身边的人讲述沿途山川的历史传说,得名的由来,居然将雪后的寒冷忘诸脑后,君臣之间似乎顿时产生了一种从未有过的随和。

三月到达塞外。明成祖登上凌霄峰绝顶,眺望漠北,万里萧条。他回头对胡广等人说,元朝盛时,这里都是老百姓居住的地方,今天却变得如此荒凉。清水原的水又咸又苦,无法饮用,人马甚渴。第二天,在清水原西北二里处忽然发现一处泉水,清洌甘甜,人马赖以不困。明成祖亲自尝了尝,赐名此泉为"神应泉"。

四月,明成祖率大军到达广武镇,将当地一泉赐名"清流"。明成祖还亲自制铭文,刻于石上:"于铄六师,用歼丑虏。高山水清,水彰我武。"④接着到达长清塞,将当地一泉赐名"玉华"。

五月一日,明成祖的车驾由顺安镇出发,营外四山云气洁白,

---

① 《太宗实录》卷六十八。
②③ 金幼孜:《前北征录》。
④ 《太宗实录》卷六十九。

望之如白云。明成祖一时高兴,赐其名为"白云山"。将到胪朐河时,明成祖登山四望,俯视河流,遂赐胪朐河为"饮马河"。明成祖一路行来,也不知为多少山川、泉水改赐了名称,大都勒铭于石,有时还刻上御制的铭文。对久居宫中的明成祖来说,这里是另一种天地,有着另一种情趣。

本雅失里听说明成祖亲率50万大军北征,十分害怕,想与阿鲁台一起往西逃跑。阿鲁台不从,二人遂各自为部,本雅失里率一部往西逃去,阿鲁台率一部往东边逃去。五月,指挥款台在玉华峰擒获了一个鞑靼的翻译,知道本雅失里在兀古儿札河。明成祖遂率大军渡过饮马河。接着,明成祖命清远侯王友驻兵河上,留金幼孜于王友营中,自己率轻骑前进,每人带20日的粮食,让方宾和胡广跟随。当明成祖赶到兀古儿札河时,本雅失里已提前逃跑。明成祖马不停蹄,连夜追击,在斡难河与本雅失里相遇。斡难河是成吉思汗的发迹之地,本雅失里在这里率众与战。明成祖麾前锋迎击,一鼓作气,锐不可当。本雅失里抵挡不住,只得丢下辎重,带领7骑仓皇逃去。

明成祖在当燕王时,虽也曾数次与蒙元势力交锋,但都没有深入这么远。这是明成祖称帝后的第一次亲征,又是第一次亲征中的第一次大胜利,他心里自然十分高兴。诸将把俘虏来的百余人带来,明成祖命令将他们全部释放,并给予口粮、羊马。明成祖说:"朕所讨者,凶渠耳。彼亦吾赤子,为贼所困久矣。"下令官军不得对这些普通百姓有所扰害。"自是,降附者益众。"①明成祖将兀古儿札河改名为"清尘河",遂率军返回。

明成祖率军回到饮马河,稍事休整。明成祖遣中官海寿赍捷书告谕皇太子,随后下诏班师。诏书的内容实际上就是对出师以

---

① 《太宗实录》卷七十。

来战事的小结：

> 朕承大统,抚治寰区……独此残胡骋凶梗化,屡使抚循,
> 辄见拘杀。……遂亲率六军征讨之,用拯颠连,绥宁降附。五
> 月十三日,师至斡难河,遇胡寇本雅失里来战,即摧败之,追奔
> 逐北,电扫霆驱。本雅失里奔命不暇,以七骑潜遁,获马驼牛
> 羊生口无算。其余款附者相继而至,咸抚安之,给粟、羊马,令
> 复生业……乃封其山川,即日班师。于乎! 包举无外,用施一
> 视之仁;抚辑有方,茂衍万年之治。①

在回师途中,上次随丘福来征溃散的军士纷纷来归。明成祖除对
来归的军士善加抚恤外,又派都督梁福在定边镇祭奠上年的阵亡
将士。

大军一路行来,纪律严明。明成祖一再向将士申谕,不得妄行
杀戮,不得掠人口、辎重以及马驼牛羊,否则就要被杀头。

六月八日,大军到达飞云壑。第二天黎明时,哨骑来报,阿鲁
台就在前边的山谷中。明成祖遂命诸将列阵,自己亲自率数十骑
登高考察地势。接着麾诸军度山,结阵而行。阿鲁台的部下出没
于山谷间,且战且退。不大会儿,阿鲁台遣人到军门请降。明成祖
说,这是缓兵之计,阿鲁台想借以逃脱,遂敕谕阿鲁台说:

> 上天弃元久矣! 纵尔有志,天之所废,岂能违天! ……当
> 此时诚能顺天所兴,天必福之而富贵,可保功名不隳矣。……
> 朕今驻师于此,尔能来朝,则名爵之荣不替有加,且俾尔子孙
> 承袭世世,所部之众仍令统领……②

阿鲁台见到敕书后,有归顺之意。左右的人却劝阻道:

> 尔忘杀天朝使臣耶? 天朝皇帝何负尔? 尔既背之,今复

---

① 《太宗实录》卷七十。
② 《太宗实录》卷七十。

归之,纵天地大量能容尔,尔何颜面立于其朝乎?①
阿鲁台犹豫不决,又派他的外甥朵儿只来输诚。明成祖赐之酒,并
再次遣人随朵儿只一起去见阿鲁台。这时,阿鲁台的部下主降者
半,主战者半。明成祖的使者知道阿鲁台犹豫,遂驰归。诸将请求
马上进击,明成祖未许,只令诸将严阵以待。阿鲁台也迟疑未敢进
攻。这样僵持了两三天,明成祖派出数百骑去试探敌人动向,阿鲁
台的部下马上出来迎战。接着,双方主力便马上投入了战斗。阿
鲁台率数千骑当中坚,明成祖率数千骑径冲敌阵。明军大呼奋击,
矢下如雨,阿鲁台大惊失色,竟堕下马来。阿鲁台骂反对投降的人
说:"不听吾言至此,今无及矣!"遂上马逃去。明军乘胜追击,追
奔百余里,阿鲁台的部下大都溃散。当时天气炎热,军士饥渴,明
成祖遂令收兵。忽然下起大雨来,解决了军中缺水的问题。

六月十二日,明军追上了阿鲁台部将于回曲津所率领的一部。
明成祖命柳升用神机铳当先,众铳齐发,声震数十里,每矢可毙二
人。敌人十分惊恐,慌忙逃跑。明军乘势奋击,斩名王以下百余
人。第二天又追上一支小股敌人,约数十人。他们一起遥拜请降,
明成祖遂遣人告知他们:"罪在首恶,不在尔曹。"让他们自行离
去。他们都叩头而去。

明成祖估计到,敌人虽溃散山谷,但一定还有人窥伺明军辎
重,在撤军时会有敌人乘机劫掠。于是,他命数百骑兵设下埋伏,
另派数十步卒持神机铳殿后,并在一些囊中装上草,以诱惑敌人。
明成祖亲自率数千精兵最后出发。果不出明成祖所料,敌人贪图
财物,尾随来袭。明军伏起铳发,他们回头逃跑,明成祖从后边率
兵赶到。这些人仓皇不知该向何处逃跑,有数十人被俘。经讯问,
这些人属兀良哈部,原已归降明廷,后又叛去依附阿鲁台。明成祖

---

① 《太宗实录》卷七十。

对这些叛来叛去的人十分痛恨,遂命全部杀掉。自此以后,没人再敢抢劫明军辎重。明成祖可以放心地回师了。

　　明成祖以得胜之师,凯旋回京,一路刻石纪功,君臣一起观赏山川古迹,豪气满怀。正在高兴之时,传来了清远侯王友军中乏食的消息,有的军士甚至因几日未食而死。明成祖听说后非常难过,马上命令把所储的御粮分散给士卒,并按照杨荣的建议,许军中相互借贷,回京后加倍偿还。这个办法果然奏效,解决了军中缺粮的危机。有一天,天已经黑了,明成祖还没有吃晚饭。中官送上饭来,明成祖说:“士兵们还没有吃饭,我怎么忍心先饱呢!”①由这个小插曲可以看出,当时军中缺粮的情况确实已相当严重,明成祖的心情很沉重。它同时也表明,尽管这次北征取得了很大的胜利,但胜利的得来是很艰难的。

　　七月三日大军回到开平,明成祖在这里宴劳将士。明成祖对诸将领说:“朕自出塞,久素食,非乏肉也。念士卒艰食,朕食肉岂能甘味? 故宁已之。”②这应该说是真心话。就是供给再困难,也不会缺明成祖的肉吃。明成祖之所以长期不吃肉,是为了表示与将士患难与共。

　　明成祖率大军于七月十五日入居庸关,两天后回到北京。这次北征历时 5 个多月,连战皆捷,胜利而归。丘福上次打了败仗,明成祖这次总算为明廷挽回了面子。本雅失里和阿鲁台虽然没有被俘获,但鞑靼的实力无疑受到了重大的打击。正因如此,鞑靼在一个相当长的时间里未敢为害明廷。

　　鞑靼的势力被削弱了,但瓦剌的势力却相对地增强了。明成祖本来想在北边建立一种新的均势,但这种均势不久就被打破,瓦剌又成了明廷的主要威胁。于是,就又出现了明成祖的第二次

---

　　①② 谷应泰:《明史纪事本末》卷二十一,《亲征漠北》。

北征。

第三节　第二次亲征漠北

鞑靼的势力受到重创后,漠北的均势马上出现倾斜。瓦剌的势力显得越来越强,日益骄横,对明廷的边防构成了威胁。明成祖为了解除边患,维持北边的均势,便又亲自率军进行了第二次北征。

一、漠北形势的新变化

阿鲁台于永乐八年(1410)六月被击败后,当年十二月便遣使来朝,向明廷贡献马匹。明成祖接受了他的纳款,并命礼部官宴劳来使,赐予袭衣、彩币。来使向明成祖提出阿鲁台的一个请求,请允许他管辖女真和吐蕃诸部。明成祖要廷臣发表意见,大都说那是蛮荒之地,可以答应阿鲁台的请求。只有黄淮认为不能答应:"彼势分则易制,一则难图矣。"这话正中明成祖下怀。明成祖环视左右的大臣们以后说:"黄淮论事,如立高岗,无远不见。"①他还说别人只是站在平地上,只能看到眼前,于是就拒绝了阿鲁台的这个请求。从明成祖接受阿鲁台的纳款可以看出,明成祖不想北边多事,只要归顺,则不咎既往。同时,明成祖也希望通过阿鲁台来牵制瓦剌。

阿鲁台的使者返回时,明成祖遣人偕同前往。明成祖在给阿鲁台的敕谕中,自己"惟欲万方之人咸得其所,凡有来者,皆厚抚之,初无远近、彼此之间"。②阿鲁台还说瓦剌不是诚心归附,如

---

① 《明史》卷一百四十七,《黄淮传》。
② 《太宗实录》卷七十三。

诚心归附的话,就应该把传国玉玺献出来。明成祖对此表示,自己并不重此宝,"帝王之宝在德不在此"。阿鲁台想借以离间明廷和瓦剌的关系,明成祖识破了这种用意,没有中这个圈套。

瓦剌看到明成祖接受了阿鲁台的贡纳,也千方百计地离间明廷与阿鲁台的关系。永乐九年(1411)二月,瓦剌顺宁王马哈木遣使马哈麻来朝,贡方物,并对明成祖说:"本雅失里、阿鲁台败走,此天亡之也。然此寇桀骜,使复得志,则为害边境,而西北诸国之使不敢南向,愿早图之。"①明成祖心里也明白瓦剌的用意,自然也不会上瓦剌的圈套。从当时双方的力量来看,瓦剌较强,阿鲁台较弱。在这种情况下,明成祖对阿鲁台反而格外友好。

永乐九年(1411)六月,阿鲁台遣国公忽鲁秃等来贡马,明成祖赐宴犒劳,并赐予白银、文绮等物。来使辞归时,明成祖又遣人偕行,另赐予阿鲁台彩币 20 表里,还赐其母亲彩币 8 表里。

十二月间,阿鲁台又遣使贡马千匹。明成祖命礼部给其马值,并赐来使彩币等物。来使辞归时,明成祖又遣中官云祥和指挥岳山偕来使同往,除赐阿鲁台文绮等物外,还把阿鲁台的哥哥和妹妹送回。原来,洪武年间明军远征至捕鱼儿海(今贝尔湖),将其兄妹俘获。明成祖后来听说他们是阿鲁台的同母兄妹,便给予特别优厚的待遇。这时,明成祖对他们又厚加赏赐,让他们兄妹二人随来使一起北归。阿鲁台对明成祖自然十分感激。

本雅失里被明成祖击败后,投奔瓦剌。永乐十年(1412),马哈木将本雅失里杀掉,立同族人答里巴为主,大权都掌握在马哈木手中。

永乐十年(1412)五月,马哈木遣其知院海答儿等来朝,向明成祖说:"既灭本雅失里,得其传国玺,欲遣使进献,虑为阿鲁台所

① 《太宗实录》卷七十四。

要,请天兵除之。"还说到其部下多人,为自己效力有功,请予封赏。尤其令明成祖反感的是,"又言瓦剌士马整肃,请军器。"明成祖对廷臣:"此虏骄矣!狐鼠辈不足与较。"仍命礼部宴劳其使者。① 明成祖虽未与马哈木认真计较,但心里已对他提高了警惕。

永乐十一年(1413)正月,马哈木又遣使贡马,并说,归附到甘肃、宁夏的鞑靼人多是他的近人,请归还给他为部属。"又多所请索,而表词悖慢。"尤其令明成祖不能容忍的是,明廷所遣往的使臣舍黑撒答等被马哈木拘留不还。明成祖命中官海童与来使一同前往,赍敕历数马哈木的过错,并说:"能悔过谢罪,待尔如初。不然,必举兵讨罪。"②明成祖的这封敕谕语气已很强硬,并明白无误地露出了杀机。

与此同时,也是在永乐十一年(1413)正月,阿鲁台的使臣把秃等辞归,明成祖遣指挥徐晟与他们偕行,并敕谕阿鲁台说:

> 把秃来贡马,礼意之勤可嘉。然察尔心,尚未释然,岂非有歉于丘福之事乎?人各为其主,朕于尔何责?尔所处去京师甚迩,如能自来,或遣子来,庶见朕诚意。昔呼韩邪入朝,汉与之高官;突厥阿史那社尔归唐,亦授显爵。二人皆福及子孙,名光史册。尔聪明特达,岂下古人哉?朕待尔,盖将有过于汉唐之君者。今遣指挥徐晟等谕意,并赐尔及尔母彩币,至可领也。③

从敕谕中可以看出,语气与给马哈木的大相径庭。这里极力解除阿鲁台的疑心,应自己来或遣其子来,不必为丘福之事而不安。只要来朝,自己将比汉唐之君优待远人更有过之。明成祖的用意也

① 《太宗实录》卷八十三。
② 《太宗实录》卷八十七。
③ 《太宗实录》卷八十七。

很清楚,为了集中力量对付瓦剌,需要阿鲁台对瓦剌进行牵制。

从此以后,阿鲁台遣使来贡更加频繁。仅就永乐十一年(1413)来看,二月、五月、六月、十一月、十二月共5次遣使贡马,表明双方的关系已达到很亲密的程度。不仅如此,阿鲁台还怂恿明成祖讨伐瓦剌。例如五月间,阿鲁台遣来的使者说:"马哈木等弑其主,收传国玺,又擅立答里巴为主,请发兵讨之,愿率所部为前锋。"①明成祖感到时机还不成熟,理由尚不充足,未为所动。

六月间,鞑靼部的卜颜不花等来朝,也极力怂恿明成祖对瓦剌用兵。他说:"瓦剌马哈木自弑立之后,骄傲无礼,欲与中国抗衡。其遣人来朝,皆非实意,盖所利金帛财物耳。比屡率兵往来塞下,邀遏贡使,致漠北道阻。宜以兵除之。"明成祖说:"伐之固宜,但勤兵于远,非可易言,姑待之。如今秋不遣使谢罪,来春以兵讨之未晚。"②

七月初,明成祖为了使阿鲁台彻底解除疑虑,对瓦剌进行更有力的牵制,便册封阿鲁台为和宁王,让他统率本处军民,并赐予金印、鞍马和文绮等物。同时,还封其母为和宁王太夫人,其妻为和宁王夫人,俱赐诰命、冠服。对阿鲁台手下的将领,也分别授以都督、都指挥、千百户、镇抚之职。

马哈木看到阿鲁台如此受宠,心怀怨望,从此不再向明廷朝贡。这意味着瓦剌与明廷的关系已全面恶化。

十一月间,备御开平的成安侯郭亮遣人来报,说抓获到一个瓦剌的间谍,称"马哈木等兵至饮马河,声言袭阿鲁台,实欲寇边。"如马哈木消灭了阿鲁台,统一了漠北,对明王朝的威胁自然就更大

---

① 《太宗实录》卷八十八。
② 《太宗实录》卷八十八。

了。于是,明成祖"决意讨之"。①

没过几天,阿鲁台又遣人来报,说瓦剌兵已渡过饮马河,"扬言袭己,因而欲窥开平、兴和、大同。"明成祖马上申谕守边将领,"严兵守备,如哨骑及守瞭有失,皆处死。"②面对北边日益严峻的形势,明成祖开始加紧准备。但碍于已到冬季,不宜对漠北用兵,所以明成祖不得不等到明年春天了。

二、率师亲征

永乐十一年(1413)底,明成祖命各衙门做好北征的准备,诏谕中说:"瓦剌残虏既弑其主,又拘杀朝使,侵掠边境,违天虐人,义所当伐。尔等其秣马厉兵,以俟大举,作尔志,奋尔勇,共成大功。"③第二年三月十三日,明成祖命留守南京的皇太子以北征事祭告天地、宗庙、社稷。两天后,分别赐予从征将士钱钞,并告谕他们要同心协力,奋勇杀敌,凡有功者,将不吝高爵厚赏。三月十七日,明成祖率将士离开北京,踏上征途。这次北征也和上次一样,共有兵士50万。上次出征刚出居庸关就遇上了大雪,这次出师比上次晚了一个多月。

这次北征,明成祖特地让皇太孙朱瞻基随行,其用意对侍臣说得很清楚:

> 朕长孙聪明英睿,勇智过人。今肃清沙漠,使躬历行阵,见将士劳苦,征伐不易。④

皇太孙自小生长在宫廷,不知道征战的劳苦,让他跟着见习一下,锻炼锻炼,无疑是英明的有远见之举。明成祖还特地对胡广、杨

---

① ② 《太宗实录》卷九十。
③ 《太宗实录》卷九十。
④ 谷应泰:《明史纪事本末》卷二十一,《亲征漠北》。

荣、金幼孜等学士们说,闲暇时,他们可在营中为皇太孙讲说经史,使其文事武备皆不偏废。

五月初,大军到达擒狐山。这里对明成祖来说可谓旧地重游。这不仅因为他上次北征就到过此地,而更主要的是他当燕王时,曾率军出击,在这里擒获了乃儿不花,使他的军事才能得到初次展现。因此,他对这里有着特殊的情感,便命礼部尚书吕震去祭这里的山川之神。这里已是漠北腹地,他对前锋刘江说,如遇到敌寇东走,那就是瓦剌的人往阿鲁台那里去的;如遇到敌寇西走,那就是阿鲁台的人到瓦剌那里去的,都不要放过,须全部擒获。由此看来,尽管阿鲁台表现得很恭顺,明成祖对他并不完全放心。

五月七日,明成祖命刘江率轻骑先往饮马河侦察敌人动静,自己率主力驻速儿温都儿。这里有所谓海子,即小湖泊,明成祖遂赐名为"蒙山海"。其水清冽,两天来军中一直缺水,到这里才有了充足的饮水。

五月二十二日,明成祖到达通泉泊。都督朱荣来报,发现有数千人由西往东进发。明成祖判断,这一定是瓦剌的人,遂命朱荣进一步侦察敌人的行动路线。二十七日,前锋都督刘江来报,已侦察到了敌人往东行的确切路线。明成祖遂命刘江率千余骑急追,自己率六师随后赶上,要他和朱荣在前方相机行事。

六月一日,大军马上就要投入战斗,明成祖在战前再次申明军纪:

> 今深入虏地,一二日必破虏。临阵之际齐力奋勇,所诛者唯首虏。毋夺财物,毋掠妇女,毋虐老稚,毋杀降附,违者斩。[1]

六月三日,前锋都督刘江遇敌于三峡口,在交战中斩敌数十

---

[1] 《太宗实录》卷九十二。

人。明成祖闻报后,估计大股敌人将很快赶来,遂命刘江严加警戒,并传谕各营,防止敌人劫营。第二天,俘获了一个瓦剌的谍者,说马哈木距此百余里。明成祖闻知大喜,命诸营秣马厉兵,作好准备,明日一早出发。明成祖率大军兼程前进,皇太孙和宝纛同行,专以500铁骑护卫。

六月七日,在忽兰忽失温遇到瓦剌主力,答里巴、马哈木率3万人来战。他们见明军行阵整齐,旗甲鲜明,未敢马上发起攻击,而是屯兵于山岗。明成祖登高眺望,发现敌人已分为三部。明成祖命骑兵前去挑战,瓦剌兵遂奋勇来战。这是一场十分激烈而残酷的厮杀,瓦剌士兵表现出不可轻视的战斗力。明军的神机铳发挥了很大的威力。安远侯柳升用神机铳轰击敌人,毙敌数百人。明成祖亲率铁骑发起攻击,敌人稍却。武安侯郑亨率众追击,被敌人的流矢击中,只得退回。宁阳侯陈懋等攻击敌人的右翼,敌人奋起反击,陈懋无功而退。都督朱崇等率神机营上前,连发神机铳,敌人被击死击伤者无数。丰城侯李彬等人攻击敌人的左翼,敌人拼死斗,都督谭青受重伤,都指挥满都力战死,明军损失十分惨重。明成祖见此情形,亲率铁骑奋击,大军的呐喊声震撼山谷,马哈木抵挡不住,遂大败。明军斩王子十余人,斩敌数千级,余众败走。大军乘胜追击,翻过两座山,马哈木勒余众迎战,又被击败。明军追击到土剌河,生擒数十人。这时已到傍晚,天色渐暗,明成祖遂命收兵。

这次大战,马哈木虽战败北逃,明军获得了胜利,但双方杀伤大致相当。晚上二鼓时分,明成祖回到帐中,皇太孙入见。明成祖向他分析取胜的原因,并说敌人去此不远,夜里尤须提防,明天追击,一定可将敌人尽数歼灭。皇太孙却说:"天威所加,虏众破胆矣。今既败走,假息无所,宁敢返顾乎?请不须穷追,宜及时班师。"这话颇合于古代"穷寇勿追"的传统,明成祖认为说得有理。

第二天,诸将请追击敌人,明成祖说:"寇穷矣,何用远追!"①遂下令班师。

在班师的同时,明成祖又遣使赴鞑靼,将击溃马哈木之事告知阿鲁台。阿鲁台遂遣使来军中祝贺,并说自己因有病,不能亲自前来,请明成祖恕罪。至于阿鲁台是否真的有病,今已无法详考,更大的可能是外交辞令。正像明成祖对他不完全相信一样,他对明成祖也不十分相信。明成祖曾让他亲自来,或遣儿子来朝,他都没照做,即是明证。明成祖对此都未予计较。

六月七日,大军发黑山峪,明成祖遣人敕谕皇太子,要他以班师诏告天地、宗庙、社稷。"班师诏"中说:

> (瓦剌)辜德负恩,背违信义,擅杀其主,执我使臣,侵扰边境……朕不得已,躬率六师以讨之。……贼首答里巴、马哈木……不度智能,扫境而来。兵刃才交,如摧枯拉朽。追奔逐北,兽狝禽獮,杀其名王以下数千人,余虏宵遁。……用靖边陲,佚我黎庶。故兹昭示,咸使闻知。②

诏中对明军的战绩不免有所粉饰,实际上这一仗打得并不轻松,而是相当艰苦。不要说明军将领有的受伤,有的战死,甚至皇太孙也差一点被敌人俘去。宦官李谦恃自己骁勇,竟领着皇太孙在九龙江临战,被敌人包围,形势十分危急。明成祖闻讯大惊,急回大营。李谦为此惶惧不安,自杀而死。

不论这次北征如何艰苦,总算是大胜而归,瓦剌的势力受到了一次沉重的打击。大军班师时正是盛夏,不时有大雨,道路泥泞,有时因无干柴可烧,致兵士无法烧饭。这种情况在金幼孜写的《后北征录》中有详细记载。大军于七月二十八日入居庸关,八月

---

① 《太宗实录》卷九十二。
② 《太宗实录》卷九十二。

一日文武百官迎驾,由安定门入京。明成祖升殿,"群臣称贺,上《平胡表》,呼噪而退"。① 胜利回师的景象历来都是热烈的。

第四节　晚年三次出塞

第二次北征后,漠北的均势大体得到了恢复。在此后的七八年间,北部边境没有大的战争,基本上保持着和平局面。永乐十八年(1420),明成祖将京师由南京迁至北京,统治重心转移到北方。自永乐二十年(1422)开始,明成祖连续三年三次亲自北征,并死在第五次北征回师的路上。

一、第三次北征

瓦剌在永乐十二年(1414)被明成祖击败后,于第二年正月即遣使来谢罪,并献上良马50匹。明成祖接受了瓦剌的贡献,让礼部款待来使。从此以后,以马哈木为首的瓦剌部和以阿鲁台为首的鞑靼部争相来贡。两部为了争夺漠北的统治权,时有战争。因瓦剌受到明成祖的打击,力量有所削弱,在与鞑靼的对抗中处于劣势。永乐十四年(1416),"瓦剌归附之人言,马哈木已死",②明成祖遂命马哈木之子脱欢承袭了顺宁王。马哈木是瓦剌部强有力的首领,他的死无疑使瓦剌的势力进一步削弱,阿鲁台的势力日益明显地居于优势,对明廷的态度也日益不恭起来。永乐十七年(1419)十一月,阿鲁台遣来的贡使横暴无赖,在京师居然强夺人财物,被兵马司擒获一人,请求明成祖对他置以重罚。但明成祖表现得很冷静,未予处置,只是命人械送给阿鲁台,要阿鲁台自

---

① 金幼孜:《后北征录》。
② 《太宗实录》卷一百一。《明史纪事本末》卷二十一载,永乐"十五年秋八月,瓦剌顺宁王马哈木死"。误。

行处理。明成祖还敕谕阿鲁台,让他严格约束部下,遵守明廷法度。

永乐十七年(1419)底,明成祖预先得到消息,听说阿鲁台要大举进攻瓦剌,便遣人告知瓦剌贤义王太平等人,要他们早作防备。毕竟双方的力量有了明显的悬殊,结果还是被阿鲁台打得大败。从此以后,阿鲁台的态度就更加骄横起来。

永乐十九年(1421)正月,阿鲁台遣脱脱木儿等来贡,"至边境要劫行旅"。边将上奏,请予禁止。明成祖遂遣使敕谕阿鲁台,要他严加约束部下。但阿鲁台"自是骄蹇,朝贡不至"。① 阿鲁台不来朝贡,这意味着与明廷的关系已基本破裂。

六月间,明成祖听说阿鲁台将寇边,马上命居庸关等处守将严加戒备。七月间,明成祖亲自到北部边境巡视。阿鲁台闻知此事后,以为明成祖又要大举征讨他,遂马上逃往北边。

阿鲁台不来朝贡,又时有寇边的打算,明成祖对此难以容忍,还是决心要对阿鲁台大举征讨。

永乐十九年(1421)十一月十七日,明成祖打算明年春天对鞑靼用兵,命大臣集议。户部尚书夏原吉、兵部尚书方宾、礼部尚书吕震、工部尚书吴中等人都一致认为,因连年对漠北和安南用兵,国内又屡兴大工,应该休养兵民,严敕边将备御,不必对鞑靼劳师远征。他们尚未回奏,明成祖召兵部尚书方宾入见。方宾说:"今粮储不足,未可兴师。"接着召见夏原吉,问他北边的粮储有多少。夏原吉说:"频年师出无功,戎马资储,十丧八九。灾眚间作,内外俱疲。况圣躬少安,尚须调护,勿烦六师。"明成祖听到这些话,心里很不高兴,立命夏原吉赴开平察看粮储情况。夏原吉刚离去,刑部尚书吴中入对,所说和方宾相同。明成祖十分恼怒。方宾十分

① 《太宗实录》卷一百一十九。

害怕,竟自缢而死。夏原吉正在开平察看粮储情况,明成祖命锦衣卫官员将夏原吉取回,锦衣卫官催促夏原吉赶快上道。夏原吉请他们稍等,让自己察看完毕,以免别人侵盗,"死,吾安之,不以累公。"回来后所对与上次一样。明成祖越发恼怒,命将夏原吉和吴中逮系于狱,方宾虽死不饶,命戮其尸。① 大理寺丞邹师颜因曾在户部任职,也一起被系于狱。明成祖怀疑夏原吉侵盗官粮,命籍没其家产。结果发现,夏原吉家中"自锡钞外,惟布衣瓦器"。② 这证明,夏原吉是一个清廉的大臣。

在遇到大事的时候,明成祖也征求大臣们的意见,但决断皆出自他本人。他一旦下决心要干哪一件事,即使有很多人反对,他也要坚持到底。有时他坚持得对,表现出他的见识确实高出众人一筹,有时则显得刚愎自用,越到晚年这种现象表现得越突出。这次出征遭到那么多大臣反对,但还是改变不了他的初衷。

十一月二十五日,明成祖便下令为北征作准备,命人分头赴山西、山东、河南等地,督造车辆,调发壮丁,挽运粮饷,限于明年二月赴宣府馈运。

永乐二十年(1422)二月,明成祖命英国公张辅会同六部官商议运饷事宜。按照张辅等人商议的办法,运饷分前运和后运,"前运随大军行,后运稍后",由官员分头带领,派军士护送。"前后运共用驴三十四万头,车十一万七千五百七十三辆,挽车民丁二十三万五千一百四十六人,运粮凡三十七万石。"③从《明实录》中记载的这些具体数字可以看出,运饷所耗费的人力、物力是何等之巨。也难怪夏原吉等人反对轻易用兵了。

---

① 谷应泰:《明史纪事本末》卷二十一,《亲征漠北》。
② 《明史》卷一百四十九,《夏原吉传》。
③ 《太宗实录》卷一百二十二。

三月二十日,明成祖以亲征祭告天地、宗庙、社稷,命皇太子监国,并告谕他说:"军国之务重,当明、恕、勤、慎以处之。明则能照物,恕则能体物,勤则无怠事,慎则无败事。"①永乐十八年(1420)以前以南京为京师,即使在平时,明成祖也很少在南京,而是经常驻北京,皇太子一直在京师监国。经过这20年的考察,皇太子监国没出过大的差错。看来,皇太子处理国家政务已经很成熟了,况且皇太子年龄已长,明成祖可以放心地北征了。只是他作为一国之主,临别时不得不再对皇太子叮嘱一番。这已是司空见惯的事。

二十一日,明成祖率大军出承天门,踏上了第三次北征之途。大军刚出居庸关,攻扰兴和(今河北张北)的阿鲁台部众听到了消息,连夜北逃。将领们请求急速追击,明成祖认为追之徒劳,要出其不意,直抵巢穴,可一举击溃。

四月初,明成祖敕谕皇太子,凡是系在狱中的军官,全部予以宽宥,让他们赴军中,以立功赎罪。大军到龙门时,戍卒奏言,阿鲁台已仓促逃去,在洗马岭一带留下了两千多匹马。明成祖命宣府指挥王礼将这些马匹全部收入城内。

五月初,大军到独石。端午节那天,明成祖亲赐随征文武大臣宴,在宴席上兴高采烈地谈论用兵之道。因为一直遇不到敌人,无仗可打,明成祖便命将士在山下打猎,完全改变了严阵以待的状况。明成祖有时来了兴致,便在地势开阔处检阅军队,观士卒骑射。有一次,有一个士卒三发皆中,明成祖心里很高兴,马上赐了牛羊银币,并亲制《平戎曲》,让士卒歌唱。有时看到某一个历史古迹,便和身边的文武大臣发一番思古之幽情。例如,五月十五日到达隰宁的西凉亭,这里是元代君主往来巡游之所。这时,这里只有一些颓壁残垣,只有树木依然郁郁葱葱。明成祖对侍臣们说:

---

① 《太宗实录》卷一百二十二。

"元氏创此,将遗子孙为不朽之图,岂计有今日?《书》云:'常厥德,保厥位,厥德靡常,九有以亡。'况一亭乎!"①遂下令,禁止军士砍伐这里的树木。

六月,大军到达威远川。这时,开平已远在后方,是明军的重要储粮基地,其守将遣人来报,说阿鲁台的一支部众将进攻万全。明成祖对左右的人说,这是一种诈术,怕明军直捣其巢穴,故意佯攻万全,以牵制明军主力。但明成祖还是分出一支人马,前去救援。果不出所料,敌人确已逃去。

大军出师3个多月以来,一直无仗可打。闲来无事,明成祖就和身边的人谈论用兵之道。有一次,明成祖问诸将驱虏之策,诸将不敢妄语,自称浅陋,"惟成算是命"。明成祖真的大谈起来,倒也头头是道:"兵法云,多算胜,少算不胜。盖用兵之际,智在勇先,不可忽也。驭众之道,固须部伍整肃,进退以律。然必将帅抚士卒,如父兄于子弟,则卒附将帅,亦如手足之捍头目。上下一心,乃克有济。至于同列,尤须和协。一队当敌,则各队策应,左右前后莫不皆然。譬如舟行遇风,同舟之人齐力以奋,波涛虽险,靡不获济。"②这些话,应该说反映了明成祖一贯的用兵思想。但在数十万大军远征之时,和将领悠闲地谈论这些,其中隐含着几分尴尬。那么多大臣反对出师,自己不听劝阻,动用那么多的人力、物力,结果却无仗可打,明成祖的尴尬心情是可以想见的。

七月间,前锋都督朱荣俘获了几个阿鲁台的部属。他们说,阿鲁台听说大军来讨,部下忧惧,有不少人逃散。"其母及妻皆骂曰:'大明皇帝何负尔,而必欲为逆?'阿鲁台尽弃其马驼牛

① 谷应泰:《明史纪事本末》卷二十一,《亲征漠北》。
② 《太宗实录》卷一百二十二。

羊、辎重于阔弯海，与其家属北走矣。"①明成祖不完全相信他们的话，以为故意示弱，迷惑明军。不几天，前哨又俘获了几个阿鲁台的部下，所说与那几个人相同。明成祖这才相信，阿鲁台是真的远逃了。遂命部下尽收阿鲁台所弃下的牛羊，尽焚其辎重，传令班师。

在回师的路上，明成祖乘势对兀良哈三卫进行了围剿。兀良哈部本来早已归附，后来为本雅失里和阿鲁台所胁迫，也曾助鞑靼扰边。明成祖遣使往谕，兀良哈部急忙献马赎罪。但是，兀良哈部仍不时依附阿鲁台出没于塞下。趁回师之机，明成祖选骑兵和步兵各数万人，分五路前往，自己亲自率领郑亨、薛禄等从西边邀击。大军到达屈裂儿河，兀良哈部有数万人往西逃，不少人陷于沼泽中。明成祖麾骑兵冲击，斩首数百级。他们自相践踏，死者无数。明成祖在高处瞭望，见其余众又聚在一起，遂分左右翼进行夹击，并命军士持神机铳埋伏于丛林中，等敌人到近前时再发。兀良哈部往左逃，左翼明军马上追击。敌人到丛林处，又遭到神机铳的轰击，死伤甚众。明成祖又亲自率骑兵追奔30余里，斩其头目数十人。第二天，明成祖又命部下搜索余寇，捕获甚多，各路将领纷纷前来报捷。这时，兀良哈部的人大都逃往山谷。一些老弱"皆诣军门，俯仰待罪"，明成祖命令尽予释放②。

这是一场突如其来的袭击，兀良哈部没有任何应战的准备。明军以雷霆万钧之势，突然予以打击，自然是大获全胜了。诸将对这次大胜都顿首称贺，明成祖只轻描淡写地说："用兵岂吾所得已哉!"③这样，第三次北征也总算打了这么一仗。

八月十七日，明成祖以班师诏谕皇太子。诏中又一次说道：

---

① 谷应泰：《明史纪事本末》卷二十一，《亲征漠北》。
②③ 《太宗实录》卷一百二十三。

"声罪致讨,不得已而攘夷。"①这话显然是说给那些反对这次北征的人听的。明成祖于九月回到京师,结束了这次半年的远征。

二、第四次北征

永乐二十一年(1423),明成祖对鞑靼进行了第四次亲征。

这年七月二十日,来自鞑靼的归附者称,阿鲁台将要犯边。这个消息是否属实,明成祖并未深究。从当时阿鲁台的情况来看,四月里刚被瓦剌的顺宁王脱欢击败,似乎不具备大举南下的实力。但明成祖却认为,去年亲征阿鲁台后,阿鲁台一定认为明军不可能马上再出兵,所以又萌发邪念。"朕当率兵先驻塞外以待之。虏不虞吾兵已出,而轻肆妄动,我因其劳以击之,可以成功。"②臣下只有点头称善的份,没人敢提出异议。上次北征,像夏原吉那样的元老重臣尚且因反对而被逮治,别的人就更不敢了。于是,命将点兵,令户部备军饷,准备马上出兵。

这次行动分外迅速,七月二十四日即从北京出发,两天后到达土木堡,随征将士在这里全部聚齐。这时,有边卒原陷于鞑靼,现逃脱来归,说阿鲁台聚众饮马河北,声称要进犯大同、宁夏。明成祖遂敕谕两地守将,要他们严加备御,让散处的边民都进入屯堡。

九月十五日,鞑靼部伪知院阿失帖木儿、古纳台等率妻子来降,说阿鲁台在今夏刚为瓦剌所败,马驼牛羊损失殆尽,部众大都溃散。"彼若闻天兵复出,疾走远避之不暇,岂复敢萌南向之意?"③明成祖赐之酒馔,并给予衣服、鞋袜,授二人皆为正千户。

阿失帖木儿等人所说的情况大体是属实的。这意味着,这次

---

① 《太宗实录》卷一百二十三。
② 《太宗实录》卷一百二十六。
③ 《太宗实录》卷一百二十七。

远征又将无仗可打。明成祖遂召集诸将说,阿鲁台正失势,大军可
不必继续深入。但阿鲁台诡诈,边备不可不谨。于是命郑亨、李安
诸将领分巡沿边诸关隘,修筑务求坚固,守备务求严密。这时,沿
边戍卒和百姓被蒙古诸部所掠去者纷纷脱归,明成祖命有司给予
衣粮,厚加存恤。

　　这次出征看来是真的无仗可打了。于是,明成祖便率领将士
在天城东南山麓打猎,一连打了三四天。这时正是九月深秋,天高
气爽,风和日丽,在塞外打猎,自然别有一番情趣。但毕竟是大军
在外,无仗可打而打猎,多少有几分难堪。明成祖对侍臣们说:

　　　　朕岂以畋猎为乐?顾见将士驰骤便捷,皆适于用,有可乐
　　者耳。又曰:古人春蒐、夏苗、秋狝、冬狩,皆顺时为民去害,且
　　讲武事,然亦存爱物之仁。圣人著于经,正欲垂法后世耳。①
明眼人不难看出,这话带有几分自我解嘲的用意。通过打猎"顺
时为民去害",显然不能成为大军远出的目的。

　　十月间,明成祖总算找到了一个下台的台阶。这时,鞑靼王子
也先土干率领妻子部属来归。在表文中,他说自己为阿鲁台所忌,
几为所害,危不自保。"今四海万邦皆蒙覆载生育之恩,岂独微臣
不沾洪化。谨率妻子部属来归,譬诸草木之微,得依日月之下,沾
被光华,死且无憾。"②这话说得是何等感人!明成祖自然满心高
兴,对其部属厚加抚恤,并封也先土干为忠勇王,赐名金忠。他的
外甥把台罕在其归降一事上发挥了很大的推动作用,明成祖遂封
把台罕为都督,俱赐以冠带和袭衣等物。明成祖还赐宴金忠等人,
在宴席上也表现得十分热烈而友好。明成祖还把宴席上的御用金
杯也赐给了金忠。诸将领都赞颂明成祖的功德之盛。明成祖还对
金忠说:

　　　①② 《太宗实录》卷一百二十七。

> 昔唐突厥颉利入朝,太宗言胡、越一家,有矜大自得之意,朕所不取。惟天下之人皆遂其生,边境无虞,甲兵不用,斯朕志也。①

看来,明成祖在得意之时还没有失去冷静,而且不赞成唐太宗那"矜大自得"一类的话。在对待少数民族的问题上,明成祖在观念上显得高出唐太宗一筹。

十月十三日,明成祖以金忠来降,遂下"班师诏",并遣人谕皇太子。诏中把金忠来降看做是这次远征的主要收获,"茂敷怀远之仁,光协止戈之武"。② 二十八日,车驾发万全,明成祖乘马,金忠随行。明成祖边走边询问鞑靼的情况。金忠说,想来归降的人很多,只是因受制于阿鲁台,难以自拔。明成祖以汉、唐时事相类比,称赞金忠"明达天道,卓然超越于一方",一定会身家富贵,垂名青史。

十一月四日大军入居庸关。这时京师各衙门官员都来迎驾,各个国家和地区的贡使也都前来迎接。这一天天气晴朗,明成祖身着衮龙金绣袍,乘玉花龙马,入关后按辔徐行,军容甚盛。这时金鼓齐鸣,旌旗辉映,连亘数十里。中外文武群臣和百姓耆老百余万夹道两旁,见到明成祖齐喊万岁,声震天地,响遏行云。金忠在后面看到这种景象,激动不已,对身边的人说:"今日真随从天上行也。"③明成祖处于这众星拱月的中心位置,面容上神色泰然,威严镇定,内心里自然充满喜悦。明成祖特别满意的是,通过这盛大的凯旋式,可让外国贡使和蒙古降附人看到,大明帝国的军容是何等之盛!

---

① 《太宗实录》卷一百二十七。
② 《太宗实录》卷一百二十七。
③ 《太宗实录》卷一百二十七。

十一月七日,明成祖回到京师,结束了这次历时近 4 个月的远征。

三、第五次北征

金忠归降后,一再怂恿明成祖对阿鲁台用兵。他说阿鲁台弑主,虐待下人,"违天逆命,数为边患。请发兵讨之,愿为前锋自效。"明成祖起初很冷静,说:"兵岂堪数动? 朕固厌之矣,何况下人!"但金忠也自有他的道理:"虽天地大德,无物不容,其如边人荼毒,何时可已?"明成祖说:"卿言甚善,但事须有名,文帝尝言,汉过不先,姑待之。"永乐二十二年(1424)正月,大同、开平守将来报,说阿鲁台侵扰边境,明成祖遂召廷臣商议,并告以金忠所言。廷臣们已明白了明成祖的心意,遂奏道:"(金)忠言不可拒,逆贼不可纵,边患不可坐视,用兵之名不得避也,惟上决之。"明成祖遂命整顿兵马,准备亲征。①

三月一日大阅,内阁学士杨荣和金幼孜随行,张辅和柳升等人分领诸军,陈懋和金忠为前锋。明成祖向诸将讲了一通这次出兵的缘由,最后说:"朕非好劳恶逸,盖志在保民,有非得已。"②

四月三日,命皇太子祭告天地、宗庙、社稷,第二天车驾发北京,明成祖第五次踏上了北征之路。十七日,大军到达赤城。这一天是明成祖的生日,吕震要百官行礼,贺万寿圣节。明成祖不同意:"今亲率将士问罪漠北,夙夜劳心军务,不遑自宁,尚以生日为庆耶? 其止勿贺。"③明成祖五征漠北,有四次是在军中过的生日。这是明成祖生前的最后一个生日,竟也是在军中度过,未令臣下致贺。仅此一点,也可以看出他是一个多么忙碌的

---

① 《太宗实录》卷一百二十八。
② 杨荣:《后北征记》。
③ 《太宗实录》卷一百二十九。

388

皇帝。

四月二十五日,大军到达隰宁。金忠的部下把里秃俘获了一个阿鲁台的谍者,从他口中得知,去年秋天闻听明成祖亲征,率领部下仓皇北逃。正赶上冬天下大雪,牲畜大都冻死,许多部下离散而去。近来听说大军又来征讨,慌忙远逃,现已渡过答兰纳木儿河向北逃去。明成祖以阿鲁台逃得尚不甚远,命诸将速进。

五月五日端午节这一天,大军到达开平。这天正赶上下雨,士兵有后到的,衣服都淋得透湿。这时塞外尚寒,这些淋湿了衣服的士兵都冻得瑟瑟发抖,明成祖心里很不安。明成祖指着这些士兵对诸将说:"士卒者,将帅所资以成功名,抚之至,则报之至。古人有言,视卒如婴儿,可与赴深谷;视卒如爱子,可与之俱死。今方用此辈,为国家除残去暴,其可不恤!"①明成祖久经战阵,几乎是攻无不克,往往能以少胜多,他深知体恤士卒的重要。

自从把里秃报告敌情后,诸将又快速前进了半个月,仍不见敌人的踪影。五月十日,明成祖召杨荣和金幼孜到军帐中,说自己半夜里做了一个梦,有神人来告:"上帝好生。"并一连说了数遍。不知是什么预兆。他们二人的回答很艺术:"陛下好生恶杀,诚格于天。此举固在除暴安民,然火炎昆冈,玉石俱焚,惟陛下留意。"这样,就委婉地表达出了尽早撤军的意思。明成祖的这个梦是真是假,人们无法详考。但有一点人们是知道的,即在某一特定时期,明成祖曾数次做类似的梦,这些梦对下一步如何行动都产生过明显的影响。这个梦实际上是个台阶,即使遇不上敌人,明成祖也可以撤军。于是,明成祖马上命杨荣等拟敕,遣中官伯力哥和俘获的鞑靼人前往鞑靼诸部申谕,历数一通阿鲁台忘恩负义的罪过,表示:"今王师之来,罪止阿鲁台一人",凡真诚来附者,都将妥善安

---

① 杨荣:《后北征记》。

置,"仍授官职,听择善地,安生乐业"。①

五月十三日,大军从开平出发,继续前进。一路上,明成祖和诸将谈论用兵之道,"谓武有七德,禁暴诛乱为首。"再一次告诫诸将:"自今凡有归降者,宜悉意抚安,无令失所。非持兵器以向我师者,悉纵勿杀。"②

五月二十二日,大军到达清平镇。这天因下雨,载辎重的车辆都在后边。明成祖借题发挥,说官渡之战中曹操之所以打败袁绍,就是因为曹操先烧了袁绍的辎重粮草。不严加保护辎重,是用兵的"危道"。于是,立命诸将分兵去迎护。

第二天,明成祖在清平镇宴劳随征的文武大臣,命内侍歌明太祖御制词五章。内侍在那边歌,明成祖这边举杯谕诸臣说:

> 此先帝垂谕创业守成之难,而示戒荒淫酗酒之失也。朕嗣先帝鸿业竞竞焉,唯恐失坠。虽今军旅之中,君臣杯酒之欢,不敢忘也。尚相与共勉之。③

这段话在一定程度上反映了明成祖的真实心态,自己才是明太祖所创天下的真正合格的继承人,并对先帝所创鸿业还要光而大之。他现在戎马倥偬,远征在外,正是为了要光大先帝的鸿业。明成祖趁高兴之际,又自制词五章,大都是"奉天法祖、勤政恤民"的内容,也让内侍歌之。群臣听罢,都叩首称颂,说明成祖"深思远虑,前古帝王之所不及。"明成祖听了十分高兴,酒醉而罢。

六月十五日,大军到达玉沙泉。这里离答兰纳木儿河已近,明成祖令诸军严阵以待。第二天,大军到达龙武冈。明成祖命前锋陈懋和金忠率师前进。两天后,陈懋和金忠遣人来奏,说他们已到答兰纳木儿河,极目望去,都是荒尘野草,根本见不到敌人的踪影。

---

① 《太宗实录》卷一百二十九。
②③ 杨荣:《后北征记》。

车辙和牛马的踪迹也都湮没,看来阿鲁台逃跑已久。明成祖一面命他们二人继续率军前进,同时命张辅等人分头搜索各山谷,车驾也继续往前进发。但他们都没发现敌人一人一骑的踪迹。明成祖到了答兰纳木儿河,又往前赶了两程,仍看不到一个敌人。看来这一次远征又要空手而归了。张辅等人奏道:"愿假臣等一月粮,率骑深入,罪人必得。"明成祖说道:"今出塞已久,人马俱劳,虏地早寒,一旦有风雪之变,归途尚远,不可不虑。"第二天,明成祖又对张辅等人说:"古王者制夷狄之道,驱之而已,不穷追也。且今孽虏所有无几,茫茫广漠之地,譬如求一粟于沧海,可必得耶?吾宁失有罪,不欲重劳将士。"①遂下诏班师。

说北地早寒是对的,但这是在六月,正值盛夏,天变寒还早。去年北征,这时尚未出师。所以这不是班师的主要原因。明成祖认识到,即使再深入,也不会有什么收获。这才是班师的真正原因。好在明成祖能当机立断,才未使明军进一步遭受无谓的损失。

大军分东、西两路南归,明成祖率骑兵走东路,郑亨等人率步兵走西路,约定于开平会齐。六月二十三日,两路大军启程回师。因这次出征根本没遇上敌人,明成祖担心诸将产生怠心,告诫他们敌人狡诈,不可轻忽,要严兵殿后,军中仍要昼夜警备,就像敌人要马上来进攻一样。

七月七日,明成祖一行到达清水源。道旁的岩石高数十丈,他命杨荣和金幼孜刻石纪行,"使万世后知朕亲征过此也。"②在路上,明成祖对杨荣和金幼孜说,皇太子"历涉年久,政务已熟,还京后,军国事悉付之。朕惟优游暮年,享安和之福"。③看来,明成祖这时已感到身体不适,这话隐约带有托付后事的意思。

---

① 《太宗实录》卷一百三十。
②③ 杨荣:《后北征记》。

七月十七日,明成祖率大军到达榆木川(在今内蒙古多伦),突然病故,享年65岁,在位22年又1个月。八月十日,金幼孜等扶灵车回到京师,第五次北征至此结束。

四、五征漠北有得有失

明成祖五征漠北是中国历史上的一件大事,在当时轰轰烈烈,对后世影响深远。正因如此,它经常为人们所提起,文学创作和戏剧也常以此为题材。即使目不识丁的乡间老农,也大都知道"燕王扫北"的一些事。五征漠北有得有失,在考察其得失之前,需要先了解它的性质和原因。

中原汉族人民和北边蒙古人民的经济生活存在着很大的差异。中原汉族人民世代从事农耕,北边蒙古人民则以游牧为主。世界史和民族学的知识告诉人们,游牧民族经常对农业社会造成威胁,而农业社会却无法制约游牧民族,而大都对游牧民族采取防御的政策。无论在中国历史上还是世界历史上,这种情况都带有普遍性。对中国历代封建王朝来说,主要的威胁都是来自北边,而不是南边。因此,如何抵御北边游牧民族的侵扰,这历来是关系到中原王朝生死存亡的大事。对于明王朝来说,这种形势尤其严峻。蒙元残余势力虽北走沙漠,但"引弓之士,不下百万众也",①时刻想卷土重来,恢复元朝的统治。从这种意义上来说,明成祖的亲征无疑带有自卫的性质。

同时也应该看到,明王朝的封建专制发展到登峰造极的程度,具有腐朽性的一面。明成祖作为封建统治阶级的代表人物,他对少数民族的政策自然也有压迫和掠夺的色彩,只是这种色彩有时轻一点、有时重一点而已。明成祖对蒙古诸部抑强扶弱、维护均

---

① 谷应泰:《明史纪事本末》卷十,《故元遗兵》。

392

势,对维护边境安全不失为一种有效的办法,它也反映了封建统治者的阶级本性。明成祖的五次北征也可以看做是这种政策的继续,它除了有自卫的一面以外,也具有民族压迫和掠夺的性质。

在中国历史上,封建帝王率兵亲征的时有所见,但没有哪个帝王像明成祖那样接二连三地大规模亲征。尤其是后三次,几乎是马不停蹄地连续亲征。那么,到底是哪些因素促使明成祖连续出师呢?

首先,这是北边防务的需要。从洪武时起,主要的威胁一直是在北方。明成祖想彻底解除蒙古势力对明王朝的威胁,为子孙后世留下一个稳固的江山,所以他不惜身临矢石,连续亲征。这在前两次亲征中体现得最鲜明。

其次,后三次亲征基本上都是无功而返。当时,经过上两次亲征的打击,鞑靼和瓦剌都已无力大举进犯,并不存在对明王朝的现实威胁。正因如此,所以有那么多名臣反对出兵。特别是安南战事尚未完全平息,国内又屡兴大工,财力紧张,但明成祖仍坚持亲征。这不能不使人想到,其中当有更深层的原因。明成祖从青年时起就与蒙古势力周旋,几乎是无往而不胜。头两次亲征更是凯歌高奏。这种经历使他对金戈铁马的戎马生涯有了一种特殊的感情。这种挥师拼杀的有声有色的生活,比宫廷生活更充实,更有趣。实际上,即使在平时,他也很少在京师住,而是大都住在称作行在的北京。永乐十八年(1420)底北京成京师后,他却又经常率师在外。这自然使人想到,他并不喜欢那索然乏味的宫廷生活。更何况,这时的太子朱高炽已到成年,政事已熟练,由皇太子监国完全可以放心,所以他就可尽情地到蒙古大草原上去驰骋了。

再其次,这也与明成祖的生理缺陷有微妙的关系。据朝鲜《李朝实录》载,一个宫人和宦官私通,被明成祖处死,这个宫人骂明成祖道："自家阳衰,故私年少寺人,何咎之有!"①这种内容在《明实录》中是绝对见不到的。《李朝实录》的这条记载告诉人们,明成祖晚年有阳痿病,虽难以断言性能力完全消失,但至少是极大的衰弱。这一点,联系到明成祖子女的情况就可以看得更清楚。明成祖有4个儿子(其中一子早死)、5个女儿,都是在他当燕王时生的。他即位后,尽管后宫嫔妃成群,却没有再生子女。由此可以看出,朝鲜《李朝实录》中的上述记载是可信的。这种生理的缺陷对人的心理也会产生影响。鉴于这种生理缺陷,所以他不愿意生活在被嫔妃包围的宫廷中,而宁愿率兵在外。这种情况是不难理解的。

最后,明成祖连年北征,也和他想得到传国玉玺的心理有一定的关系。明太祖朱元璋在世时,即接连对蒙古诸部用兵,除了防边的用意外,也有想得到传国玉玺的动机。洪武二十一年(1388),解缙上万言书,即有"何必兴师以取宝为名"的话。② 如无此事,解缙决不敢妄加评说。洪武二十五年(1392)十月,太学生周敬心上书,对此说得更清楚:

> 臣又闻陛下连年远征,北出沙漠,臣民万口一词,为耻不得传国玺,欲取之耳。③

实际上,秦始皇时用和氏璧琢的玉玺在五代初即已焚毁,后唐皇帝石敬瑭入洛阳后又另制一玺。后晋灭亡,此玺落入辽主之手,辽王延禧将其遗于桑乾河上。元世祖时,有人渔而得之,献给元世祖。还有记载说,北宋末年,咸阳的一个农民掘出一方玉玺,上面刻着"受命于天,既寿永昌"8个字,一时轰动朝野。经蔡京鉴定,谓确

---

① 见吴晗:《朝鲜李朝实录中的中国史料》上编卷四。
② 《明史》卷一百四十七,《解缙传》。
③ 谈迁:《国榷》卷九,洪武二十五年十月。

属秦玺。实际上,这是蔡京为迎合皇帝的心理,故意胡编,但许多人便信以为真,以至蒙骗了后人。朱元璋因耻于未得到传国玉玺而数度对蒙古用兵,明成祖子承父业,得到传国玉玺的心理更为急切。这是因为,明成祖的皇位是从侄儿建文帝手中夺来的,被正统的封建士大夫视为"篡逆",这一直是他的一块大心病。明成祖的许多重大举措都是为了改变这一形象。如果他能通过北征而得到这方传国玉玺的话,这无疑会提高他天命所归的天子形象。尽管明成祖口头上说:"帝王之宝在德不在此",①但他内心是十分想得到的。这与他连续北征有着隐秘的联系。

搞清了明成祖五征漠北的性质和动因,其得失也就清楚了。从"得"的方面看,主要有两点。

第一,有力地抵御了蒙古诸部的侵扰,在一定时期内维护了北部边境的安宁。这在头两次亲征中表现得最为突出。经这两次打击,北边鞑靼和瓦剌的均势基本得到恢复,两部在一个相当长的时期内都无力对中原大举进犯。

第二,在五征漠北的同时,明成祖对降伏人员采取开明的优抚政策,致使蒙古诸部不断有人内伏,从而加快了蒙汉人民间的融合和交流。这在中华民族的历史上无疑是个重要的贡献。

从"失"的方面来看,也大体可以归结为以下两点。

第一,连续大规模劳师远征,耗费惊人,对人力、物力造成极大的损失。从征将士动辄50余万,再加上运粮饷的民夫、车辆和牲畜,每次北征都要牵动全国。不算从征将士,仅后勤供给就需要花费巨大的人力和物力。例如第三次北征时,仅用驴即达34万头,车177573辆,运输民夫235146人,运粮37万石。当时全国约有人口5000万。将士加上运输民夫,总数不下七八十万,全国每六

---

① 《太宗实录》卷七十三。

七十人就有一个人加入到北征的行列。这对全国人民是一种何等繁重的负担。更何况北征又是那么频繁,再加上征安南和其他大工,这对全国人民来说实在是个难以承受的重负。它给全国的经济生活造成了混乱,加深了人民的苦难。

第二,由于这种远征带有压迫和掠夺的一面,它只能使双方的矛盾暂时得到掩盖,而不能从根本上解决问题。尤其是后三次北征,显得过于草率,目的不够明确。这时鞑靼的势力已受到很大的削弱,并未给明王朝造成现实的威胁,而明成祖却动不动就大举征讨。这种征讨从表面上看使矛盾得到了缓解,实际上加深了双方的敌对情绪。这种矛盾在重兵弹压下可能暂时不爆发,但一遇到适当的气候就会爆发起来。以明成祖这样雄才大略的皇帝,他本应把对蒙古的关系处理得更好,但他却并没处理得很好,致使明王朝与蒙古诸部的关系终明之世一直不谐。正统十四年(1449)瓦剌大举南下,发生了著名的"土木之变",使英宗被俘。这个事件成为明王朝由盛转衰的分水岭。此后,蒙古诸部南下扰边之事时有发生,尤其是嘉靖二十九年(1550),鞑靼部大举南下,直逼京师,饱掠而去,此即历史上著名的"庚戌之变"。这一切都可以在明成祖的对蒙政策中找到祸根。当人们联想到后世的康熙皇帝把蒙古作为北边的长城时,就更显得明成祖的对蒙政策略逊一筹了。

第十章　文治有成

以前,一提到明成祖,人们便津津乐道于他显赫的武功,而对他的"文治"多有忽略。其实,明成祖在文治上亦有所成。就大处来说,他尊儒纳士,组织文人编纂图书,其中最著名的就是《永乐大典》了。仅此一项,就可以为明成祖竖立一块文治的丰碑。人们还可看到,永乐年间出现的所谓"台阁派",在中国文学史上也占有一定的地位。

第一节　尊　儒　纳　士

明成祖在大肆诛戮建文旧臣的同时,对不反对自己的文人则显得特别宽宏,多方优容。他尊崇儒学,广泛地延揽文士,让他们大规模地编纂图书典籍,俨然是个儒家皇帝。这对明成祖收拢民心起到了良好的作用。

一、"儒道光荣多矣"

明成祖自幼就接受儒家教育,无论称帝前还是称帝后,他都保持着一副尊儒的面孔。当靖难之役还在激烈进行的时候,他率师经过曲阜、邹县等地,戒谕部下,不得骚扰孔孟之乡。这种做法对于获得民众的支持是很有用的。

明代宫廷的宦官大都信佛,生前为阉人,求来生能得个正果。明成祖对这种"严于事佛而简于事其先"颇为感慨,认为这是"教化不明之过。……世人于佛老竭力崇奉,而于奉先之礼简略者,盖溺于祸福之说,而昧其本也。率而正之,正当自朕始耳"。① 看来,明成祖要躬身力行,大力提倡儒家学说。

永乐四年(1406)三月一日,明成祖亲自前往太学。他对礼部官员说:"孔子,帝王之师。帝王为生民之主,孔子立生民之道。三纲五常之理,治天下之大经、大法,皆孔子明之,以教万世。……今当躬诣太学,释奠先师,以称朕崇儒重道之意。"②明成祖尊崇儒学的思想在这里得到了淋漓尽致的体现。明成祖让礼部官员议祭孔之礼,礼部尚书郑赐按照宋制,"服靴袍再拜"。明成祖认为此礼太轻,"必服皮弁,行四拜礼"。祭拜孔子过后,明成祖让祭酒、司业、博士、助教四人依次讲授儒家经典,明成祖亲自恭恭敬敬地坐在那里听讲,诸大臣和太学生们都洗耳恭听。祭酒等人讲过之后,明成祖还像一般的学生那样,不断提一些经义中的问题。这一天,外国的一些贡使也到了现场。他这种尊崇儒学的举动不仅对全国起了示范作用,而且还影响到国外。

正因如此,内阁学士胡广虔诚地对明成祖说:"陛下待儒臣,进退之际恩礼俱至,儒道光荣多矣!"明成祖听了很得意,说道:

> 朕用儒道治天下,安得不礼儒者?致远必重良马,粒食必重良农,亦各资其用耳。③

明成祖"用儒道治天下",儒家学说自然"光荣多矣"。

按照礼部的奏请,还为明成祖到太学祭孔视学立了一块碑,明成祖亲制碑文,以纪其事。碑文中说:

> 朕惟帝王之兴,必首举学校之政,以崇道德,弘教化,正人

① 《太宗实录》卷四十九。
② 《太宗实录》卷四十一。
③ 《太宗实录》卷四十四。

心,成天下之才,致天下之治。……世之极其尊崇之礼者,非于孔子有所增益,特以著明其道之至大,天下不可一日而无也。①

明成祖认为,一世之振兴,"必首举学校之政",这种近600年前的见解,在今天看来也是那样亲切。如果抛开所学内容不谈,仅就重视学校教育这一点来看,这又是何等正确,何等有先见之明!正是在朱元璋和明成祖父子的倡导下,明代各级学校普遍建立,印刷书籍还享受免税优待,使学校教育的发展超过了以往任何朝代。

非议儒家学说的人则要受到惩处。永乐二年(1404)七月,饶州人朱季友上书,对儒家圣贤多有不恭。明成祖说,对这类的人若不加惩治,将"有误后学",遂遣人将朱季友押还乡里,杖一百,将他所著的文字全部搜出烧毁,并不许他"称儒讲学"。②

很明显,明成祖之所以极力尊崇儒学,其目的在于巩固封建统治秩序。这在他的《御制重修孔庙碑文》中说得很清楚:"孔子参天地,赞化育,明王道,正彝伦,使君君、臣臣、父父、子子、夫夫、妇妇,各得以尽其分。"③儒家学说的确就有这样的功能,这就难怪儒学在中国封建时代常盛不衰了。

二、延揽文士

明成祖也像唐太宗那样,非常重视开科取士,以招揽天下有才能的人。永乐元年(1403),天下粗安,明成祖即下令在全国各地举乡试,第二年进行会试。在会试时,礼部尚书李至刚奏请选士数目。明成祖问洪武时选士多少,李至刚答道,各科不同,多的时候

---

① 《太宗实录》卷四十一。
② 《太宗实录》卷三十。
③ 叶盛:《水东日记》卷十九。

达 470 余人，少的时候只 30 人。明成祖说："朕初即位,取士姑准其多者。"于是,这年一次就录取新进士 472 人。经廷试,一甲 3 名为翰林修撰、编修,二甲 51 人俱为翰林院庶吉士。庶吉士乃明太祖朱元璋所设,但不专属翰林院。自永乐初开始,庶吉士就成了翰林院专官,实际上意味着身份的提高。

第二年,明成祖命解缙等人在新进士中选"才资英敏者"就学文渊阁,进行特殊培养,以备日后大用。解缙等挑选了曾棨等 28 人,号称"二十八宿"。身为庶吉士的周忱"自陈年少愿学",明成祖"嘉其有志",便答应了他的请求。① 这样,在"二十八宿"之外又多了一个周忱,于是周忱就被称为"挨宿"。周忱后来成为著名的清官能臣,为苏州一带的百姓一直所称颂。

这科的状元是曾棨。明成祖在他的卷子上批道:"贯通经史,识达天下,有讲习之学,有忠爱之诚。擢魁天下,昭我文明。"在廷试时,明成祖还亲自赐予他宝带。此人好酒,有一次因酒醉遗下火种,竟失火烧毁数家民房。明成祖知道后也未予治罪。还有一次,蒙古使臣号称善饮,明成祖命找伴饮的人,得一武将。明成祖还担心不敌,命廷推,曾棨毛遂自荐。三人一直饮了一天酒,蒙古使臣已烂醉如泥,武将也已醉倒,只有曾棨尚毫无醉意。明成祖很高兴,笑着说:"无论文字,此酒量,岂非大明状元耶!"②明代出现了许多狂放的士人,后世传为佳话,曾棨也有这样的色彩。

永乐年间,会试每 3 年举行一次,从未间断,只是录取数目不像这次多。例如永乐四年(1406)会试,取 219 人,较这次减少了一半多。但在科举时代,录 219 人也算是较多的。洪武十八年(1385)曾录取过 472 人,那是因为科举已被停了 15 年。而明成祖时第一

---

① 《明史》卷一百五十三,《周忱传》。
② 吕毖:《明朝小史》卷四,《酒量状元》。

次开科即达此数,其盛况如同开国,这对消弭士大夫的敌视情绪是很有用的。

明成祖用人并不限于科举一途,而兼用方伎杂流,对一般文士,只要知道确有才能,便往往破格提用。例如,建文四年(1402)十二月,这时他称帝才半年,得知江西普通儒士轩伯昂为"怀才抱德之士",便破格任他为山东布政司左参议。① 明成祖在称帝前就用了一些方伎之士,例如姚广孝、袁忠彻、金忠等。称帝后仍是如此,例如御医赵友同,本是方伎杂流,但很有文学才能,明成祖便用他为《永乐大典》副总裁,后又参与编修诸"大全"。他还懂水利,曾随夏原吉治水江南。②

对于反对自己的文人,明成祖残酷地进行屠戮;对于不反对自己的文人,明成祖则又表现得特别宽容。例如,元末的翰林学士李征臣以倔强闻名,朱元璋曾征他为官,他拒不与新朝合作,致使其家属全部被杀光,他自己也被谪戍到宁夏。明成祖派人把他接到京师,要他做官。他说,自己在洪武时就不受官,今天义不可再受。明成祖问他想到哪里去,他说还愿回戍所。明成祖对他这种倔强的回答毫不在意,下令免去他的戍籍,让他回故里。李征臣听到后凄苦万分,因为家人在洪武时都已被杀,他已无家可归。按照他的意愿,明成祖让他到故友家馆中执教去了。③

洪堪是洪武时进士,因为太年轻,明太祖让他回去,等25岁时再来京听用。这时的皇帝已是明成祖,但还是照常使用了他。④

明成祖对会试落第的举人也很优容,他让翰林院择其较优者,送入国子监(即太学)继续研读,以俟下科再试,并给予教谕的俸

---

① 《太宗实录》卷十五。
② 沈德符:《万历野获编》卷十,《医官再领著作》。
③ 王鏊:《守溪笔记》。
④ 《太宗实录》卷十六。

禄。所以《明史·选举志》载:"举人入监,始于永乐中。"永乐时会试有"副榜",这些人就是入国子监继续读书的落第举人。

三、编纂图书

永乐年间,明成祖组织文人编纂了不少图书,有些刊出后颁授给各级官员。这实际上也是明成祖笼络文人的一个有力手段。

明成祖除了让臣下两次改修《明太祖实录》以外,还组织了一系列的大型编书活动。

明成祖命黄淮、解缙等主持编纂《历代名臣奏议》,于永乐十四年(1416)完成。当时只刊印数百本,颁于学宫。全书350卷,历代典制沿革、政治得失,都可从中看出大概。汉代以前的搜罗比较芜杂,汉代以后较完备,选择也较恰当。此书至今仍是历史工作者的常备参考书。

永乐十三年(1415),花费了大量的人力、物力,编成了《五经四书大全》和《性理大全》,并予刊行。这件事受到臣下的交口称颂。例如杨士奇就说道:"文皇帝(明成祖)之心,孔子之心也。固欲天下皆纯质之俗,斯民皆诚笃之行,而况左右供奉之臣哉!"[1]明成祖在屠戮了大量抗节不屈的建文旧臣后,这时又受到这样的颂扬,他觉得自己的目的达到了,自然喜不自胜。

永乐十六年(1418),明成祖下诏编纂《天下郡县志》,命夏原吉、杨荣和金幼孜领其事,以纪天下形势、各地沿单、物产等。[2]

明成祖还命侍臣辑录自古以来的"格言善行",有益于太子者,编纂成书,名为《文华宝鉴》,颁授给皇太子。[3]

---

① 杨士奇:《东里文集》卷二,《朴斋记》。
② 郑晓:《今言》卷一。
③ 吕毖:《明朝小史》卷五,《文华宝鉴》。

另外,永乐时还编纂刊颁了许多其他书籍,例如《礼仪定式》、《劝善书》等等,其中最著名的自然就是《永乐大典》了。

第二节　三千文士修大典

明成祖以他宏大的气魄,组织编成了我国历史上最早最大的一部百科全书——《永乐大典》。前后参与其事的有 3000 余人,人们便习称这件盛事为"三千文士修大典"。

一、《永乐大典》的编纂经过

《永乐大典》开始编纂于永乐元年(1403)七月。当时,明成祖一面加紧惩治建文遗臣,一面组织文人编纂这部大型类书。他命翰林侍读学士解缙负责此事,在给他的诏谕中说明了编书的宗旨:

> 天下古今事物,散载诸书,篇帙浩穰,不易检阅。朕欲悉采各书所载事物类聚之,而统之以韵,庶几考索之便,如探囊取物尔。尝观《韵府》、《回溪》二书,事虽有统,而采摘不广,纪载太略。尔等其如朕意,凡书契以来,经、史、子、集百家之书,至于天文、地志、阴阳、医卜、僧道、技艺之言,备辑为一书,毋厌浩繁。①

从这里可以看出,这次编书指导思想的核心就是"毋厌浩繁",凡是能搜罗到的中国古代典籍,则尽量收入。

明成祖之所以命解缙总其事,可能是因为解缙在洪武时就有过这类的建议。原来,明太祖朱元璋非常喜爱《韵府群玉》这部书。有一次,解缙在《大庖西上封事》中对朱元璋说,这部书很简陋,应该编一部像样的书。朱元璋也知道解缙才高,但认为他"冗

---

① 《太宗实录》卷二十。

散自恣"，便以大器晚成为由，让解缙的父亲将解缙领回，10年后来朝听用。解缙回家才8年，朱元璋就死了，编书的事自然也就无从提起了。明成祖看解缙才高可用，以前有过这种建议和打算，便命他着手编这部大型类书。

这次编书就是把过去的典籍分门别类地编在一起，搜罗过去的典籍自然就成了头等大事。明成祖问解缙，文渊阁藏书情况如何，解缙说："经史粗备，子集尚多缺。"明成祖说道："士人家稍有余资，皆欲积书，况于朝廷可缺乎?"于是召来礼部尚书郑赐，命他找一批通晓典籍的人，四出购求遗书，并指示说："书籍不可较价值，惟其所欲与之，庶奇书可得。"①这样，就为《永乐大典》的编纂提供了极大的方便。

第二年十一月，解缙等将所编成的图书进上，明成祖很高兴，特赐名为《文献大成》。解缙等147人因编书有功，都受到明成祖的赏赐。但过了不久，明成祖仔细一翻检，发现"尚多未备"，遂命重修。这次重修的阵容就很大了。明成祖命靖难第一功臣姚广孝和刘季篪、解缙总其事，王景和陈济等5人为总裁，邹缉等20人为副总裁，另命礼部挑选中外官员和宿学老儒充任纂修，让国子监和各府、州、县学中善书的生员任缮写，开馆于文渊阁，由光禄寺供饮食，开始了第二次的大规模编书活动。②

为了编得更好，这次征用了一些民间的博学之士，例如充任总裁的陈济就是其中之一：

> 朝廷修《永乐大典》，大臣有言陈先生济者，以布衣召至都，为总裁。时合内外词臣，暨太学儒生，众数千人，翻阅中秘四库书，浩翰填委。先生至，……详定凡例，区别去取，莫不允

---

① 余继登：《典故纪闻》卷六。
② 《太宗实录》卷三十二。

404

惬。而六馆执笔之士,凡有疑难,辄从质问。先生随问响答,未尝觝滞,疏决剖析,咸有源委,非口耳涉猎者可比。故一时之人,无不服其赅博。①

参与编修"大典"的王恭也是一介寒儒。他"家故贫",经常在山中采樵,自称"皆山樵者"。他受人推荐参与此事。竣工后授翰林典籍,但不久即辞官回乡,著诗数卷。解缙称赞他"布衣萧然,不慕名利,比之朝阳凤鸣"。②

当时正是因为集中了一大批这样的文士,所以才使《永乐大典》能编得宏富、详备。明成祖对这些文士的才能也不时称赞。例如,他见陈济知识广博,曾称他为"两脚书橱"。③

《永乐大典》采用了按韵收字、用字系事的体例。它以《洪武正韵》为韵目次序,以下则以字为纲,将十三经、二十一史、诸子百家分类相属,完全据原书照抄,一律不改片语只字。举凡天文、地理、人事、名物、诗文词曲等无不收录。书名和作者名都用红字写出,显得格外醒目。

经过近 3000 文士 3 年的努力,编纂工作于永乐五年(1407)竣工。全书共 22211 卷,11095 本,总字数达 3.7 亿多,是我国最大的一部类书。

在《永乐大典》以前,我国已有不少的类书。例如,魏时缪袭等人的《皇览》共 680 卷,梁代刘孝标等人的《类苑》共 120 卷,北齐祖珽等人的《修文殿御览》360 卷,唐代魏征等人的《文思博要》共 1200 卷,欧阳询的《艺文类聚》100 卷,宋代李昉的《太平御览》1000 卷,王钦若的《册府元龟》1000 卷。由此可以看出,以前的类书最多的也就是 1000 余卷。《永乐大典》竟达 22211 卷,实在是煌

---

① ②　周应宾:《识小编》卷一。
③　焦竑:《玉堂丛话》卷一。

煌巨制,以前的类书是无法相比的。

二、价值巨大,历经劫难

书编成后,明成祖赐名为《永乐大典》,并亲制序文,其中说道:

> 朕嗣承鸿基,缅想缵述,尚惟有大一统之时,必有大一统
> 之著作,所以齐政事、同风俗、序百王之传,综历代之典。①

看来,明成祖所重视的是"齐政事、同风俗",主要是政治方面的意义。但在后世人看来,《永乐大典》的主要价值在于对祖国文化典籍的总结和保护,有着不可估量的学术价值。

《永乐大典》辑书,不像清代修《四库全书》那样对原书任意删改,而是一字不改地原书、原篇照录,这就保存了原书的真面目。由于它收罗宏富,所以使宋元以前的佚文秘典多赖以流传和保存。清代乾隆年间修《四库全书》,从《永乐大典》中辑出佚书达 500 余种。清嘉庆时,又从中辑出一部《宋会要》,也是一部学术价值很高的书,至今为历史工作者所常用。《水经注》被收在"水"字韵下,这是目前流行最古老的本子。清前期的考据学者戴震、赵一清为《水经注》的版本问题争论多年,《大典》本一出,此问题迎刃而解。过去,人们对工技、农艺之类的书多不重视,而《大典》则广加收录。例如,元人薛景石的《梓人遗制》即是其中之一,被录在"匠"字韵下,后人据此找到了半部《梓人遗制》,是一份十分珍贵的建筑学文献。

《永乐大典》编成后,只有正本一部。明成祖曾想付印,但因这工作实在太浩大了,所以终未如愿。这部书被藏于南京文渊阁,永乐十九年(1421)运至北京。嘉靖四十一年(1562),皇宫三大殿遭受火灾,幸赖大力抢救,"大典"才未被毁。这件事提醒了明世

---

① 转自陈登原:《国史旧闻》卷五十八,《永乐大典》。

宗,如"大典"万一被烧,这部大书也就彻底完了。于是,他命大学士徐阶、高拱等召集抄书生108人,日抄3页,历时6年,至隆庆元年(1567)才抄完了一部副本。这部副本藏于北京的皇史宬。正本在明末已完全不知去向,大多数学者估计毁于明清之际的战火。

副本也历经劫难。明末时即已不完整,清雍正时,将这部副本移至东交民巷翰林院。乾隆时清点过一次,只存9000余册,散失了近3000册。乾隆以后,"大典"被儒臣们陆续私携出去的不少。1901年八国联军进入北京,有许多被烧为灰烬,没有被烧的也大都被侵略者盗运回国。因此,在国外的拍卖行时有"大典"的本子出现。现在,在国外的一些公私图书馆里保存着若干"大典"的本子。据有关部门统计,现在散藏于世界各地的《永乐大典》约800卷,只相当于原书的3%略多一点。仅就现在能看到的"大典"本子来说,里面也保存着许多珍贵的资料。这不能不使人想到,明成祖组织编纂《永乐大典》,这是对祖国文化事业的一大贡献。

第三节 台阁派歌舞升平

永乐年间,在中国文学史上出现了一个新流派——台阁派,其代表人物是"三杨"。实际上,明成祖的内阁七学士都起到了推波助澜的作用。就连不是内阁成员的名臣姚广孝、夏原吉等人,也都卷入了这个潮流。他们以诗赋歌颂国势之盛,歌颂明成祖的文治武功。这实际上是一种宫廷文学,但由于它的代表人物都是治国名臣,影响大,故成为一时的文学主流。

一、台阁派的兴起

永乐年间出现台阁派不是偶然的。首先,台阁派是这个时代的产物,带有这个时代的特点。明王朝开国到这时已四五十年之久,像元末出现的那种战乱早已不见,社会经济得到全面的恢复和发展,社会呈现出一派富足和太平景象。明成祖以他少有的雄才大略,内外经营,不仅武功卓著,而且文治也颇有成绩。正是在永乐年间,明王朝进入了它的极盛时期,国力强盛,外国朝贡之使不绝于道,政事清平,于是在文坛上就出现了由内阁大臣所领导的"台阁派"他们为文雍容安闲,一片太平之音,正与这个时代特点相合。

其次,这种文体与明成祖或明或暗地提倡有关。明成祖的文治武功桩桩可述,四夷来朝"祯祥毕集",国势强盛祥瑞纷呈,每逢此类喜庆盛事,明成祖自己也著文抒怀,君臣之间时有应答,他也乐于臣下对此歌咏称颂。明成祖被忠于建文的文臣讥为"篡逆",但在国势日盛、文臣一片歌舞升平的欢庆之中,他内心便得到一种补偿和满足。这种盛大喜庆的场面等于向世人宣告,他才是名副其实的真龙天子,才是明太祖合格的皇位继承人。杨士奇等人投其所好,争献颂辞,一时蔚为风气,致有文学史上"台阁体"的出现。但研究文学史的人对这种历史背景探究不深,这种因素在各种文学史著作中都被忽略了。

再其次,台阁体的出现与元末明初文风的演进有关。纵观中国文学史,文风的演进有它特有的轨迹。例如,南北朝末期和五代末期的文学大都流于浮艳,只要看一下当时陈后主和李后主的诗词,这种现象便一清二楚了。唐初和宋初的文学,虽对前期有所沿袭,但新兴王朝毕竟有一番新气象,所以这时的文学多流丽大方,一片太平之音。这种文学主要的缺点是肤浅,时间稍久,便起变化,唐代的韩愈和北宋的欧阳修便应运而生。元王朝以一个少数民族入主中国,艳丽的东西本来就少,戏曲最发达,这实际上是一种平民文学。元末战乱不已,天下汹汹,这时的文学多有激昂悲壮的气概。朱元璋驱逐蒙元,建立明朝,颇有一种物归本主的意味。

天下由战乱进入太平,文学也一变而为平正通雅,其间仍保留着雄迈气象。这种文风在刘基、宋濂等人的著述中表现得较突出。但时过不久,朱元璋便一批接一批地屠戮大臣,明成祖即位之初也对建文旧臣进行大规模屠杀。这种政治上的摧残表现在文学上,那种悲壮雄迈的文学不得不悄然敛迹,而日益流于平淡,这就促成了台阁体的出现。

台阁派的作品平正典雅,词气安闲,雍容晓畅,充满着富贵福泽气象。台阁派的主要代表人物是"三杨",即杨士奇、杨荣和杨溥,其中又以杨士奇的影响最大。他们以太平阁臣的身份,除了撰写诏令、奏议以外,还写了大量的应制、颂圣和题赠的诗赋。一时追随他们的人很多,成了一时的文学主流,前后延续了大约一个世纪。

台阁派对文学的见解,杨士奇说得很清楚:

> 诗以理性情而约诸正,而推之可以考见王政之得失,治道之盛衰。……嗟叹咏歌之间,而安乐哀思之音,各因其时,盖古今无异焉。若天下无事,生民乂安,以其和平易直之心,发而为治世之音,则未有加于唐贞观、开元之际也。……诸君子清粹典则,天趣自然。读其诗者,有以见唐之治盛。……余窃有志斯事。①

唐诗之盛反映了"唐之治盛",杨士奇也要用自己的文章反映明之"治盛"。就文风上来说,"清粹典则"是他希望达到的理想境界,可视为台阁派的四字门楣。在内阁七学士当中,杨士奇极受明成祖器重,诏敕诰谕,一时多出其手。杨士奇为文平正纡余,遣词措意,切近得当,意尽而止,无艰难劳苦之态。杨士奇留有《东里全集》97卷,另有别集四卷。《四库全书总目》对《东里全集》的评介

---

① 杨士奇:《东里文集》卷五,《玉雪斋诗集序》。

颇为恰切:"其文虽乏新裁,而不失古格。前辈典型,遂主持数十年之风气,非偶然也。"

杨荣是台阁派的另一个代表人物,其影响仅次于杨士奇。他留有《杨文敏集》25卷,其文"具有富贵福泽之气。应制诸作,汃汃雅音。其他诗文,亦皆雍容平易,肖其为人。虽无深湛幽渺之思,纵横驰骤之才,足以震耀一世,而逶迤有度,醇实无疵"。[①] 杨荣深受明成祖信任,一生官运亨通,他的文章也有"富贵福泽之气"。对于杨荣的文章,这段评述是很恰切的,故不少的文学史著作加以引用。

"三杨"中的杨溥没有独自的文集传世,他的文章只是在别的书中偶有保留。杨溥有弘识雅操,为文力摹韩愈,有意矜练。文章虽不多,但也被后世认为是台阁派的代表人物之一。

另外,黄淮有《省愆集》传世,这是他被明成祖下到狱中时所作。虽身系囹圄,但他毫无怨尤,故以"省愆"名其文集。其文平和典雅,文风与三杨略同,也是台阁派的主力之一。金幼孜有《金文靖集》传世,其文虽无杨士奇等人的博大,但也颇具气象。再加上其他一些文人的附会,致使台阁体一时成为文学的主流。

二、歌舞升平

明成祖时期国势强盛,其文治武功多可称述。这一切,在台阁派大臣的一片歌颂声中更增添了许多太平气象。这些大臣能诗善文,用来歌颂明成祖的武功,歌颂明成祖的功德和祥瑞,歌颂国势之盛,留下了大量的诗文。

明成祖戎马一生,武功卓著,歌颂明成祖的武功成为一个重要内容。不仅杨士奇、杨荣等人写有大量这类的颂辞,而且像姚广

---

① 《四库全书总目》卷一百七十,《杨文敏集》。

孝、夏原吉等人也有不少这类的诗赋。例如,当明成祖派兵讨平安南后,姚广孝和夏原吉都写有《平安南颂》。当明成祖亲征漠北凯旋回京后,姚广孝还献上了一首《平胡颂》。自然,写这类颂辞最多、最合明成祖心意的还是杨士奇。明成祖出兵讨伐安南,杨士奇有《出师颂》;平定安南后,杨士奇又献上了一首《平安南诗》;明成祖亲征漠北,杨士奇又写了《平胡诗》。例如,永乐四年(1406),明成祖命朱能率兵80万讨伐安南,并亲自送行至江边。这一天晴空万里,戈甲耀日,巨舰蔽江,"浩浩乎已气吞跌鸢之址于万里之外",杨士奇遂献《出师颂》以致贺。颂辞的末尾道:

> 惟帝之圣,舜禹为君;
>
> 惟能之贤,方召为臣。
>
> 南交氛壇,不日澄鲜。
>
> 王师劳勋,不日凯旋。
>
> 八表一统,皇明御天。
>
> 小臣作颂,豫歌太平。①

讨平安南以后,诸大臣纷纷献诗赋歌颂。杨荣在《平安南颂》的末尾写道:

> 将士抚循,以宽以勤。
>
> 征夫鼓舞,行旅欢欣。
>
> 归牛休马,喜动风云。
>
> 万姓咸曰,吾皇至仁。
>
> 捷书入奏,大赉勋庸。
>
> 功逾铜柱,勒碑崇崇。
>
> 凡在戎行,咸预显融。
>
> 莫不稽首,惟皇之功。

---

① 《明经世文编》卷十五,杨士奇:《出师颂》。

411

惟皇之功,克绍太祖;

惟皇之基,超轶前古;

惟皇之德,上侔尧禹。

于万斯年,作民父母。①

永乐八年(1410),明成祖亲征漠北,大获全胜。杨荣遂献上《平胡颂》一首,其中写道:

乃誓六师,大举北狩。

龙旗央央,旄钺左右,

戎马万乘,桓桓天兵。

金鼓一震,阴山为倾。

瑞雪时降,甘泉屡涌。

士无渴饥,悉奋骁勇。

直捣巢穴,万里长驱。

丑虏大骇,敢逃天诛。

……

赫赫天威,震动朔庭。

奏凯龙沙,班师振旅。

士卒歌呼,万姓蹈舞。

……

亿万斯年,罔有遗患。

黄河载清,海不扬波。

亿万斯年,播之颂歌。②

臣下歌颂明成祖武功的颂辞甚多,大都类此。明成祖用兵之余,听着大臣们的颂扬之声,自然要龙心大悦了。

----

① 《明经世文编》卷十七,杨荣:《平安南颂》。
② 《明经世文编》卷十七,杨荣:《平胡颂》。

歌颂明成祖的功德和祥瑞是另一个重要内容。永乐年间,所谓"祥瑞"事物在各地不断出现。例如,各地不时发现白鹊、白鸟、白兔、驺虞等奇异鸟兽,桧树、柏树也时而奇异地开起花来,各地不时送嘉禾,报丰稔,甘露也降于孝陵,这都被认为是国运昌盛的征兆。大臣们都归结于明成祖的功德弘大,这也就成了台阁派歌咏的对象。

当时,廷中大臣几乎都有歌颂这类祥瑞的诗赋。例如,姚广孝有《神龟颂》;夏原吉有《河清颂》、《瑞应白鸟颂》等;金幼孜有《麒麟赞》、《瑞应驺虞颂》等。杨士奇这类的颂诗更多,他有《白象赋》、《河清赋》、《甘露赋》等。永乐十二年(1414),榜葛剌(今孟加拉国)献麒麟至京。今天人们已经知道,当时的所谓麒麟就是长颈鹿,长期以来一直被认为是非同寻常的瑞物,是太平吉祥和幸福如意的象征。杨士奇写了一首《西夷贡麒麟早朝应制诗》,以歌咏此事:

> 天香神引玉炉薰,日照龙墀彩仗分。
>
> 阊阖九重通御气,蓬莱五色护祥云。
>
> 班联文武齐鹓鹭,庆合华夷致凤麟。
>
> 圣主临轩万年寿,敬陈明德赞尧勋。①

这里祝福明成祖有"万年寿",赞颂他功德高,有"尧勋",他怎么能不高兴呢!这种盛况不是正表明他是个"代天行命"的合格天子吗!

当时,许多贺表都出自杨士奇之手。有一次,明成祖在北京行在,见到白色的喜鹊,古人也都认为白鹊是种瑞鸟。明成祖遂命南京礼部庆贺。当时太子(即后来的仁宗)在南京监国,命五府六部各进贺表,皆不称意。这时杨士奇因有病在家,未参与此事。太子遂命蹇义拿着这些贺表去见杨士奇,让他阅改。杨士奇改了一对:

---

① 严从简:《殊域周咨录》卷十一,《榜葛剌》。

"望金门而送喜,驯彤陛以有仪。"后边又添了一对:"与凤同类,跄跄于帝舜之廷;如玉有辉,鄂鄂在文王之囿。"太子看了后,高兴地说道:"此方是帝王家白鹊也。"①

永乐年间,数十个国家和地区的贡使络绎来朝,他们贡来许多奇珍异宝,珍禽异兽。这固然是国势强盛的标志,同时也就成了台阁派歌咏的另一个重要内容。

永乐十二年(1414)榜葛剌贡来麒麟,成为举朝庆贺的一件大事。宫廷文人沈度专为此画了一幅《榜葛剌进麒麟图》,在画上题了一首《瑞应麒麟颂》,他在"序"中写道:

> (明成祖)德化流行,协和万邦。三光顺序,百灵效职。由是驺虞至,嘉禾生,甘露降,黄河清,醴泉溢,诸福之物,莫不毕至。……臣闻圣人有至仁之德,通乎幽明,则麒麟出。斯皆皇帝陛下,与天同德,恩泽广被,草木昆虫飞潜动植,皆得遂生。故和气融结,降生麒麟,以为国家万万年太平之征。②

这幅画的原本尚存,现藏中国历史博物馆,成为中国和孟加拉国友好的历史见证。因颂诗原文较长,此不赘录。仅从序文中即可看出其大意。当时朝中大臣纷纷争献颂诗,今天尚可见到的不下十余首。至于当时到底有多少歌颂麒麟的诗,今天已不得其详。据明内阁藏书目录卷八所载,当时汇编这些诗歌而成《瑞应麒麟诗》,达16册之多。这足见当时歌颂此事之盛。

古代以麟、凤、龟、龙为"四灵",其中又以麒麟为首。永乐年间国外三次进献麒麟,这自然成为举朝庆贺的盛事,几乎所有的廷臣都有诗献上。例如,台阁派的首领之一杨荣在《瑞应麒麟诗》中

---

① 焦竑:《玉堂丛话》卷一。
② 常任侠:《十五世纪初一幅中印友好的绘画》,见《南洋学报》一九四八年五卷二辑。

歌颂道：

于惟圣皇,受命自天。

仁及庶类,恩周八埏。

……

天锡多福,集于圣躬。

维皇万寿,百禄是崇。

雨顺风调,民安国泰。

海宴河清,万世永赖。

臣拜稽首,宝祚绵绵。

圣子神孙,传序万年。①

当时,廷臣对外国贡来的大象、狮子、驼鸡、福鹿兽、马哈兽等都有歌颂。驼鸡即今天所说的鸵鸟,福鹿也作"福禄",即斑马。马哈兽在有些颂诗中又被写作"长角兽",今天难以确指是哪种动物。这些珍禽异兽大都来自中亚和西亚一带的国家,它们唤起了台阁派的极大诗兴。金幼孜在《长角兽歌(原注:其名马哈兽)》中歌道:

圣人端拱御八方,车书混一超虞唐。

仁恩义泽霈洋溢,雨旸时序民物康。

蛮夷戎狄悉稽颡,辇琛奉贽来梯航。

维时天心眷皇德,纷纷总总来奇祥。

……

太平幸际千载会,愿纪鸿绩镌琳琅。

陈词稽首歌圣德,天子万寿地久同天长。②

面对四夷来朝,祥瑞纷呈,臣下一片颂扬之声,明成祖自然是满心高兴。这种盛况正是他所梦寐以求的。高兴尽管高兴,但明

---

① 杨荣:《杨文敏公集》卷一。

② 金幼孜:《金文靖公集》卷二。

成祖并没有忘乎所以,头脑仍很清醒,这也正是明成祖的杰出之处。例如,永乐十七年(1419)九月,礼部率群臣贺卿云之瑞,明成祖即对群臣说道:

> 昔帝舜之世,万邦协和,故百工有卿云相和之歌。朕寝食之间,虑政事有缺,民生未安,安能持此为祥!纵是上天秃贶,朕与卿等正当忧勤惕厉,以答天眷。[1]

这段话虽然并不艰深,但却不是一般的平庸帝王所能说出来的。这是因为,他们一遇到这种盛况,早就飘飘然起来了。明成祖不同于这类平庸的帝王,这正是永乐年间国势能保持持续强盛的重要原因。

台阁派是永乐盛世的产物,反过来又为永乐盛世增添了许多绚丽的色彩。因为台阁派有许多歌舞升平之作,有浓重的贵族气息,所以后世的文学史诸书对台阁派多有贬词,评价甚低。明中期以后,先后出现了前七子和后七子,他们以复古为名,极力贬低台阁体,更使台阁体文章身价大降。但平心而论,台阁体主持文坛近百年,自有它的可取之处。台阁派的文章"其文典则,无浮泛之病","虽乏新裁,而不失古格",[2]这种评价是很公允的。人们今天读明代的文章,平易流畅,无艰涩之苦,清代的文章甚至比明代的文章还艰涩难读,这中间不能说没有台阁派的一份功劳。至于三杨以后,其他人争相摹仿,"余波所衍,渐流为肤廓冗长,千篇一律,物穷则变……而士奇、荣等遂为艺林之口实。"[3]台阁体的木流的确日趋衰败没落,但杨士奇、杨荣等人确实自成一家。历史上任何一个文学流派都有一个由盛而衰的过程,台阁派自然也不例外。

---

① 《太宗实录》卷一百一十四。
② 《四库全书总目》卷一百七十,《东里全集》条。
③ 《四库全书总目》卷一百七十,《杨文敏集》条。

杨士奇等人颂扬明成祖的诗作确有空泛庸俗之嫌,但其散文颇有可称道之处。人们不宜用末流的败落来否定杨士奇等人初始的贡献。

第十一章 屡兴大工

明成祖依仗国力强盛,下安南,征漠北,命郑和大规模出使西洋,都耗费了大量的人力和物力。除此之外,明成祖在国内还屡兴大工,例如浚通大运河和大规模营建北京,可算是荦荦大者。另外,修建大报恩寺、筑长陵,也都动辄役使数万人。即就永乐大钟而言,也是当今世界上最大的钟。这些,都已成为中国历史文化的一部分。

第一节 营 建 北 京

京师是一个国家的根本重地,建都或迁都都是一代的大事。明太祖朱元璋犹豫再三,后终于决定以南京为京师。明成祖即位后,对北京进行了大规模营建,然后正式迁都到北京。从此以后,直至现在,北京一直是中国的首都。除了近几十年来的一些大型建筑外,北京的基本格局和主要建筑基本上都是在永乐年间奠定的。

一、建都问题

明成祖营建和迁都北京有深刻的历史背景,这就是明初的建都问题。

朱元璋的势力是以南京(时称"应天")为基地发展起来的,他也是在南京即的皇帝位。但是否就建都南京,朱元璋却长期犹豫未决。论地理条件,南京背靠钟山,面临长江,虎踞龙盘,形势险要。论经济条件,江南已成为全国的经济重心,农业和手工业都很发达。从这两方面来看,南京的条件很优越。但从军事的角度考虑,当时的主要威胁是北边的蒙元残余势力,而南京距北方前线太远,不宜调度。另外,历史上在南京建都的六朝——东吴、东晋和南朝的宋、齐、梁、陈,都是短命王朝,这无疑也给朱元璋投下了不吉利的阴影。

这时,有的大臣提出定都汴梁(今河南开封)。朱元璋于洪武元年(1368)三月亲赴汴梁考察,觉得这里地处中原,位置适中,遂决心在此建都。但又感到这里无险可守,又决心把南京也作为都城,实行古已有之的两京制。这年八月,朱元璋颁诏,以汴梁为北京,以应天为南京,天子春秋往来巡狩。但北伐军很快攻下大都(今北京),全国的政治、军事形势发生了重大变化,有的大臣提出不必在汴梁建都。这时,廷臣们提出长安、洛阳、北平等几种选择,各有道理,而朱元璋却主张在他的老家临濠建都,作为中都,以补救定都南京的不足。著名的谋臣刘基对朱元璋说:"凤阳虽帝乡,非建都地。"①但朱元璋手下的大臣多江淮子弟,极力拥护这个方案。自洪武二年(1369)九月起,朱元璋便在临濠大兴土木,营建中都。这项营建工程持续了6年,劳费太甚,民不堪命,不得不半途停建。洪武十一年(1378),朱元璋正式颁诏,改南京为京师,长期未决的定都问题才告一段落。

因南京偏安江左,对北部边防有鞭长莫及之虞,所以朱元璋仍没有完全打消迁都的念头。内阁学士胡广的父亲建议建都关中,朱元璋于洪武二十四年(1391)命太子朱标前往巡视。朱标绘制了关中一带的形势图,献给他的父皇。朱元璋正要有所行动,朱标却于第二年死去了。这使朱元璋很伤心,便打消了迁都的念头。

---

① 《明史》卷一百二十八,《刘基传》。

明成祖即位后,仍以南京为京师。礼部尚书李至刚善于揣度人意,知道明成祖对北平感情深,遂于永乐元年(1403)向明成祖建议,说北平"为皇上承运兴王之地,宜遵太祖中都之制,立为北京。"①明成祖很高兴,遂改北平为北京,称行在,自己也长期住在那里,而很少住在作为京师的南京。这就出现了历史上常说的所谓"天子守边"的状况。因天下初定,明成祖没有正式迁都北京,但他迁都的打算却一直存在。这从许多方面都可以看出这种迹象。

永乐元年(1403)三月,明成祖命舟师重开海运,往北京运粮,以后岁以为常。八月,发流罪以下的犯人垦北京荒田,接着又徙直隶、苏州等10郡,浙江等9省的富民实北京。永乐二年(1404)九月又徙太原等地民人万户实北京。因海运风险较大,明成祖又下令浚通大运河,通过漕运以保证北京的供应。这些措施在经济上为迁都北京作了准备。

永乐五年(1407),徐皇后死去。明成祖没有把她安葬在作为京师的南京,而是在北京附近的昌平为她建造寿陵,这就是今天北京十三陵中的长陵。永乐十一年(1413)将徐皇后安葬在这里后,长陵仍在继续营建,永乐十四年(1416)才告竣工。后来明成祖驾崩后也安葬在这里。此事清楚表明了明成祖迁都北京的打算。

永乐六年(1408)八月,明成祖由南京去北京行在,沿途大规模祭祀名山大川,声势浩大,礼仪隆重,完全不是离京师赴行在的景象,似乎这正是要回京师。②

永乐四年(1406)闰七月,明成祖颁诏,"以明年五月建北京宫殿,分遣大臣采木于四川、湖广、江西、浙江、山西。"③当时也的确

---

① 朱彝尊:《日下旧闻》卷一。
② 《太宗实录》卷五十八。
③ 《明史》卷六,《成祖本纪二》。

采取了一些措施,除派大员到各地督采木料外,还遣人烧造砖瓦,征发工匠,调遣民丁等,但大规模营建北京宫殿的工作并未真正进行。这是因为,永乐四年(1406)开始征安南,已耗费大量的人力和物力。永乐五年(1407)徐皇后死去,又开始在天寿山营建长陵。永乐七年(1409)和永乐八年(1410),明成祖又两次对蒙古大规模用兵,营建北京宫殿的事实际上停了下来。正式营建是在永乐十五年(1417),于永乐十八年(1420)完工,这在《明实录》中有明确记载。但永乐四年(1406)营建北京的诏令告诉人们,明成祖一直有迁都的打算。

那么,明成祖为什么不惜耗费巨大的人力和物力,一定要把首都迁移到北京去呢?这是由多方面的因素决定的。

首先,这是出自抵御蒙古的军事需要。明成祖在当燕王时即多次与蒙古周旋,称帝以后,又接连数次对蒙古大规模用兵。蒙元势力对明王朝的威胁一直没有解除。这也正是朱元璋建都南京无法解决的一块心病。加强北边防务是迁都的一个最直接的原因。

其次,这是中华民族长期融合和发展的政治需要。在历史上,宋辽金元是中华民族大融合的一个重要时期,且金和元都在北京建都。明成祖即位后,成功地招抚了黑龙江流域的女真诸部,设立奴儿干都司,使黑龙江下游一带尽入中国版图。明成祖又积极经营西北,陆续在嘉峪关外设立哈密等7卫。为了有效地控制和管理东北和西北的大片疆土,建都北京比建都南京显然更为有利。

再其次,北京有优越的自然地理条件。这正如明末人孙承泽所说:

> 幽燕自昔称雄,左环沧海,右拥太行,南襟河济,北枕居庸。……真定以北至于永平,关口不下百十,而居庸、紫荆、山海、喜峰、古北、黄花镇险陀尤著。会通漕运便利,天津又通海

运,诚万古帝王之都。①

北京地理位置适中,又有险可守,这也是建都的重要条件。

最后,北京是明成祖的"龙兴之地",他已对那里进行了多年的经营,熟悉那里的一草一木,对北京有较深的感情。对南京则不同,他在那里大肆诛杀建文旧臣,不少人死得颇为悲壮。对一个封建帝王来说,尽管杀人是常事,但对建文旧臣屠杀得那样惨烈,这使明成祖终不能没有一点负罪感。据《罪惟录》记载,他即位后曾"微语尚书茹常:'朕毋得罪于天地祖宗乎?'常叩头大言曰:'陛下应天顺人,克成先志,何罪!'上悦。"尽管有臣下的这类奉迎,明成祖总是难以消除这种不安的心理。正因如此,起初他虽仍建都南京,但自己却在大部分时间里住在北京。这种心理因素也是他迁都北京的原因之一。

二、营建和迁都

据《明实录》记载,明成祖于永乐十四年(1416)十一月召集廷臣议营建宫殿事,但在此之前已做了一些准备工作。例如,永乐十一年(1413)八月,明成祖下诏,"天下军民预北京营造者,分番赴工,所在有司人给钞五锭,为道里费。"②也就是在这月,开始建造"西宫"。"初,上(明成祖)至北京,仍御旧宫。及是,将撤而新之,乃命工部作西宫,为视朝之所。"③这可以看作是大规模营建北京的序幕。

十一月,明成祖从北京到达南京,工部奏请择日兴工。明成祖因此事关系重大,便命在京群臣集议。大臣们都清楚明成祖的心意,于是各衙门纷纷上疏,请求立即动工。有的奏疏说:"营建北

---

① 孙承泽:《天府广记》卷一,《形胜》。

②③ 《太宗实录》卷一百二。

京为子孙帝王万世之业。……揆之天时,察之人事,诚所当为,而不可缓。"有的奏疏极称北京为形胜之地,"足以控四夷,制天下,诚帝王万世之都也。"①当时,大臣们都异口同声地请求立即动工,几乎听不到任何不同的声音。这令明成祖十分高兴,遂决定马上开工营建。

永乐十五年(1417)四月,"西宫成。其制:中为奉天殿,殿之侧为左右二殿。奉天殿之南为奉天门,左右为东西角门。奉天门之南为午门,之南为承天门。殿之北有后殿、凉殿、暖殿及仁寿、景福、仁和、万春、永春、长春等宫,凡为室千六百三十余楹。"②这里所说的奉天殿不是作为今天太和殿前身的奉天殿,而是燕王府里的奉天殿。这是因为,永乐十五年(1417)六月才开始正式动工营建紫禁城和城中宫殿,那时还没有紫禁城,更没有紫禁城里的奉天殿了。燕王府里的那座奉天殿,在新宫殿建成之前一直是明成祖在北京处理政事的场所。

关于营建北京宫殿的起迄时间,《明实录》中有明确记载。据永乐十八年(1420)十二月"癸亥"条载:"自永乐十五年六月兴工,自是成。"③历时大约三年半的时间。

北京的宫殿基本上是按照南京的规制来建的。南京的宫殿是朱元璋的时候建造的,明成祖不敢越制。因此,"凡庙社、郊祀、坛场、宫殿、(门)阙,规制悉如南京。"④这只是就大处而言,实际上,北京新建的宫殿比南京的更加壮丽。

---

① 《太宗实录》卷一百三。
② 《太宗实录》卷一百五。
③ 《太宗实录》卷一百一十八。黄瑜《双槐岁抄》载,永乐"十五年十一月癸丑建立奉天殿、乾清宫",这是指建此两处宫殿的时间。"实录"所记乃整个北京的营建时间。
④ 徐学聚:《明朝典汇》,《工部·都邑城池》。

营建北京是牵动全国的大工程。当时,明廷从全国各地征调数十万能工巧匠,上百万民工,还有大批驻守北京的军士都参与其事。如果再加上在全国各地采集物料的官员和民工,其牵动面就更大了。例如,仅采集木料一项就给各地带来很大的负担。这些大木主要来自四川、湖南和江西等地。古代交通不便,又要到深山老林中去采伐,瘴疠横行,许多民工为此染病而死。这种采集大木的工作从永乐四年(1406)开始,一直未停。有的地方还因为采集大木而激起农民起义。例如,兵部侍郎师逵赴湖南采木,"以十万人入山辟道路,召商贾,军役得贸易,事以办。然颇严刻,民不堪,多从李法良为乱。"①为此,师逵还受到别人的弹劾。

有的大臣知道恤民,使老百姓减少了不少的痛苦。例如户部侍郎古朴,"采工江西,以恤民见褒。"②右副都御史虞谦"尝督运大木,役者大疫。(虞)谦令散处之,疫遂息"。③ 此事也表明,民工在采木时遇上瘟疫是常有的事。

因为宫殿规制宏敞,所以一些大木要将整个树干运往北京,运输也是一件极其费力的事。当时,在四川采伐的楩、楠、杉、桧树等大木,"出三峡,道江汉,涉淮泗,以输于北。尝得大木于马湖,一夕自行若干步,不假人力。事闻,诏封其山为神木山。"④稍有点常识的人都知道,这些大木除了能顺河而下以外,不论什么样的"神木",是决不会自行移动到京师去的。所以转运大木也要花费大量的人力。

明成祖对北京的营建主要分三部分:皇城、宫殿和庙坛,在元代旧都城的基础上,进行了全面的改建或重建。

---

①　《明史》卷一百五十,《师逵传》。
②　《明史》卷一百五十,《古朴传》。
③　《明史》卷一百五十,《虞谦传》。
④　吕毖:《明朝小史》卷四,《神木山》。

洪武二年（1369），即把元大都北边的城墙南移五里路，缩至现在的德胜门和安定门所在处。明成祖营建北京，重新设计，将元大都南边的城墙往南移。元大都南边的城墙在今天东西长安街所在处，明成祖将它南移至今前门所在的东西一条线上。这就是北京的外城。在外城上开城门9处，南墙有正阳门、崇文门、宣武门，东墙有朝阳门、东直门，西墙有阜成门、西直门，北墙有德胜门、安定门。九门的名称一直沿用至今。因为嘉靖时在外城南郊修了一个外罗城，所以原外城南边的城墙又被称为内城。

在内城里边有皇城，在皇城里边有紫禁城，即今天的故宫。由于大城的南墙往南推移，所以也相应地使得皇城南部的空间扩大，即皇城和它内围的紫禁城之间的距离加大，出现了一片空旷地。皇城的正南门是承天门（即今天的天安门），因为那里有了空旷地，于是就在承天门的东侧修建太庙（即今天的劳动人民文化宫），以作为皇帝祭祖的庙堂；在西侧建起社稷坛（即今天的中山公园），以作为皇帝祭祀土神和谷神的地方。这样一改建，使承天门更加雄伟，大大增加了皇家的气势。

紫禁城的重建是营建北京的核心工程。紫禁城四周有城墙，城墙外有护城河环绕，即今天的筒子河。城为长方形，占地约72公顷。紫禁城的正南门称午门，气势雄伟。进入午门，跨过金水桥，便到奉天门（清代改称为太和门）。这是紫禁城内最高大的一座门，是皇帝"御门听政"的所在。登上奉天门，巍峨壮观的奉天殿就呈现在眼前。

奉天殿（清代改称为太和殿）即老百姓所说的金銮殿，是紫禁城中最雄伟、最主要的建筑，为习称的"三大殿"之首。一些重大典礼，例如登极、册立皇后等都在这里举行；一些重大节日，例如元旦、冬至、万寿圣节（皇帝的生日），皇帝都在这里接受百官朝贺。奉天殿的正中央摆着"御座"，雕刻着精美的龙形花纹，只有皇帝才能在那里落坐，是皇权的象征。

华盖殿（清朝改称为中和殿）在奉天殿后边，规制较小。这是一座方形的殿堂，里边也有宝座、薰炉等。皇帝在去奉天殿举行大典礼前，在这里稍事休息。

谨身殿（清朝改称为保和殿）在华盖殿后边，也非常华丽。皇帝经常在这里设宴，以招待外国贡使和外藩王公。

奉天殿、华盖殿和谨身殿并称为"三大殿"，是紫禁城的核心部分。三大殿和奉天门左右两侧的建筑群同属紫禁城的外朝，为皇帝处理政务的场所。

谨身殿后面是乾清门，进入乾清门就进入了内廷，是皇帝和他众多嫔妃的生活区，有所谓"三宫六院"、御花园等。御花园北边有神武门，为紫禁城的北门。

另外，天坛、山川坛（即今先农坛）都是这时新建的。明成祖还把元代的齐政楼改为鼓楼，在北边新建钟楼（元代钟楼在旧鼓楼东），这显然是有意拉长自南至北的中轴线。在东安门外又建起了王府十五邸，为屋8350楹。这就是今天"王府大街"、"王府井大街"名称的来源。

明成祖营建北京，使城内建筑的布局更加匀称整齐，设计更加科学合理，许多建筑巍峨壮观，显示了中国古代独特的建筑艺术和风格。有些建筑，例如天坛的"回音壁"，就利用了声学原理，充分显示了我国劳动人民的聪明才智，至今为世界人民所称道。

营建北京的工程十分浩大，耗费的人力物力难以数计。这正如侍讲邹缉后来在一封奏疏中所说："民以百万之众，终岁在官供役……不能躬亲田亩，以时力作，耕种不时，农桑废业，犹且征求益深，所取无极。"疏中还举出买办青绿颜料一事，因所科派不是出产之所，老百姓在当地弄不到，"则相率敛钞，遍行各处收买。每大青一斤，至万六千贯。及至进纳，又多以不中不肯受收。往复辗转,当须二万贯钞,方得进收一斤,而所用不足以供一柱一椽之费。"尤其是工匠在计算用料多少时,不知体恤民情,"惟务多派以为滥取之利,而不顾民之艰苦难办"。用事之人"假托威势",严加追逼,"横害下民",给老百姓造成极大的痛苦。[①] 邹缉这是在向明成祖上疏,他决不敢说得太离谱。稍有点历史知识的人都不难想像,在古代进行这样的大工程,一些官员借以盘剥百姓,中饱私囊,这是肯定少不了的。这些雄伟华丽的宫殿既是劳动人民聪明才智的硕果,也是他们血汗的结晶。

永乐十八年(1420)十一月四日,因北京的宫殿已成,明成祖遂颁迁都诏:

> 开基创业,兴王之本为先;继体守成,经国之宜尤重。昔朕皇考太祖高皇帝,受天明命,君主华夷,建都江左,以肇邦基。朕缵成大统,恢弘鸿业,惟怀永图。眷兹北京,实为都会,惟天意之所属,实卜筮之攸同。乃仿古制,徇舆情,立两京,置郊社、宗庙,创建宫室,上以绍皇考太祖高皇帝之先志,下以贻子孙万世之弘规。爰自营建以来,天下军民乐于趋事,天人协赞,景贶骈臻,今已告成。选永乐十九年正月朔旦,御奉天殿,朝百官,诞新治理,用致雍熙。于戏! 天地清宁,衍宗社万年之福;华夷绥靖,隆古今全盛之基。故兹昭示,咸使闻知。[②]

这就是向全国宣告,自永乐十九年(1421)一月一日起,北京就是明王朝的新都。

颁布迁都诏几天以后,明成祖遣官召皇太子和皇太孙,要他们父子在年底以前赶赴北京,以参加明年元旦御新殿的大典。

明成祖在永乐十九年(1421)元旦御新殿时,举行了各种祭

---

① 《皇明文衡》卷六。
② 《太宗实录》卷一百一十八。

祀,仪式十分隆重。接着,他又下诏,宣布大赦天下,以图吉祥。但是,迁都不久就发生了一件很不吉利的事:永乐十九年(1421)四月八日,皇宫三大殿起火,被烧成一片灰烬。在迷信盛行的古代,这被认为是重大灾异。明成祖也不免为此忧心忡忡,遂马上敕谕群臣道:"朕心惶惧,莫知所措。"还自责说:"朕之冥昧,未究所由。……朕所行果有不当,宜条陈无隐,庶图悛改,以回天意。"①有些话大臣们平时不敢说,借此机会说了出来。其中说得最激切的就是侍读李时勉和侍讲邹缉。他们在奏疏中也说到营建北京之事,极言"工大费繁"、"冗官蚕食"之弊。明成祖接着下诏,实行惠政,"凡有不便于民及诸不急之务者,悉皆停止,用苏困弊,仰答天心"。②其实,明清时期宫中起火的事时有发生,谈不上什么天意。起火大都是宦官所为,他们偷宫中物件,弄得无法交待了,怕事情败露,便放一把火了事。皇帝不知其中底细,便误以为是天意示警。

从中国历史发展的历程来看,明成祖迁都北京无疑是一个正确举动。它适应了我国多民族国家政治经济发展的客观需要,有利于巩固和加强祖国的统一。迁都北京加强了北边的防务,基本上解除了北边的威胁。正统年间发生了"土木之变",英宗亲征被俘,但北京仍巍然屹立,终使南侵的也先北归。嘉靖年间发生了"庚戌之变",俺答直逼北京城下,但终未能将北京攻陷,只得退回。毫无疑义,这都是和明成祖营建北京分不开的。正因如此,不仅由明迄清,而且直到今天,北京一直是中国的首都。尤其值得一提的是,直到解放初期,北京的基本格局和宫殿、社坛等主要建筑,大体都是明成祖时奠定的。仅仅从这一点来看,明成祖营建北京的历史功绩也是不可磨灭的。明中期的大学士丘浚曾经说过:"文皇帝迁都金台,天下万世之大势也。盖天下财赋出于东南,而

---

①② 《太宗实录》卷一百二十。

428

金陵为其会;戎马盛于西北,而金台为其枢。并建两京,所以宅中图治,足食足兵,据形势之需要,而为四方之极者也。用东南之财赋,统西北之戎马,无敌于天下矣。"①对明成祖营建和迁都北京,丘浚的这段评述是颇有见地的。

第二节　浚通大运河

在中国大地上,最浩大的工程大概莫过于长城和京杭大运河了。大运河的开凿有两个重要历史时期,一是在隋代,一是在元代。隋代开凿的大运河以洛阳为中心,由余杭(杭州)至涿郡(北京)绕了一个很大的弯子。元代开通了济州河、会通河、通惠河三段河道,使南北大体取直,不必再绕经洛阳了。在元代因运河水量不能很好调节,所以运河并未能发挥很大的作用。只是到永乐年间,才使大运河真正畅通无阻,几乎完全承担起南粮北运的任务。因此,明成祖浚通大运河,这不仅在运河史上,而且在整个中国历史上都是一个重大事件。

一、漕运问题

由水路运粮称之为漕。漕运在中国起源甚早。秦始皇即曾将山东粮运往北边做军粮。汉、唐时都曾将东南粮食经黄河、渭水等水道运往京师。北宋建都汴京(今开封),东南和西北的粮食大都从水道运入。元代的军粮、官俸和宫廷耗费大都仰赖于江南,故再次大力开凿运河,使大运河南北贯通,但运输量仍然很有限,不得不照旧依靠海运。元末时,新开凿的会通河已废而不用。

明代的大运河仍是元代的河道,全长3000余里。其中,由瓜

---

　① 丘浚:《大学衍义补》卷八十五。

州至淮安的一段称南河,由清河至徐州的黄河运道为中河(当时的黄河不是像今天的水道那样流入渤海,而是夺淮流入黄海),由山东至天津的一段为北河。会通河由济宁至临清,是大运河北段的主体。元代开凿这段河道时,岸狭水浅,不任重载,所以沿运河输往大都的粮食每年不过 30 万石,远远满足不了京师的需要,所以不得不主要依靠海运。明朝初年,辽东、北平的粮饷也主要由海运供应。洪武二十四年(1391),黄河于原武决口,会通河遂基本淤塞。明成祖即位后,国家的政治和军事重心转移到北京,需要由南方运送大量的粮饷。永乐初年仍用河海兼运,但是,河运和海运都很艰难:

> 海运险远多亡失,而河运则由江、淮达阳武,发山西、河南丁夫,陆輓百七十里入卫河,历八递运所,民苦其劳。①

这里所说的"卫河",又称御河,即永济渠,原为隋炀帝时所开,由临清至天津入海。

当时,每年需要运往北京的漕粮约四五百万石,数额巨大。南方是全国的经济重心,全国三分之二的漕粮来自江南各省。为了把江南财赋集中到北京,陆运、海运和河运三途并用。在古代,由陆运长途转输十分困难,劳民伤财,且常有车夫逃亡的事发生,难于管理。海运风险大,还是以河运最适宜。但因河道不能贯通,所以不得不水陆兼运。永乐初年,掌管户部的能臣郁新向明成祖建议,因南段运河多浅滩,建议使用载粮 300 石的浅船,由淮河、沙河先运到陈州颍溪口跌坡下,再用载 200 石的浅船运到跌坡上,接着用大船运入黄河道。到八柳树等处后,"令河南车夫陆运入卫河,转输北京。"②明成祖采纳了他的建议。但由此可以看出,当时将

---

① 《明史》卷一百五十三,《宋礼传》。
② 《明史》卷一百五十,《郁新传》。

漕粮由南方运往北京是多么繁琐和艰难。

永乐元年(1403),明成祖命陈瑄为总兵官,总督海运,每年运粮49万石济北京和辽东。在海上大规模运粮,风大浪急,常有沉船的事发生。再加上当时有倭寇不时在海上骚扰,这就更增加了海运的困难。陈瑄在督海运期间,就曾数次与倭寇遭遇。因此,为了保证京师的供应,把京师和南方经济中心有力地连接起来,浚通大运河就提上了日程。

二、宋礼浚会通河

永乐九年(1411)二月,明成祖命工部尚书宋礼掌浚通会通河一事,这是接受了济宁州同知潘叔正的建议。他曾上书明成祖:"旧会通河四百五十余里,淤者乃三之一,浚之便。"于是,"发山东及徐州、应天、镇江民三十万,蠲租一百一十万石有奇",开始了浚通会通河的工程。①

会通河开凿于元朝初年。原来,由济宁至张秋的一段称济州河,由张秋到临清的一段称会通河。后来,由济宁至临清的整段运河通称为会通河。这段河道靠汶、沂、泗、洸诸水济运。元代治理会通河的关键工程是"遏汶入洸",即于宁阳的堽城屯筑坝,称作"斗门",也就是闸门。于是,汶水在这里便一分为二,一部分南流为洸水,注入会通河;一部分西流,入大清河,由东阿而北,到利津入海。济宁的天井闸将洸水分成南北两股,北注临清,南注徐、邳。元代遏汶济运的指导思想是正确的,但地势没有选择好。由天井闸往北注的水所经地区的中间地势高,以汶上南旺一带为最高点。南旺南边和北边的地势都渐渐变低。因此,冬春两季水量少的时候,南旺一带经常发生浅阻,使漕运无法进行。这也正是元代河运

---

① 《明史》卷一百五十三,《宋礼传》。

的运输量一直不大的主要原因。洪武二十四年(1391)黄河决口后,会通河淤塞150余里,会通河于是不再通航。

永乐九年(1411)二月,宋礼带领30万民工开始了治理会通河的工程。宋礼首先疏浚了淤塞地段,并针对原来"岸狭水浅,不负重载"的情况,对全河普遍拓宽,对原来的河床又加深3尺。但这并不是问题的关键,关键是要解决南旺一段浅阻的问题。为此,宋礼进行了广泛的调查,寻求良策。这时,汶上老人白英向他献上了"南旺导汶"的建议:"南旺地耸,盍分水?于南旺导汶,趋之毋令南注洸,北倾坎。其南九十里使流于天井,其北百八十里使流于张秋,楼船可济也。"①白英的建议是长期实践经验的总结,宋礼采纳了他的建议。于是,宋礼就封闭了元代所修的堽城坝的斗门,切断汶水入洸的通路,另在东平州的戴村修筑了横亘5里的长坝,使汶水沿新开的90里新河尽入会通河。水流至南旺后,中分为二道,十之六往北流,经临清入卫河;十之四往南流,接徐、沛入淮河。因南旺地势高,故有"水脊"之称,可以南北皆注。这时又出现一个问题,即随季节性变化而引起漕河水位大幅度升降,会影响漕运。为解决这一问题,宋礼又在南旺的南北两方向上相势筑闸,以及时蓄水和泄水。水少时,闭闸蓄水以保漕运;水多时,开闸放水以利行舟。由南旺水脊到临清,地势下降90尺,设闸17处;由南旺水脊到南边的沽头(鱼台县南),地势下降116尺,设闸21处,以解决从南旺到徐州的"七十二浅"问题。

这个工程完工后,会通河的面貌大为改观。"从徐州至临清几九百里,过浅船约万艘,载约四百石,粮约四百万石,若涉虚然。"②由于运河的漕运能力大为提高,所以明成祖于永乐十三年

---

① 何乔远:《名山藏·河漕记》。

② 何乔远:《名山藏·河漕记》。

（1415）完全罢除了海运。浚通会通河的工程于八月竣工，历时约半年。宋礼"论功第一，受上赏"。①

汶、泗诸水是会通河的水源，但夏秋水量大，春冬水量小，如不设法调节，也不能保证漕运的通畅。当时，运河沿岸有些低洼地，有季节性存水。例如今天山东的南四湖，那时还是个季节湖。因此，当地老百姓还时而垦种湖中的土地。宋礼向明成祖建议，把这些洼地收归国有，专门用来储水保运。于是，宋礼就沿运河设置了四大"水柜"，即今天所习称的水库，水柜修有闸门和堤坝。夏秋水量大时，将运河水放入湖中储存起来；春冬水量小时，则开闸泄湖水入运河。这样，就有效地调节和控制了运河水量，从根本上解决了河水浅阻问题。自永乐以后，明清两代的会通河一直保持畅通，这与水柜的作用是分不开的。

三、治黄和开凿清江浦

在治理运河的同时，如不解决黄河决口泛滥的问题，会通河仍有随时被黄河水冲淤的危险。黄河一旦有大的决口，整个会通河的疏浚工程就会毁于一旦。

当时，黄河仍保持着洪武二十四年（1391）改道后的状况：黄河主流由开封北往东南流，经陈州、太和等地于寿州的正阳镇入淮，一支主要的支流经东平入海。会通河横穿这条支流而过。黄河水大时，可裹挟会通河的水入海，也会倒灌运河，淤塞河道。这对运河的漕运是个严重威胁。为此，工部侍郎张信等人向明成祖建议，治理黄河，以使黄河不危害漕运。因当时宋礼正督治会通河，明成祖便"命礼兼董之"。当时，发河南丁夫 10 万人，开始对黄河进行大规模治理。

---

① 《明史》卷一百五十三，《宋礼传》。

宋礼治黄的方针以保运为主。他一方面疏浚了河南封邱至山东鱼台的黄河故道,使黄河水安稳地流入运河中段。这样,既分杀了黄河水势,又解决了运河中段的缺水问题。另一方面,宋礼在荆隆口筑坝设闸,以节制流经东平的河水。冬季会通河水小,则开闸引黄河水入会通河济运;夏秋黄河水大,泥沙多,则闭闸断水。这样,既杀了黄河水势,减少了黄河决堤的危险,也保证了会通河的安全,收到了黄、运兼治的效果。

经宋礼对会通河治理后,使运河每年的漕运能力提高到400万石。但是,淮南的河道上仍存在着不少问题。当时,陈瑄督掌漕运,熟悉运河全线情况。明成祖按照陈瑄的建议,命建造浅船2000余艘,由初运200万石增至500万石,"国用以饶"。但是,江南运河到淮安后,不能直接通淮河,要改用陆运,经过仁、义、礼、智、信五坝后,才能入淮达清河,"劳费甚巨"。陈瑄访求当地故老后得知:

> 淮城西管家湖西北,距淮河鸭陈口仅二十里,与清江口相值。宜凿为河,引湖水通漕,宋乔维岳所开沙河旧渠也。①

陈瑄经实地勘察后,认为确实可行。于是,于永乐十三年(1415)春天就开始了开凿清江浦的工程。沿宋代乔维岳所开旧沙河,凿清江浦河道,由淮安城西的管家湖导水,至鸭陈口入淮。陈瑄还筑闸四处,分别叫移风、清江、福兴、新庄。清江闸位于淮水与运河的交汇口上,当黄河水涨时,就关闭清江闸。永乐十三年(1415)五月,凿清江浦的工程竣工。从此以后,江南来的漕船可以直接到淮安,既免除了陆运过坝之苦,又减少了许多风险。

除此之外,因吕梁洪险恶,陈瑄于西边另凿一渠,置闸两处,蓄水通漕。又在沛县的刁阳湖和济宁的南旺湖筑长堤,在泰州开白

---

① 《明史》卷八十五,《河渠志三》。

塔河通大江,在高邮筑湖堤,在堤内凿渠 40 里,以"避风涛之险"。自淮安至临清,陈瑄又相水势置闸 47 处,沿运河置仓,以便转输。陈瑄又考虑到漕船有时搁浅的问题,自淮安至通州置舍 568 处,每舍安置一定数量的土卒,负责导航,避免搁浅。陈瑄又沿运河植树凿井,以方便行人。其规划十分缜密,所以运河大畅,海运和陆运皆罢而不用。① 后人在说到永乐年间浚通大运河一事时,谓"宋礼之功在会通,陈瑄之功在淮南。"②这只是就大处而言,实际上陈瑄对北边的运河也有不少贡献。

永乐年间对大运河各段进行治理,先后有数十万民工参与了这项工程,贡献了他们的智慧和力量,付出了巨大的代价。从此以后,南北大运河才真正畅通无阻,而且能经常保持一定的水位和安全。于是,通过这条大运河,就把作为政治中心的北京和作为经济重心的江南紧密地联系在一起。南方的粮食沿着大运河络绎不绝地运往北方,解决了当时国家急迫的漕运问题。漕船由长江北岸的瓜州可直达通州,使漕运的运输量越来越大,"初运二百万石,浸至五百万石,国用以饶。"③因此,大运河几乎成了明王朝的生命线,受到明王朝高度的重视和严密的保护。

同时,大运河的畅通有力地促进了南北经济文化交流,在政治上加强了全国的巩固和统一。人们看到,随着商品经济的日益发展,在运河沿岸陆续兴起了一些繁荣的工商业城镇,像济宁、临清,明中期以后成为全国著名的工商业城市,一些学者从这些城市的发展中找到不少有关资本主义萌芽的材料。有的学者经考证后甚至认为,明中期出现的我国著名的文学作品《金瓶梅》写的就是临

---

① 《明史》卷一百五十三,《陈瑄传》。
② 何乔远:《名山藏·河漕记》。
③ 《明史》卷一百五十三,《陈瑄传》。

清的生活。明清两代,大运河一直是我国南北交通的大动脉,对繁荣全国的经济、巩固国家的统一、丰富人民的生活,都发挥了巨大的无法替代的作用。明代治理大运河首先是劳动人民的巨大贡献,但和明成祖的作用也是分不开的。

第三节　修建大报恩寺等

明成祖在位期间大工迭兴,除营建北京和治理大运河以外,像修建大报恩寺、武当山宫观、长陵,都是不小的工程。当时铸造的永乐大钟,被称为世界的"钟王",至今仍经常为人们所提及。这些,在中国文化宝库中都占有相当的位置。

一、大报恩寺

大报恩寺号称金陵第一大刹,位于今南京中华门外,雨花路东侧。这里原来就有佛寺。据传,东吴时天竺(今印度)僧人游至建业,说阿育王役使鬼神建塔,礼请三十七日得舍利。吴王孙权为了建阿育王塔,称建初塔,为江南建塔之始。南朝时又称阿育王寺,宋代改称天禧寺。这也就是大报恩寺的前身。永乐十年(1412)八月,明成祖下令"重建天禧寺",名义上为纪念明太祖和马皇后,借以让世人知道,他是明太祖和马皇后的嫡子,是他们的正统继承人,实际上是为他的生母碩妃祈福。整个工程分两部分,一是寺,二是塔。永乐十年(1412)开始动工,直到宣德六年(1431)才全部完成,历时19年,费银约250万两,征调军匠工役10余万人,在当时是一项十分浩大的工程。

大报恩寺占地开阔,周长9里零13步。施工要求十分严格,地基上先钉满粗大的木桩,然后纵火焚烧,使之变成木炭,再用铁轮石磙碾压夯实,以保证地基的抗压力。木炭上加铺一层朱砂,以防潮和杀虫。寺内的大雄宝殿实际上就是硕妃殿,它和天王殿是寺内最雄伟的建筑。寺内共有殿阁20余座,画廊118处,经房38间。① 整个建筑群殿阁重重,不仅气势雄伟,而且精妙绝伦。

大雄宝殿后边有九级琉璃宝塔,高32丈9尺4寸9分,有8个棱面,全部用白石和五色琉璃砖砌成。据传,烧制琉璃砖时一式三份,依序编号,一份建塔,另两份埋在地下以备用。塔上的琉璃砖瓦都有精美的图案和花纹,正所谓"文石雕瓦,千奇万丽,金轮耸云,华灯耀月,为南都巨观"。②

永乐九年(1411)夏天,郑和第三次下西洋回国,将所剩白银百余万两交给工部侍郎黄立恭,用来建造大报恩寺。郑和第六次下西洋回国后,曾一度任南京守备,亲自督察施工。在修建大报恩寺的过程中,还曾经用1万多囚犯参与施工。当时一度有流言,谓"役夫谤讪",明成祖担心有变,命监察御史郑辰往验,"无实,无一得罪者。"③工程浩大,工期又长,施工艰苦,"役夫谤讪"是情理中事。只因郑辰是个较能体恤民情的人,不愿因此惩治匠役,使此事不了了之。

永乐二十二年(1424)三月,寺将落成,明成祖特赐名为"大报恩寺",并亲制碑文。其中说道:

> (高皇帝和高后)德合天地,功在生民,至盛极大,无以复加也。朕以匪德,统承大宝,负荷不易,夙夜惟勤,惕惕竞竞,恒循成宪。重惟大恩罔极,未由报称……重造浮图,高壮坚丽,度越前代,更名曰大报恩寺。所以祇迎灵贶,上资福于皇考、皇妣,且祈普佑海宇生灵,及九幽夹滞,咸沾济利。因仰承

---

① 张惠衣:《大报恩寺全图说明》。
② 朱偰:《金陵古迹图考》。
③ 《明史》卷一百五十七,《郑辰传》。

我皇考妣之圣志,而表朕之孝诚。……我皇考、皇妣之功德,
配天地之广大,同日月之光明,而相为永久于万万年。①

这话是写给世人看的,他的真实心意是为他的生母硕妃祈福。永
乐初年,因高皇后忌辰,礼部尚书李至刚请仿宋制,于佛殿修斋诵
经,但却被明成祖制止。明成祖的理由是,"人君之孝与庶人不
同",人君之孝主要是使"宗社奠安,万民乐业",而修斋诵经则是
末务。② 表面上看,这话也颇有道理,实际上它反映了明成祖内心
深处的思想,即对高皇后的感情并不太深,最使他怀念的还是他的
生母硕妃。清前期的诗人陈文述对此也多有猜测,他在《登报恩
寺浮图》一诗中写道:

> 靖难师来辄闭门,孝陵云树黯消魂。
>
> 忠臣已尽神孙死,却建浮图说报恩。
>
> 儿女英雄各有人,旧都遗事说纷纷。
>
> 六朝只在斜阳里,半是青山半白云。③

诗中隐约透出,明成祖修建大报恩寺另有用意。

大报恩寺建成后,成为南京的一大景观。外国贡使来中国,也
一定到大报恩寺瞻仰一番。他们"见报恩寺,必顶礼赞叹而去,谓
四大部洲所无也"。④至于中国的文人墨客,有关大报恩寺的诗篇
和记述更是多不胜举。例如,明中期的大文士王世贞在《游牛首
诸山记》中,就记述了他登大报恩寺的观感:

> 塔,故文皇(明成祖)下京师,篡人宝,倾天下之财力,为
> 高帝及后营福者也。其雄丽冠于浮图,金轮耸出云表,与日竞
> 丽。……甫三级,则已下视万雉矣。级益高,阶益峻,两股躇

---

① 《太宗实录》卷一百二十八。

② 余继登:《典故纪闻》卷六。

③④ 甘熙:《白下琐言》卷四。

踔者久之。强自奋,尽九级,宫殿缪郁,万栋栉历,与平畴相
映,长江如白龙蜿蜒而来。惟钟山紫气,与天阙、方山不相伏,
余无所不靡。塔四周镌四天王金刚护法神,中镌如来像,俱用
白石,精细巧致若鬼工。①

王世贞的这段话既有自己的感受,也描绘了寺塔的壮丽。嘉靖时,
报恩寺大殿毁于雷火,后又修复。太平天国时,大报恩寺彻底被烧
毁。今天,人们只能在南京博物院里看到少许大报恩寺的残砖剩
瓦。即使这仅存的残砖剩瓦,也可以使人们联想到,当时的大报恩
寺是何等的辉煌和壮丽!

二、武当山宫观

武当山在湖北均县南,为大巴山的东段分支。武当山又名太
和山、紫霄峰,山势峻拔,为道教名山,也是著名的武当派拳术发源
地。随着有关武当拳术的武打片不断出现,知道武当山的人越来
越多,但很少有人知道,武当山在历史上曾有过比"五岳"名山更
为显赫的名号和地位。这与明成祖对武当山宫观的大规模营建是
分不开的。

武当山是道家的福地,这里是道家所尊奉的北方之神"真武
帝君"的道场。据道家传说,在神农氏末年,古净乐国王的太子越
东海来游,天神授给他降魔宝剑,在武当山修炼42年后成功,能白
日飞升,威震北方,名为"玄武君"。宋代为避讳,改称"真武帝
君"。于是,在武当山各处就留下了许多灵迹。唐代曾在武当山
修建了第一所道观,几经兴废,并未大盛。只是到了明朝永乐年
间,武当山才开始进入鼎盛期。

明成祖通过靖难之役夺取皇位,不合封建正统观念,被视为

---

① 朱偰:《金陵古迹图考》第十二章。

"篡逆"。明成祖心里很明白这一点,遂假托天命,大肆宣扬自己得到了真武帝君的庇佑,所以才登上皇位。明成祖大规模营建武当山宫观,也正是为了向世人宣扬这一点。这也就等于说,自己的皇位来自于天命。

永乐十一年(1413)六月,明成祖下令大规模营建武当山道教宫观。当时,隆平侯张信奏言,武当山大顶上出现了五色彩云,并"绘图以进"。明成祖出示百官,相互传看。礼部尚书吕震率群臣致贺,明成祖遂敕谕群臣:

> 武当创建宫观,上资皇考、皇妣之福,下祈福天下生灵,如岁丰人康,灾沴不作,此朕素愿。今兹祯应,盖皇考、皇妣之福,而山川效灵所致。①

于是,命隆平侯张信、驸马都尉沐昕和工部侍郎郭琎等,征军匠和民夫30余万,大规模营建武当山道教宫观。大顶上原来由元代铸的铜殿,不惜花巨资将其拆迁至小莲峰,而重新铸造镏金铜殿3间,称之为"金殿"。在金殿中供奉着真武帝君镏金铜像,披发跣足,形象逼真。据传,真武帝君铜像就是按照明成祖的相貌和体态铸造的。

这项营建工程于永乐十六年(1418)十二月竣工,施工近6年,花费白银百余万两。宫观建成后,明成祖赐名为"太岳太和山"。山有72峰,36岩,24涧,峰最高者称为"天柱",而以紫霄峰景观最壮丽。明成祖还选道士200人供洒扫,赐田277顷,连同田上耕户一起赐予宫观,以供食需。另外又挑选道士任自垣等90人为提点,秩正六品,"分主宫观,严祀事"。经这次营建,"凡为殿观、门庑、享堂、厨库千五百余楹",明成祖还亲制碑文以纪其事。②

---

① 《太宗实录》卷八十八。
② 《太宗实录》卷一百一十二。

经明成祖这次对武当山大规模营建之后,武当山的名声大噪。每到春天二三月间,江南许多地方都组织大规模的武当进香旅行。人们沿运河、长江行进,长途跋涉,不远数千里,前往武当山致祭。[①] 自明成祖以后,凡新皇帝即位,都要派使臣去武当山祭拜真武帝君。由于明成祖带了头,各地藩王争相仿效,纷纷在均州设立道观,供奉真武帝君香火。明成祖还在均州设置官守和千户所,以管理宫观事务和守护山场。后来改由太监司香,并颁予关防。于是,号称"太岳"的武当山的地位便一度凌驾于"五岳"之上。

后来的嘉靖皇帝也崇信道教,他曾再次对武当山宫观进行大规模修缮,从而奠定了武当山八宫、二观、十祠、三十二庵的规模,共有殿宇达 2 万余间,道士、道童人数一度超过万人。这是五岳所难以比拟的。

三、长陵和永乐大钟

现在,北京的"十三陵"已成为重要的旅游景观。其中,只有定陵已被发掘,地宫可供游览,其余的 12 个陵墓还都保持原状。在十三陵中,长陵是明成祖的陵墓,对葬于十三陵的其他皇帝来说,明成祖是始祖,所以他的陵墓最高大壮丽。

永乐五年(1407)七月,明成祖的皇后徐皇后病死,但没有立即安葬。明成祖一直有迁都北京的念头,便命礼部找精通风水的人,在北京郊区寻找陵地。礼部尚书赵羾找来风水先生廖均卿等人,经过仔细勘查,选择昌平县东的黄土山为陵地。明成祖对选择陵地一事十分重视,亲自前往察看,感到这里气势不凡,遂决定作为朱明皇室的新陵地,并改黄土山为天寿山。

---

① 参见顾文璧:《明代武当山的兴盛和苏州人的大规模武当进香旅行》,载《江汉考古》1989 年第 1 期。

永乐七年(1409)五月八日,明成祖命武安侯郑亨前往祭告天寿山山川,破土动工,并命武仪伯王通具体掌营建事。于是,就开始了大规模营建长陵的工程。①

这项工程主要有两部分:地宫和陵园。关于长陵地宫的情况,人们至今无所知,只有等日后考古工作者发掘以后,才能看到它的真面目。但人们今天可以看到定陵地宫的情况,参观者无不为其工程浩大而惊奇。葬在定陵的万历皇帝是明成祖的后世子孙,他的陵寝决不会比明成祖的规模大。由定陵地宫的规模可以想像,当时建造长陵地宫一定花费了巨量的钱财。

长陵的地宫修建了4年时间,随后便将徐皇后安葬于此。地面上的长陵陵园仍在继续建造,一直到永乐十四年(1416)三月,"长陵殿成",②地上建筑基本完工。今天人们所看到的长陵陵园是经后来数次重修而成的,但也大体保持了最初的格局。陵园由陵门、祾恩门、祾恩殿、明楼和宝城组成,排列于南北纵轴线上。这组建筑群是我国现存的最大的木结构建筑群之一。仅此一点也可以看出当时的工程是多么浩大。

今天,在北京西郊的大钟寺保存着一口巨大的铜钟——永乐大钟。这是我国的一件国宝,吸引着国内外人士不断前去观赏。大钟寺原名觉生寺,建于清代雍正年间,遂将永乐大钟由西郊的万寿寺移放在此处。永乐十八年(1420),在明成祖正式颁诏迁都北京的同时,下令铸造了这口巨大的铜钟。这口铜钟高6.75米,钟口直径3.3米,重达4.6万多公斤。大钟上铸有御制佛经和其他重要的佛经7部,汉文咒语100多项,全由楷书写成,至今清晰可辨。但大钟上到底铸有多少字,以前人们从来没有数清过,只知道

---

① 《太宗实录》卷六十三。

② 《太宗实录》卷一百。

大约有 23 万多字。1988 年初,大钟寺的几位文物工作者经过一个多月的苦战,终于揭开了铭文字数之谜。经精确计数后得知,永乐大钟上共铸有汉文佛教铭文 225939 字,梵文佛教铭文 4245 字,总共 230184 字,是世界上铭文最多的大钟。①

永乐大钟还有良好的声学特性。经有关专家鉴定,在没有障碍物的情况下,钟声可达四五十里之遥,为举世所罕见。由于永乐大钟铸造的年代久远,钟上铭文最多,铸造精美,结构科学,所以号称世界"钟王"。

关于明成祖铸造这口大钟的用意,后人多有猜测。清代的乾隆皇帝认为,明成祖诛杀建文旧臣过于惨毒,铸这口布满佛教经文的大钟是为了忏悔。他在《觉生寺大钟歌》中写道:

朝谋弗善野战龙,金川门开烈焰红。

都城百尺燕飞入,齐黄群榜为奸凶。

……

瓜蔓连抄何惨毒,龙江左右京观封。

谨严难逃南史笔,忏悔讵赖佛氏钟!

……

欲藉撞杵散喷气,安知天道怜孤忠。

榆木川边想遗恨,凫氏徒添公案重。②

应该说,乾隆皇帝的这种看法是有某种代表性的。

永乐年间还有一些颇大的工程,难以缕述。仅从以上的一些工程也可以看出,如果没有强大的国力做后盾,这是难以想像的。这同时也使人想到,当时人民群众的劳役负担是何等沉重。

---

① 见 1988 年 3 月 18 日《北京晚报》。

② 《日下旧闻考》卷九十九,《郊坰·西九》。

第十二章　治国得失

明成祖在位 22 年,以他的雄才大略使明王朝进入了鼎盛时期。他知人善任,恩威并济,勤于政事,使政无壅蔽,故永乐年间政治较为清明,人民生活较为安定,社会经济得到较快的恢复和发展。但是,明成祖南征北讨,大工迭兴,劳民过甚,故不断引起人民群众的反抗。历史上著名的唐赛儿起义就发生在永乐年间。

第一节　知人善任

永乐年间臣僚勤于职守,出现了许多能臣和名臣,这与明成祖知人善任是分不开的。明成祖用人赏罚分明,量才适用,不拘品级,且能推诚待人。他鼓励臣下直言,但大事皆由个人决断。这是他事业取得成功的一个极为重要的因素。

一、恩威并济,赏罚分明

明成祖驭臣下威严,无论是藩邸旧人,还是建文降臣,都在各自的职位上尽心尽职,不敢稍有懈怠。有功者赏,有罪者罚,毫不含糊。

明成祖即位后,重用了一批藩邸旧人。这些人随明成祖起兵靖难,出生入死,胜利后身居高位,但仍不敢骄横。明成祖即位不久,就诫谕这些旧臣"当思自保。凡人致富贵难,保富贵尤难。尔等从朕数年,万死一生,今皆身有封爵,禄及子孙,可谓难矣,但当思保之。夫有功则赏,有罪则罚……朕不敢曲宥。"①后来,明成祖在授予薛禄等靖难功臣铁券时,又诫谕他们说:"位高易骄,禄厚易侈,宜思得之不易,保之惟艰。则安荣始终,传及后嗣,勉之勉之!"②仔细翻检一下《明实录》就会发现,明成祖经常教导这些旧日功臣,要他们善自保全,不要重蹈历史上经常见到的骄横致祸的覆辙。

明成祖执法严厉,对那些失职造成恶果的,轻则降级或免职,重则下狱或处死。例如,监察御史王愈和刑部、锦衣卫官 4 人,会决死囚,却误杀无罪者 4 人。明成祖闻知后,立命刑部将王愈等 4人逮系,即日"四人皆弃市"。③ 三法司是执法机关,明成祖一再告谕三法司要"洁己爱民",执法公平,不得收受贿赂。否则,"犯赃必论如法"。④

明成祖威柄独操,大臣们常怀敬畏之心,在职上不敢稍有懈怠,甚至有些提心吊胆。例如,永乐十九年(1421)冬,明成祖准备第三次亲征漠北,户部尚书夏原吉和兵部尚书方宾都表示反对,夏原吉被下狱,方宾自杀,明成祖命礼部尚书吕震兼户、兵二部尚书事。吕震十分害怕,明成祖便命 10 名官校形影不离吕震左右,对他们说:"若(吕)震自尽,尔十人皆死。"⑤一个礼部尚书尚且如此,就更不用说其他臣僚了。

明成祖对臣下不只是有威严的一面,还有颇具人情味的一面,这也就是所谓"恩威并施"吧。例如,解缙和胡广是同乡,又是同学,在朝又同为内阁学士,明成祖居然为他们二家的子女做起媒来。后来,解缙虽下狱致死,但他的儿子仍娶了胡广的女儿。

---

① 《太宗实录》卷十三。
② 《太宗实录》卷一百二十。
③ 《太宗实录》卷一百二十五。
④ 《明史》卷七,《成祖本纪三》。
⑤ 《明史》卷一百五十一,《吕震传》。

永乐七年（1409）正月，明成祖下令，自正月十一日至二十日放假 10 天，让臣民一起欢度元宵佳节。在这 10 天当中，"百官朝参不奏事，听军民张灯饮酒为乐，弛夜禁。"①明清时期元宵节放假就从这时开始。这也是明成祖关心臣民生活细事的一个举动。

永乐七年（1409）十月，明成祖因北京寒冷，怕群臣早朝奏事时久立不堪，便于常朝后御便殿，诸臣有事依次入奏，无事回衙治事，免得久立受冻。

明成祖即位之初，对所谓变更祖制者处治甚严。大理寺少卿虞谦自陈道，他在建文时曾建议，天下僧道每人只准有田 5 亩，余者归官，不足者官府补足。他自请"当坐改旧制之罪"。明成祖笑着说："此秀才辟老佛也。"②并未对虞谦治罪。对所谓变乱祖制者，明成祖也是区别对待的。

赏罚分明是吏治清明的重要保证，明成祖对此十分留意。有时明成祖处罚臣下很严厉，几乎近于残酷，但对有功之臣的封赏也是很慷慨的。

明成祖对内外臣僚严加考察，有一套完整的制度。有人被弹劾，但罪行较轻，则以"致仕"的名义命其归里。唐宋时的大臣以致仕为荣，明代以致仕为耻，原因即在于此。所以明代臣僚有致仕的，其墓志铭多不写致仕字样。

明成祖执法严厉，即使是靖难功臣，也不得因功掩过，有罪仍按刑律惩治。以前，历朝功臣多有骄横不法者，永乐年间则几乎看不到这类事，这与明成祖驭臣下有术是分不开的。有一次，刑部在给几个靖难功臣定罪时，请求念其旧功，从轻处罚，受到明成祖的

---

① 余继登：《典故纪闻》卷七。
② 《太宗实录》卷十二下。《扪虱新语》中有"退之（韩愈）原道辟佛老"语，此处"辟老佛"当从此处传来。《原道》是韩愈倡导儒家学说的一篇文章。

训斥,而坚持从公论处。明成祖说道:

> 朝廷大公至正之道,有功则赏,有过则刑。刑赏者,治天
> 下之大法,不以功掩过,不以私废公。此辈征讨之功,既酬之
> 以爵赏矣,今有犯而不罪,是纵恶也。纵恶何以治天下? 其论
> 如律。①

这段话很能代表明成祖的赏罚观,这也是他一生的事业能取得极
大成功的重要原因。

对有功之人,明成祖不吝升赏。例如在靖难之役中立功的人,
即使已死去,仍按功追封。张玉死于东昌之役,明成祖仍追封他为
荣国公。他担心对靖难功臣封赏不当,又命丘福等人再议,又封赏
了一批遗漏功臣。对建文旧臣,只要不坚持敌对态度,归降后都一
律予以任用,且论功行赏。永乐年间的许多治国名臣都是归降的
建文旧臣,例如杨士奇、杨荣、解缙、蹇义、夏原吉等都是,他们在永
乐年间及以后的几朝,都卓有建树,屡次受到明成祖的升赏。杨荣
在军事上多有功绩,他回乡时,明成祖特地命宦官随侍,以示荣宠。
"内臣随侍,则唯永乐间杨荣。"②宦官是专门侍候皇帝的人,明成
祖却让宦官去随侍一个建文旧臣,且在有明一代独一无二,这种恩
遇令满朝吃惊。

永乐十年(1412)二月,明成祖给蹇义、夏原吉、杨士奇、杨荣
等人诰命,"并封赠其祖父母、父母及妻如制,盖特恩云。"③这既是
对他们忠于新朝的报偿,又激励他们继续为新朝立功。得到这种
"特恩"的在藩邸旧臣中极其少见。也就在这年元宵节,夏原吉陪
着母亲观灯,明成祖闻知后,马上命宦官带钞 200 锭,前去赐予夏

---

① 余继登:《典故纪闻》卷六。
② 沈德符:《万历野获编》卷六,《内臣随行》。
③ 《太宗实录》卷八十一。

原吉的母亲。① 这虽说是件小事,但反映了明成祖和有功于国家的大臣之间的亲密关系。

明成祖对臣下的升降十分慎重,他曾对身边的大臣说:

> 人君进一人退一人,皆不可苟,必须厌服众心。若进一人而天下皆知其善,则谁不为善?退一人而天下皆知其恶,则谁敢为恶?无善而进,是出私爱;无恶而退,是出私恶。徇私而行,将何以服天下?②

明成祖的这段话并不深奥,但真正能做到这一点的人并不很多。即使在今天看来,这段话也仍然闪耀着磨灭不掉的光辉。明成祖懂得这一点,并这样去做了,这使他成为中国历史上较为成功的一个帝王。

明成祖还有个高明之处,即升赏臣下不拘旧章,而是从实际情况出发,尽量地"录功而略过",以鼓励臣下争相立功。永乐四年(1406)六月,总督海运的陈瑄奏称,通过海运前往天津卫的海船应同日启航,但有30艘船晚了5天才启航,虽同时到达,亦无所损,但应治未同日启航之罪。明成祖却未予治罪,还对身边大臣说了一段很耐人寻味的话:

> 始虑海寇为患,故敕令同发。今已济而无损,虽违约当惩,然海运甚艰,其功可以赎过矣。凡用人者,录功而略过,则人奋于功;若计过而略功,则救过之不暇,何暇懋功哉!③

这种鼓励臣下奋勇立功的做法是很高明的。

二、人有长短,量才适用

明成祖在选才时务求其精,但他清楚地知道,人无完人,故用

---

① 余继登:《典故纪闻》卷七。
② 余继登:《典故纪闻》卷六。
③ 《太宗实录》卷四十三。

人时要取其所长,量才适用。

永乐二年(1404)初,明成祖第一次开科取进士达 472 人。永乐十年(1412)二月,明成祖决定改变这种取士过多的做法,敕谕礼部臣说:"数科取士颇多,不免玉石杂进。今取毋过百人,其务精择。收散木累百,不若良材一株也。"①从此以后,永乐年间每科取士都在百人以内。选才务求其精,但人各有长短,应各用其所长。明成祖曾对吏部臣说:

> 用人之道,各随所长。才优者使治事,德厚者令牧民。盖有才者未必皆君子,有德者必不同小人,不可不察。②

明成祖还曾对吏部臣说:

> 用人当量其才高下而任之。譬若器焉,能容数石者投以数石,能容数斗者投以数斗,过则不可。若以小才任大职则败事,以大才任小事则枉人,其精审之。③

在明代的典籍中,明成祖有关这类的言论可谓俯拾皆是。特别值得一提的是,对那些有功而才智不足的人,明成祖照常封赏,但不实授。正因如此,所以有一些有功的靖难官校,虽已升至都指挥,但仍在京卫更番宿卫。

明成祖用人还有一个特点,即不因小过废大才。永乐四年(1406)五月,都督程达守边有过,按常律应正典刑。明成祖念其偶然失事,且"其才足当一面",故予宽宥,让他到云南西平侯沐晟那里立功自赎。明成祖为此事而对左右大臣说:

> 人孰无过?论小过而废大善,则为善者怠;亦孰无才,若录小才而免大恶,则为恶者肆。故恶之难容者,乃不论其才;

① 《太宗实录》卷八十一。
② 余继登:《典故纪闻》卷六。
③ 余继登:《典故纪闻》卷七。

才有可用者,乃可略其过。如此,则善善恶恶,皆不失矣。①永乐年间,各级官员基本上都能恪尽职守,争相立功,政事不荒,这与明成祖的这种用人技巧是有密切关系的。

三、不拘品级,不计旧嫌

明成祖用人不拘品级,往往能破格用人。永乐初年,有个叫金实的人,是浙江金华的普通生员,上书言王道,深受明成祖赏识。明成祖遂召他入京,试策三道,俱称旨。明成祖便用他参与改修《明太祖实录》,后来又参与修《永乐大典》。当时,像杨士奇、解缙等名臣都参与其事。级别最低的也是翰林院官员,都是从历次进士中选拔出来的优秀人才。一个地方生员,没有任何官职,却能破格参与其事,被称为明代一异。从后来的表现来看,此人确能胜任,为此而被明成祖提拔为司直郎。②

永乐二年(1404)十二月,明成祖赐六部尚书金织文绮衣各一袭。他们都是二品大员,而解缙等六个翰林学士都是五品官,但也和六部尚书一样,各得一袭金织文绮衣。明成祖对解缙等人说,他们的贡献"不在尚书下,故予赐赉,必求称其事功,何拘品级"?③正是基于这一思想,明成祖破格提拔了一些能臣。像杨士奇、杨荣等人,原来品级都很低,都受到明成祖的重用,并很快提拔到显赫的位置。

明成祖用人还不计旧嫌,这突出地表现在他对待建文降臣的态度上。以前,人们对明成祖诛杀建文旧臣的事说得比较多,而对任用建文降臣却说得比较少。实际上,明成祖在任用建文降臣这

---

① 《太宗实录》卷四十三。
② 沈德符:《万历野获编》卷十四,《金实》。
③ 余继登:《典故纪闻》卷六。

一点上是很高明的。像名臣"蹇夏"、"三杨"都是建文降臣,他们在永乐时都有非常杰出的表现,为永乐朝的强盛做出了很大的贡献。这种情况在整个中国历史上都是极其少见的。

汤宗也是建文旧臣,以黄淮推荐,召为大理寺丞。有人向明成祖密奏,说汤宗"曾发潜邸事",即对明成祖准备起兵靖难的事曾向建文帝告过密。明成祖却对此不以为然,说:"帝王惟才是使,何论旧嫌!"后来汤宗在职任上多有建树。① 明成祖曾公开对臣下说,建文旧臣当时"食其禄,任其事",无可非议,只要能归顺新朝,则一体任用。编修李贯自称在建文时没什么建言,没上过章奏,反而受到明成祖的训斥。

永乐元年(1403)四月,明成祖看到一些旧臣仍心怀疑虑,便特地申谕群臣:

> 帝王图治,必审于用人。或取诸亡国,或举于仇怨,惟其贤而已。若唐太宗用王珪、魏征、房玄龄、杜如晦、李靖、尉迟敬德,宋太祖用范质、王审琦辈……昭然可鉴也。……文武群臣皆皇考旧人,推诚用之,纤悉无间。比闻群臣犹有心怀危疑、不安于职者,此盖不达天命、不明朕心故也。……其各尽乃心,共乃职,摅诚共事,可以永保富贵。②

这一番话,简直可以看做明成祖对建文旧臣的一篇政策声明。后来的实践证明,他大体是这样做的。藩邸旧臣虽在事实上仍享有一些优遇,这也是难免之事,但对建文降臣也基本能做到推诚任用。例如,宋晟就是一个建文旧臣,他镇守凉州,前后 20 余年,"威信著绝域"。明成祖知道宋晟"有大将材,专任以边事,所奏请辄报可"。有御史弹劾宋晟自专,受到明成祖的训斥,并特许宋晟

---

① 《明史》卷一百五十,《汤宗传》。
② 《太宗实录》卷十八。

可"便宜从事"，①将西北边务尽付与宋晟。宋晟果不负所托，尽心职守，使西北长期得以安宁。宋晟也因此被明成祖封为西宁侯，世袭指挥使之职。

四、敢言比敢为更可贵

明成祖极力鼓励臣下直言敢谏，认为敢言比敢为更可贵。他曾对内阁学士解缙说：

> 敢为之臣易求，敢言之臣难得。敢为者强于己，敢言者强于君，所以王、魏之风世不多见。若使进言者无所畏，听言者无所忤，天下何患不治？②

作为一个封建帝王，能有这种认识是非同一般的。且不管他是否完全做到了这一点，仅就他有这种认识即可看出，他有着超越一般帝王的高明之处。

明成祖即位不久，甘州的一个普通军士张真上书言事，受到明成祖的重视。明成祖对身边的大臣说，这个士卒所说的虽然不皆可采，"然为国之意则善"。于是，赐予张真衣一袭，钞千贯。明成祖借此事对礼部臣说："居其位，无其言，君子耻之。卿等亦毋嘿嘿守位而已。"③这件事至少起到了一种提倡的作用，对那些所谓"嘿嘿守位"者则是一种警告。

明成祖一方面鼓励臣下敢言直言，另一方面又主张善于明辨是非，择善而从。这在他给皇太子的敕谕中说得很清楚：

> 宜悉心以求益，虚己以纳言。……然听言之际，宜加审择。言果当理，虽刍荛之贱必从之；言苟不当，虽王公之贵不

---

① 《明史》卷一百五十五，《宋晟传》。
② 余继登：《典故纪闻》卷六。这里"王、魏"指唐太宗的大臣王珪和魏征，二人都以敢言闻名。
③ 《太宗实录》卷十三。

可听。惟明与断乃克有成。①

作为一个封建帝王，是否高明，其区别也就在这里，即一要从谏如流，二要明加审择，择其善者而从之。

为了鼓励臣下直言，对那些言辞激切的人也不予治罪，有些人还因此而得了官。例如永乐四年（1406）十一月，平民高文雅上书言时政，先说到建文时实行的一些事不应尽废，又说到救荒恤民不够及时，"言辞率直，无所忌讳"。明成祖命礼部议行。都御史陈瑛劾高文雅"其言狂妄，请置之法"。明成祖则说："草野之人不知忌讳，可恕。其中言有可采，勿以直而废之。"后又对刑部尚书郑赐说："不罪直言，则忠言进，谀言退。自古拒谏之事，明主不为。"明成祖还告谕他，以后不可对言辞有违碍的人加罪，并将高文雅送吏部，"量才授官"。② 这实际上是对直言敢谏的一种提倡。正因如此，尽管明成祖驭臣下威严，但臣下仍敢于直言朝政。这也正是永乐年间政无壅蔽的一个重要原因。

第二节　政　无　壅　蔽

有一次，明成祖正在专心看臣下的奏牍，御案上的一个镇纸金狮被碰至案边，差点儿掉在地下。站在旁边的一个侍臣连忙将金狮往里移了移，明成祖这才发觉。他把这件事和治理国家联系了起来，于是感叹道："一器之微，置于危处则危，置于安处则安。"而天下为"大器"，"尤须安之"，而且要安不忘危，否则，"小不改而积之，将至大坏。"③明成祖正是为了使来之不易的天下这个"大器"

---

①　《太宗实录》卷六十一。
②　《太宗实录》卷四十七。
③　娄性：《明政要》卷九。

得安,他必须要辛勤经营,不敢有丝毫懈怠,而且要臣下尽心辅佐,各司其职,使这台国家机器能够高效正常地运转。史实表明,永乐年间百业俱兴,这台封建国家机器运转得还是很不错的。

一、求臣下直言

明成祖很清楚,治理这么一个偌大的国家至为不易,他不可能什么事都知道,必须依靠臣下随时进言;他做出的决定也不可能百分之百的正确,必须靠臣下随时匡救。因此,明成祖极力鼓励臣下直言,以使国家大事不出大的偏差。

明成祖担心下情不能及时上闻,便挑选了一批优秀的地方官充任科道言官,以便及时进言。过了一段时间后,这些人却没有什么进言,明成祖很生气,就对身边的大臣说:

> 夫郡邑之间,岂都无一事利害可言?今在朕左右,尚犹默默,况远千里尚肯言乎?尔等退以朕意申谕之,其所治何利当兴,何弊当去,皆直言勿隐。于今不言,将有他人言之,则不能逃罪矣。①

这是永乐元年(1403)十一月的事,那时屠戮建文旧臣的腥风血雨还未散去,臣下自然是噤若寒蝉了。明成祖这时责怪他们不进言,简直有点恶人先告状的味道。但明成祖鼓励臣下直言,这无疑是一种明智之举。在有关明代的史籍中,可以不断看到明成祖鼓励臣下直言的记载。例如,永乐四年(1406)五月的一天,明成祖偶然忘记了一件什么事,怎么想也想不起来,问身边的大臣,他们也不知道。后沉思半天,才忽然想了出来。这件事使明成祖受到很大启发,他借此对臣下说道:

> 朕以一人之智,处万机之繁,岂能一一记忆不忘?一一处

---

① 《太宗实录》卷二十四。

454

置不误？拾遗补过，近侍之职。自今事之丛脞者，尔等当悉记
之，以备顾问。所行有未合理，尔当直谏……慎勿有所
顾避。①

从这段话可以看出，明成祖并没有把自己看成万能的先知先觉者，
自己也会忘事，也有些事自己不知道，对有些事的处置也不一定完
全恰当，这就需要臣下直言敢谏，"拾遗补过"。这在今天看来似
乎都是普通常识，但对一个威严无比的封建帝王来说，能做到这一
点就非常难能可贵了。

明成祖还利用各种机会鼓励臣下直言敢谏。有一次，一个大
臣奏请为比干修建祠墓。比干因直言而被殷纣王杀掉，是中国古
代的名臣。明成祖乘机对臣下说："君子为国不为身，故犯颜谏
诤，死且不避；小人为身不为国，为谗谄面谀，以苟富贵。"后世像
比干这样敢谏的名臣屡有所见，那些不听臣下劝谏的昏君也屡有
所见，自己随时以秦、隋末年的昏君自戒，臣下也"当以君子之道
自勉"。②

这种鼓励臣下直言的做法收到了良好的效果，使明成祖随时
可以了解到各方面的情况，政情通达，无壅蔽，即使有些做法不好，
也可以及时得到纠正。例如，开平卫的一个士卒蒋文霆直接上书
明成祖，极言采办之害。一些官员为宫廷采办各种物品，名为"和
买"，实则强取，"于民万不偿一"。有的是当地土产，还比较好办，
有的非当地所产，"须多方征求，以致倾家败产"。这个士卒建议：
"今后有司妄取民一钱者，以受财枉法论。其各色物料非土地所
有者，禁勿取。"这个建议受到明成祖的嘉赏，并批转全国执行。③
可以想像，永乐年间大工迭兴，要真正做到这一点是几乎不可能

---

① 《太宗实录》卷四十三。
② 余继登：《典故纪闻》卷六。
③ 余继登：《典故纪闻》卷七。

的,充其量也不过能暂时减轻一点人民的负担。这件事本身既是鼓励臣下直言的示范,也是鼓励臣下直言的结果。

在明成祖的鼓励下,永乐年间臣下言事颇为率直,以致有时使明成祖一时震怒,几乎要大动刑罚,但稍稍平息后也就算了,对言事者并未严惩。有的人言事触犯了廷中大臣,所言事又不确实,明成祖也未对言者治罪。有一次,给事中柯暹、御史何忠等上书言事,词侵工部尚书李庆等人。李庆等气愤不平,屡次请明成祖治他们的罪,明成祖却说:

> 朕于今,正欲闻过。古之名王,皆奖直言。今汝数请罪之,是欲朕为何如主?且彼所言汝等过失,若诚有,即因而改之,岂非善德?果若无之,于汝何损?①

这段话代表了明成祖对奏言的通常态度,即可采者采,不可采则放置一边,对言事者不论正确与否,一般都不予治罪。这样,下情可以上达,国家政事就减少了许多壅滞之弊。

二、勤于政事

在封建时代,一切国家大事都必须出自皇帝"宸断"。因此,皇帝是否勤于政事,就成为国家政务是否壅蔽的关键。明成祖可看做是另一种形式的创业帝王,他知道这个天下来之不易,他必须要辛勤地经营和管理。他的父皇朱元璋在"遗嘱"中曾说,他即位以后一直"忧危积心,日勤不怠"。② 用这 8 个字来形容明成祖,也是大体适合的。

明成祖在位 22 年,除了 5 次亲征漠北外,又经常出巡,以至他很少能悠闲地在京师庆祝一下自己的生日,也就是所谓"万寿圣

---

① 余继登:《典故纪闻》卷七。
② 《明史》卷三,《太祖本纪三》。

节"。他白天要早早地上朝,处理丛脞的政务,几乎没有休息的日子。那时没有什么星期天,更没有什么节假日,除了生病卧床,都要上朝理事。即使有时"龙体欠安",臣下也往往要到床榻前奏事,以请定夺。在元宵节放假的 10 天内,明成祖也仍然每天上朝,臣下虽不奏事,但有些事情还是要处理。另外,明成祖还特别喜欢读书,编《永乐大典》的一个重要目的就是供"御览"。他在与大臣谈话时,或批示章奏时,经常引经据典,这就是他喜欢读书的结果。他白天上朝理事,处理政务,晚上还要拿出一些时间来读书,这就更增加了这位皇帝的辛劳。

有一天,百官奏事后已退下,明成祖又召来几个大臣,议事良久。一个侍臣奏道:"圣躬勤劳,请少息。"明成祖却说:

> 朕常在宫中周思庶事,或有一事未行,或行之未善,即不寐至旦,必行之乃心安。积习既久,亦忘其劳。盖常自念才德不逮,若又不专心志勤思虑,所行何由尽善?民生何以得安?盖勤于思则理得,勤于行则事治。勤之为道,细民不敢废,况君乎?①

这段话几乎可以看做是明成祖勤于政事的全面自述,把他为什么要勤于政事、如何操劳,都说得清清楚楚。至于明成祖是否真正做到了这一点,恐怕要打点折扣,但从各方面的情况来看,这种说法是大体可信的。

有时,明成祖和大臣们谈论天下大事,不知不觉就是大半天。有的大臣就劝明成祖,说"语多伤气,非调养之道,当务简默为贵"。明成祖说道:

> 人君固贵简默,但天下之大,民之休戚,事之利害,必广询

---

① 余继登:《典故纪闻》卷六。

博访然后得之……不如是不足以尽群情。①

明成祖正是为了深入了解全国的各种情况，所以他明明知道"简默为贵"，但却不敢"简默"，而必须不辞辛劳，"广询博访"。

有一次，内阁学士胡广回江西老家，回朝以后，明成祖问他江西老百姓的生活如何。胡广回答道："勤者可给。"这一个"勤"字触发起明成祖的许多联想，说道：

> "勤"之一字，岂独农夫当尽？士工商皆当尽。至于人君，尤不可不尽。……朕每退朝静坐，必思今日所行几事，某事于理如何？于人情如何？若皆合宜，心则安矣。有不合宜，虽中夜，必命左右记之，俟旦而改之。②

这段话的可贵之处在于，不只是农夫当勤，士工商当勤，君主尤其当勤。作为古代的一个封建君主，能有这种认识，不能不说是难能可贵的。

明成祖一般都是四鼓起床，认为这时神清气爽，处理事情比较能缓急得宜。早朝后，如有的大臣未能尽言，明成祖允许他们午后来奏，以便"从容陈论"。稍有闲暇，"则取经史览阅，未尝敢自暇逸"。明成祖认为，人君不可须臾怠惰，"一息惰即百度弛矣"。③

通政司是上通下达的机构，四方章奏都先送到这里，有些重要的上奏给皇帝，不那么重要的则直接发送六科处理。明成祖特地诫谕通政司官员，凡是关系到百姓休戚之事，即使小事也必须及时奏闻，自己并不厌倦。地方官员的章奏多有些粉饰太平的话，明成祖命通政司官员将这些登记在案。日后经核查，如不符合实际，则治奏事者欺隐之罪。这样，对那些只报喜不报忧的官员来说，就多

---

① 《太宗实录》卷四十九。
② 余继登：《典故纪闻》卷六。
③ 《太宗实录》卷四十。

少是一种约束。对那些已经处理过的章奏,明成祖还要让六科复查,如有不当,则及时改正。通政司官员说,这样做可能会损害皇帝的威信,明成祖却说:"改而当,何失也?"①在古代,皇帝的话被认为是"金口玉言",似乎永远不会错,即使错了也没人敢说,更不要说改正错误了。明成祖却承认自己处理事情也会出错,而且知道错了就改,这在封建帝王中实在是凤毛麟角。稍有点历史知识的人都知道,有些最高统治者明明知道自己做了错事,但为了维护自己的威信,宁肯一错到底,也不予改正。这就更使我们感到,明成祖的确有异乎寻常的高明之处。

明成祖还经常派遣御史到各地巡视,以防地方官欺蔽。各地有什么水旱灾情,何利当兴,何弊当革,这些御史都要及时上报。永乐十九年(1421),明成祖因北京三大殿灾,派吏部尚书蹇义等26人巡行全国,一方面安抚各地军民,一方面巡察各地政情,小事即直接处置,大事则及时报明成祖定夺。这些措施对整肃吏治是颇有成效的。

三、"贵得大体"

国家是由不同层级组成的复杂系统,明成祖站在这个系统的顶端。他心里很清楚,自己主要的任务是要保证这台国家机器正常运转,让各级官员各司其职,不互相违越。无论自己怎样勤于政事,也不可能面面俱到,更不可能事无巨细都亲去处理。因此,明成祖一再强调为政"贵得大体"。有时,大臣的奏疏中错个字,或是忘了称臣,科道言官即上疏弹劾,请予治罪。为此,明成祖对这些言官申谕道:

为治贵得大体。……一字之误,皆喋喋以言,琐碎甚

---

① 谈迁:《国榷》卷十五。

矣。……天下何弊当革,何利当兴,何处军民未安,何人奸邪未去,当历历言之勿隐。若此细故,可略也。①

在这点上,明成祖似乎高出他的父皇朱元璋一筹。朱元璋一天从早到晚忙于批阅公文,一般每天要看200多件报告,处理400多件事,整天忙于繁琐的政务。明成祖则经常让皇太子在京师监国,一般日常事务就由皇太子处理了,大事才报告明成祖。明成祖本人则经常住在北京行在,再就是不时率军亲征。即使这样,永乐年间的行政效率仍然很高,出现了许多的治国名臣,整个国家机器运转得很灵便、很有效。

有一次,明成祖问身边侍臣"外间军民安否"。侍臣回答道:"陛下施仁政,军民皆安,正太平之时。"没想到,这些颂扬话反而招来一顿训斥。明成祖说,太平岂是容易说的,一定要风调雨顺,"年谷丰登,兵革不兴,军民安乐,朝无奸邪,然后可以为太平无事。"他还不无挖苦地说道:"奸邪难识,其情似真而实伪,其言似信而实诈。"②明成祖所要的不是颂扬话,而是有哪些大事要做,怎么样使他来之不易的江山稳固。

为了使这台国家机器的各个部件不出毛病,明成祖特别重视按察之职。对那些不称职的人,随时予以撤换;对那些徇私枉法的人,则毫不留情地予以惩治。有一次,明成祖对负责按察的官员说,自己深居九重,下民情况不能尽知,"按察司任耳目之寄,于事无不得闻,无不得言,所以通下情、去蒙蔽也。"③河南闹水灾和蝗灾,地方官未报,按察司官员也无人言及。在明成祖看来,这些灾荒是关系到天下治乱的大事,尤其是在即位的第一年,这就更加引

---

① 《太宗实录》卷二十七。
② 余继登:《典故纪闻》卷六。
③ 《太宗实录》卷二十四。

起了他的注意。他为此不仅移檄切责,而且派按察大员亲去河南按察,使不少人受到惩治。

为了使臣下各司其职,忠于职守,有一个好的吏治,明成祖组织人编成了《历代名臣奏议》一书,借古名臣的榜样来风化当今。书编成以后,明成祖分发给诸臣,并趁机对侍臣们说:

> 君能纳善言,臣能尽忠不隐,天下未有不治。观是书,足以见当时人君之量,人臣之直。为君者,以前贤所言便作今日耳闻;为人臣者,以前贤事君之心为心,天下国家之福也。①

这里虽然也说到人君的作用,但主要是说给臣下听的,这里的主题是人臣应该怎么办。明成祖的用意很明确,就是要他的臣下学习古代贤臣的榜样,帮助他把国家治理好。

各衙门各司其职,不许互相干扰。有一次,礼部尚书李至刚的岳父坐事被逮系都察院,当伏重法。李至刚向明成祖求情,希望能从轻发落。明成祖问他,法司判狱轻重,"外人何以知之?"李至刚说是右副都御史黄信告诉他的。明成祖对黄信泄漏刑事机密非常恼火,这不是小事,而是关系到朝廷纲纪的大事,此风断不可长,因而立命将黄信处死。永乐年间的大臣供职都比较谨慎,几乎看不到结党营私的现象。像名臣杨士奇,"私居不言公事,虽至亲厚不得闻"。② 这种情况决不是个别现象。这种气氛对促使吏治清明无疑有重要作用。

中国封建社会漫长,官僚机构庞大,即使有明成祖这样明察的皇帝在位,也难免有官员敷衍塞责,甚至失职。例如永乐六年(1408)九月,都给事中张信弹劾法司淹禁罪囚,致有瘐死狱中者。明成祖立即将刑部尚书召来,痛斥一顿,除死罪犯人以外,限三日

---

① 余继登:《典故纪闻》卷七。
② 《明史》卷一百四十八,《杨士奇传》。

将犯人疏决完毕。后来,明成祖担心死囚罪犯有冤,遂命外地死囚也必须送京师,由法司会审无冤,三复奏而后执行。犯人有冤屈,明成祖还许他们上书申诉。

尽管如此,永乐年间的官员贪赃枉法的事也并没有绝迹,草菅人命的事也时有所见。但从总体情况来看,永乐年间吏治较为清明,行政效率较高,大体可称得上政无壅蔽。

第三节　愿"斯民小康"

永乐元年(1403)九月的一天,明成祖与近臣议论时政时说,自己即位不久,常恐民有所失,经常秉烛夜坐,披阅州县民籍,静思熟计,哪里有饥荒,应该赈济;哪里地近边境,应该设置守备。白天与群臣商议施行。最近听说河南闹蝗灾,自己很不安,派去巡视的使臣不绝于道。最后他说了一句画龙点睛的话:"如得斯民小康,朕之愿也。"①

永乐七年(1409),明成祖与北京耆老有一席谈话,描绘了一幅斯民小康的蓝图:

> 农力于稼穑,毋后赋税;工专于技艺,毋作淫巧;商勤于生理,
> 毋为游荡。贫富相睦,邻里相邮……相安相乐,有无穷之福。②

这实际上可看做明成祖的施政纲领。他在位20余年间,都在为实现这个愿望而操劳。

一、关心农事

有人把封建社会称作农业文明,这是有道理的。农业是封建

---

① 《太宗实录》卷二十二。
② 余继登:《典故纪闻》卷七。

社会最主要的经济成分,其丰歉决定着国家的治乱兴衰。明成祖生于乱世,深知以农为本的道理,也深知农事之艰难。有一次,有的官员主张要农户自己把粮食运往北京,明成祖不同意,说了一段颇体恤民情的话:

> 国以农为本,人之劳莫如农。三时耕获,力殚形瘵。旱暵水溢,岁则寡收。幸足供赋租,而官吏需索百出,终岁不免饥寒,又可令输数千里之外乎?①

一个封建帝王能说出这种话,这是不多见的。

明成祖即位之初,呈现在他面前的是一幅遭到战争严重破坏的残破景象,尤其是北方的经济受的破坏最重。为了恢复和发展农业生产,明成祖采取了一系列有力的措施。

(一)与民休息。

靖难之役打了3年,人心思定,而且一片残破的经济亟待恢复,所以明成祖即位后就采取了与民休息的政策。尤其是永乐初年,这种政策执行得比较有效。永乐元年(1403)二月,明成祖对户部臣说:"数年用兵,军民皆困,今方与之休息。数有令,擅役一军一民者,处以重法以闻。"并再次申明前令,对"再犯者诛不宥"。② 由此看来,明成祖起初执行与民休息的政策是很认真的。

永乐初年,有人向明成祖献战阵图,以希见用。但这人万没想到,不但未受重视,反而被严厉训斥一通。明成祖说,用兵乃是不得已之事,"今天下无事,惟当休养斯民,……岂当复言用兵!"③在这种与民休息的思想指导下,明成祖还将不少军士和民兵复员务农。后来,明成祖亲征漠北,有人建议将建文时在江西召集起来的

---

① 《太宗实录》卷一百十四。
② 《太宗实录》卷十六。
③ 余继登:《典故纪闻》卷六。

民兵调来随征,明成祖不许,认为既然已让他们复员,再召他们去打仗,这等于向天下人表明自己不守信用。

(二)招抚流民。

靖难之役打了3年,"淮以北鞠为茂草",生产受到严重破坏,大批农民流离失所。随着封建大土地所有制的发展,也不断产生着新的流民。这既不利于社会生产的发展,也是社会不安定因素。为此,明成祖一再劝民力于田亩,千方百计地招抚流民复业。他即位不久就对户部尚书夏原吉说:

> 江北地广民稀,务农者少。……近因兵革、蝗旱,人民流徙废业。今不时劝民,使尽力农亩,将不免有失所者。来春宜早遣人督劝。……诚使四海皆给足,虽不盛馔以乐侑食,未尝不乐。①

最后这句话不能仅仅看做是自我标榜,因为真的灾荒迭起,四处啼饥号寒,就是宫中的肴馔再丰盛,乐舞再美好,皇帝老子也很难乐起来。因此,明成祖一即位,就遣人四出,招流民复业,要他们尽力田亩。永乐元年(1403)十一月,明成祖对户部臣说,老百姓不得已才背井离乡,已经复业的,地方官要厚加抚恤,"未复业者,悉心招抚。新垦田地,停征其税"。② 明成祖还特地颁布诏令,各地都不得对逃徙的老百姓治罪,流民复业后,也不得向他们追征拖欠的税粮。高密的一些流民复业后,地方官向他们追征累年拖欠的粮刍。明成祖听说后很生气,遂对户部臣说,农民不得已才逃亡,"及其复业,田地荒芜,庐舍荡然,农具种子皆无所出,政宜周恤之。乃复征其逋负,穷民如此,岂有存活之理!自今逃民复业者,积年所负粮刍,悉与蠲免。"③这种做法应该说是很开明的,它使大

---

① 《太宗实录》卷十五。
② 《太宗实录》卷二十四。
③ 余继登:《典故纪闻》卷七。

批流民很快又回到田间,使残破的农业生产迅速得到恢复。

(三)资助农民耕牛、种子等生产资料,帮助他们恢复和发展生产。

正像明成祖上边所说,流民刚复业时,"田地荒芜,庐舍荡然",既没有耕牛,也缺少种子。鉴于这种普遍存在的情况,明成祖经常发放给这些农民一些耕牛、种子之类,帮助他们解决生产中的困难。打开太宗朝的《明实录》就会发现,这一类的记载可谓俯拾皆是。例如,明成祖刚即位一个多月,"以北平、山东、河南累年经兵,缺耕牛,特命……以官牛给之"。[①] 当年年底,户部郎中李昶奏言,北平各郡县的老百姓"虽多复业,今尚艰食,且乏牛耕种"。明成祖遂命调粮接济,并命官府买一些耕牛发放给他们。[②]

永乐元年(1403)年底,工部尚书黄福上奏,称陕西都司所属屯田"多缺耕牛、耕具"。明成祖遂命官府到外地买些耕牛,发放给他们,所缺耕具,则命当地官府督造。[③] 这类向农民发放耕牛、耕具、种子之类的事,永乐初年最多,几乎是史不绝书。这对农民恢复生产来说,自然有着不可替代的作用。

(四)徙民垦荒。

由于连年战争的影响,不少地方的土地大量荒芜,无人耕种。那些战争较少波及的地方,例如江南和山西的某些地方,则又显得人多地少,有的人甚至无地可耕。为了使农民和土地相结合,使大量的荒地得以开发,明成祖也像他的父皇朱元璋一样,在全国范围内组织起大规模移民。

这种有组织的移民从永乐元年(1403)即已开始。这年八月,

---

①② 《太宗实录》卷十一、卷十五。
③ 《太宗实录》卷二十五。

发南直隶、苏州等10郡、浙江等9省富民"实北京"。后来，又"徙山西民万户实北京"。因为当时北京一带的荒地较多，明成祖还下令，将各地流罪以下的犯人都发来"垦北京田"。永乐十四年（1416），明成祖还"徙山东、山西、湖广流民于保安州，赐复三年"。① 所谓"赐复三年"，即免除3年的徭役。

永乐年间移民的规模是很大的。例如，当时山东西部和北部都受战争破坏较重，地广人稀，明成祖就从山西迁移来大批百姓，让他们在各地垦种。时至今日，山东许多地方的老百姓还经常说起祖先迁移来的情形，有些成了生动的故事。最近几年，各地政府组织人力进行地名普查，这使我们比较准确地知道了各地以至各个村落的沿革情况。菏泽市地名办公室编写出版了《山东省菏泽市地名志》一书，②是他们多年调查和检阅族谱资料编成的，准确可信。其中有菏泽市"村庄建置年代一览表"：菏泽市共有村庄1753处，其中仅明代建置的村庄即达1270处，约占全部村庄数的73%。在明代建置的村庄中，又主要是洪武和永乐两朝建置的，洪武年间达519处，永乐年间达148处。"地名志"中列举出来的家谱资料显示，这些村庄的始祖大都是从山西迁来的。熟悉山东历史的人都知道，这种情况在鲁西和鲁北一带有普遍性。这再清楚不过地告诉人们，明成祖徙民垦荒的规模是很浩大的。对于恢复和发展农业生产来说，这是一种很有力的措施。

（五）倡言民瘼。

明成祖提倡臣下直言民间疾苦。他知道，人民安于农事，衣食有着，这是他的江山得以稳固的基础。他心里也很清楚，那些大大

---

① 《明史》卷六、卷七，《成祖本纪二》、《成祖本纪三》。
② 《山东省菏泽市地名志》，山东美术出版社1987年出版。

小小的各级官员，大都是为了个人的荣华富贵，真正为国为民的很少。很多人只报喜，不报忧，邀功钓誉。下边的真实情况如何，自己难以周知。对此，必须依靠各级官员及时上报。有一次，明成祖对通政司官员说："设通政司，所以决壅蔽、通下情，……自古昏君，其不知民事者多至亡国。"因此，凡有关百姓休戚者，虽小事亦必须马上奏闻。①

尽管永乐朝是明代的极盛时期，但明成祖从来不以太平自诩。相反，他却经常谈及政事中的弊端。永乐十年（1412）三月举行殿试，明成祖在制策中说，自己即位十年来，"厉俗而俗益偷，革弊而弊不寝，若是而欲济世泰和，果何行而可？"②这等于明确承认，上上下下还有许多弊政，还不是太平盛世。他需要臣下直言民瘼，及时整治。

令明成祖十分恼火的是，自己苦口婆心地反复要臣下直言民间利病，但外地官员来朝时还是大都说好听的，例如五谷丰登呀、闾阎乐业呀，等等。刚听到这类话不久，就又听到山西的老百姓有吃树皮草根的。徐州遭受水灾，老百姓有卖子女以求活者。为此，明成祖立下一条规矩，凡是官员言民情的话，通政司官员都要记下来，如果他所辖境内有灾伤饥馑，自己不报，被别人报了上来，对这人要以隐欺之罪加以惩处。

有一年，河南遭受了水灾，地方官匿而不报，反而说是个丰收年。明成祖遣人巡视，发现有不少老百姓在吃草种子，甚至有人已被饿死。明成祖立命对这些地方官严加惩治，并为此榜谕天下："自今民间水旱灾伤不以闻者，必罪不宥。"③

---

① 余继登：《典故纪闻》卷七。
② 《太宗实录》卷八十二。
③ 余继登：《典故纪闻》卷七。

在明成祖的提倡和鼓励下，一些臣僚比较大胆地直言民间疾苦。对此，明成祖都及时予以处理。例如，他听说徐州因水灾有人卖了子女，一时颇为动容，立命开仓赈灾，凡是卖子女者，由官府代为赎回。有一次，京师闹瘟疫，有很多人染病，但缺少治这种病的药品。明成祖闻知后，马上将宫中贮存的这类药品发放给群众，并命太医院加紧赶制这类药物。

山西安邑的老百姓有些逃徙他乡，而税粮却要由未逃徙的农户陪纳。明成祖闻报后，认为这是一个很大的弊端，这等于逼着那些没逃徙的人也逃徙掉，征收的税粮也只能是越来越少。于是，他马上传谕各地，禁止这类陪纳，并要尽力招抚他们复业。温州的老百姓每年轮流往京师运白矾，隔山阻水，负运艰难。明成祖问工部臣，运白矾干什么用，说是染色布。明成祖显得很惊讶："只是为了染白布，竟劳民于数千里之外！"立即罢免了这种扰民之征。①这样，一些扰民的弊政就及时得到了纠正。

二、赈灾治水

中国地域辽阔，人口众多，尽管明成祖孜孜以求，希望"斯民小康"，但实际情况却是灾荒不断，人民流离失所的现象时有发生。使灾民及时得到赈济，这也是使大明江山得以稳固的重要因素，因而明成祖对此十分重视。

他一再申谕各地方官，凡发生水、旱、蝗虫等灾荒，必须及时上报，否则要予严惩。就在明成祖即位的当年十月，山东青州诸地发生了蝗灾，明成祖马上命户部给钞 20 万锭，赈济灾民近 4 万户，并下令免除这些灾民的徭役。②

① 余继登：《典故纪闻》卷七。
② 《太宗实录》卷十三。

地方上发生灾荒后,先上奏,得到敕谕后再赈济灾民,往来耽误时日。有时灾害来得很猛,例如发大水,就不能再按常规奏报,否则会带来很大的损失。为此,明成祖申谕各地,遇到这种严重的灾害,允许地方官先赈济,后奏报。因此,永乐年间虽然不断地出现灾荒,但大都及时得到赈济,没有因灾荒而酿成全国的动乱。

洪武时就在各地建了一些所谓"预备仓",由官府出钱,在丰收年储存一些粮食,以备灾年赈济饥民。永乐时进一步完善了这种制度,如遇灾荒急迫,由地方官验实后即开仓赈济,而后奏闻。如果遇到很重的灾荒,明成祖即派朝中大臣亲往赈济。例如,明成祖的第一号功臣姚广孝就曾担当这种角色。永乐初年苏、淞发大水,灾情严重。姚广孝是长洲(今苏州市)人,明成祖便让他回故籍赈灾。临行时,明成祖对他说:"不可为国惜费,盖散财得民,仁者之政。"①姚广孝除了用官府的钱粮赈济灾民外,还把明成祖赐给自己的钱物分送给宗族乡人。《明史》上说他尽管行此善事,但他的姐姐和旧友王宾都不接待他,可能是出于正统思想,对他帮助明成祖夺取皇位不满。②

永乐十八年(1420)十一月,明成祖决定迁都,命皇太子赴北京。皇太子路过邹县时,看到许多男女老少提着篮子,在路边拾草种子。皇太子下马问这些老百姓,拾草种子干什么用,老百姓说:"岁荒,以为食。"皇太子很难过,便跟着到他们家里去看,"男女皆衣百结,不掩体,灶釜倾仆不治"。皇太子十分感慨,立命随从中官送给他们一些钱钞,并把自己备用的一些食物分发给他们。山东布政使石执中来迎,皇太子责备他说:"民穷至此,亦动念否?"石执中说,凡受灾之处,已经上奏,请停征今年秋税。皇太子颇动

①　余继登:《典故纪闻》卷六。
②　《明史》卷一百四十五,《姚广孝传》。

情地说:"民饿且死,尚及征税耶?"遂命他马上查明饥民口数,速发官粮赈济,此事由自己亲自上奏。皇太子于十二月到北京,马上将此事报告给明成祖,大受夸奖。明成祖还说道:"昔范仲淹之子,犹能举麦舟济其父之故旧,况百姓吾赤子乎?"①

要使老百姓生活安定,赈济只是临时的补救措施,最主要的是发展生产。兴修水利是发展农业的关键一环,即让农民旱季能浇上水,涝时能排水。为此,明成祖在即位之初就申谕各级官员:"每岁春初及农隙之时,敕郡县浚河渠,修筑圩岸坡池。"②即要各地在农闲时兴修水利。明成祖还沿袭了他父皇朱元璋的做法,免征南方一些地方农民的秋赋,让他们在十月至十二月去修水利工程,称作"均工夫"。这样,在洪武年间兴修水利的基础上,永乐年间的水利工程更加完备,规模也更大。其中,最为人们所经常提及的大概就是苏淞水利工程了。

当时,江南苏淞一带接连几年发大水,江河泛滥,一片汪洋,给农民的生产和生活造成极大的破坏。这里是明王朝的粮仓,税粮的主要征收地,这里接连几年的大洪水给明王朝的财政带来重大的损失。当地官员千方百计地治理,总不见效,明成祖遂于永乐元年(1403)命夏原吉亲往治理。

夏原吉当时是户部尚书,于四月离京前往,两个月后,明成祖又命户部侍郎李文郁前去协助,接着又命佥都御史俞士吉送给夏原吉一些水利方面的书籍。夏原吉见明成祖对这次治水如此重视,自己也格外尽心。他首先考察了水情大势,遂后将自己的治水计划报告给明成祖。夏原吉建议,开浚吴淞江下流,上接太湖,再"度地设闸,以时蓄泄"。明成祖同意了他的建议。于是,征用民

---

① 《太宗实录》卷一百十八。
② 余继登:《典故纪闻》卷七。

工 10 万人,夏原吉穿着粗布衣服,徒步往来于工地,日夜经画,虽盛夏也不张伞。有人劝他,他却说:"民工如此劳苦,我怎么忍心独享安逸!"民工们对此颇为感动。这项工程结束后,夏原吉回到京师,向明成祖奏道:"水虽由故道入海,而支流未尽疏泄,非经久计。"于是,夏原吉于第二年正月再次前往,督领民工浚通了白茆塘、刘家河、大黄浦等支流河道。工程于九月完工,洪水畅泄无阻。于是,"苏、淞农田大利。"夏原吉治水功绩卓著,受到明成祖的嘉赏。姚广孝也盛赞夏原吉说:"古之遗爱也。"①

三、重丰收不重奇巧

永乐年间国势强盛,各地不断地争献祥瑞,即显示天下太平的吉祥之物。例如白兔、白象、嘉禾,某处降了甘露,多年不开花的树也开起花来,等等。永乐元年(1403)九月顺天府献嘉禾,即特别大或特别奇异的庄稼,这是丰收的象征,明成祖命献于宗庙。② 永乐四年(1406)十一月,甘露降孝陵,且有醴泉涌出,这是天下太平的吉祥之兆,明成祖则说这是诸臣尽心辅佐所致。③ 永乐十九年(1421)八月,河间进献白兔,这在中国古代极其少见,致使不少大臣赋诗歌颂。④ 在各种各样的所谓"祥瑞"当中,明成祖最重视的是嘉禾、瑞麦等物,因为这预示着丰收,老百姓可以吃饱饭,他这位皇帝老子也可以安心了。臣下也摸透了明成祖的这种脾性,所以便争献这类东西。例如永乐四年(1406)四月,南阳献瑞麦,明成祖对礼部臣说:"比郡县屡奏祥瑞,独此为丰年之兆。"遂命献于宗

---

① 《明史》卷一百四十九,《夏原吉传》。
② 《太宗实录》卷二十二。
③ 《太宗实录》卷四十七。
④ 《太宗实录》卷一百二十一。

庙。① 从《明实录》中可以看出,永乐年间献嘉禾之事时有所见。例如,永乐十年(1412)七月,浙江献嘉禾164本;永乐十三年(1415)八月,广西永宁献嘉禾54本。对此,明成祖都显得很高兴。有时他怀疑当地是否真的丰收,还派人前去查验一番。

对那些献上来的奇巧之物,明成祖则是另一种态度,看得很轻淡,甚至根本没有高兴的意思,有的则拒绝接受。例如,永乐十一年(1413)五月,曹县献驳虞,在今天看来就是畸形牲畜;外国贡使两次献来麒麟,即今天的长颈鹿,礼部尚书吕震请贺,明成祖却说:"天下治安,无麒麟何害?"②永乐六年(1408)三月,有人以桧树、柏树开花为瑞,上表致贺,受到明成祖的斥责。永乐四年(1406),中亚的一个小国贡来玉碗一个,明成祖拒不接受。在他看来,国富民丰,老百姓生活安定才是最重要的,这些奇巧之物与太平无关,不足为意。

明成祖的做法确实收到了明显的效果,永乐年间一度呈现出富庶的景象。当时,全国人口一般维持在五千一二百万口上下,每年征收上来的税粮三千一二百万石,每年比洪武年间多征300万石左右。因此,史书上经常可以看到永乐时"赋入盈羡"的记载。永乐二年(1404),广西桂林的地方官报告说,仓中储粮过多,有些已经腐烂。永乐六年(1408)陕西也有此类的报告。永乐十年(1412)五月,四川按察司副使周南奏言,在重庆府所属的涪州和长寿县,"见积仓粮五万余石,每岁所发不过五百石,约可支百年。"③这的确是令明成祖振奋的好消息。《明史·食货志》描述永乐时的景况说:"计是时,宇内富庶,赋入盈羡,米粟自输京师数

---

① 《明史》卷六,《成祖本纪二》。
② 《明史》卷一百五十一,《吕震传》。
③ 《太宗实录》卷八十三。

472

百万石外,府县仓廪蓄积甚丰,至红腐不可食。"这似乎真有点"小康"景象了。这景象使明成祖陶醉,也刺激了他的雄心。他逐渐变得不那么珍惜民力了,而是南征北讨,大工迭兴,致使被这景象掩盖的社会矛盾日益激化。

第四节　唐赛儿起义

正当明成祖为自己的文治武功沾沾自喜的时候,山东青州爆发了著名的唐赛儿起义。这给诸臣歌舞升平的合奏乐加上了一个不和谐的音符。这看来好像很突然,但实际上是各种社会矛盾激化的必然结果。

一、劳民过甚

明成祖在即位的最初几年还比较节制,尽量与民休息,但社会经济得到恢复并有所发展以后,他那些好大喜功的念头便开始付诸行动。"普天之下,莫非王土;率土之滨,莫非王臣。"整个国家似乎就是封建帝王的私有财产,他可以动用全国的力量去实现和满足自己的欲望,无论这欲望是为公还是为私,都名正言顺。尤其是明成祖还有块心病,即背着一个"篡逆"的恶名,所以他要尽力表现得比其他的帝王更杰出,以显示自己乃天命之所归。于是,他积极经营边疆,动用 80 万大军下安南,郡县其地;他亲自五征漠北,加上丘福那次全军覆没的远征,实有 6 次,耗费惊人。他营建和迁都北京,浚通大运河,派郑和大规模出使西洋,修建长陵、武当山宫观、大报恩寺等等,动辄数十万人,时间长、规模大,人力和物力的耗费都是十分巨大的。这么多、又这么大的工程,在一个帝王在位的不长的时间内完成,在中国历史上是仅见的。很显然,这就使全国老百姓的负担显得十分沉重。

随着一笔又一笔数量惊人的开支,永乐初年那种"国用不绌"的局面便悄然失去,而变得府库空虚。不管采取什么方法和途径,这一笔又一笔巨大的开支归根结底要落在劳动人民的头上。这样,社会矛盾就不可避免地时有激化。在唐赛儿起义以前和以后,永乐年间的小型农民起义时有发生。

为营建北京宫殿,分遣大臣赴各地采大木。吏部侍郎师逵赴湖南等地,"以十万人入山辟道路……颇严苛,民不堪,多从李法良为乱。"①起义烽火一度燃烧到江西。这次起义于永乐七年(1409)九月被镇压,李法良被杀。永乐十六年(1418),在北京附近的昌平爆发了以刘化为首的小型农民起义。同一年,潞州农民发生暴动,兵部主张发大军剿捕,按察使郑辰说"民苦徭役而已",自请前去招抚,事情得以平息。永乐十年(1412),在嘉兴发生了以倪弘三为首的小型农民起义;永乐十八年(1420)底,在曲靖发生了以杨得春为首的起义;永乐二十二年(1424)春天,在湖州发生了以吴贵归为首的起义。仅此数例就可看出,永乐年间的农民起义并不是什么稀奇事,其共同原因就是赋税徭役过重。因此,发生唐赛儿这次较大规模的起义也就不足为奇了。

二、唐赛儿起事青州

唐赛儿是蒲台县农民林三的妻子,用白莲教宣传和组织群众,自称"佛母",诡言能知前后因果成败之事,还说能剪纸人纸马为自己打仗。这在迷信观念盛行的古代是常见的事。她以益都(今山东青州市)为根据地,并在附近的诸城、安丘、莒县、即墨等地发动群众,信徒越来越多。永乐十八年(1420)三月,起义爆发,起义军迅速夺占了益都的卸石棚寨。青州卫指挥高凤率军镇压,被起

① 《明史》卷一百五十,《师逵传》。

义军击溃,高凤也被杀死。初战告捷,起义军声势迅速高涨,"细民翕然从之",队伍很快发展到数万人。这时,唐赛儿的部下董彦升、宾鸿乘胜攻占了莒县和即墨,并围攻安丘。山东的地方官惊慌失措,慌忙奏报明成祖。明成祖立命安远侯柳升率京军前往镇压,将卸石棚寨围得水泄不通。唐赛儿于夜间突围,杀死了都指挥刘忠,从而打破了明军的这次围攻。这时,明成祖又紧急调来在山东沿海备倭的卫青率骑兵夹击,起义军在安丘战败。起义军首领刘俊、王宣等被俘牺牲,还有4000多起义军被俘,也全被杀掉。但是,在人民群众的掩护下,唐赛儿和董彦升、宾鸿等主要起义军领袖则逃得不知踪影。

捉不到唐赛儿,这使明成祖十分着急。他怀疑唐赛儿"削发为尼,或混处女道士中",遂下令,将北京、山东境内的尼姑和道姑全部逮至京师,"先后几万人",弄得人心惶惶,但始终未能捉到唐赛儿。①

唐赛儿起义虽最后遭到失败,但它却有力地打击了明王朝的统治,为明成祖"斯民小康"的图景画了一个大大的问号。

---

① 谷应泰:《明史纪事本末》卷二十三,《平山东盗》。

第十三章 家庭生活和立储之争

人们很难想像,像明成祖这样一个叱咤风云的帝王,手中有无限的权力,几乎无所不能,但家庭生活却令他时生烦恼,有时甚至使他手足无措,痛苦不已。尤其是在立太子的问题上,他长期犹豫不决,几乎演化出一场像靖难之役那样的内乱。真是"各家都有一本难念的经",连英雄盖世的封建帝王竟然也不能幸免。

第一节 家 庭 生 活

徐皇后是明成祖的好内助,但她死得较早,此后的后宫便颇不安静。明成祖晚年多病,也渐渐重视起养生之道来。他晚年连续三次亲征,是拖着一个多病之躯在漠北大草原上驰骋。这与他后宫生活不幸福不无关系,以至于死在北征的途中。

一、娶徐达女为妻

洪武九年(1376),朱元璋册封中山王徐达的长女为燕王妃,这时的燕王才17岁。燕王称帝后,她就被册封为皇后。在他们婚后的30余年间,徐后一直是明成祖的贤内助。

人们在史书上经常看到,明皇室例不得与勋臣家通婚,这是指宣德以后的事。在此以前,尤其是洪武年间,明皇室与勋臣家通婚并不违禁,而是很普通。例如,朱元璋的长子朱标即娶开平王常遇春之女为妻,秦王朱樉娶宁河王邓愈之女为妻,鲁王朱檀娶的是信国公汤和之女,代王朱桂和安王朱楹娶的都是中山王徐达之女,也就是徐皇后的妹妹。朱元璋的公主也大都嫁到勋臣家。例如,韩国公李善长的儿子李祺,颍国公傅友德的儿子傅忠,娶的都是朱元璋的公主。在这种背景下,明成祖娶中山王徐达的女儿也就不足为奇了。

徐皇后是徐达的长女,自幼贞静好读书,人称"女诸生"。朱元璋听说徐达有个贤淑的女儿,便对徐达说:"闻古之君臣相契者,率为婚姻。朕第四子气质不凡,知卿有令女,能以配焉。佳儿佳妇,足以慰吾两翁。"①徐达自然不能不允。徐皇后自洪武九年(1376)被册封为燕王妃以后,协助明成祖夺天下,守天下,不仅在家庭生活中给明成祖以温暖和幸福,而且在事业上也给他以很大的支持。

靖难兵起后,明成祖朱棣经常在外征战,由世子朱高炽居守北平。有关战守之事,世子大都要秉命于徐皇后。她也不愧是个将门之女,措置多得其宜。当李景隆率大军包围北平时,明成祖率主力在外,城中兵少,且老弱居多,形势非常危急。徐皇后率领将校之妻,登城助守,激励将士,终于转危为安,北平得安然无恙。

明成祖即位后,徐皇后也有许多好的建言。例如,她对明成祖说,连年战争,兵民都很疲敝,宜与民休息。又言贤才难得,使用应不分新旧。这些建议都对明成祖产生了好的影响。在靖难之役期间,她的弟弟徐增寿经常暗中通报朝廷消息,被建文帝杀掉。明成祖要对徐增寿赠爵,徐皇后力言不可,但明成祖还是赠爵定国公,并让徐增寿之子徐景昌袭封。徐皇后则说这不是自己的心意,也不表示感谢。

有一天徐皇后问明成祖:"哪些人在帮着你治理天下?"明成

---

① 《太宗实录》卷五十一。

祖说:"六卿理政务,翰林职论思。"于是,徐皇后请将这些大臣的命妇召来,在坤宁宫赐宴。徐皇后对这些命妇们说,妻子事夫,不能只是管他们的吃饭和穿衣,还要有所助益。"朋友之言,有从有违;夫妇之言,婉顺易入。吾旦夕侍上,惟以生民为念,汝曹勉之。"①徐皇后还作《内训》20篇,又采古人嘉言善行,作《劝善书》,除颁赐宫中和诸命妇外,还颁行天下。

徐皇后于永乐五年(1407)七月病死。临死前,她还劝明成祖爱惜百姓,广求贤才,不要骄纵外家。她又把皇太子叫到床前,叮嘱他不要忘了那些拿起枪保卫北平的将校之妻。徐皇后死后,明成祖十分悲痛,为她举行了隆重的葬礼,后安葬于长陵。

二、并不安静的后宫

据一些野史笔记载,徐皇后死后,明成祖打算续娶徐皇后的妹妹徐妙锦,但徐妙锦反对明成祖从建文帝手中夺取皇位,按今天的话说,就是政治上的反对派,因而坚决不同意嫁给他。明成祖还曾威胁说,不嫁给天子,还想找什么夫婿呢? 于是,徐妙锦便决定终生不嫁,而出家到南京聚宝门外的王姑庵。

明成祖也像他的父皇朱元璋那样,在皇后死后就没有再立皇后。宫中的事务一般由贵妃王氏主持。据一些史籍记载,王贵妃也颇有贤德,颇为明成祖所重。明成祖晚年多病,性情也变得越来越暴躁,王贵妃曲为调护,使不少大臣免受惩处,就连太子朱高炽也对她多有依赖。王贵妃于永乐十八年(1420)病死,明成祖很悲伤,从此以后处理事情多有乖谬,用刑也变得更为残酷。

永乐七年(1409)二月,明成祖册立河间王张玉的女儿"张氏为贵妃,权氏为贤妃,任氏为顺妃。命王氏为昭容,李氏为昭仪,吕

---

① 《明史》卷一百十三,《成祖仁孝徐皇后传》。

氏为婕妤,崔氏为美人"。其中,除了张氏和王氏以外,其余都是朝鲜人。① 当时,朝鲜和明王朝的关系十分密切,经常贡献一些女子充实后宫,有些人还颇受明成祖的喜爱。例如权氏就是一个天生丽质,又善吹玉箫,深得明成祖爱怜。权氏的父亲也被封为光禄卿。永乐八年(1410),明成祖第一次亲征漠北时,其他的嫔妃都留在宫中,只带权氏一人随行。不幸的是,权氏经不住长时间征战跋涉的辛劳,竟死在回师的途中,葬于山东的峄县(今枣庄市峄城区)。这又一次给明成祖带来很大的悲伤。

人们没有想到,因权氏之死,致使许多人受牵连被杀。当时,一个宫人挟私诬陷姓吕的宫女毒死了权氏。明成祖信以为真,一次就杀掉宫人和宦官数百人,这个姓吕的宫女自然在劫难逃。后来,宫人吕氏和鱼氏与宦官私通,明成祖渐有所闻。吕氏和鱼氏闻知后畏罪自杀,但明成祖还不肯罢休。经严刑逼供,吕氏的侍婢诬服了,承认有"欲行弑逆"的恶念。这一来事情就大了,受牵连被杀的达2800人之多。在处死这些宫人时,明成祖还亲临刑场。有的宫人比较刚烈,且自知不免一死,在临刑时大骂明成祖:"自家阳衰,故私年少寺人,何咎之有!"②当时的宫人有许多来自朝鲜,所以在《李朝实录》中保留了一些这类材料。明成祖晚年宫中生活不幸福,在这里可得到若干解释。他晚年身体多病,已影响到他的正常生理活动。尽管宫中嫔妃成群,但他的性能力已严重衰退,那些嫔妃无法得到正常人的生理满足,于是就酿成了这样的悲剧。明成祖也希望像他的父皇那样多妻多子,但已没有可能。他的子女都是在称帝以前生的,他称帝后就没有再生孩子。这对他这个封建帝王来说,不能不算是个很大的遗憾。

---

① 《太宗实录》卷六十一。
② 见吴晗:《朝鲜李朝实录中的中国史料》上编卷四。

吕氏和鱼氏这个案件发生以后,明成祖疑心大增,不时滥杀宫人。其实,宫女和宦官相好的事在明代很普通,他们形同夫妻,称为"对食",相互称对方为"菜户"。他们在一起厮混,只是为了获得一种心理上的满足,并不能过真正的夫妻生活。这一次因为吕氏和鱼氏是明成祖的妃子,所以惹得明成祖特别恼火。他还让画工把吕氏、鱼氏与宦官相搂抱的形态画出来,以警其余。鱼氏死后原葬于长陵旁边,明仁宗继位后将她的尸骨掘出,弃置到别的地方。

三、近于病态的晚年

据史书记载,明成祖在年轻时曾得过所谓瘕病,即腹中有硬块。经许多医生诊治,总不见效。后来,朱元璋命著名的御医戴思恭前去为他治疗。戴思恭先看了一下以前的药方,认为用的药都很对,怎么不见效呢?他问明成祖在吃饭方面有什么嗜好,回答说好吃生芹。这使戴思恭恍然大悟,遂投药一剂,明成祖夜里就拉下许多所谓"细蝗"。[①] 这在今天看来就是肠道寄生虫病。

明成祖即位后身体也经常不适,筋骨常感疲惫不支。宫中的御医差不多都为他诊治过,但都不见效。一个太监向他推荐名医盛寅,遂将盛寅召至便殿诊治。经诊脉后,盛寅说明成祖得的是风湿病。明成祖深以为是,还说了一通南征北战、为风寒所侵的话。经服药效果甚好,盛寅也因此而被授为御医。[②]

明成祖年轻时对一些小病不大在意,或者说在戎马倥偬之际,也不允许他过多的注意。随着年龄的增大,原来隐藏的一些小病便渐渐冒了出来,不断地折磨他。再加上宫廷中优越的条件,他也渐渐地重视起养生之道来。起初,他反对各种神仙家的方术,认为

---

①② 《明史》卷二百九十九,《戴思恭传》,《盛寅传》。

世界上没有长生不死之人,那些佞佛求寿之类的举动,实属愚蠢之极。人只要清心寡欲,疾病自然会减少。养好所谓"正气",各种"邪气"自然就难以侵入。这种主张也很受御医们的支持,认为以固本为要,求治不可太急,太急则伤其本。

在得过几场大病以后,明成祖的身体明显变衰,他对神仙家的态度也发生了变化。这甚至影响到他晚年的性情。据记载,有一次礼部郎中周讷从福建回来,说福建人祭祀南唐的徐知谔和徐知诲,非常灵验。明成祖遂命周讷前往,迎二徐的像和庙祝来北京,并在北京专门修建了灵济宫,以祭祀二徐。明成祖每逢有病,便派人前去灵济宫问神。掌管庙中香火的庙祝谎称将仙方献上。因药性多热,服后痰塞,气也不顺,明成祖也变得脾气暴躁,以至于失音。在这时,一件小事就会引起明成祖一阵暴怒。大臣们都很担心,但又不敢直言相劝。有一天袁忠彻入侍,对明成祖说,这些症状"实灵济宫符药所致"。明成祖立时大怒道:"仙药不服,服凡药耶?"袁忠彻跪下哭泣,两个内侍也跟着哭起来。这一哭,明成祖更加恼怒,立命将两个内侍拉出去打了一顿棍子,并说:"忠彻哭我,我遂死耶?"袁忠彻十分害怕,跪着移至台阶下,过了好大一阵,明成祖的怒气才消了下来。[①] 在明成祖还是燕王时,袁忠彻就和他的父亲袁珙效劳于燕王府中,并对起兵之事多有贡献,故与明成祖相知甚厚,因而敢进直言。明成祖这次虽然震怒,但也未惩治他。

自永乐十五年(1417)在北京建了灵济宫以后,不断有方士献上丹药之类。明成祖有的接受,有的不接受。以今天的眼光看来,这种方法对养生弊多利少。各种迹象表明,这位皇帝晚年的身体已很不好,并在一定程度上影响到他的性情。

---

① 《明史》卷二百九十九,《袁忠彻传》。

第二节　为夺储兄弟阋墙

明成祖有3个儿子:长子高炽,即后来的仁宗;次子高煦,即后来的汉王;三子高燧,即后来的赵王。他本来还有个叫高爔的儿子,很小就死了。他有5个女儿,都嫁给了功臣之子。明成祖不像他的父皇朱元璋那样多妻多子,但这3个儿子为夺储明争暗斗,给明成祖增添了许多烦恼。在封建时代,皇帝的家事和国事是没法分的,所以他们的斗争又严重地影响到国家的政事。

一、倾陷世子

洪武二十八年(1395),明太祖朱元璋册封高炽为燕世子,实际上就是燕王朱棣的正统继承人。其他两个儿子只能当郡王,身分就低得多了。高炽性情温和,端庄沉静,又喜欢读书,经常和儒臣满怀兴致地说古论今,受儒家思想影响较深。明太祖曾让他和秦、晋、周三王世子分头检阅军士,他回来得最晚。问他是什么原因,他回答说:"早晨特别冷,我等到军士吃过早饭才检阅,所以回来得晚了。"明太祖又让他们分头批阅章奏,高炽只拿一些关系到军民利弊的事上奏,至于一些文字谬误之类,都未予理睬。明太祖问他是不是忽略了,他回答说:"不敢忽,顾小过不敢渎天听。"明太祖又问他:"尧、汤时水旱,百姓奚恃?"他回答得很好:"恃圣人有恤民之政。"①朱元璋听了以后很高兴。

高煦则完全属于另一种类型。他不喜欢读书,只喜欢玩枪弄棍。他性情凶悍,行为轻浮,带有十足的无赖气。他的舅父徐辉祖看他行为不端,随时都可能惹祸,就在私下教训了他一通。但他转

---

① 《明史》卷八,《仁宗本纪》。

脸就旧病复发,并偷了徐辉祖的一匹好马,不辞而别。在回北平的途中,他擅自杀人,在涿州还擅自击杀了一个驿丞。为此,建文帝的一些大臣还责怪明成祖,说高煦受了他的骄纵和怂恿,才敢于那样胡作非为,成了明成祖的一条罪状。

在靖难之役中,高炽一直留守北平,高煦则一直跟着明成祖南征北讨。他悍勇敢斗,常为先锋。明成祖数次陷于险境,但由于高煦奋勇接应,才转危为安。要论在战场上的功劳,高煦为多。也正因如此,明成祖觉得高煦与自己最相类,很欣赏他,高煦则自恃功高,变得越来越骄横,夺嫡的欲望也越来越强烈。高煦和高燧相勾结,千方百计地倾陷高炽。当时,太监黄俨暗中与高煦相勾结,不时散播诋毁世子的谣言,时时向高煦报告世子在北平的一举一动。这种倾陷世子的斗争建文帝也知道了,所以才有方孝孺遗书世子进行离间的事。由于高炽马上派人将来书送至明成祖军前,离间计没有成功。但此事清楚表明,高煦和高燧倾陷世子的斗争已在或明或暗地进行。由于靖难之役还在激烈地进行,这种斗争还没有完全公开化。当明成祖即位以后,要摘桃子了,为争立太子,这种斗争就更加激化了。

二、立储之争

太子又称储君,立太子又称立国本。太子是皇帝的法定继承人,关系到国家的长治久安,所以新皇帝一即位,只要身后有儿子,一般都要马上册立太子,以免在这个问题上引起猜疑,影响王朝的安定。明成祖即位以后,在立太子的问题上一直犹豫不决。本来,高炽早已是世子,将他立为太子是顺理成章的事,但此事却一连拖了近两年的时间。在此期间,争立太子的斗争也就越来越激烈了。

明成祖之所以迟迟未立高炽为太子,主要有两方面的原因。一是高炽有儒雅之风,体态又较肥硕,不如高煦那样英武。二是在靖难之役的过程中,高煦出生入死,多有战功。明成祖或明或暗地流露过,高炽多病,事成后将立高煦为太子。现在他真的当皇帝了,又找不到高炽明显的过错,废高炽而立高煦又显得过于唐突,且与封建宗法制度不合,所以他就只有往后拖。

当时,朝中大臣为建储事议论纷纷。淇国公丘福是靖难功臣,久临战阵,与高煦气味相投,且一起征战多年,所以极力支持高煦,一再建议明成祖立高煦为太子。另外,像驸马王宁也与高煦友善,也卖力地支持高煦。明成祖也知道高煦在争当太子,所以在即位后一度让他到开平守边。

一些大臣担心在建储的问题上将引起一场内争,尤其是看不惯高煦的凶悍,所以大多数人都支持高炽,希望早定储位,消除乱萌。永乐元年(1403)一月,群臣上表,请立皇太子。明成祖不允,只敷衍道:"今长子属当进学之时,俟其知识益充,道德益进,克膺付畀,议之未晚。"①

两个月后,文武百官再次上表请立太子,明成祖又说了一通"宜预成其学问"之类的话,未允所请。这就更增加了臣下的疑虑,有人觉得周王是明成祖的同母弟,便请周王亲自出面。周王也支持高炽,所以就于永乐元年(1403)四月亲自上书,请立皇太子。明成祖在给周王的赐书中说:

> 储贰之建,所以定国本,系人心,其任甚不轻也。……长子虽有仁厚之资,而智识未完,行业未广。方咨求贤达,与之偕处,冀以涵养其德性,增益其学问,使日就月将,底于有成,而后正名未为晚也。②

明成祖再一次拒绝了立太子的请求。在这里也可以看出他的难言

---

① 《太宗实录》卷十六。
② 《太宗实录》卷十八。

之苦:高炽是世子,自己不愿意将他正名为太子,却又难以废掉他。朝臣又大都心向高炽,要废掉高炽而立高煦也不是件容易的事。但是,明成祖一直拖着不立太子,这本身就是一种信号,表示他对高炽不满意,另有打算。这也就助长了高煦夺嫡的邪念,这使许多大臣颇为忧虑,不少人实际上卷入了这场暗中进行的斗争。其中,有几个人还起了颇为关键的作用。

兵部尚书金忠原是个卖卜之人,受袁珙推荐,受知于明成祖。每有疑难,明成祖就让他帮着拿主意,屡有效验,因而深受信任。明成祖即位南京,接着就让世子高炽去守北平,金忠也受命前往赞助。明成祖在立太子的问题上又遇上了难题,便征求金忠的意见。金忠支持高炽,极言立高煦不可,并"在帝前历数古嫡孽事"。① 金忠是明成祖的心腹,他的话具有相当的分量。

明成祖还曾在私下征求解缙的意见。解缙说:"皇长子仁孝,天下归心。"明成祖听了后竟没有任何反应,这话显然不合他的初衷。于是,解缙接着又加上一句画龙点睛的话:"好圣孙!"这是指高炽的儿子朱瞻基,即后来的宣宗,平时深受明成祖的钟爱。这一句话果然灵,明成祖点头称是。② 这事后来不知怎么让高煦知道了,埋下了祸根。

一些野史对此也有不少记载。例如,被明成祖称作"恩张"的隆平侯张信也支持高炽。明成祖把准备立高煦的意思告诉他后,他义形于色地说道:"事干天常,岂易为耶?"这话大概是因为触到了明成祖的隐痛,致使明成祖顿时大怒,一下子砍伤了张信的牙齿。③

---

① 《明史》卷一百五十,《金忠传》。
② 《明史》卷一百四十七,《解缙传》。
③ 陈沂:《畜德录》。

据说明成祖曾经让诸臣为一幅《虎彪图》题诗。画中有一只大虎和几只小虎,解缙借机发挥,诗中咏道:

虎为百兽尊,谁敢触其怒?

惟有父子情,一步一回顾。①

这使明成祖大受感动,对他决定立高炽为太子产生了不小的影响。

最后起决定作用的可能是袁珙。他善相人术,言人祸福,无不奇中。明成祖决心起兵靖难,袁珙发挥了重要作用,深得明成祖的赏识。在立太子的问题上又遇到了难题,明成祖便让他对高炽相面,他说是天子之相。又让他相高炽的儿子朱瞻基,他说是"万岁天子"。明成祖有迷信心理,信天命,于是"储位乃定"。② 宫中事秘,后人难以了然。肯定还会有一些人在这件事上发挥了作用,只是后人不知罢了。但不管怎样,明成祖经过两年的犹豫,最后终于决定立高炽为太子。

永乐二年(1404)四月四日,明成祖正式册立高炽为皇太子,礼仪十分隆重而繁琐,无需赘述。值得一提的是,明成祖在册立的诏敕中说:"学勿至迂,明勿至察,严勿至猛,宽勿至纵。"③颇有哲理色彩,也合于传统的中庸之道。

与此同时,高煦被封为汉王,高燧被封为赵王。斗争虽告了一个段落,但二王并不甘心,夺嫡的斗争仍在继续。

第三节 倾太子明争暗斗

高炽虽然被立为太子,但日子仍然不好过。两个弟弟都有一

---

① 陈沂:《畜德录》。

② 《明史》卷二百九十九,《袁珙传》。

③ 《太宗实录》卷二十八。

帮势力,都时时刻刻在觊觎着这个未来的皇位。封建时代皇位的尊贵实在太诱人了,以致父子之间、兄弟之间骨肉相残,在历史上演出一幕又一幕这类的惨剧。即使像明成祖这样雄才大略的皇帝,也不能阻止这种惨剧在他自家的后院上演。

一、太子处境艰难

高炽身体比较肥硕,除了守城以外,从未上过战场。他不像高煦那样英武雄迈。在靖难之役中,高煦随明成祖南北转战,多有战功。明成祖也认为高煦更像自己,所以在即位前就说过,世子(高炽)多病,以后将立高煦为太子。但是,迫于众臣之议,又找不出高炽有大的过失,且高炽是明太祖所立的燕世子,自己不愿招怨天下,故不那么情愿地册立高炽做了太子。明成祖的这种态度是太子处境艰难的最主要的原因。

明成祖在册立高炽为太子的同时,又命丘福为太子太师,位在少师朱能之上。丘福和高煦特别友善,一直主张立高煦为太子。这时却让丘福当太子的太师,无疑有监视之意。高炽很清楚这一点,所以他这个太子就不能不格外谨慎。不仅如此,到永乐六年(1408)十一月,明成祖又命丘福辅导皇太孙。这样,他们父子的一举一动都处在丘福的严密监视之下。

明成祖的这种态度也助长了高煦和高燧的气焰。他们一有机会就在明成祖跟前进谗言,使明成祖对太子的猜忌越来越深。明成祖在位22年,这种猜忌一直未能消除。仔细看一下永乐年间的史事就可以看出,明成祖直到晚年仍时时猜忌太子。例如,永乐十六年(1418)七月,"赞善梁潜、司谏周冕以辅导皇太子有阙,皆下狱死。"①怎么"有阙"呢?《明实录》上记的较详。原来,皇太子在

---

① 《明史》卷七,《成祖本纪三》。

南京监国,有个姓陈的千户小官,因"害民取财"被皇太子谪戍交阯。皇太子转念一想,这个陈千户曾随父皇"靖难",有军功,于是就宽宥了他。有人就说陈千户不当宥,梁潜和周冕都知道此事,却未谏止,二人遂被逮,下狱致死。明眼人不难看出,皇太子既然负有监国之责,无论对陈千户谪戍还是宽宥,都算不了什么大事,更不应苛责两个辅导之人。这里表面上是在惩治两个辅导官,实际上是杀鸡给猴看,太子心里一清二楚。永乐二十年(1422)九月,礼部尚书吕震的女婿张鹤朝参失仪,被人劾奏,太子曲宥了他。此事被明成祖知道了,礼部尚书吕震和吏部尚书蹇义都以在侧不言,被逮系狱中。真是"成祖何苛责于东宫哉"![1]

太子在南京监国,明成祖常居北京行在,高煦时进谗言,明成祖自不免时生疑虑。胡濙是明成祖的心腹大臣,除暗中察访建文帝以外,还曾受命到南京监察太子。他经过一段明察暗访,向明成祖密疏奏太子7事,极言太子"诚敏孝谨",没有他意,这才在一定程度上消除了明成祖的疑虑。[2]

皇太子在南京监国,手中并没有实权,主要从事一些祭祀活动,再就是处理一些日常小事。臣下的章奏,一般都要送北京行在,听明成祖处置后再施行。即使处理一些琐事,也要记录在案,等他的父皇回京后复查,看处理是否妥当。皇太子处理事情不能用宝玺,而只能用"皇太子宝"。尽管皇太子事事谨慎,但仍免不了时不时地受训斥。例如,永乐七年(1409)三月,明成祖申谕太子,不得对臣下治罪,不得授官。太子有监国之名,但权力却极其有限。

有一次,明成祖从北京行在回到京师,为高煦谗言所中,遂张

① 黄云眉:《明史考证》,"卷七考证"。
② 《明史》卷一百六十九,《胡濙传》。

榜午门,凡是皇太子处置的事情一律废止,不得实行。皇太子十分害怕,又不知该怎么解释,遂忧虑成疾,卧床不起。请医生诊治,也总不见效。明成祖命蹇义和袁忠彻等人前往探视。袁忠彻精于相术,深受明成祖信任,他回来后说,皇太子"面色青蓝",属惊忧之相,收起午门的榜就可以治好他的病。明成祖遂命将午门的榜文揭去,太子的病便果然好了。①

二、倾太子密锣紧鼓

在明成祖的三个儿子当中,高煦的战功最多,而高燧最受喜爱。从他们的长兄被立为燕世子起,他们二人就联手倾陷高炽。但高炽终于被立为皇太子,他们二人就更加密锣紧鼓地展开夺嫡活动。

高煦身材高大,勇武善骑射,尤其是两腋长有数片像龙鳞一样的痣,术士说他有帝王之相,这就更加助长了他的野心。他对皇太子不仅在暗中排陷,甚至在公开场合也多有不恭。有一次,明成祖命他和皇太子一起去谒祭孝陵。太子肥胖,且有足疾,由两个宦官搀扶着他往前走,还不时失足跌倒。高煦在后边机带双敲地说:"前人蹉跌,后人知警。"这时,皇太子的长子朱瞻基跟在后边,接着答了一句一语双关的话:"更有后人知警也。"高煦猛然回头,见朱瞻基表情严肃,颇为吃惊。②

高煦知道,高炽既然已被册立为太子,就很难一下子把他废掉。因此,一方面通过心腹侦伺太子的一举一动,一有机会就向他的父皇进谗言,另一方面则极力排陷太子的近臣。例如,工部左侍郎陈寿协助太子在南京监国,被太子称为"侍郎中第一人"。高煦

---

① 《明史》卷二百九十九,《袁忠彻传》。
② 《明史》卷一百十八,《高煦传》。

便对他格外仇视,遂对他网罗罪名,将他下狱致死。① 马京也任左侍郎之职,"太子甚重之",因被高煦所谮,谪戍广西。吏部侍郎许思温也是太子的近臣,也被高煦构陷,下狱致死。②

高煦为了倾陷太子,一直不肯远离两京。当明成祖册立高炽为太子的同时,封高煦为汉王,让他就藩云南。但高煦不愿到那边远之地,向明成祖诉道:"我何罪,斥万里。"明成祖无奈,便让他随自己去北京行在。这时太子在南京监国,为了能随时侦伺太子的一举一动,高煦力请让他的儿子回南京。明成祖也答应了他。他又向明成祖讨得天策卫为护卫,平常以唐太宗自比。不久,他又向明成祖讨得两护卫。明代的一卫有5600人,这时高煦手下有三卫兵马,行为就更加骄横了。明成祖头两次亲征漠北,高煦都曾随行。他每天在明成祖身边,不时说些诽谤太子的话,许多大臣受到牵连,跟着遭殃。

永乐十三年(1415)五月,明成祖将高煦改封青州(今属山东),但高煦还是不肯去。以前是说云南太远,不去,现在改封近处,还不去,这才引起了明成祖的疑虑,将他训斥了一通,说这次不能再更改。但高煦仍以各种理由迁延岁月,不肯离开京师。他又私选各卫勇士,另外募兵3000人,不隶属兵部,骄横不法。兵马指挥徐野驴逮治了几个高煦的部下,高煦大怒,他亲去用铁爪挝将徐野驴打死。别人都不敢过问。

永乐十四年(1416),明成祖由北京行在回到京师。高煦向他百般请求,希望能留在南京。这时明成祖也隐隐约约听到一些高煦胡作非为的事,就询问吏部尚书蹇义,但蹇义不敢说。又问杨士奇,杨士奇回答得很策略:"臣与(蹇)义俱侍东宫(太子),外人无

---

① 《明史》卷一百五十,《陈寿传》、《马京、许思温传》。
② 《明史》卷一百五十,《陈寿传》、《马京、许思温传》。

敢为臣两人言汉王事者。然汉王两遣就藩,皆不肯行。今知陛下将徙都,辄请留守南京。惟陛下熟察其意。"①明成祖虽默然未语,但心里已大体清楚。几天以后,他掌握了高煦数十件不法之事,遂将高煦召来,严词切责,并命剥去他的冠服,囚禁于西华门内,还打算将其废为庶人。明成祖还杀掉高煦身边的几个不法之徒,削去高煦两护卫,第二年三月徙封乐安(今山东惠民),命即日起行。高煦这次未敢拖延,只得马上前往。

从此以后,高煦的行动受到许多限制,但他夺嫡的活动并未停止。他让儿子经常往来于两京,秘密侦伺朝廷中事,随时向他报告。他每时每刻都在等待时机,准备一逞。

第三子高燧最小,又聪明伶俐,所以最受明成祖的疼爱。他一开始就和高煦相勾结,一起排陷高炽。在高炽被立为皇太子的同时,他被封为赵王,居住北京。当明成祖不在北京时,就由赵王留守,各衙门政务都要启秉赵王而后行。赵王排陷太子不像汉王那样锋芒毕露,但一刻也没停息。永乐七年(1409),赵王干的一些不法之事有过一次暴露,惹得明成祖大怒,杀掉了赵王的长史顾晟,另选国子监司业赵亨道、董子庄为长史,以对赵王善加辅导。从此以后,明成祖不在北京时,就改由皇太孙朱瞻基留守。这件事对赵王高燧是个不小的教训,他排陷太子的活动就变得更隐蔽了,但也更阴险了。

永乐二十一年(1423),明成祖因身体不适,多日未上朝理事,诸事都交由太子处置。太子约束宦官较严厉,不许他们干预政事。宦官黄俨、江保本来就党附汉王和赵王,这时自然更遭疏远。于是,他们就和赵王暗中相结,极力散布诽谤太子的流言蜚语,说明成祖有意于赵王,将废掉太子。赵王密结护卫指挥孟贤,让他作好

---

① 《明史》卷一百四十八,《杨士奇传》。

准备,在关键时拥兵相助。钦天监官员王射成与孟贤素厚,他对孟贤说:"天象当易主。"于是,这一帮人就更加密锣紧鼓,企图一起拥立赵王。他们又连结兴州后屯卫军高以正,拟好了伪诏。他们阴谋让宦官杨庆在明成祖的药中卜毒,等毒死明成祖以后,就立即收起宫中符宝,逮捕诸文武大臣,颁布伪诏,废掉皇太子,立赵王为皇帝。高以正把此事告诉了姻家王瑜,王瑜是总旗官,他想拉王瑜为助。王瑜遂将此事密报明成祖,并献上伪诏。明成祖顿时大怒,立命逮捕了孟贤、高以正等人,全部处死。明成祖亲御右顺门讯问,他注视着高燧问道:"尔为之耶?"高燧吓得面如土色,战战兢兢,说不出话来。皇太子在一旁劝解,说这都是下人所为,高燧预先并不知道。① 这实际上是一次未得逞的宫廷政变。高燧虽未受严惩,但从此以后行为便大为收敛,不久还是被打发到了彰德。

三、众臣忧心,多人蒙难

明成祖三个儿子争夺皇位继承权的斗争,这本来是他们的家中事,但却牵动了整个朝廷。许多大臣为此感到忧心,因为它关系到国家大局的稳定,也关系到未来的皇帝是个什么样的人的问题,而这个人的贤明与否,又关系到王朝的兴衰。不少人因这事被关入狱中,有些人还为此掉了脑袋。

当时的大名士解缙就是这场斗争的牺牲品。高炽虽被册立为太子,但却经常不合明成祖的心意,而高煦却格外受宠。解缙便向明成祖谏道:"这等于鼓励他们兄弟之间相争,不可以这样做。"明成祖闻此颇震怒,认为这是离间他们的骨肉之情,从此便疏远了解缙。永乐四年(1406),明成祖赐给内阁学士黄淮等 5 人二品纱罗

---

① 沈德符:《万历野获编》卷四,《赵王监国》;《明史》卷一百十八,《高燧传》;《太宗实录》卷一百二十七。

衣,惟独不赐予解缙。高煦对解缙更是恨之入骨,便说他泄露禁中议立太子的话,故意激起明成祖的恼怒。不久,便以解缙在廷试时读卷不公为名,将其谪贬广西。解缙刚上路,又说他胸怀怨望,改谪交阯,命在化州督饷。永乐八年(1410)解缙入京奏事,恰逢明成祖北征,未见到明成祖,只谒见了皇太子,随后返回。高煦便说解缙私见太子,故意趁明成祖外出时进京,"无人臣礼"。明成祖遂命将解缙逮系诏狱,拷掠备至,后被埋在积雪中致死。①

大理寺右丞耿通也是一个这样的悲剧人物。他看到高煦夺嫡的活动越来越露骨,太子身边的臣僚不断有人得罪,太子有被更易的危险,便从容地向明成祖进谏:"太子事无大过误,可无更也。"明成祖对此很不高兴。不久,便借故将耿通处死。明成祖说,耿通"为东宫(太子)关说,坏祖法,离间我父子,不可恕,其置之极刑。"竟以奸党罪被磔死。②

永乐十二年(1414),明成祖亲征漠北,得胜回师。这次高煦随征,经常向明成祖说些诽谤太子的话。说的多了,明成祖难免不有所心动。回到京师后,便以皇太子迎驾迟缓为由,对皇太子痛加训斥,并将太子身边的一些大臣尽逮下狱,其中包括明初的名臣黄淮、杨溥等人。这一关押就是 10 年,只是当明成祖死了以后,高炽登上皇位,才立即将他们释放。当时还牵连到内阁学士杨士奇,明成祖问他有关太子的事,杨士奇说:"太子孝敬如初,凡所稽迟,皆臣等罪。"这样一说,明成祖的火气反而息了下来,未治杨士奇的罪。心里向着高煦的一些人则交章弹劾,谓不应单独宽宥杨士奇。于是,明成祖便又将杨士奇下到诏狱,但不久就放了出来。③

---

① 《明史》卷一百四十七,《解缙传》。
② 《明史》卷一百六十二,《耿通传》。
③ 《明史》卷一百四十八,《杨士奇传》。

明眼人不难看出,以迎驾迟缓对太子近臣大加治罪,其矛头显然是指向太子的,这个理由也过于牵强,简直有些"欲加之罪,何患无辞"的味道。皇太子行事谨慎小心,哪里敢不及时迎驾?他即使迎驾再及时,明成祖也可以说他迟缓。如果双方没有芥蒂,即使真的迎驾慢了一点,也算不上什么大不了的事。但在那种背景下,这却成了一个莫大的罪名,不仅太子的近臣被纷纷治罪,而且连皇太子本身也差一点被废掉。

当时,兵部尚书金忠也是太子的辅导官,和黄淮、杨士奇一起辅佐太子监国。当其他的人纷纷被逮系监狱时,金忠因是靖难勋臣而未被治罪。明成祖还密令金忠审察太子的所作所为。金忠说皇太子没什么过错,惹得明成祖大怒。金忠马上跪下叩头,脱下衣冠,流着泪向明成祖陈述,"愿连坐以保之"。金忠的话对明成祖产生了很大的影响。太子这次未被废掉,他的话起了很关键的作用。①

顾成也是一个很值得重视的人物。他随耿炳文北征时,被明成祖俘获。他性忠谨,博览书史,协助高炽防守北平,多有功劳。明成祖即位后,他不肯统兵,不受兵器,也不肯担任辅导太子之职。他推辞说:"太子仁明,廷臣皆贤,辅导之事非愚臣所及。"他知道高煦等人急于夺嫡,太子不自安,在回贵州前向太子告辞,趁机向太子说了几句语重心长的话:

　　　殿下但当竭诚孝敬,孜孜恤民,万事在天,小人不足措意。②

顾成虽未任辅导之职,但这段话是那么精辟,其辅导之效是其他人的长篇大论所远远不及的。一是孝敬,二是恤民,不去与那些小人

---

① 《明史》卷一百五十,《金忠传》。
② 《明史》卷一百四十四,《顾成传》。

斤斤计较。从后来高炽的各种表现来看,他也正是这样做的。这使他赢得了民心,赢得了支持,失败的最终还是高煦他们。即使从策略上来看,这也大大地高于其他人一筹。

皇太子高炽就是像顾成所说,心里明明知道汉王和赵王在排陷自己,但他却从来不在明成祖跟前说他们二人的坏话,恰恰相反,还经常为他们二人开脱,处处表现得宽厚仁义,有一种兄长之风。永乐三年(1405)十月,当赵王回北京时,身为太子的高炽亲自为他饯行。当汉王、赵王夺嫡的阴谋败露而受到明成祖的惩治时,太子还替他们说情,只说是下人所为,他们一定不知道。有人问他:"亦知有谗人乎?"他回答说:"不知也,吾知尽子职而已。"①这使他显得比汉王和赵王成熟。对此,明成祖也不会不有所了解,久而久之,也就渐渐得到了他的信任。

这场争夺皇位继承权的斗争终以高炽的胜利而告终。但高炽当皇帝不到一年就死了,他的儿子宣宗继位。高煦果然反叛,想步他的父皇明成祖的后尘,企图从侄儿手中夺取皇位。宣宗率兵亲征,俘获了高煦,将其罩在铜缸下烧死。赵王高燧主动献出了护卫,总算得以善终。

---

① 《明史》卷八,《仁宗本纪》。

第十四章　思想、才识和一生功过

明成祖才识高远,思想复杂,而且充满着矛盾。他身为天子,富有四海,但一生却躬行节俭。他不尚虚文,推行务实政治,干事雷厉风行,推动永乐朝进入明代的鼎盛时期。

第一节　思 想 和 信 仰

对于明成祖的思想和信仰,大体可以用下面 12 个字来概括:三教并存,儒学为主,重在利用。为了巩固封建专制政权,他需要儒佛道三教来帮助加强思想统治,其中最重要的是儒学,或称儒教。佛、道二教也不可缺少,但任其发展又会危害封建秩序,所以要不时加以限制。

一、政治思想

明成祖自称以儒学治天下,对诽谤儒家学说的人严惩不贷。永乐初年曾有人献《道经》,明成祖不仅未接受,反而将此人训斥了一通,自谓治国用的是儒家"五经"。儒家主张敬天法祖,施仁政,制礼乐,这在明成祖的政治思想中都有所体现。

(一)敬天命,法祖制。

孔子不言鬼神,但信天命。历代封建君主都把自己的皇位说成是天授,把自己打扮成上天在人间的代表,所以皇帝又称为"天子"。皇帝需要用天命来增加自己的神秘感,令天下臣民老老实实地服从统治。他自己也担心天命不佑,将自己抛弃。汉代的董仲舒提出"天人感应"一说,后世皇帝都笃信不疑。明成祖也不能摆脱这种观念的束缚,只是又增加了一些自己的解释。永乐七年(1409)二月,明成祖在去北京以前,敕谕皇太子监国,他交给皇太子一本自编的书——《圣学心法》,共4卷,分别叙述君道、臣道、父道、子道,实际上都是节录的古代圣贤治国格言。但卷首有洋洋6000余言的"序",可视为夫子自道。明成祖在"序"中阐发了敬天命的思想。如果敬,则可以受到天命的眷佑,不敬则会被天命所遗弃。在明成祖看来,所谓敬天就是要"法天之行,体天之德",按天道行事。但"天道"本身就有些神秘莫测,明成祖的解释是:"天道不言,四时行而万物生","天道至公无私","天道至诚无息"。看来,明成祖这里强调的是以"至公"、"至诚"安天下,这样就可以使"上天眷顾,四海安",否则就会"天命去之,人心违之",统治就要危机了。

在这里,明成祖把顺天道和得人心联系在一起,如违背天道,就要失去人心,就会被上天所抛弃。他把人心顺逆看成天下能否长治久安的根本,显然有不可否认的积极意义。这也是他比其他封建帝王的高明之处。

明成祖由一个藩王登上皇帝的宝座,他把这说成是天命所归的结果。这对老百姓是很有欺骗性的。永乐十二年(1414)和永乐十三年(1415)的元旦都发生了日食,他认为这是上天示警,把本来要举行的大规模朝贺都免了,还要臣下直言政事得失,以回天意。永乐十九年(1421)刚把京师迁到北京不久,皇宫三大殿发生火灾。明成祖不仅要臣下直言政事得失,而且连他的生日也不庆祝了,还派了26员大臣分巡天下,安抚军民,以答上天之谴。

在儒家看来,敬天和法祖是并行不悖的,甚至是密切联系在一起的。天道难以说清,但先王的言行典则却是摆在那里的,可以仿效。先王的功业被看作是上天眷顾的结果,法祖也就成了敬天的一部分,也是使国祚延长的重要保证。明成祖说:"继世之君,谨守祖法,则世祚延长。衰世之主,败其祖法,则身亡国削。"①

永乐四年(1406)十月,江西按察使周观政上书,说"为政不必尽法祖宗",明成祖说他"真妄人也"。② 这个周观政也真有些不识相,当时明成祖正指责建文帝变更祖制,这里他却要明成祖去变更祖制,这不是自讨没趣吗?

永乐五年(1407)五月,明成祖听说民间重敬佛老而简于敬祖,颇为感慨:"世人于佛老竭力崇奉,而于奉先之礼简略者,盖溺于祸福之说,而昧于其本也。率而正之,正当自朕始耳。"③由此可以看出,儒家敬天法祖的思想在明成祖身上都得到了体现。

(二)行仁政。

儒家讲"仁者爱人",开明的统治者讲行仁政,即不只是要老百姓纳赋税,供徭役,而且要保护他们,彼此之间建立起一种协作和谐的关系。在封建时代,这种所谓"仁政"虽不可避免地具有欺骗性,但与那种毫无顾忌的暴虐统治相比,老百姓的日子总归要好过一点。对于统治者来说,这种"仁政"也是缓和阶级矛盾、稳定封建秩序的重要因素。明成祖深明此道,不要看他诛杀异己是那么残暴,对普通老百姓则一再强调要行仁政。他说:

> 民者,国之根本也。……是故,圣人于百姓也,恒保之如赤子,未食则先思其饥也,未衣则先思其寒也。……薄其赋敛,而用之必有其节。如此,则教化行而风俗美,天下勤而民众归。④

---

① 朱棣:《圣学心法·序》。
② 《太宗实录》卷四十六。
③ 《太宗实录》卷四十九。
④ 朱棣:《圣学心法·序》。

明成祖一再强调,向老百姓征发赋役要留有余地,不能竭泽而渔。他很欣赏唐太宗的一段话:"若损百姓以奉其身,犹割股以啖腹,腹饱而身死。"①这个比喻是很形象的:过分地剥夺老百姓,就像割自己大腿上的肉来充饥一样,肚子填饱了,人也要死了。

封建国家确实有大量的财政开支,从哪里来呢?明成祖要生财有道,即不一定非取之于民,而是要对老百姓"爱养生息,使民之力有余",这样就可以"致物之用不竭"。② 简单地说,只要全国的老百姓"力有余",国家就不愁财用。也就是说,对老百姓不能过分搭克,要通过发展生产来使民富国强。应该说,明成祖的这种见解是很高明的,在封建帝王中是不多见的。正是在这种思想指导下,永乐年间的社会生产得到较快的发展,尽管大工迭兴,南北用兵,费用浩大,但社会并没出现太大的危机。

明成祖曾说过:"虽有天命,亦须修德。"③这里所谓"修德",就是指要行仁政。如果认真检查一下明成祖一生行为的话,不合"仁政"要求的地方很多。但从他的言论上来看,他知道行仁政的重要。他有这种思想,也有所行动,并收到了一定的效果。

(三)制礼乐,明刑弼教。

儒家讲"仁"讲"礼",礼是指一种秩序,不同身分的人分别按照一定的礼行事,没有争执,没有僭越,各安其位,和谐相处。不同身分的人使用不同的音乐,而音乐的精义在和谐,借以陶冶人的性情,使之安分守己。这实在是个很美妙的东西,所以历代统治者都很重视"礼"的作用。明成祖也不例外,他说:

夫礼者,治国之纪也;乐者,人情之统也。是故,先王制礼

---

① 朱棣:《圣学心法》卷三,引唐太宗语。
② 朱棣:《圣学心法·序》。
③ 《太宗实录》卷五十六。

所以序上下也,作乐所以和民俗也。……教民以敬,莫善于
礼;教民以和,莫善于乐。①

通过制礼乐,使各种人都安于现存秩序。对那些不安本分的人,则
要对他们进行教化,使其行为合于"礼"的规范。这样,最终建立
起一个"君君、臣臣、父父、子子各得其所而礼义立"的美好社会。

但是,只靠礼义来教化还不够。有些胆大不逞之徒时不时地
要冲破现有秩序,逾越礼制,对这些人就辅之以刑罚,这也就是明
成祖所说的"明刑以弼教":

刑者,圣人制之以防奸恶也,使民见刑而违罪,迁善而改
过。是故,刑虽主杀,而实有生生之道焉。何也?盖禁奸革
暴,存乎至爱,本乎至仁。制之以礼,而施之以义。始也,明刑
以弼教;终也,刑期于无刑。②

用刑是为了辅助教化,不是治国的主要手段,其目的在于警戒
和威慑,使人不敢违礼犯法,最后达到不用刑而天下治。

既然刑罚是辅助手段,是为了"弼教",那就不能滥用,所以明
成祖一再强调要明刑慎罚。

首先,明成祖提出了"用法当以宽不以猛"的原则。③ 他的父
皇朱元璋惩元之弊,以猛治国,许多人无辜被戮。明成祖则强调
"猛则民不堪",尤其是对死刑,"宁缓勿急",因为人被处死了,再
想改正也来不及了。所以他规定,凡判死刑,都要"五复奏",即要
反复审查五遍。永乐六年(1408)十一月,法司因一个案子就判了
300余人死刑。上奏后,明成祖认为不一定每个人的罪行都属实,
万一有哪个不属实,岂不要含冤而死吗! 明成祖还特别指出,有的

---

① 朱棣:《圣学心法·序》。
② 朱棣:《圣学心法·序》。
③ 《太宗实录》卷六十二。

人伶牙俐齿,能说会道,可能会掩盖真象;有的人口齿不灵,说不明白,可能会有冤屈。他要法司定案不必太急,可从容审理。后经详审,果然有20余人的案情属于冤枉,被当即释放。①

其次,用法不可过苛过滥。明成祖一再强调,用法过苛过滥就会使好人受害,而坏人不知戒。他还以秦始皇、隋炀帝为例说:

> ……法外用法,刑外用刑,曾何有忠爱恻怛之意? 杀人愈多而奸愈作,狱愈烦而天下愈乱。失四海之心,招百姓之怨,曾未旋踵而身亡国灭,子孙无遗类。是皆可为明戒。②

有的人因卖给外国使人毡衫,"且交言甚久",致被抓来治罪。明成祖知道后立命将这人释放,并将有关的官员严厉训斥了一通。

再其次,强调按律令办事。在中国古代,不按律令办事的情况可谓司空见惯。有的帝王比较明察,反复强调这一点,自己再能以身作则,情况就能稍好一些。明成祖在这个问题上头脑就比较清醒。他一再强调法司官员要按律办,不得玩法。对那些执法犯法的人要严惩不贷。永乐二十一年(1423)三月,御史王愈等人"会决重囚,误杀无罪四人"。为此,王愈和其他会审官都被处死。③明成祖自己也注意按律令办事。有一次,明成祖得知一个官员冒支钱粮,遂立命将其处死。刑科复奏,说按律令规定,这种罪不应该处死。明成祖遂收回成命,并说道:"此朕一时之怒,过矣。其如律。"④封建帝王的话被认为是"金口玉言",至高无上,但不合律令也能改,这在古代就算很不容易了。

明成祖还一再申谕,近亲犯法,也要同样按法律惩治。明成祖的次女永平公主下嫁富阳侯李让,李让在靖难之役中多有战功,可

① 《太宗实录》卷六十。
② 朱棣:《圣学心法·序》。
③ 《明史》卷七,《成祖本纪三》。
④ 《太宗实录》卷九十八。

谓勋戚了。他的家人因贩盐犯法,李让的儿子去向明成祖求情,遭到训斥:"法度与天下共之,岂为私亲废? 尔曹正当奉法保恩,岂可恃恩挠法!"明成祖又对都察院臣说:"宥罪可施于疏贱,而贵近不可侥免。行法必先于贵近,则疏贱可以知警。富阳侯家人其治如律。"① 太子高炽的内弟张昶从战有功,后升任锦衣卫指挥使。明成祖严肃地戒谕他说:"戚畹最当守法,否则罪倍常人。"② 这话虽然有粉饰的成分,但一个封建帝王能做到这一点也算是难能可贵了。

应该指出,明成祖的言行并不一致,有许多自相矛盾之处。他的话有些是说给臣下听的,有些是说给子孙后代的。他要极力把自己打扮成一个圣明的君主,所以说的话都颇合圣贤之道。但他是不是这样做了呢? 这就要大打折扣了。因为他是至高无上的皇帝,当时没人敢去指责他。实际上,他不少地方说的是一套,做的却是另一套。例如,他高唱敬天命、法祖制,而建文帝正是明太祖朱元璋立为皇太孙的,他却起兵夺了建文帝的皇位,显然违背了"祖制"。他大讲施仁政,但对忠于建文帝的臣僚就没有施,而是触目惊心的残暴。他一方面说"法度与天下共之",但对亲属仍不时宽宥。例如永乐九年(1411)十一月,镇抚武戬因"纵恣不法"被逮治。武戬是孝慈高皇后的戚属,高皇后的父亲马公被朱元璋追封为徐王,他负责守护徐王坟。明成祖也首先讲了一通"皇考成宪不敢违"的话,但还是"念皇妣之亲,姑曲法宥尔"。③ 对这个皇亲就没有依法处治。

当我们用不那么苛求的眼光来审视明成祖的时候,应该承认,他的头脑是比较清醒的,他要极力洗刷因夺位而带来的乱臣贼子

---

① 《太宗实录》卷四十三。
② 《明史》卷三百,《张麒传》。
③ 《太宗实录》卷七十九。

502

的形象,把自己塑造成一个盛世贤明的君主。他讲天命,目的是为了神化自己,威吓臣民,但却不让天命来束缚自己的手脚。这大概正是明成祖的高明之处。

二、崇佛而不佞佛

朱元璋称帝后只允许佛、道二教流传,其他宗教一律禁绝。因朱元璋曾出家为僧,故称帝后更为崇佛,并设立僧录司以专管佛事。但朱元璋也并不是任其发展,而是对佛教进行了种种限制。明成祖基本上继承了朱元璋的做法:崇佛而不佞佛。崇佛不及其父,而限佛却有过之。

明成祖心里清楚,佛教教人为善,教人驯服,利用好了可以为巩固他的统治服务。因此,明成祖也信佛、崇佛,允许佛教有一定的发展。他不仅有时让臣下唱佛曲,而且将佛曲颂之于塞外。为此,他命侍讲王洪拟诏,而王洪不信佛,对颁佛曲于塞外之事颇不以为然,迟迟不应诏。他为此受到明成祖的训斥,从此"不复进用"。[1] 永乐十九年(1421)因北京三大殿被烧,明成祖诏求直言,侍讲邹缉上了一道有名的奏疏,其中说道:"京师聚集僧、道万余人,日耗廪米百余石。"[2]这表明,当时京师有不少的僧人和道士,而且消耗"廪米",亦即国家的库粮。

永乐五年(1407)五月的一天,明成祖去佛教寺院灵谷寺。有一条小虫子在他衣服上爬,用手一抖,小虫子落在地上。他随即命身边的宦官将这条小虫放到树上,还说道:"此虽微物,皆有生理,毋轻伤之。"[3]看明成祖这里的表现,简直就像个以慈悲为怀的佛

---

① 《明史》卷二百八十六,《郑定等传》。
② 《明史》卷一百六十四,《邹缉传》。
③ 《太宗实录》卷四十九。

家弟子了。

人们且不可被这种表面现象所迷惑,明成祖崇佛是为了用佛,是为巩固他的皇权服务。在封建时代,皇权是至高无上的,有绝对的权威,神权必须服从皇权。明成祖崇佛而不佞佛,而且还对佛教的发展进行种种限制。

永乐四年(1406)正月,西域贡来佛舍利,即佛骨。这种事在历史上不止一次地引起颇大的轰动,一般都要兴师动众地去迎接,去安放。但明成祖却没这样做。礼部请求为此事而宽释罪囚,也被明成祖拒绝。明成祖还趁机批评了一通佞佛的梁武帝和元顺帝,他们常因佛事而宽释罪犯,"致法度废弛,纲纪大坏,而至于败亡"。①

有个守卫官在皇城下诵念佛经,明成祖将他召来训斥一通:"你的爵禄是从诵佛经得来的吗?……如有闲暇,嘴想诵念,太祖皇帝有御制《大诰》等书,你拿来诵读,也与你身家有益。今后如果再在宿卫处诵佛经,必罪不宥。"②

有一次,武昌的僧人想修建观音阁来为明成祖祝寿,被明成祖拒绝:"人但务为善,何假外求哉!"③由此可以看出,明成祖并不佞佛。在永乐年间,除了西藏的佛教首领受到特别的宠遇以外,佛教在内地没得到明显的发展。

永乐初年,清凉寺的僧人奏称,近寺军民经常在寺外放牧牲畜,请予治罪。明成祖则说,既然寺外有闲地,用来放牧牲畜正合于佛家"利济之心,何必禁"?④有一次,江、浙一带有1800余人自行剃度为僧,赴京请给度牒,明成祖大怒,立命将这些人全部编入

①　《太宗实录》卷四十。
②　余继登:《典故纪闻》卷七。
③④　余继登:《典故纪闻》卷七,卷六,卷七。

军籍,发戍辽东、甘肃。① 嘉定县掌管佛事的僧会司奏言,当地"旧有僧六百余人,今仅存其半,请以民之愿为僧者给度"。明成祖不许,并对礼部臣说:"僧坐食于民,何补国家?"②永乐六年(1408)五月,明成祖命礼部布告全国各地,严禁军民子弟擅自削发为僧,否则严加治罪。永乐十五年(1417),他又命礼部榜示全国,不许擅自新建寺院或道观。这告诉人们,明成祖对佛教并不任其发展,而是进行了种种限制。

三、尊道意在利用

明成祖对道教的态度与对佛教的态度大体类似,但从尊奉的诚恳程度来看,对道教显得更虔诚一些。据一些史籍记载,当靖难之役还在激烈进行的时候,真武大帝曾对明成祖大力相助。在燕军形势危急的时候,真武大帝率兵甲自天而降,明成祖也披发仗剑相应,从而击败南军。明成祖即位后也极力渲染这种神话,这显然有政治用意。它可以使人相信,明成祖夺得皇位得到了神的赞助,是天命所归,正可以借此改变篡逆的形象。正因如此,所以他称帝后对道教颇为尊奉。在建文年间,道教正一道四十三代天师张宇初被治罪,明成祖刚即位就将他免罪复用,并赐号为"正一嗣教道合无为阐祖光范真人",让他继续掌管正一道,还赐给他钱以修整龙虎山上清宫。龙虎山在江西贵溪,为道家掌教人的世居之地。元代曾对张道陵的后世孙张正常赐号为"正一天师",即居于此。建文帝曾夺回张宇初的印诰,明成祖又归还了张宇初。永乐八年(1410)张宇初死后,明成祖又命他的弟弟张宇清嗣教,并封为"正一嗣教清虚冲素光祖演道真人"。

---

① 余继登:《典故纪闻》卷七,卷六,卷七。
② 余继登:《典故纪闻》卷七。

在当时,张三丰被认为是道家的活神仙,人们习称为张邋遢。明成祖派心腹大臣胡濙四处寻访,连续寻访多年。其中虽有暗中察访建文帝的用意,但也反映了明成祖对道教的尊奉。最能说明问题的例证大概就是大建武当山宫观了,从而使道家这块圣地顿时兴盛起来。在《御制真武庙碑》、《御制太岳太和山道宫之碑》中,明成祖更充分表达了对真武大帝的尊奉之情。尤其令人惊奇的是,永乐年间,女道士焦奉真号称"谪仙人",明成祖竟把她召进宫来,优礼有加。焦仙女推荐她的母舅冯仲彝为官,明成祖遂授他为太常寺丞。① 这种恩遇是极其少见的。

明成祖尊奉道教意在利用,也像对佛教那样并不是任其发展。明成祖严格限制僧、道人数:府不过 40 人,州不过 30 人,县不过 20 人。自请出家为僧、为道的人,也限制在 14 岁以上、20 岁以下,邻里保勘无妨碍之事,然后投寺院、道观从师受业。经 5 年学习后,诸经熟练,再分别赴僧录司、道录司考试,果然通晓本教经典,才可立法名、道号,给予度牒,即为僧、为道的凭证。对那些不通晓本教经典的,则要罢还为民。对那些逃亡者、受过黥刺处罚的人,则不许为僧、为道。② 明成祖还将原来三年一给度牒改为五年一给度牒,并不许私建寺观。从这些措施上可以看出,明成祖限制僧道发展的措施是很完备的。僧、道都属于所谓出家之人,各府、州、县限定的人数都混在一起,而实际情况是僧人比道士为多,这就注定了道教难以有大的发展。

明成祖对道家的法术也并不是笃信不疑。他生病时,的确服用过道士的所谓"仙药",但有时则对这类仙药持怀疑态度。例如,永乐十五年(1417)八月间,有道士向他进献金丹和方书,

① 沈德符:《万历野获编》卷二十七,《仙女保荐》。
② 《太宗实录》卷二百五;余继登:《典故纪闻》卷七。

明成祖却说："此妖人也。秦皇、汉武一生为方士所欺，求长生不死之药，此又欲欺朕。"表示自己不吃所谓金丹，可让那道士自吃。方书毁掉，以免再去欺骗别人。[①] 这表明，明成祖尊奉道教，利用道教，对道教就像对佛教那样，只能为我所用，决不许危害其封建统治。

第二节　才识、爱好和作风

明成祖作为一代英主，刚毅过人，兴趣广泛。他一生最敬慕的古代帝王是唐太宗，不仅一心要建立他那样的功业，而且个人作风也颇为类似。

一、才识和爱好

明成祖在对臣下的谈话中，经常提到唐太宗，言辞之间流露着敬慕之情。唐太宗是中国历史上几个最有作为的帝王之一，推动唐王朝出现了贞观之治，被后世传为佳话。明成祖认为唐太宗的见识高，无论对旧臣还是对自己的老部下，都能妥善对待，使他们各尽其力，这是使他的事业得以成功的主要原因。永乐元年（1403）四月，明成祖申谕中外群臣尽心供职，其中就提到唐太宗：

> 昔唐太宗拨乱反正，贞观盛世，近古罕论。求其故，则太宗善用人，释王珪、魏征之嫌怨，举李靖、尉迟敬德于仇敌，用房玄龄、杜如晦于异代……尽忠于国，虽仇必赏；心怀异谋，虽亲必诛。今敢有妄分彼此，怀疑怨谤，不安职事者，事发

---

① 《太宗实录》卷一百七。

族灭！①

明成祖的意思很明白,自己将仿效唐太宗对待臣下,臣下也应像魏征、李靖等唐初名臣那样,消除疑虑,直言敢谏,忠于职守,以共同创建一个像贞观盛世那样的永乐盛世。

在中国历史上,唐太宗对待功臣的政策是比较成功的。无论是帮自己夺天下的嫡系,还是由敌对营垒归降过来的勋旧,他都能一体任用,这些人也都能尽心尽职,在自己的职守上创功立业,出现了许多治国名臣。唐太宗没有像刘邦、朱元璋那样,江山稍微稳固后就对功臣大肆杀戮。明成祖以唐太宗为榜样,应该说是有见识的。只是他残暴地诛杀建文旧臣给他留下了很大的污点。但从大处来看,他也基本上沿用了唐太宗的做法,只要归降了自己,就予以任用。在这些人中,像"蹇夏"、"三杨"都成了颇有作为的名臣。正是在这些名臣的协助下,使永乐朝成为明朝的鼎盛时期。

唐太宗的纳谏在历史上留下了不少的佳话,明成祖在这方面也有不少可称述之处。他经常鼓励臣下直言敢谏,而且承认自己智虑有限,会有失误,这就需要臣下来匡救。明成祖曾对近臣说:

> 朕以一人之智,处万机之繁,岂能一一记忆不忘,一一处置不误?拾遗补缺,近侍之职。自今事之丛脞者,尔等当悉记之,以备顾问。所行有未合理,亦当直谏。朕自起兵以来,未尝违忤直言,尔等慎勿有所顾避。②

明成祖深知纳谏的重要,但他做的怎么样呢?他是一个勇毅有胆略的皇帝,一些军国大事都出自他的独断,例如晚年连续三次亲征漠北,就没有听从大臣们的劝谏。这样的例子还可以找到若干。

---

① 谈迁:《国榷》卷十三。《太宗实录》卷十八中亦有大体相同的记载,惟语气不同。据黄云眉先生考证,《国榷》更近原文。
② 余继登:《典故纪闻》卷六。

但从平常处理众多的事务来看,永乐时的大臣们还是比较勇于进谏的,明成祖也多能采纳。这也正是永乐时进入明代鼎盛期的重要原因。

明成祖喜爱读书,每上朝罢,有闲暇即读书。他处理政事时,经常用古代的事相类比,这与他喜爱读书是分不开的。有一次,在将退朝时他问侍臣:"无事家居时,亦不废观书否?"侍臣回答道:"有暇亦时观书自适。"明成祖遂颇有感慨地说:

> 常爱孔子言,饱食终日,无所用心,难矣。朕视朝罢,宫中无事,亦恒观书,深有启沃。若等皆年富力强,不可自逸。大禹尚惜寸阴,朕与汝等何可不勉![1]

明成祖用兵进退有据,常能以少胜多,这与他熟读兵书有极大的关系。除兵书外,他读的最多的是儒家经典。即使那艰深的《易经》,明成祖也要仔细去读。他曾对翰林院的文臣们说:"为学不可不知《易》,只'内君子外小人'一语,人君用之,功效不小。"[2]大凡杰出的统治者,悟性都比较强,往往能抓住书中的要义。明成祖就是这样一个杰出的人物,他不仅爱读书,而且会读书,能抓住书中的要点,并能在实际活动中灵活地进行运用。很难设想一个不学无术的人会成为杰出的领袖人物,他至多是个草莽英雄。永乐十七年(1419)八月,明成祖谆谆告诫皇太孙,要以读书为本:

> 尔年已长,正宜读书明理,以成大器。自古帝王莫不以读书明理为本,未有不读书明理而能齐家、治国、平天下者。尔克勤学问,他日用之不穷。[3]

明成祖这里说的是自己的亲身体验,他希望皇太孙能像自己这样

---

[1] 《太宗实录》卷四十六。

[2] 余继登:《典故纪闻》卷六。

[3] 《太宗实录》卷一百十四。

奋发有为。

明成祖颇喜欢书画。当时,松江府的沈度、沈粲二兄弟的书法最为有名,明成祖便将"二沈"召至京师,罗致在身边,并直接对二人授官为学士。① 无锡人王绂能诗能画,其山木竹石妙绝一时。明成祖召他入京,供事文渊阁,不久即授官中书舍人。但他对这种仕宦生活并不满意,而是喜欢游览名山大川。他在诗中曾写道:"孰知野鸟苦,只悦公子容。"②即是他当时心境的写照:自己本是只野鸟,现在却被关在笼子里,只是供"公子"们玩赏。

永乐年间,有许多书画名流在宫廷供职,例如能诗能画的高棅,善画竹石的夏昶、仲微,精于隶书的滕用亨等,都身怀绝技,为明成祖所重。

明成祖本人有时也写写诗,下下棋。在端午、重阳等传统节日,他也常去游览,让翰林儒臣穿便服随从。乘游览兴浓,明成祖命各人献诗,然后"亲第高下,赏黄封、宝楮有差"。③ 宫中有个姓韩的宦官,身不满3尺,但善于下棋。因为矮,宫里边的人都喊他"韩长"。明成祖不时与他下围棋,自己输了就赐给他一份金钱,赢了就让他躺在地上转三圈。④

有一天,御医盛启东和韩叔阳在御药房下棋。明成祖突然来到跟前,问二人谁下得好。盛启东毫不客气地说:"臣优,叔阳初学。"明成祖遂命二人接着下,自己在旁边观战,结果盛启东连胜三局。又命二人赋诗,盛启东道:"不才未解神仙着,有幸亲承圣主观。"数日以后,明成祖赐给他们一个象牙棋盘,并设棋局于院中。⑤ 在这里,这位叱咤风云的帝王表现得颇有人情味。

---

① 沈德符:《万历野获编》补遗卷四,《书画学》。
② 王绂:《友石先生诗集》卷一,"公子得野鸟"。
③④ 吕毖:《明朝小史》卷四,《小帽裰徹从观》;《韩长》。
⑤ 吕毖:《明朝小史》卷四,《设棋局于院中》。

从《明实录》中可以看到,明成祖经常往来于两京之间,每经过古战场,念及当时鏖战情景,不禁怆然寒心。永乐九年(1411)十二月的一天,有大风雪,天气特别冷,明成祖正在北京,念及当年率将士征战,"当风雪苦寒之际,将士有坠指裂肤者。……适对此景,思昔艰难,恻然动心。"遂命礼部对靖难将士分级赐钞。① 与血腥屠杀建文遗臣时相比,这时的明成祖简直判若两人。

二、躬行节俭

明成祖是比较节俭的。这一方面是受了他父母的影响。朱元璋小时穷困,称帝后也从不妄费钱物,马皇后经常亲自缝补旧衣。另一方面,明成祖也想为后世子孙树立一个良好的榜样。他知道,帝王挥霍无度,是自取败亡之道。他经常对臣下说,内库所贮的财物是用来赏赐功臣的,自己不敢妄费。永乐二年(1404)八月的一天,明成祖对解缙等人说到约束玩好之心的重要,其中说道:"为人君,但于宫室车马、服饰、玩好无所增加,则天下自然无事。"②这里就是讲的节俭的重要。

明成祖认识到这一点,也能够躬身力行。永乐十二年(1414)二月的一天,百官奏事过后,明成祖退殿后坐在右顺门,"所服里衣袖敝垢,纳而复出"。臣下看到皇上的里衣袖如此破旧,颇受感动,有人便颂扬圣德。明成祖叹口气说:

> 朕虽日十易新衣,未尝无。但自念当惜福,故每浣濯更进。昔皇妣躬补缉故衣,皇考见而喜曰:"皇后居富贵,勤俭如此,正可以为子孙法。"朕常守先训不忘。③

---

① 《太宗实录》卷八十。
② 《太宗实录》卷三十。
③ 《太宗实录》卷九十一。

看来这不是故作姿态,明成祖的确是比较节俭的。也正因如此,他特别痛恨那些贪墨的官员,一旦发现,即予严惩。

永乐十年(1412)五月,监察御史巡视驿站,收受贿赂,明成祖闻知后立命都察院严讯。广西右参议吴翔因收受贿赂,明成祖也立命逮治。这类的记载很多。永乐十三年(1415),明成祖申谕都察院臣道:"朕切于爱民,屡戒郡县之官,不许横取一毫。前滦州知州何敬,诛求剥削,赃贿钜万,已置之法。近代州同知安损、武清县李潜等,仍蹈覆,饕餮贪残……亦置之法",并令将其罪行"榜示天下,俾牧民者知所警惧"。① 明成祖还规定,不仅贪墨者要受严惩,而且知情不报的人也要受惩罚。

永乐十六年(1418)十二月,明成祖再申犯赃之禁,并以唐太宗严惩贪墨相谕:"唐太宗恶官吏贪浊,有犯赃者必置于法,故吏治尚清谨,民免于掊尅,贞观之治所以为盛。……良农必去稂莠者,为害苗也。继今犯赃,官吏必论如法,不可贷。"② 在封建时代,官员贪墨是个久治不愈的顽症,只是在严明的君主在位时,这种情况会稍微收敛一点,要想根本消除是不可能的。即使像明成祖这样的英主,他也无法根本消除这种现象。

三、政贵务实,不尚虚文

明成祖的皇位来之不易,他是在实际斗争中一步一步走过来的。他心里很清楚,要巩固皇位也很艰难,历史上将皇位得而复失的例证不胜枚举。尤其是他还要为后世子孙留下一个稳固的基业,这就更需要扎扎实实地去干,朝中大大小小的政务都要他处理,白天处理完公务,有的是否切实可行,退朝后还要反复思

---

① 《太宗实录》卷九十七。
② 《太宗实录》卷一百十二。

考。他讲求实际,反对虚夸,更反对一些臣僚借题发挥搞阿谀逢迎。

以前地方官入朝,多是歌颂一番圣德,称天下太平,明成祖却要他们说出当地弊政,人民有哪些疾苦,并提出切实可行的解决办法。不言者要治罪,言而不当者可免于治罪。他还让人把地方官说的情况记下来,如发现故意粉饰,与事实不符,则要严加治罪。他还规定,"凡郡县有司及朝使,目击民艰不言者,悉逮治。"①如当地官员不肯说,允许其他官员奏言,一旦查证属实,言者受赏,当地官员则要受到严惩。正因如此,各地有什么明显的弊政,发生了什么灾荒,一般都能及时上达,从而得到及时的抚恤和处理,而不致酿成大的祸乱。

在古代,地方官报喜不报忧是个通病。出现这种弊病的主要原因还在于封建皇帝,因为他本人就喜欢臣下对他歌功颂德,喜欢听好听的。久而久之,臣下摸清了皇上的脾性,便投其所好,专报好消息,不报坏消息,甚至没有好消息也要编造几条好消息。明成祖深明此中弊病,不断向臣下强调政贵务实,切戒虚浮,并不断以"欺隐之罪"惩治那些浮夸不实的官员,这就在一定程度上纠正了这种不良风气。

永乐五年(1407)四月,皇长孙朱瞻基出阁就学,明成祖命姚广孝等人善加辅导,说道:"夫帝王大训,可以经纶天下者,日与讲说……不必如儒生绎章句、工文辞为能也。"②这话反映了明成祖的真实思想,也可以从一个侧面看出他的个人风格,即重在"经纶天下",不必去"工文辞",这正是一种务实的表现。

明成祖反对虚夸,反对阿谀逢迎,经常可以看到一些献祥瑞的

① 《明史》卷六,《成祖本纪二》。
② 《太宗实录》卷四十九。

人受到训斥。例如,永乐十三年(1415)三月,贵州右布政使奏言:"去年北征,班师诏至思南府婺州县,闻大岩山有声,连呼万岁者三。皇上恩威远加,山川效灵之征。"礼部尚书吕震遂上表恭贺,但却被明成祖训斥了一通:"人臣事君当以道,阿谀取容非贤人君子所为。"①自己亲征漠北,连贵州的山川也连呼万岁,这不是很吉祥的事吗?但这是不可能的事,是臣下在搞阿谀逢迎。为这种事而大加庆贺,只能助长浮夸不实之风。

起初,各地争献祥瑞,对那些白兔、白象之类,明成祖多予斥退,而对能表示丰收的"嘉禾"却比较在意,显得较乐于接受,因为它关系到国计民生。真是"上有所好,下必甚焉",于是各地献嘉禾的络绎不断。永乐七年(1409)八月,山西代州繁峙县一次就献嘉禾279本,行在礼部尚书赵羾请大举庆贺,认为这"实圣德所应",明成祖却说:

今苏淞水患未息,近保定、安肃、处州、丽水皆雨雹,浑河决于固安,伤禾稼。且四方之广,尚有未尽闻者。不闻群臣一言及弭灾之道,而喋喋于贺嘉禾,谓祯祥朕德所致,夫灾异非朕德所致乎?②

明成祖这段话说得很严厉,从中可以看出,他更注意的是各地的灾害情况,那才真正关系到国家的安定,至于嘉禾之类,并不重要。尤其是他说的那句话——"夫灾异非朕德所致乎",这是一般封建帝王说不出来的。

永乐十五年(1417)十一月,金水桥下的河水结冰,形状奇异,似有龙形花纹。一些大臣请贺,明成祖不许,只是领着群臣到那里观赏了一番,并不认为是什么祥瑞。③

---

① 《太宗实录》卷九十六。
② 《太宗实录》卷六十五。
③ 《太宗实录》卷一百八。

永乐十四年（1416）四月，礼部郎中周讷奏请封禅："今天下太平，四夷宾服，民物阜丰，请禅泰山，刻石纪功德，垂之万世。"礼部尚书吕震亦附会此议："皇上圣德神功，昭格上下，宜如讷请。"所谓"封禅"，就是在泰山顶上筑土为坛以祭天，称封泰山；泰山下边有小山，叫梁父，在梁父山上整块平地以祭地，称禅梁父，合称封禅。古代帝王有大功德，致天下太平，便去泰山封禅，以向天地报功。秦皇、汉武皆曾封禅，《史记》有《封禅书》以纪其事。大臣们看到，明成祖的文治武功足可与古代杰出的帝王相比，当时的国势特别强盛，便建议行封禅。没想到，明成祖认为这是无益之举，不仅未答应，反而还将他们教训了一通：

> 今天下虽无事，然水旱疫疾亦间有之。朕每闻郡县上奏，未尝不惕然于心，岂敢自谓太平之世！且圣经未尝言封禅，唐太宗亦不为封禅，魏征每以尧舜之事望（唐）太宗，尔欲处朕于（唐）太宗之下，亦异乎（魏）征之爱君矣。①

在这里，明成祖以唐太宗不封禅相比，以魏征不劝唐太宗封禅来戒谕臣下。封禅是大礼，要兴师动众，不知要花费多少钱财，对治理国家却并没有什么用处。如果明成祖没有一种务实的精神，或许真的就会去封禅了，借以宣扬一下自己的功德。但他没这样做，不仅于他的功德无损，反而提高了他的功德，表明他的见识高出于一般帝王之上。

明成祖经常提到唐太宗，以唐太宗行事相类比。在古代帝王当中，唐太宗是他最敬慕的一个，几乎成为他心目中的楷模。从各方面来看，这两个帝王也确有许多相同或相似之处。

他们二人得到皇位的途径是一样的。他们都不是嫡长子，唐太宗通过"玄武门之变"杀死太子李建成，通过宫廷政变获得皇

---

① 《太宗实录》卷一百。

位。明成祖的皇位是通过靖难之役强行夺得的。在对待原敌对营垒的旧臣方面，唐太宗搞得很成功，并出现了像魏征那样的一些名臣。明成祖对归降的建文旧臣也一体任用，也出现了像"蹇夏"、"三杨"那样的治国名臣。从个人作风上来看，唐太宗纳谏如流，传为历史佳话，明成祖也提倡魏征之风，自己不罪言者。他也像唐太宗那样为政务实，拒绝封禅。唐太宗教太子，著有《帝范》一书；明成祖教太子，著有《圣学心法》，都是说的帝王为政之道。二人的功业也大体相类，唐代在唐太宗的统治下出现了"贞观之治"，明代在永乐年间也进入了鼎盛时期。他们都为自己的王朝奠定了一个强盛而稳固的基础。

第三节　千秋功罪待评说

明成祖原想"悠悠暮年"，但他做不到，繁忙的政务几乎使他暇不暖席。直到晚年，他仍然拖着多病之躯，连续三次亲征漠北，最后死在北征回师的途中。永乐二十二年（1424）七月十八日，他突然病死于榆木川，后葬于今称作"十三陵"的长陵。于是，一个波澜壮阔的时代结束了。明成祖在位22年又1个月，他留下了丰富的遗产，也留给人们不少的疑问和思索。

在封建士大夫看来，明成祖的皇位来路不正，属于"篡逆"，所以长期遭到非议和攻击，以致严重影响到对明成祖的公正评价，使明成祖未得到应有的历史地位。在今天看来，靖难之役是统治阶级内部争夺皇位的斗争，无所谓正义和非正义，不应因此而抹煞明成祖的历史功绩。这件事反而告诉人们，明成祖身为一个藩王，地处一隅，以800人起事，终于夺得最高政权，建立起全国的统治，恰好表明了他异乎寻常的卓越的军事才能。他在位22年的实践表明，他还有着卓越的政治才能。再加上朱元璋

516

30 余年的治理,社会经济得到一定的恢复和发展,有了一个较好的基础,从而使他成为中国历史上一个少有的大有作为的帝王。

一、一个大有作为的帝王

明成祖对中国历史的发展做出了多方面的贡献,从大处来看,至少有以下几点。

(一)卓有成效地经营边疆,促进了我国多民族国家的统一和发展。

明成祖对东北地区进行积极的开发和经营,设立了历史上著名的奴儿干都司,把黑龙江中下游大片疆土正式纳入中国版图。当时,在奴儿干都司辖境内修建了四条通道,沿途设有驿站,以便商旅往来。这四条通道南接辽东,直达北京。内地的生产和生活资料源源不断地运往东北,当地少数民族的一些土特产运往内地,从而使当地与内地的经济生活紧密地联系在一起,有力地促进了东北少数民族地区的开发和发展。

明成祖积极经营西北,设立了哈密卫,加强了对大西北地区的管理和羁縻。终明之世,西北地区一直比较安定,没出现过大的祸乱,这与明成祖的经营是分不开的。

明成祖加强了对西南土司的管理,并最先实行改土归流,设立了贵州布政使司,形同内地,有力地促进了各民族间的融合和当地经济文化的发展。明成祖封赠乌斯藏诸法王,修筑西藏地区通往内地的通道,加强了西藏地区和内地的联系。明成祖还积极经营南海诸岛,对那“千里长沙,万里石塘”进行勘查和命名,对那里进一步开发和管辖,其业绩将永远彪炳于中国史册。

(二)放松海禁,促进国际交往空前大发展。

在这一点上,明成祖比他的父皇朱元璋显得开明和有气魄。

朱元璋出身雇农,后来只是在马背上学了点文化,思想意识比较狭隘,称帝后不务远略。他厉行海禁,不许下海,除允许周边几个国家和地区来中国"朝贡"外,没有更多的国际往来。明成祖则显得胸怀博大,他虽然未明令废除海禁,但在具体执行中却大大地放松了。他遣使四出,广通友好,并出现了郑和下西洋的空前壮举,在亚非国家间至今传为佳话。他恢复了被朱元璋废除的市舶司,恢复了对日交往,并一度基本解决了所谓倭寇问题。他使中亚的帖木儿帝国与中国重归于好,外国来华的使臣"络绎于道"。正是在永乐年间,有4个国家和地区的国王7次来华访问,并有3个国王死在中国,葬在中国,成为中外友好交往的历史见证。这在中国历史上是绝无仅有的。这种交往增强了亚非国家间人民的友谊和了解,促进了中外经济文化交流,并为中国赢得了良好的国际声誉。

(三)迁都和营建北京,这是对中国历史的一个重大贡献。

随着我国政治经济的发展,随着几千年来民族大融合历程的推进,建都北京已成为客观历史要求。明成祖顺应了这一历史要求,果断地决定由南京迁都北京,并对北京进行大规模营建,从而大体奠定了今天的格局。自明成祖迁都北京,至今570余年而未改,充分证明了这个决定的正确和富有远见。北京作为中国的政治和文化中心,在以后的岁月中对中华民族起到一种凝固的作用,并有力地促进了中华民族在各方面的发展。

(四)浚通大运河,促进了我国南北经济的联系和发展。

大运河始凿于隋,当时以洛阳为中心,几乎绕了一个半圆形的大弯,对全国的经济发展几乎没发挥什么作用。元代进行第二次大规模开凿,南北大体取直,不再绕道洛阳。但是,当时的京杭大运河并没有全线通航,故"终元之世,海运居多"。洪武二十四年(1391)因黄河决口南灌,大运河几乎全部停航。明成祖命宋礼浚通会通河,兼治黄河,陈瑄开凿清江浦,京杭大运河这才真正全线贯通。从此以后,大运河就成了一条繁忙的水道,南方的粮饷通过大运河源源不断地输往北京,海运遂罢而不用。在运河两岸,陆续兴起了像淮安、济宁、临清等一些新兴的工商业城市,在全国经济生活中发挥着日益重要的作用。中国人经常以长城、大运河而感到自豪,但人们知道,长城只是起一种防御作用,而大运河才真正推动了全国的经济联系和发展。正是在这一点上,明成祖作出了不可磨灭的贡献。

(五)发展学术文化,编纂《永乐大典》。

在学术文化方面,明成祖一改朱元璋大兴文字狱的做法,采取了繁荣封建文化的政策。在朱元璋统治时期,不知有多少人因一字写错、一句话说错而人头落地,文人们战战兢兢地生活在屠刀之下,"见人斫轮只袖手,听人谈天只钳口",①一幅万马齐喑的景象。明成祖则不然,他除了对顽固的政敌断然进行屠戮以外,对一般文人则采取优容的政策。他尊儒纳士,兼用杂流,咏诗写赋,在永乐年间的文坛上出现了台阁派文体。尤其令人称道的是,明成祖组织文人编纂了多种图书,其中最著名的是《永乐大典》。这是我国自古以来最大的一部类书,由3000文士历时5年编成,保存了我国15世纪以前大量的文化典籍。它不仅是我国文化宝库中的珍品,而且在世界文化史上也享有崇高的地位。

二、一个有局限的帝王

明成祖也像每一个杰出的历史人物一样,有他的局限性。他是个封建帝王,干成了非常之事,但在通向成功的道路上,也充分暴露了他的残酷性和投机性。其中最遭后人非议的是他对建文旧

---

① 张昱:《可闲老人集》卷一,《寄河南卫镇抚赵克家叙旧》。

519

臣的屠戮。著名的文臣方孝孺竟被"诛十族",开历史先例。他搞"瓜蔓抄",动辄株连数百人。建文旧臣的妻属也受到难以想像的摧残和蹂躏,令人发指。在那历史转折的关头,封建统治阶级的残酷性得到充分的表露。除此之外,他的有些做法对后世产生了消极的影响。

(一)重用宦官,创设东厂,贻害后世。

明太祖朱元璋和建文帝对宦官的管理是比较严的,明成祖则为之一变。因为他夺位多得益于宦官的帮助,所以他即位后便对宦官大加任用。明代宦官出使、监军、专征、分镇等大权,都始于明成祖。尤其是设立东厂,用宦官充任特务刺臣民隐事,为害最烈,对有明一代的政治影响最大。东厂是地地道道的特务机构,由宦官统领,专门刺探和打杀天下臣民。用特务刺事虽古已有之,但用宦官设立专门的特务机构却自明成祖始。东厂一旦设立,即终明不废,成为明代政治肌体上的恶性肿瘤。明成祖英武刚毅,威柄独操,对宦官尚能驾驭,东厂还不至危害过甚。明代后世的皇帝庸懦者多,宦官专权的祸害遂日益严重。自正统年间的王振开始,宦官的气焰渐加嚣张,终于酿成了"土木之变"。后来,成化年间有大太监汪直,正德年间有一手遮天的刘瑾,天启年间则有被呼为九千九百岁的魏忠贤,弄得国将不国。这一切,都与明成祖开始重用宦官、设立东厂有直接联系。

(二)明成祖放弃大宁,给北部边防留下了一个缺口,为后世留下一个极大的祸患。

宁王原驻守大宁,明成祖挟持宁王南归后,收编了原属宁王管辖的朵颜三卫。这些慓悍的蒙古骑兵为明成祖夺取皇位立下了汗马功劳。明成祖即位后,为酬报朵颜三卫,便将大宁一带交给了他们。大宁地处漫长的北部边防线的中部,战略地位十分重要,它使东西部声气相接,一方有警,另一方随时可以增援。明成祖放弃大宁后,东西部的这种联系受到破坏,给后世在北边的防务造成很大的困难。明朝后期,当女真(满族)在辽东兴起后,不时由此内犯,并终于取明朝而代之。弃大宁虽不是这次皇朝更替的主要原因,但至少应负有一份责任。后世的有识之士经常说到弃大宁之失策,应说是很有道理的。

(三)明成祖放松海禁,但没有断然废除海禁,给后世留下了严重的祸患,甚至严重地影响到中国历史的进程。

在中国历史上,实行海禁的始作俑者是朱元璋,能断然废除海禁的是明成祖,但可惜他没有这样做,只是在具体执行上大大地放松了。如果说到一个历史人物的局限性的话,大概没有比这件事更能说明问题的了。海禁政策是朱元璋制定的,是"祖制",明成祖指责建文帝变更祖制,提倡敬天法祖,所以他明明知道这种"祖制"不合时宜,也不敢公开宣布废除,反而还要言不由衷地说上几句遵照旧制实行海禁的话。他在具体实施中确实是大大地放松了,所以出现了郑和下西洋的壮举,使永乐年间的国际交往得到空前的大发展。但是,明成祖毕竟没有将海禁废除,后世皇帝还要把它当祖制来遵守,从而严重地限制了中外交往。清承明制,实行闭关政策,严重制约了中国的发展。从15世纪至19世纪中期发生鸦片战争的几百年间,正是世界面貌发生急剧变化的时期,西方大步跨入近代文明,中国也产生了资本主义萌芽,并有所发展。但海禁(或称闭关)政策严重窒息了资本主义萌芽的成长,使中国终于一天天陷入落后挨打的境地。如果明成祖公开废除海禁,使永乐年间中外交往的势头长期保持下去,历史当是另一种面貌。但受历史的局限,他未能公开废除海禁,使这种政策长期阻碍了中国的发展。对这种消极影响,甚至生活在今天的中国人都能感受到。如果明成祖是个平庸的帝王,我们就不会在这一点上责备他。但他是个雄才大略的帝王,并在实践中大大放松了海禁,离公开废除只差一步。就这么关键的一步,他却没有走,给后世留下了无穷的遗患。

(四)明成祖以一个藩王起兵夺位,为后世子孙开了一个不好的先例,致使藩王谋叛成为明代政坛上的一个不稳定因素。

谷王橞曾开金川门迎降,明成祖待他甚厚,但不久他就以为建文帝"申大义"为名,阴谋举兵反叛,事发后被废为庶人。明成祖的次子高煦一直阴谋夺嫡,明成祖死后才一个月,宣宗刚即位,他就举兵谋叛,想重新走明成祖的老路,试图从侄子手中夺取皇位,结果被俘后烧死于铜缸下。景泰年间,广通王徽煠谋叛,建年号"天武",并煽动湖广一带的少数民族起事。徽煠虽很快被俘,但少数民族地区的叛乱却数年未息。正德年间,安化王真镭反叛于宁夏,被俘后处死。最危险的一次大概要数宁王宸濠的反叛了。当时,正德皇帝不理政事,朝政日非,宸濠趁机举兵,朝中大臣不少人持观望态度。幸赖王守仁有谋略,很快将宸濠俘获。这类的藩王叛乱在明代还有好多起,他们都想模仿明成祖,但却没有明成祖的才能,所以都失败了,徒然给明代社会增添了许多的祸乱和破坏。

(五)明成祖好大喜功,急于求成,劳民过甚。

他在国内的统治刚稳定,永乐三年(1405)就派郑和大规模出使"西洋"。第二年,郑和还没回国,他又派80万大军征讨安南。此后,丘福率大军征漠北全军覆没,明成祖便连续5次亲征漠北,耗费了巨大的人力和物力。与此同时,国内大工迭兴:浚通大运河,迁都和大规模营建北京,修建大报恩寺和武当山宫观,营建长陵,这都是动辄几十万人、多则上百万人的大工程。在明成祖在位的短短的22年间,同时干这么多兴师动众的大事,老百姓的负担之重可想而知。正因如此,各地农民起义时有发生,并在山东爆发了著名的唐赛儿起义。幸赖经济得到发展,国库充实,再加上明成祖用人得当，调节有方，且尽力不误农时，所以终未酿成太大的祸乱。

三、结语

明成祖虽然有那些局限，但与他的巨大贡献相比毕竟是次要的。因此，明成祖是个值得肯定的人物。在明成祖在位的22年间，中国的社会经济是向前发展的，以此为基础，明朝的国力达到鼎盛时期，国家的统一得到巩固和发展，社会也大体安定。正是在永乐年间，政治、经济、文化都发展到一个前所未有的新高度。

不同的文化类型和不同的时代造就不同的领袖人物，那个特定的历史条件造就了明成祖。当时，中国社会的经济基础仍是自给自足的自然经济，封建专制已发展到登峰造极的程度，除儒家思想仍居主导地位外，佛、道二教也受到众多人的尊崇，并且三教还互相渗透。明成祖在这种历史条件下活动，就不可避免地具有某种历史局限。无论一个历史人物多么杰出，他都不能超越历史和传统。明成祖代表着那个时代，同时也属于那个时代。他的思想和政策不是凭空而生，而是孕育于前代遗留下来的经济结构、政治体制和文化传统之中。他只能在那个特定的历史舞台上扮演角色，而不可能完成力所不及的使命。

明成祖作为一个第一流的封建帝王，他深刻地影响了中国历史。他不仅是15世纪前期中国历史的参与者，而且是领导者和塑造者。正像汉有"文景之治"、唐有"贞观之治"一样，明代也出现了"永宣之治"。以前，人们常提所谓"仁宣之治"，而明仁宗在位还不到一年，算不上一个时代，而且它的富庶和强盛也是永乐时代的余绪。即就宣德年间来看，明宣宗只在位10年，基本上是个守成之君，主要还是靠明成祖在永乐年间把国力推向了鼎盛。因此，称"永宣之治"更准确，更切合历史实际。

我国统一的多民族国家的巩固和发展,是历代杰出之士和人民群众共同为之奋斗的结果。在这方面,明成祖作出了不可磨灭的巨大贡献。有的学者在谈到明成祖经营边疆的业绩时说:"秦皇以来,实所未有。"①这话是不无根据的。

　　作为一个封建帝王,在历史上能干成一件大事业就可以声名赫赫,例如修筑长城、张骞通西域、开凿大运河等等。以这类公认的重大成就来衡量的话,明成祖几乎不比中国历史上任何一个帝王差。且不说别的方面,仅设立奴儿干都司、营建北京、浚通大运河、郑和下西洋、修《永乐大典》几件事来看,干成其中的任何一件都足可为他树立一座丰碑。因此,当我们全面衡量明成祖的功过时,就不难得出结论:明成祖是第一流的封建帝王,在第一流的封建帝王中,他也算是杰出的。

　　从中国历史上看,一个盛大的王朝仅靠一个开国皇帝还不够,还有赖于第二代、第三代的巩固和发展。刘邦建立汉朝后,经汉文帝、汉景帝的发展而达于强盛;李渊建立唐朝后,经唐太宗的发展而达于强盛;在明代,朱元璋是王朝的建立者,经明成祖的发展才达于强盛,从而为明朝近 300 年的统治打下了一个较好的基础。对此,明末的思想家李贽说道:"我国家二百余年以来,休养生息,遂至于今。士安于饱暖,人忘其战争,皆我成祖文皇帝与姚少师(姚广孝)之力也。"②关于明成祖对明代历史的贡献,这话是大体公允可信的,由此也可看出明成祖在整个中国历史上的地位。

---

① 吴廷燮:《永乐别录》序。
② 李贽:《续藏书》卷九。

后　　记

十几年前,我跟着张维华先生当研究生,多次聆听到张师对明成祖的评价。他认为,明代最耀人眼目的几个事件都出现在明成祖时期,这是一个很值得研究的重要历史人物,尤其是他经营边疆、发展对外交往功绩卓著,值得大书特书。我从那时起就开始留意积累有关资料,现在终于写成了这本书,既了结了一桩心愿,也算是对先师的一种告慰。

有关明成祖的材料虽然很丰富,但对一些关键事件却记载各异。《明实录》无疑是最主要的史料,但《明太祖实录》被明成祖两次改修,记载明成祖一朝史事的《太宗实录》也有不少隐晦,野史记载又多失之褊狭,故不少史料需加以辨析,从而给本书的写作增加了不少困难。笔者在这方面做了一些工作,但也难保准确无误,还望同行专家指正。

为了忠于历史,免不了要引述一些文献。书中除将少数艰涩难懂的文字译成语体文以外,大部分引文仍保持原样。好在明代的文字比较通俗,一般中等文化程度的读者都可看懂。某些在行文中出现的简短引语,加上引号,表明言出有据,未加注释,以免过于繁琐。

在撰写过程中,黄冕堂教授和官美蝶教授都提出过许多宝贵意见,孟祥才教授还审阅了部分初稿。齐涛博士和吴忠民教授曾与笔者数次讨论历史人物传记的一般写作问题,使笔者受到许多启发。尤其是北京大学的袁刚博士和人民出版社的侯样祥同志,是他们推动我全力投入本书的写作。从全书的指导思想到当前历史人物传记的一些通病,他们都提出了极可宝贵的见解。没有他们的鼓励和帮助,这本书是不可能与广大读者见面的。谨在此一并致以诚挚的谢意。

晁　中　辰

于山东大学历史系

1992 年 9 月

再 版 后 记

　　《明成祖传》一书于1993年初版,并于2007年修订再版,前后已印刷八次,在学界颇获好评。其间,人民出版社的侯样祥先生和乔还田先生暨于宏雷女士为本书的初版和再版付出了大量辛劳,令人感念。尤令人高兴的是,以重视学术质量著称的台湾商务印书馆出了繁体竖排版,并于1996年和1999年两次印刷,2021年又将推出修订后的精装版,成为海峡两岸文化交流中一朵绚丽的浪花。

　　转眼间初版至今已二十余年过去了,学术界出现了一些新情况,涌现了一些新成果。2007年修订中对此进行了提炼和吸收,并改正了某些表述不准确之处。原书中的个别漏字、错字都得到纠正,并增加了一些图片,使此书更显得图文并茂,但原书的基本内容和结构都未改变。本次再版又做了少量修订。借本次再版重印之机,谨在此向于宏雷女士和人民出版社诸位同仁致以诚挚的谢意。

　　本人生性喜欢博览,闲暇时常翻古代诗词,尤喜陶渊明"采菊东篱下,悠然见南山"之句。那文辞,那意境,令人心驰神往。自移居千佛山脚下,虽无"菊"可采,但"南山"天天可见,惟自叹"悠然"不及耳。正是在想"悠然"而不得之余,得以将此书修订一过。确当与否,尚祈读者指正。

晁 中 辰

于南山斋

2020 年 12 月 2 日